何谓高手？

真正的高手，寥若晨星。

于本书案例中，隐约可见高手身影！

你需要的不是向日葵和马，

你真正需要的是梵高的向日葵和徐悲鸿的马！

你需要的不是平庸的咨询服务，

你真正需要的是高手做出来的咨询服务！

本书编辑委员会名单

主　编： 王明夫　王　丰

撰稿人：（按姓氏笔画排序）

王　丰　王明夫　刘纪恒

刘志强　孙　曜　吴清功

张　博　李一广　李书玲

李文明　李国华　李继泉

周彦平　郑越文　强　帅

程绍珊　韩铁林

和君咨询丛书

高手身影

——中国商业原生态实战案例

- 底蕴的厚度决定事业的高度！
- 本书向你展示：什么样的功底足以支撑起一个职业高手？职业高手的功底是怎样炼成的？

HOW IS THE BUSINESS GOING WITH CHINA

王明夫　王丰　主编

机械工业出版社
CHINA MACHINE PRESS

本书收录了和君咨询的20个典型咨询案例，并附有知名专家精彩点评。这些项目所覆盖的客户、行业和区域代表了中国商业原生态的各个层面、各种类型。对这些项目的所有诊断，包括背景、流程、知识、经验、数据分析、运作模式、解决方案和总结启示，是和君咨询的宝贵财富。作者认为，这些案例来自于中国商业的原生态，原汁原味，有品位、有深度、有性情，必将走进中国 MBA & EMBA 课堂和咨询业界，为中国本土的商学教育和管理咨询提供全新素材。同时作者认为，西方案例对中国商学教育的“一统天下”，是中国商业整体落后于西方的表现。作者坚信，只有当中国原生的商业案例和原创的商学思想征服了全球商学界的时候，才标志着中国商业在世界范围内的最后胜利。

图书在版编目(CIP)数据

高手身影：中国商业原生态实战案例/王明夫，王丰主编.
—北京：机械工业出版社，2008.4(2025.1重印)
(和君咨询丛书)
ISBN 978-7-111-23782-2

Ⅰ. 高…　Ⅱ. ①王…②王…　Ⅲ. 商业经济—经济发展—研究—中国　Ⅳ. F722.9

中国版本图书馆 CIP 数据核字(2008)第038982号

机械工业出版社(北京市百万庄大街22号　邮政编码100037)
责任编辑：赵泽祥　李秀玲　责任校对：侯　灵
责任印制：常天培
北京铭成印刷有限公司印刷
2025年1月第1版第41次印刷
180mm×250mm · 22.25印张 · 4插页 · 400千字
标准书号：ISBN 978-7-111-23782-2
定价：78.00元

电话服务　　　　　　　网络服务
客服电话：010-88361066　机　工　官　网：www.cmpbook.com
　　　　　010-88379833　机　工　官　博：weibo.com/cmp1952
　　　　　010-68326294　金　书　网：www.golden-book.com
封底无防伪标均为盗版　机工教育服务网：www.cmpedu.com

本书案例点评嘉宾

（按案例所在的章节排序）

宁高宁：中粮集团董事长，前香港华润集团总经理

俞敏洪：北京新东方学校校长，新东方公司董事长

肖　风：博时基金管理有限公司总经理

王文京：用友软件股份有限公司董事长

刘　坚：《经济观察报》总编

吴万善：华泰证券有限公司董事长

牛文文：《中国企业家》杂志总编辑

赵学军：嘉实基金管理有限公司总经理

王明夫：和君咨询集团董事长

王忠明：国务院国资委发展研究中心主任

于明德：中国医药企业管理协会常务副会长，原国家经贸委医药司司长

梁钧平：北京大学光华管理学院博士生导师、教授，人力资源管理系主任

张桂平：苏宁环球地产集团董事长

黄铁鹰：北京大学光华管理学院教授，香港华创置业前总经理

季克良：贵州茅台酒集团董事长

钟虹光：江中药业集团董事长

王金玉：福田汽车股份有限公司总经理

朱　敏：美国硅谷著名华人创业家和风险投资家，赛伯乐(中国)投资有限公司董事长，美国NEA基金董事

郭广昌：复星集团董事局主席

郭云沛：《中国医药报》副总编辑，中国医药质量协会副会长

前言

本书案例来自于中国商业的原生态，原汁原味，有品位、有深度、有性情，必将走进中国 MBA & EMBA 课堂和咨询业界，为中国本土的商学教育和咨询人才成长作出开创性贡献。这样的本土原生案例集如果能够陆续出版，将一扫言必称麦当劳、GE、西南航空、沃尔玛、迪斯尼等西方案例的现象，为中国本土的商学教育和管理咨询提供全新素材。西方案例对中国商学教育的“一统天下”，是中国商业整体落后于西方的表现。我们在见识到了西方的先进做法的同时，也需要保持警醒：西方案例的垄断性泛滥，将对中国原生的商学思维造成“侏儒化”的影响，流弊堪忧。我们坚信，只有当中国原生的商业案例和原创的商学思想征服了全球商学界的时候，才标志着中国商业在世界范围内的最后胜利。

和君咨询于 2000 年春在北京成立。截至 2007 年夏，和君咨询师队伍接近 200 人，历尽 8 载春秋寒暑，和君人累计经手的管理咨询类和投资银行类项目超过 1 000 个，管理培训类项目超过 800 个，大致分类如下：战略咨询类项目超过 350 个；组织和流程类项目超过 150 个；人力资源类项目超过 300 个；企业文化类项目超过150个；营销类项目超过150个；企业改制、上市辅导和私募融资类项目超过60个；并购重组类项目约80个；管理培训类项目约800个。

上述项目所覆盖的客户、行业和区域代表了中国商业原生态的各个层面、各种类型。所有这些项目经历所积累的知识、经验和数据，是和君咨询的宝贵财富。客户聘请任何一位和君咨询师提供咨询服务，都意味着是上述所有项目经历所积累的知识、经验和数据在支撑着为客户服务。

如果从生意角度上看，咨询业务真的不是一种很好的生意。本案例集涉及20个咨询项目，项目金额最高的才900多万元，最低的才25万元，平均每个项目咨询收费不足200万元。这就是可怜的生意产出。而投入呢？读完这本案例集，你就会意识到，投入的是咨询师一生积累的知识、能力、眼界、经验和见地。都说“知识无价、经验是宝”，但当你真的拿这些无价之宝去换取钱财的时候，你就会发现真的不是那么容易。那么，是什么支撑着我们选择了咨询的道路而且准备义无反顾地走下去呢？使命、理想和这份职业的自有魅力！

企业强，国家兴。从更宽广的历史背景和更高级的人生意义上看，咨询师的职业使命可以理解为在于强企兴国。本案例集反映了和君人履行咨询师这一职业使命过程中的思考、探索和辛勤劳动，当然还包括在此过程中的困惑、迷失、煎熬和随时准备放弃的冲动。和君咨询的理想是，通过这种劳动、思考、探索、困惑、迷失和煎熬，最终能够悟得真知、升华思想，在世界商学流派中崛起一个足以征服世界商学院、能够代表中华民族智慧深度和文化魅力的中国商学派！

和君人——一群怀抱理想主义精神和高级使命追求的中国本土咨询师，在专业知识和模式工具方面学富五车的同时，困扰和痛苦往往来自自身思想的乏力、能力的欠缺和境界的庸浅，同时也经常来自外部世态的炎凉、生意收益的寡薄和眼看就能发起来的机会诱惑。我们向往中国古典的价值标准和社会人心能够早日在中国复兴与回归——在古典标准下，人们对“识见”的价值评估是这样的：朝闻道，夕死可以；听君一席言，胜读十年书！在古典人心里，人们对“有识见的人”的尊重是这样的：一日为师，终身为父；三顾茅庐，礼贤下士！我们很需要有着这种价值观的社会土壤来支持我们把咨询理想进行到底。说到底，我们的咨询使命和理想不是个人的，而是社会的，是为了社会的。

咨询作为一种职业，它的魅力在于：经历各种行业、各个地域、各种人生、各类故事，吃百家饭，阅人无数，踏遍千山万水，览尽世间万象，看透人生百态。咨询师需要有专业知识和职业能力，也需要懂风花雪月和人情世故。

与高手过招，同庸常共谋。有时杀机四伏，斗智斗勇；有时单纯厚道，推心置腹。咨询师经常指点江山、激扬文字，又随时可能灰头土脸、败走麦城……视野开阔、见多识广、体验丰富，尽在咨询江湖！

道行有多高，事业有多大！道行是一种人生修为，自古修为讲究历练与磨难，咨询是人生修为的历练路径，生意寡薄是人生多艰的小小彩排。如果你真的有志向，就沿着咨询这条路走下去！从咨询出发，走下去，可以走向哪里呢？第一，识破商机，伺机而动，成为像柳传志、郭士纳那样的大企业家；第二，沉潜内修，厚积薄发，成为像德鲁克、迈克尔·波特、科特勒那样的大思想家；第三，矢志不渝，深耕细作，成为像马文·鲍尔、亨德森那样的大咨询家；第四，感受时代风云，体验世态人心，成为像巴尔扎克、托尔斯泰、老舍那样的大文学家。

和君咨询，一家书生创业、白手起家的国字号咨询机构，无意于追求自身经营上的商业规模，而是希望看到，在咨询这条道路上，人才辈出、群星璀璨！大企业家、大思想界、大咨询家、大文学家，从和君咨询出，一二可也，三五足矣，成群尤佳！

这是和君人的梦！

以梦为马，策马扬鞭，驰骋在茫茫人生的大草原。如此职业征途，何其快意，何其风流！

作　者

2008 年 3 月

CONTENTS

HOW IS THE BUSINESS GOING WITH CHINA

目录

产业变迁永远是决定企业命运的关键因素。企业如何在产业格局中识别战略机会，厂商的努力如何拉动业态变迁，这个变迁又如何影响着其他厂商的命运，如何推动着整个产业升级，从这个案例中我们似可一斑窥豹。

——博时基金管理有限公司总经理　肖风

一个公司是否有投资价值，说到底，还是要看其基本面。这个案例从战略营销的角度揭示了一个企业的基本面改善是如何展开的，实战而且细节是这个案例的特点。这对做企业的经营者和做证券的投资者都有启迪意义。

——用友软件股份有限公司董事长　王文京

我们经常观察到，成功乃失败之母，在企业命运变迁中，历史上的成功往往导致未来的失败。改革开放以来，中国沿海一带有很多依靠海外市场而生存的外销企业获得了巨大的成功，这类企业在新形势下面临着如何转向国内市场的问题。倘若拓展国内市场方面打不开局面，这类企业前景堪忧。这个案例提供的一场实战探索展示了其间的希望与挑战。

——《经济观察报》总编　刘坚

这个案例在两点上给人留下深刻的印象。第一，战略是“走”出来的，而不是“想”出来的。每个企业都需要在应对挑战和谋求发展的过程中不断地往前“蹚”。一旦“蹚”成功了，其模式也就成为了行业内的业态。就是这个业态，决定了产业利基和业内厂商的生死。第二，企业的命运往往受制于产业价值链，而不仅仅取决于产品和技术。所以，围绕产品和技术打转转的竞争思维应该在适当的时候、适当的情势下升级到价值链竞争思维。

——华泰证券有限公司董事长　吴万善

人力资源管理可以做得很技术（比如素质测评、KPI、薪酬设计等），也可以做得很战略。这个案例文如其名，是“基于战略的人力资源管理”的一次实践探索，很有启发意义。看得出来，这样的管理努力对企业的意义肯定不止于人力资源方面，还在于整个组织系统方面。所有功能模块都必须在系统不失灵的前提下才能起作用，基于战略的人力资源管理作为一种思维方式和解决之道，其要义恐怕就在这里。

——北京大学光华管理学院博士生导师、教授，人力资源管理系主任　梁钧平

企业管理的真相是：发展越快的企业，其问题越多，对管理的要求及其迫切性也越大；没有前途的企业，其问题很少，甚至只有一个问题，那就是没有前途。这几年，中国的房地产企业发展很快，从项目公司向集团化过渡是很多房地产企业的共通问题，在此过程中面临着很多的管理挑战。做生意成功了，并不意味着做组织也能成功；做项目成功了，并不意味着做集团也能成功。这一点对很多中国企业来说，都需要保持警醒。

——苏宁环球地产集团董事长　张桂平

很多企业都意识到要“抓管理”，但往往没耐心，也不得法。管理是个慢变量，谁也不能指望手起刀落地处理管理问题然后企业一夜之间就变好了。本案例展示了一个高速成长但又问题丛生的企业是如何通过“抓管理”来建设运营体系，最终从系统失灵走向系统效率的过程。

——北京大学光华管理学院教授，香港华创置业前总经理　黄铁鹰

道行有多高，事业有多大。企业文化是一种道行，深浅自悟。这个案例展示了一个以文化为核心竞争力的国有企业是如何思考和实践它的企业文化建设的，让我们看到了企业文化这种容易“务虚”的命题是如何在优秀的国有企业中做实的。

——国务院国资委发展研究中心主任　王忠明

三环化工将企业文化理解成企业的核心竞争力，这本身就是做企业达到了一定境界的标志，而它能提出以“天道酬情”为核心的价值观，更是一种颇具东方文化特色的、让人感到很温暖的文化品位。得人心者得天下，我相信，秉持这种价值观和文化品位的企业，是能够凝聚人心、做成事业的。

——贵州茅台酒集团董事长　季克良

一个有品位的企业，也应该像一个有品位的女子一样，秀外慧中。慧中自不必言，秀外也很重要。本案例以鲜活的实践显示了真正出色的企业形象设计应该如何帮助企业慧其中、秀其外。

——江中药业集团董事长　钟虹光

中国有很多企业是凭借个人能力和市场机会做起来的，一旦做大了之后，凭借个人权威和能力就很难保证企业的运行安全与效率了，继续往前走，就面临两大问题：一是如何进入战略实施状态；二是如何进入组织管理状态，使个人化管控让渡给组织管控。本案例展示了这样的一个企业怎样通过分析问题成因、设计组织结构及流程、实施管理变革从而一步步进入组织管理状态的故事，情景真实、逻辑清晰、措施得当。对从事企业实务工作的经理们来说，读一个这样的鲜活案例，比读干巴巴的理论书籍更有启发意义。

——福田汽车股份有限公司总经理　王金玉

第十七章　商业模式设计与私募融资：灵顿中子刀　293

从一项技术发明（或一个产品）到一个可行的商业模式之间，转换距离有可能就隔一层窗户纸，也有可能还相距十万八千里。无论远近，这个转换都是攸关生死的。从技术产品到商业模式，这个案例展示了一个灵光乍现、攸关生死的转换过程。

——美国硅谷著名华人创业家和风险投资家，赛伯乐（中国）投资有限公司董事长，美国NEA基金董事　朱敏

第十八章　国际财团的中国投资策略：高盛　305

这个案例所描述的VC&PE机构生存方式、业务市场上的供求关系和竞争态势，以及VC&PE在中国商务环境下的投资策略，值得国内和国际投资机构用心去体会。尤其是对于那些还不够深入理解中国商务环境的投资机构，本案例给出的分析和建议很有启迪意义。

——复星集团董事局主席　郭广昌

第十九章　地方政府产业发展规划：北京市工业促进局　323

近年来，生物医药很热，很多地方政府将生物医药产业作为重点产业来定位，纷纷制定了各自区域的生物医药产业发展规划。但很多规划经常陷入一些误区，或盲目跟风，你有我有全都有；或流于形式，千篇一律；或偏重热点追踪，不顾及自身资源和能力等。本案例几乎穷尽了关于生物制药产业相关的所有资料，对中外生物制药产业的发展历程和竞争格局进行了系统的梳理，掌握了生物制药产业发展的基本规律。

——《中国医药报》副总编辑，中国医药质量协会副会长　郭云沛

第二十章　组织发育与管理改进：某建材商场　333

和君咨询发明了“商业原生态”、“商业种群”、“学术写生”等很有认识论意义的话语系统，并且倡导咨询师们沉潜到中国商业原生态的第一线去，接近我们这个国家这个时代的各类商业种群，观察、感受和体验它们的生存状态和欢乐痛苦，为它们提供能够解决问题的专业帮助，然后从它们的命运变迁中发现思想的源泉，找到学术的归宿。

——和君咨询集团董事长　王明夫

第一章

产业整合与资本运作：中远修船

案例主题词：战略选择·产业整合·资本运作

和君咨询案例系列之：

中远修船的产业整合与资本运作

课题组　撰写于2007年夏

当王明夫最早于1995年提倡中国企业走产业整合之路的时候，“产业整合”对于那个时候的中国商界还是一个陌生的词汇。短短的几年后，千禧年的附近，德隆的产业整合战略正在心高志远、如火如荼地展开，其手笔所及，直取水泥、食品、种业、电动工具、汽车零配件等产业的执牛耳者地位，而且还志在全球市场。大约在或迟或早一些的同时代，青啤、燕京、长虹、康佳、海螺、华源、复星、宝钢、首创、中国外运、进入中国大陆的香港华润与和黄、来到中国的欧美公司柯达、巴斯夫和达能……都开展了或大或小、或成或败的产业整合并购行动。一时间，“产业整合”成为中国商界的流行语。2001年，和君咨询王明夫应国家开发投资公司董事长之邀前往国家开发投资公司讲课，话题是“产业整合与资本运作”。《中国企业家》杂志总编牛文文先生以友人的身份一同前往。听完讲课后，牛总编以一个资深媒体人士的灵敏嗅觉迅速作出反应：以和君咨询的产业整合和“寻找中国摩根”的思想为主题，推出一期封面文章。于是，以香港华润集团总经理宁高宁为封面人物、以“寻找中国摩根”为封面题目的一期《中国企业家》杂志（见图1-1）闪亮面世。从此，产业整合成为中国商业论坛和媒体不得不说的故事，一举取得“上档次”的前卫话题的地位。如果因为德隆败局我们就否定德隆的产业整合战略思想和商业模式，那只能反衬出我们在品位上的庸俗和在鉴赏力上的缺失。因为滑铁卢战败就蔑视拿破仑的军事能力和历史贡献的人，永远都不可能对人、事和历史提出有价值的看法。本案例为读者讲述一个产业整合的故事，读后你或许会和我们持同样的看法：对今天很多行业里的中国厂商来说，产业整合与其说是一种高谈阔论的思想谈资，不如说是兵临城下、顺昌逆亡的行动风雷。

图1-1　《中国企业家》杂志封面

一、项目背景和面临的问题

中远集团是超大型国企集团之一，总资产超过 1 500 亿元，运输船只 600 多艘，总吨位达 3 500 万载重吨，是世界上最大的远洋运输船队之一。据说，中远集团如果托管巴拿马这个国家，则中远可以利用其全球最大远洋船队的地位拉动全球船流和物流途经巴拿马运河，从而繁荣这个美洲小国的经济。这是一个无从考证的传说和戏言，但多少也可以从中看出中远这个中国企业在世界上的影响力和所处的地位。

中远集团的主要业务结构是：远洋运输 + 陆上产业（涂料、钢结构、修船、房地产……）

2000 年，和君战略专家应邀前往中远集团讲课，讲课的主题是：公司战略与资本运作。讲课效果良好，中远集团一主管副总裁现场委托和君研究探讨中远修船业务的应对之策。

修船业务是中远集团围绕远洋运输主业而形成的陆上产业之一，其时状况如下：

（1）业务格局。修船业务由多家独立的经营主体经营，形成了广州、南通、大连三大修船厂并存的格局，各自独立经营。

（2）经营状况。总体亏损严重，设备老化、人员多、企业负担重，状况呈现恶化趋势，扭亏艰难。曾经作过改善努力，但收效甚微，修船业务成为集团的包袱。

站在集团的角度，对中远修船业务该怎样处理和应对呢？

二、山重水尽疑无路："两条路"的探索及其放弃

和君受托对中远修船业务进行出路和方案的研究和设计。

面对中远修船的上述状况，作为一个咨询师，很自然地会走向这样的解决思路：提供管理咨询服务，让修船厂通过管理改善来实现扭亏转盈。由 Profit = Revenue – Cost 可知，扭亏转盈的途径一是增加收入，二是降低成本。于是咨询小组展开了中远修船业务的收入和成本结构分析，探讨了增加收入和减少成本的各种可能途径。结论令人沮丧：三大修船厂扭亏转盈无望，沉重的包袱难卸。

争取扭亏转盈，使亏损的不良资产良性化，此路不通。那么还有什么其他解决思路呢？

于是，第二条解决思路很快被提了出来：提供投资银行服务，通过并购重组的方式来把亏损的不良资产剥离或转让出去，为集团卸去包袱。中远方很快就首肯了这条解决思路。

项目组循着这条思路展开了工作：寻找买家，转让修船业务。谁是潜在的买家呢？显然，财务投资者对这样的业务当然没有收购的兴趣。更可能的买家只能是同行业中的行业在位者。于是，我们搜集信息，分析和接洽了行业的其他厂商，试图把中远修船推销给他们。结果发现：中国所有修船厂商都生存维艰、困难重重，没有谁对收购亏损的修船业务感兴趣。由于人员、债务、利息等负担沉重，哪怕是以极其低廉的价格出让甚至白送，也无人愿意接手。

至此，中远修船业务走出困境的两条出路行不通。

咨询项目组此时的情景，就像是一个医生专家组面对一个病重患者，已经尽心和尽力了，但是仍回天无力，结果不尽如人意。

三、柳暗花明又一村：从产业分析中看到曙光

为了探寻出路，咨询小组展开了修船产业研究。

战后50年，世界修船进行了几次大的产业转移，如图1-2所示。

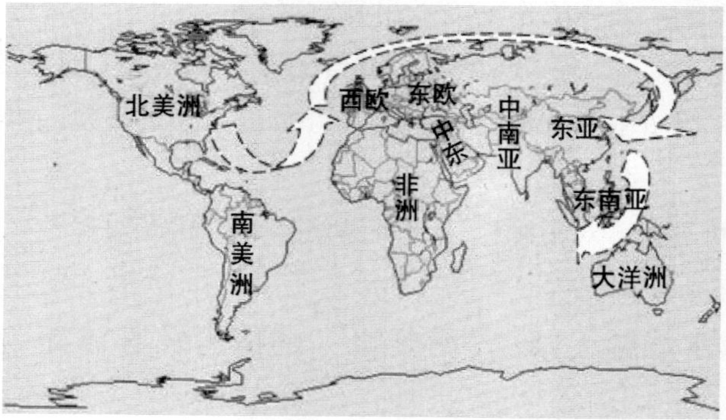

图1-2　世界修船产业梯度转移示意图

（1）北美向西欧转移。二战期间，美国本土远离战火，因而成为盟国商船和军舰的维修基地，借此美国的修船产业一度庞大而又完善。二战结束后，世界经济的重心是以美国马歇尔计划为支持的欧洲战后重建，美国物资源源不断地向西欧输送，世界贸易和物流的重心在大西洋之间穿流，而且西欧具备雄厚的造船基础和相对低廉的人力成本，又占据波罗的海航运中心的区位优势，于是世界修船业的重心迅速地转移到了波罗的海沿岸。由此，西欧领导世界修船业直到20世纪50年代后期。

（2）西欧向日韩转移。20 世纪 50 年代后期，日本进入重化工业时代，其造船业快速崛起，带动了修船产业的发展。与此同时，西欧的人力成本随着经济发达而居高不下，西欧修船业的成本飙升。于是，世界修船产业从西欧向日本转移，旋即日本成为世界修船中心。到了 70 年代，日本也出现成本压力，于是韩国近水楼台承接了世界修船业的中心地位，形成东亚日韩共同领导世界修船 30 年的局面。

（3）日韩向新加坡转移。20 世纪 60 年代，李光耀领导新加坡从马来西亚独立出来，此时新加坡还是一个人少地狭的农业国。80 年代亚洲“四小龙”经济起飞的时候，新加坡抓住机遇，利用自身优良深水港和世界航运转运中心的地位，及时将世界修船中心从日渐式微的日韩手中承接过来，建立了两个世界级的修船企业，最终确立了世界修船业的霸主地位。

至此，世界修船产业大致形成了一个以远东为重心、以波罗的海和中东及中美为二翼的格局，如图 1-3 所示。其中，两个行业寡头垄断——圣科海事和吉宝日立承接了全球 80% 左右的修船业务，技术装备先进，管理效率高。

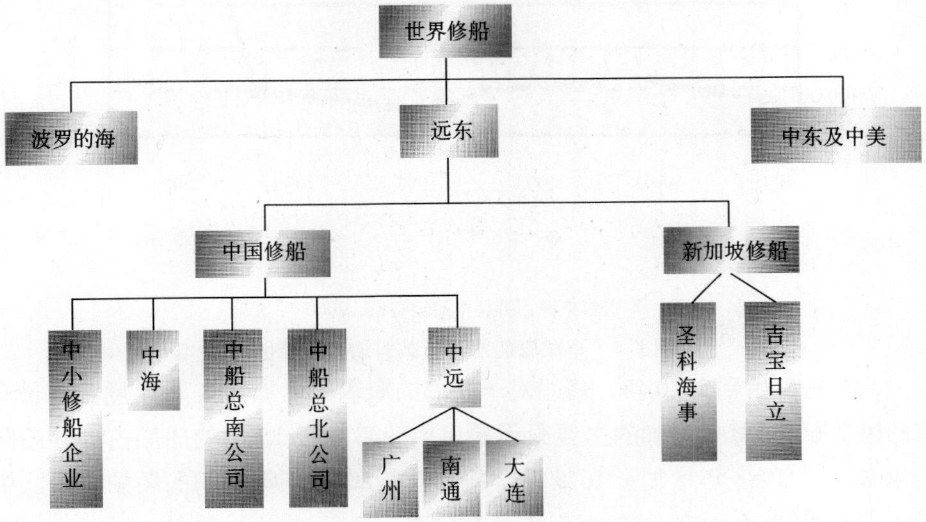

图 1-3　世界修船产业格局示意图

纵观世界情况，驱动修船产业国际转移的三大因素是：①劳动力成本；②船舶制造业；③国际贸易引发的航运中心和物流带。时间延至 20 世纪 90 年代末和 21 世纪初，新加坡修船产业面临着劳动力成本居高不下、效益渐趋微薄直奔无利可图地步的尴尬局面，两个行业寡头都在寻求新出路。世界修船业正面临从新加坡移出的又一次国际产业转移。

那么这次世界修船产业转移的目的地将会是哪里呢？中国大陆是不二之选，其原因有三个。第一，中国劳动力成本低。在世界修船平均成本中，人力成本超过70%，而材料费用不足30%。我国平均劳动力成本只有美国的11%、新加坡的16.7%。第二，中国正在成为世界贸易的中心国，世界航运中心和物流带正在围绕中国而形成。经济的高速发展使得中国航运业非常发达，沿海一系列优良的港口异常繁荣，上海港已成为世界第三大港口。第三，因为制造成本的比较优势，造船业正在崛起，成为中国进入重化工业阶段的必备内容。

从1991年到2000年，全球修船产值从127亿美元增长到258亿美元，年均增长8.1%，远高于同期世界GDP平均2.6%的增长水平(见图1-4)。随着一些新兴国家经济的崛起，全球商业船队载重吨位还将不断增加，考虑到现在船龄结构，预计在今后10年内，修船产值仍将保持8%~9%的平均速度增长。

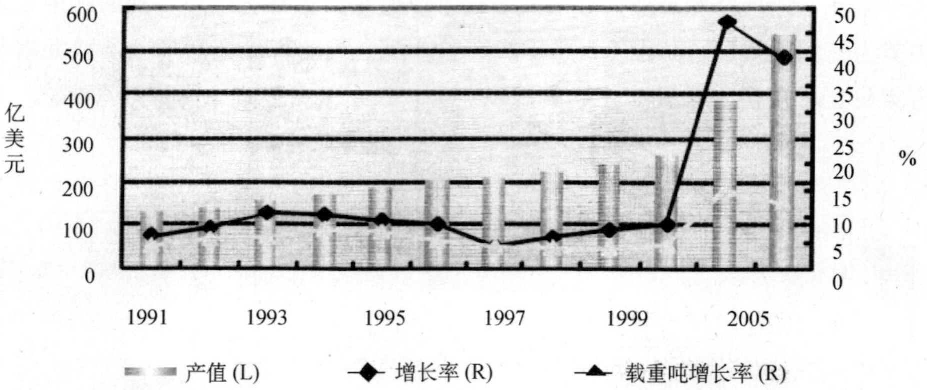

资料来源：德鲁里航运资讯，2000

图1-4　全球修船产值及载重增长示意图

从现在开始到2010年，修船对于船坞的需求将增加30%，年复合增长率将超过2.6%。修船增加的主要原因是目前船龄超过15年的船舶占世界船队的46%，比1988年增加了16%，其中船龄在20~24年之间的船舶在船队中所占的比例最大。在这个比例中，2.5万~5万吨级的船舶约占39.6%，5万~8万吨级的船舶约占49.1%，中国现有船坞基本可以满足修船要求。各国的修船价格指数如图1-5所示。

如此看来，万事俱备，中国即将成为世界修船产业转移的目的地。换句话说，中国面临着一次承接世界产业转移、做强做大修船产业的历史性机遇。此次机遇堪称百年等一回，是中国修船产业中的有识之士一展行业抱负的绝佳机会。

既然如此，中远修船应该迎上去、承接住，做强做大修船产业，而不是无所作为、错失良机。

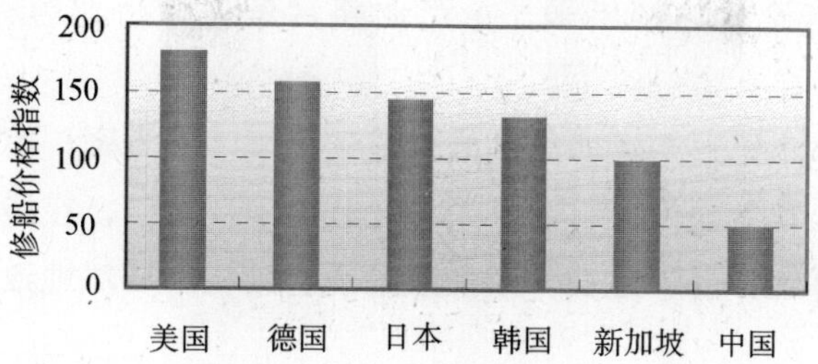

资料来源：德鲁里航运资讯，2000

图 1-5　各国的修船价格指数

注：假设新加坡修船价格指数为 100，其他国家与新加坡相比较而得出。

问题是：Are you ready，China？中国准备好承接这次国际产业转移的机会了吗？

四、产业整合战略思路的确立和战略步骤规划

中国修船——百年一遇的产业机会，工作小组成员都为这个产业的“发现”而激动，工作思路由此而进行了一次 180°的大转弯：从转让退出到强化进入，从探讨如何割除包袱到探讨如何做强做大。

强化进入、做强做大，方向明确了，但从何着手呢？

中国的修船行业在产业结构上，由中远、中船总南公司和北公司、中海等几家国企集团构成行业“四大”，其余则有多达 700 多家的中小修船厂（见图 1-6），它们共同组成中国修船业“散、乱、差、弱”的总体格局。行业内厂商普遍机制落后、包袱沉重、装备老化、技术过时、资金困难、规模小、起点低，相互之间展开恶性的杀价竞争，恶性竞争的结果是没有厂商经得起行业周期的波动，集体陷入行业性亏损的境地。虽然中国拥有规模以上的船坞容量达到 360 万载重吨，仅次于新加坡的 850 万载重吨，但是 1999 年完成修船产值 47 亿元，全球总产值 240 亿美元，仅占全球市场份额的 2.3%，远低于新加坡 84.3% 的全球份额。

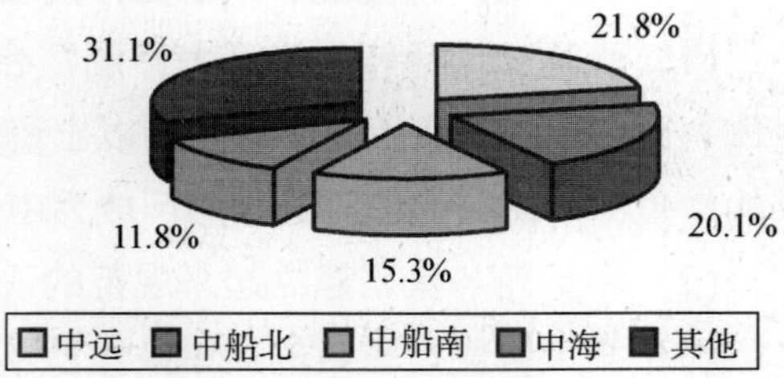

图 1-6　国内修船厂市场份额示意图

基于上述分析，工作小组作出了这样的判断：中国修船的深层症结是产业结构问题。任何试图承接世界产业转移机会、做强做大这一产业的业者，首先必须致力于产业结构的改良，而后才可指望经营盈

利上的好转。结论就这样出来了：产业整合是这个行业志存高远者的首选战略。

至此，工作小组对中远修船的战略建议已经清晰无疑：第一，在战略方向上，是强化进入和做强做大，而不是转让和退出；第二，在战略实施上，是产业整合和结构重组，而不是在一个失效的现有结构下枉然地致力于一厂一企的扭亏转盈。

在此战略思路的基础上，进一步明确而清晰的是以下四大战略步骤：

第一步，实现中远集团内部的修船业务整合，组建中远修船业务的旗舰主体：中远广州、南通、大连三大修船厂进行重组和合并，组建中远船务工程集团（以下简称“中远船务集团”）。

第二步，以中远船务集团为主体展开资本运作，构建起业界最强的资本强势：引进增量资本来分担消化历史包袱，构建资本强势来吞并同业对手、升级技术装备，同时通过引进市场化投资者来改良股东结构，建立现代企业制度和法人治理结构。

第三步，对中国修船业进行整合：以品牌、资本、规模和机制上的优势，选择合适的并购对象，开展同业并购，初步确立中国修船产业的龙头企业和行业领袖地位。

第四步，进行国际产业联盟，承接国际产业转移：联手新加坡修船产业巨头，实现管理和技术的全面升级，通过竞争挤垮和收购兼并等方式进一步整合国内修船行业，然后全面承接国际修船产业向中国的转移，最终成就为以中国为基地的世界修船产业巨头。

至此，中远修船产业的战略规划已告清晰：以产业整合战略思想为纲，以四大战略步骤为目。此项战略规划的清晰，让中远修船业务的前景一下子变得明朗起来。

五、战略实施：建议和参与

1. 三大修船厂的重组和旗舰主体的组建

（1）大连、南通和广州三大修船厂合并重组，形成中远修船业务的旗舰主体——中远船务集团，中远集团以出资人身份实现对中远船务绝对控股，原来的广州、南通和大连三大修船厂成为中远船务集团的下属生产单位。

（2）中远船务集团建立起来规范的法人治理结构和合适的公司组织结构。

（3）三大修船厂重组的具体操作涉及“六大重组”：①产权重组；②资产重组；③债务重组；④人员重组；⑤合同重组；⑥组织结构重组。

2. 资本运作的上市可行性论证和探索

和君咨询小组关于中远船务集团的上市事宜，提供了如下专业分析和建议：

（1）上市的可行性分析。要点有两个：第一，基于上述产业分析和战略规划，中远船务集团如果上市，必将是一个可以深得资本市场认同的主题；第二，广州、南通和大连三大修船厂的合并而组建的中远船务集团，从资产负债和盈利能力预测上看，具备上市条件。据此两点，结论是：中远船务集团上市不但可行，而且必将受到资本市场的追捧，上市效果可以期待。

（2）上市方式的选择。IPO 还是借壳上市？考虑到 IPO 周期要三年左右的时间，而中远船务集团的成长周期和资本需求等不了那么久的时间，所以，建议选择借壳上市的方式。借壳上市，则有望一年内完成上市。

（3）上市地点的选择。去哪个市场上市最合适？在过程中曾有两段插曲：第一个动议是，向广州、大连和南通三个地方政府提出要求，希望他们中有谁能够向中远船务集团提供一个干净的 A 股公司壳，条件是哪个地方政府提供这样一个上市公司壳，中远船务集团的总部基地就放在哪里，而这样一个产业基地的落户，必将给地方经济带来支柱产业性的各方面好处。其实，中远集团有一个上海 B 股上市公司——汇丽建材，所以第二个动议是，中远船务借壳汇丽 B 股，把建材业务剥离出汇丽，然后注入中远船务，最后向海外同业（比如新加坡船务巨头）定向增发 B 股，就像江铃汽车向福特汽车定向增发 B 股一样，从而实现国际产业链接。

随着上市论证和操作探讨的逐步深入，和君小组对中国修船产业的理解和认识也不断加深。在此过程中，有一个概念慢慢地清晰起来：仅仅是“归堆”和报表合并式的收购和合并是没有意义的；有意义的产业整合必须是技术装备和管理升级同时跟进的产业集中。换句话说，有意义的产业整合实际上必须是“技术升级 + 管理升级 + 产业集中”三位一体的产业能力和产业效率的升级。离开了技术和管理升级支撑的所谓产业整合，很容易沦为“麻袋装土豆”式的行业归堆。麻袋口系紧了，表面上土豆们都团在了一块，实际是一盘散沙，形不成协同效应和规模效率；哪天麻袋口松了，土豆四散，最终的结果还是产业整而不合。因此，产业整合实质上是一个在能力和效率意义上的产业升级概念。整合中国修船产业，仅仅依靠资本运作搞收购兼并、简单地进行合并同类项，是远远不够的，一定还要加入管理和技术升级，加入产业能力打造和强化的因素。

当考虑到这一点的时候，我们发现，中国的修船产业集体呈现出规模小、能力弱、技术装备陈旧过时、管理落后而粗放、企业制度落后和缺效等特点。

引进或嫁接世界一流船务集团的技术、管理和能力，成为中国修船产业整合与升级的过程中必须做到的。

于是，中远船务集团的上市地点选择水落石出：放弃中国本土的A股和B股市场，走向新加坡资本市场。

六、新加坡上市及国际产业结盟思路的确立

和君人员和中远人员组成的联合工作小组飞赴新加坡。

1. 好消息乍降

有意思的是，工作小组刚到达新加坡国际机场，就被接机人员告知说，这几天新加坡股市的中国概念股上涨，而且头号船务巨头圣科海事股价暴涨，暴涨原因是新加坡的媒体发布了一个消息：圣科海事正在和中远大连修船厂洽谈合资事宜。

这一消息无异于是工作小组的一帖兴奋剂。熟知资本市场水性的和君人员，敏感地作出反应：第一，中国概念是新加坡股市的热点；第二，中国的修船产业概念可能是新加坡股市热点中的热点。仅仅是中远大连修船厂的合资概念，就能推动行业头号巨头圣科海事暴涨；如果是整个中远船务集团呢？如果是整个中国修船产业呢？

随着接机的汽车从机场驶向城里，隐约的预期在和君咨询人员的脑海中渐渐清晰：①如果中远船务集团在新加坡上市，将像是热点一样受到资本市场的追捧；②如果中远船务集团提出来与圣科海事或吉宝日立结盟，将会受到圣科海事或吉宝日立的欢迎。

2. 会谈世界船务两巨头及新加坡交易所

联合工作小组带着这样的战略思想先后登门拜访了圣科海事和吉宝日立两家行业巨头，并与他们进行了首脑级会谈。这一战略思想是：中远集团致力成为中国修船产业的领袖，首先完成中远集团内部三大修船厂的合并，然后再寻求联手新加坡同业巨头北上，实现对中国整个修船产业的整合与再造，迎接中国经济崛起的历史性大机会。

会谈的成果让人兴奋：

（1）两家行业巨头完全认同我们对世界修船产业格局及其未来国际转移趋势的分析与判断。

（2）我们了解到，两家巨头都把未来发展的战略方向指向了中国，进军

中国成为他们战略上的不二选择。

（3）两家巨头都表现出与中远船务集团合作共同振兴中国修船产业的热情与兴趣。圣科海事的老总甚至提出，这样的大事应该安排新加坡政要李显龙与中远集团的老总见面。

（4）为进一步了解情况和印证想法，在圣科海事的安排下，我们逐家会谈了相关律师、会计师、投资银行、分析师和新加坡交易所，会谈的结果进一步印证了我们想法的现实可行性。

3. 借壳“中远新加坡投资”的思路确立

“中远新加坡投资”是在新加坡交易所上市的一家中远集团下属子公司，其业务构成是中远集团在新加坡的一些业务。由于公司状况和股市状况的双重原因，“中远新加坡投资”上市之后一直股价低落，交投清淡，分析师和投资者少予关注。相应的后果是：原始认购股票的一批战略投资者长期套牢，中远方面感觉到情面和后续合作上的压力，而股价长期低落和交投清淡则导致该上市公司融资功能的萎缩，后续融资困难，上市的意义也就大打折扣。为此，中远集团方面一直试图改变此种状况，重振“中远新加坡投资”的资本市场形象。

对于这种情况，我们提出了“中远新加坡投资”借助中远修船产业实现公司重振再造、中远船务集团取道“中远新加坡投资”实现借壳上市的“一箭双雕”思路，思路框架步骤如下：

（1）“中远新加坡投资”的业务重组：把中远集团修船业务注入“中远新加坡投资”，把与修船产业无关的业务（如港口、房地产等）剥离出来，将“中远新加坡投资”转型成一个完全以修船为主业的上市公司。

（2）“中远新加坡投资”股票必定暴涨，恢复融资功能，适时筹集资本用于中国修船业务的投入和并购。

（3）借助新加坡资本市场的力量，彻底改造中远修船业务的企业制度和治理结构，让中远修船业务的制度效率向国际惯例和现代企业制度看齐。

（4）与圣科海事或吉宝日立合作、合资甚至合并（如等股价涨到一定水平，时机合适的时候，与圣科海事或吉宝日立进行换股合并），全面结盟国际巨头的管理、技术和品牌，最终实现对中国修船产业的整合和再造（见图 1-7），借助中国经济崛起的东风最后发展成为世界修船产业的领袖和霸主。

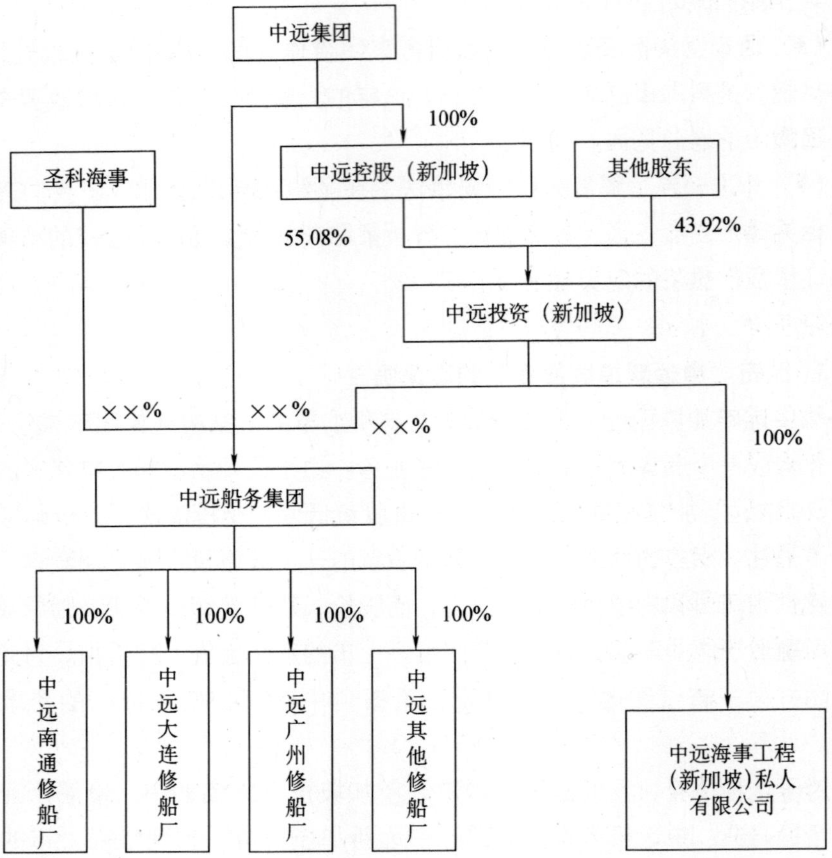

图 1-7　中远修船业务重组结构图

七、战略实施与结果

基于上述总体思路展开的事实操作及获得的结果如下所述：

（1）联姻世界修船头号巨头——圣科海事：圣科海事以资金、技术、设备和管理入股，全面提升中远船务集团。

（2）将中远船务集团注入中远集团在新加坡的上市公司——中远投资（新加坡），置换出中远投资（新加坡）非修船业务，将中远投资（新加坡）转型成一个完全以修船为主业的上市公司。

（3）中远投资（新加坡）在注入中远船务集团之后，由于世界修船产业转移、中国修船产业龙头公司概念，得到资本市场的良好响应，受到资金的追捧，股价上升 3 倍，后续融资作了一次增发。结果，新加坡政府示意淡马锡认购买了一大半增发的股份。中远投资（新加坡）的市值扩大 6 倍，并很快成为新加坡指数中的成分股，市场地位从跌破发行价到成为新加坡蓝筹股。

（4）圣科海事与中远修船的战略合作已经成为不二选择。吉宝日立彻底衰落，已经并入了圣科海事。而且在这个项目进行过程中，中国修船市场正在不断回暖。

（5）中远修船集团通过与圣科海事的合作导致技术、装备和管理的全面提升，再遇上中国经济周期带动的修船行业景气回升，中远船务集团业绩迅速上升，为股价的继续上升提供了基本支持，也为中远投资（新加坡）进行再次后续融资提供可能。

（6）中远船务集团利用中远投资（新加坡）在资本市场上融到的资金，收购、重组国内其他修船厂，注入技术、设备和管理，全面提升修船厂业绩，同时也提升了中远投资（新加坡）业绩，股价上升，后续融资，再收购国内修船厂，如此循环，用资本强势打造产业强势，用产业强势支持资本强势，实现虚拟资本和实体资本的良性互动，领导中国修船产业的整合与升级，已然成为中国修船产业的领袖。

根据公开资料，截至2005年初，中远修船产业的发展态势可简单描述如下：

中远船务集团于2001年6月在南通挂牌成立，系中远集团下属以大型船舶修理及改装为主业，集船舶配套为一体的跨行业、跨地区的大型企业集团。目前已经由最初的三家修船厂通过并购重组发展成13家子公司，中远船务集团是我国最大的修船企业集团，被誉为中国修船业的“航母”。

中远船务集团拥有大连、南通、上海、舟山和广州等多家享有较高国际声誉的现代化专业修船厂及大量航修和配套服务中心，拥有远东地区最大的修船坞，共有20万吨级1座、15万吨级2座、8万吨级4座、4万吨级1座，坞容居中国之首，已具备年修理、改装400多艘大型船舶的能力，所修船舶来自美国、日本、丹麦、英国、希腊等40多个国家和地区。中远船务集团利用中远集团和结盟世界修船巨头的优势，实行市场、人才、资金、技术共享，开展全球化市场营销，正努力向世界中高端修船市场进军。中远船务正斥资20亿元，在舟山六横岛兴建东南亚最大的修船基地，规划建4个修船坞，2010年建成后修船总规模达110万吨，年产值为20亿元。

中远投资（新加坡）有限公司在国内拥有的修船厂由3家增至7家，由资本强势带来产业强势，中远船务集团初步确立了在国内市场的领袖地位，全面的产业整合才刚刚拉开序幕，在世界修船产业转移过程中，一个强势民族船务工业正在悄然崛起。

八、思考与启示

通过产业整合的战略定位与实施，短短三四年的时间，中远修船从一个技术落后、效率低下、负担繁重、人见人嫌的亏损摊子，一跃发展成为一个能够承接国际产业转移大机会的产业领袖性公司，这在知晓当初修船厂商困难处境的人们看来，堪称一项奇迹。它带给我们的思考和启示很多：

（1）结构效率优先，运营效率其次。在结构失效的前提下，致力于运营效率的改进，往往是徒劳的，或者是事倍功半的。中远修船案例告诉我们，在既定结构下扭亏转盈无望的情形下，致力于结构改良的努力，或许是柳暗花明又一村的出路。由此我们推延开去，可以作出这样的论断：在结构失效的产业中，产业内厂商的战略选择较明智的做法可能只有两种：一种是致力于结构改良的产业整合战略，另外一种则是退出战略。换句话说，你要么能够改良产业结构，要么就最好离开这个产业。

（2）产业整合战略的实施，必然会以并购重组为重要方式，而且需要以强大的资本实力和娴熟的资本运作技能作支撑。但是，仅仅是麻袋装土豆式的收购兼并和归堆式的产业集中并不是产业整合的本义。产业整合战略的成功实施，除了资本运作外，同时还需要跟进技术、管理和企业制度上的全面升级和持续改进。从这个意义上说，产业整合战略实质上是系统的公司再造和能力提升战略。据此推延，我们可以把产业整合战略的成功要点粗略地归结为一个SCMT模型：Stratege 战略 + Capital 资本 + Management 管理 + Technology 技术。

（3）结构重组，以资本运作和并购重组为主要方式，这需要投资银行的思维方式和专业能力；运营效率的改进，需要依赖从组织、流程、作业、HR、企业文化、财务和营销等方面的管理提升。中国大多数企业，同时面临结构失效和运营失效的双重问题。所以，服务于中国企业的咨询公司，需要重视发育“管理咨询 + 投资银行”的双重专业能力，否则就无法在“战略”的意义上给中国企业提供有实效的分析与服务。

（4）中远修船案例是“基于产业的战略选择和资本运作”的咨询理念的一个活标本，也是王明夫先生的公司战略和投资银行“十六字诀”（产业为本，战略为势，创意为魂，金融为器）的很好注解。从中我们可以得到的一个重要启迪是：产业理解的底蕴厚度能够决定一个战略家或投资家或投行家最终所能走出的事业高度。如果你选择成为战略咨询家或投资投行家，一定要有很强的产业意识和产业思维力。所以，我们建议和君咨询师阅读一些产业经济学和产业史方面的作品。

对产业专题展开阅读和研究最好能够达到以下四点要求：①清晰产业经济学的体系框架；②了解产业史的演变脉络；③了解产业经济学的主要理论观点和产业史的基本结论；④掌握或提炼产业分析的模型与工具。和君同仁们，与其花费大量时间去阅读市面上流行的那些快餐式或时尚化的商业读本，不如沉下心来完成一批真正的深度阅读，比如，满足上述四点要求的产业经济学和产业史阅读。

资料贴士：

作为一种公司战略的产业整合

——王明夫访谈录，《中国企业家》杂志

一、中国产业重组：整合还是分拆

我国的产业结构迫切需要进行战略性重组，完成产业重组是当前阶段中国经济的历史性任务。但中国产业重组的方向是整合还是分拆呢？这要依不同行业的特点来定。

从那些竞争性行业的特点来看，中国产业重组的方向应该是整合。我国竞争性行业的最突出特点就是：产业资源分散配置，重复建设现象严重，行业内企业规模小，普遍低起点、低水平，企业间恶性竞争，市场秩序混乱，最终导致产业失效现象突出。汽车、家电、医药、建材、证券、机械装备、电子设备、煤炭、房地产等行业普遍表现出这种特点。以医药行业为例，我国制药企业有6 000多家，年销售量上千万元的企业有310家，上亿元的只有20多家，还有1 000多家正在亏损中苦苦挣扎。中国最大的制药企业与世界上的同业巨头相比，也只能算是一个中小规模企业。面对这种散乱的产业状况，中国产业重组首要的是整合，只有在完成产业整合的基础上才能谈得上产业升级。

从那些行政垄断性行业的特点来看，我国产业重组的方向首先应该是分拆，在分拆基础上引发整合。我国的电信、电力、航空等不少行业一直以来都是搞行政性垄断的。这种行政性垄断体制的后果就是，行业内的企业不是一个真正意义上的市场经济主体。市场经济意义上的产业整合，其前提是存在着市场竞争主体。没有市场竞争的主体，就根本谈不上什么整合问题。行政垄断行业的分拆，就是先作营造市场主体的努力。2002年是入世元年，我国电信、电力、航空等行业的分拆及其引发的整合是中国入世以来最重大的产业重组行动。以电力行业为例，中国的国家发电企业分拆为5家相互竞争的发电集团，竞争的结果必然导致电价走低。在电价走低的大趋势下，各家发电集团为了维持原来的赢利水平，只能走规模扩张之路，这势必引发各家发电集团对行业内各个独立的、中小型的发电厂商进行并购整合。航空业、电信业也已经表现出这种分拆基础上引发大规模并购整合的现象。

二、整合的含义

“整合”是近年来很流行的一个说法。但人们在说整合的时候，往往是背后隐含着不同的整合概念的。由于整合的概念不一样，所以很难在整合的问题上完成有效的沟通。我发现，整合有多种含义，当我们在谈论整合的时候，一定要先明确在哪种含义上谈整合。

从宏观和中观的层面上看，整合是产业结构优化和资源重新配置的一种现象或一个过程。政府的产业主管部门、经济学者等，会更多地关注整合在这个层面上的意义。

从微观上看，整合是企业的一种战略选择、一条可供选择的公司成长路线。在被当做一种企业战略的时候，整合通常有两种含义：

(1) 整合是指行业性的收购合并，或者表现为大吃小、强吃弱的企业兼并现象，大企业或强势企业吞并同行业中的较弱企业；或者表现为强强联合式的同行业中大企业之间的合并。我们不妨把这个意义上的整合叫做产业整合。

(2) 整合是指企业基于价值链竞争要求吸纳或吞吐相应的资源和能力，整合者通过收购、兼并、合并、合资、战略联盟等方式，将价值链中原来属于其他企业的资源和能力纳入自己的管辖和控制之中。我们不妨把这个意义上的整合叫做资源整合。

整合是现代公司扩张和成长过程中越来越倾向于使用的一种战略或策略。与整合战略对应的另一条公司成长路线，是企业自己发育能力和资源，通过自己新建的方式扩张规模和市场，它不是将对手吞并或纳入自己麾下，而是将对手挤倒压垮。在现代产业社会，越来越多的企业选择整合战略，越来越多的企业把整合当做竞争的手段和成长的路径。在这种形势下，一个在竞争中生存的企业已经很难真正地远离整合了，你的处境似乎只有两种选择，要么是整合别人，要么是被别人整合。

除上述两种含义外，整合还经常被用在另一种意义上，即整合是指企业内部的资源重新配置和管理架构调整，比如我们经常听到某某企业在作内部整合。

作为一种企业战略的资源和能力整合，和君咨询公司从管理咨询的角度开发出一个行之有效的整合模型和一套系统的整合技术工具，在此不用展开去讨论。

三、作为一种企业战略的产业整合

通过横向并购的方式，整合散乱的产业，造就产业领袖，然后由行业中的领袖型企业主导产业秩序，领导产业升级换代，这是现阶段中国产业需要完成的历史性任务，也是现阶段各行业中有志向企业家的历史性机会。

以美国产业史为鉴，美国现代大工业的崛起和产业竞争力的提升，首先是从完成产业整合开始的。在20世纪早期阶段，美国的产业结构与今天中国产业的散乱状况相类似，几百家钢铁厂并存，几百家汽车厂同在，大家都低起点、低水平、不上规模，缺乏起码的规模经济性，彼此之间恶性竞争，市场秩序混乱，行业中的厂商谁都感到经营环境恶劣，谁都觉得赢利艰难，产业整体失效。在这种情况下，直接危及的是放款给这些企业的金融资本的安全。为此，当时美国最大的金融企业J. P摩根银行出于保全自己信贷资金安全的需要，开始出面来推动美国的产业整合。例如，J. P摩根银行利用它的资本杠杆驱动了近千家钢铁厂商的大联合，最终形成了大型的美国钢铁公司，彻底整饬了美国钢铁业的秩序，推动美国钢铁企业走向了规模经济。杜兰特则将200多家中小汽车厂商整合成通用汽车公司，与福特汽车并驾齐驱，共同主导着美国汽车产业的秩序与方向。正是通过这样的产业整合行动，美国才崛起了第一批现代大工业。

而这场产业整合运动，是在以J. P摩根银行为首的金融资本的主导下才得以启动和完成的。正是从这个意义上，有了美国产业史上这个著名的说法，即所谓“是哥伦布发现了新大陆，是摩根重组了新大陆”。也就是在这个意义上，我提出过一个论断，即当前阶段的中国产业状况处在一个“类摩根时代”，我们这个时代迫切需要“中国摩根”，一个有着类摩根式战略思维的企业家才是这个时代真正的产业大家。

由于我国产业普遍存在的散乱差弱现象，行业中的企业大多数都竞争力较弱。所以，行业中的强势企业选择产业整合战略，通过收购兼并竞争对手迅速实现规模和市场份额扩张，最终成为行业中的领袖型企业，是完全可行的。如果放到WTO时代的国际产业竞争背景中去考虑，中国各行各业都迫切需要领袖型企业的出现。我个人一直认为，在当前阶段，对那些志存高远的中国企业家来说，更合适的战略选择应该是产业整合战略，而不是所谓的高科技战略。当然这要视不同行业的特点和企业个性而不同。有的行业和企业适合走高科技战略路线，或者只能走高科技战略路线。

我们注意到，已经有大量企业的战略选择带有明显的产业整合特点，而且他们在中国做产业整合的手笔很大。例如，国有控股企业中的青岛啤酒和燕京啤酒通过收购兼并各地啤酒企业迅速地进行对中国啤酒行业的整合；民营企业中的德隆集团通过资本运作的手段在电动工具、汽车零配件、食品制造等行业展开了大手笔的整合行动。中资企业中的华润集团，跨国公司中的美国柯达公司和法国达能集团等都在中国的产业整合中扮演着重要角色。

其中，柯达公司对中国感光材料行业的整合很值得玩味。直至20世纪90年代中期，在占领中国市场的问题上，柯达明显地落后于竞争对手日本富士。为了战胜竞争对手，柯达决心大手笔抢占中国市场。为此，柯达对中国的感光材料行业进行了三大步骤的整合。第一步，一次性收购中国的六大感光材料厂商，几乎完成了对中国感光材料产业的全行业兼并，民族品牌仅剩下乐凯胶卷在低端市场上生存。柯达对中国感光材料的行业性并购，一度震动了全球产业界。第二步，柯达以巨额资本做铺垫，建立起行业中覆盖面最广的连锁冲印体系，直插终端、掌控市场。第三步，在研发和制造领域，柯达在全球范围内进行专业分工，重新配置资源，将中国的企业纳入全球分工体系。通过这三大战略步骤的整合，柯达公司迅速逼退了日本富士的竞争强势，拿下了中国将近50%的市场份额。

四、产业整合战略：陷阱何在

当一个企业选择产业整合战略的时候，需要注意以下几个问题：

（1）需要避免麻袋装土豆式的整合，必须在整合的同时跟进资源重新配置、公司治理优化和管理的系统改进。

（2）需要重视产业选择，不是任何一个行业都适宜推行产业整合战略的。首先，要看产业门槛高低。产业门槛的高低在很大程度上决定着整合战略的成败。公用事业、机场、电信、电力等门槛较高的行业和一些资源不可再生的行业适宜选择整合战略。门槛太低的行业则不适宜推行整合战略。由于门槛低，你这边刚刚整合得差不多了，那边重复建设又可能遍地开花，容易出现“野火烧不尽，春风吹又生”的状况。其次，要重视行业里的消费分层和目标市场选择，不宜全线出击、笼而统之地去进行通吃全行业的整合。再次，在产业选择中要高度重视国际产业分工和产业梯度转移的趋势，应该选择在国际产业分工中中国有比较优势的产业来做强做大。

（3）企业家需要超越志在建造企业帝国的纯粹扩张冲动，必须重视整合后的效益和效果，不能仅仅为了吃掉竞争对手而开展意气用事的整合，也不能为扩张而扩张。

倘若上述问题得不到妥善安排，那么产业整合就很可能演变成陷阱。

复习与思考：

（1）何谓结构效率？何谓运营效率？如何应用这些范畴去思考企业的效率改进？

（2）怎样理解产业整合的三重意义：对国民经济（宏观）、对产业（中观）和对厂商（微观）的意义？

（3）怎样理解产业整合的SCMT模型？

（4）怎样理解公司战略和投资银行的“十六字诀”：产业为本，战略为势，创意为魂，金融为器？

（5）怎样理解“管理咨询＋投资银行”的和君业务模式？

（6）何谓“深度阅读”？

嘉宾点评：

宁高宁（中粮集团董事长，前香港华润集团总经理）：

产业整合是中国经济发展的必然趋势，这个案例是产业整合的鲜活注脚，但仅仅是整个中国产业整合大势的冰山一角而已！这个案例中关于结构效率与运营效率的对比思考，关于产业整合的SCMT模型，不单引人深思，而且还有很强的实践意义。

第二章

组织再造与公司估值：北京新东方

案例主题词：战略转型·组织再造·公司估值

和君咨询案例系列之：

北京新东方战略转型与组织再造

王明夫　撰写于2007年夏

20世纪80年代的中国北大，未名湖畔，一个叫海子的人用大白话写了一首格调阳光、总是令人充满向往和想望拥抱的诗——《面朝大海，春暖花开》。大约在稍后的同时代，也是在北大的未名湖畔，一个叫俞敏洪的人用大白话写了一首格调平淡、容易令人感慨和苍凉的诗——《一只小蚂蚁》。对照着读这两首诗，总是让人怀念一个时代和那个时代的知识青年的精神苦难与成长。

面朝大海，春暖花开

海　子

从明天起，做一个幸福的人
喂马，劈柴，周游世界
从明天起，关心粮食和蔬菜
我有一所房子，面朝大海，春暖花开
从明天起，和每一个亲人通信
告诉他们我的幸福
那幸福的闪电告诉我的
我将告诉每一个人
给每一条河流
每一座山
取一个温暖的名字
陌生人，我也为你祝福
愿你有一个灿烂的前程
愿你有情人终成眷属
愿你在尘世获得幸福
我只愿——面朝大海，春暖花开

一只小蚂蚁

俞敏洪

一只小蚂蚁
在地上爬，在地上爬

太阳升起来了
太阳下山了

一只小蚂蚁
在地上爬，在地上爬

老人远看，望着啥
看夕阳西下了
看一只小蚂蚁在地上爬
眼泪静静地流，静静地流

一只小蚂蚁
在地上爬，在地上爬

后来的海子，演出了他那震惊诗界的卧轨自杀的人生最后一幕，借此他把自己作为“诗人”的生涯像凤凰涅槃一般燃烧成永生的绝响。飞驰的列车把他的身体碾得血肉横飞。海子从此归宿故里，葬在了安徽老家的山野，长眠于斯，与山同静、与野同阔。20 多年过去了，据说，至今还有 20 多年前的老大学生不远千里跋山涉水去安徽的海子坟前看望海子。我们相信，随着物质的全面繁荣和欲望的肆意蔓延，怀念海子的人们将会越来越多。和君咨询董事长王明夫和新东方校长俞敏洪就是坚定的海子诗歌精神的怀念者，是《面朝大海，春暖花开》的永恒的诵咏人。

后来的俞敏洪呢？那个时代的另外一个精神苦难者俞敏洪，走了另外一条“凤凰涅槃”的道路。本案例的写作，以一个咨询师（观察家和阶段性参与者）的视角，白描一段俞敏洪在这条“凤凰涅槃”道路上的故事碎片。

一、背景：俞敏洪和他创办的新东方学校

1991 年，28 岁的北大英语系青年教师俞敏洪辞职下海，先是在妻子的协助下开办英语培训班，收取相应的培训费谋生；而后则注册成立正式的民办学校——北京新东方学校，向学员提供各种类型的英语培训课程，学员交纳的学

费构成经营收入的来源。

从早年白手起家干起，筚路蓝缕、艰苦卓绝，一路过来，业务日益红火和成势。2000 年前后，新东方学校已经成为中国民营教育的最具影响力品牌之一。当时，新东方的经营概况可以简略描述为：

（1）简单明了的商业模式。办班——招生——收费。办班的课程主要是各种英语考试，尤其是以 TOEFL、GRE、GMAT、雅思等出国留学的英语应试课程为重心。一步步地，新东方的课程覆盖了外语听说读写的各个方面，风靡高校。

（2）“超女”般的品牌魅力。新东方的校风和课堂弥漫着一种魔力，吸引着大量的学生。有一本书上这样描述：“许多学生不远千里来新东方，不是为了学习，而是为了‘瞻仰’俞敏洪、徐小平、王强等老师的风采，感受新东方的气氛。在许多学生眼里，新东方的一些老师与电影明星、体育明星有着等量齐观的地位和魅力……如此多的老师被学生崇拜，实乃旷古未有之奇迹。”

（3）潮水般的增长趋势。1999 年，新东方学校一年培训学生 10 万人次，2000 年为 15 万人次，2001 年为 25 万人次，2002 年为 35 万人次，未来的增长还将继续加速。大作家卢跃刚在采访新东方后惊叹：“35 万什么概念？9 个满员集团军。吓死人！”

二、乱局与危机：需要解决的问题

在新东方喧腾和繁荣景象的下面，潜伏的是致命的管理乱局和危机。当时新东方的总体格局是：大牌子底下的一群个体户，各显神通。新东方牌子下面聚合了一批心高气盛、才华横溢的能人，而且他们大多都是有着狂放气质的北大骄子。他们依据“分封割据、收入提成”的方式各自把持一块业务。有的把持了 TOEFL 和 GRE，有的把持了雅思和 GMAT，有的把持了英语口语和会话，有的把持了英语写作，有的把持了出国留学咨询……各个能人各显神通，各自在自己把持的领地上经营和收利，同时也以各自的才华和营业共同支撑起新东方的品牌影响力和总体业务规模。这种模式的实质是分封聚众，谁耕种谁收获，激励非常到位，一批能人因此而啸聚新东方。正是依靠这一模式，新东方迅速崛起，风靡于世。

然而，各路“诸侯”自种自收、各自为战的这种局面走到 2000 年，已经难以为继。

首先，“领地”有肥瘠。据守贫瘠领地的人想方设法染指和入侵肥沃的领地，而据守肥沃领地的人则想方设法防范、阻止和抗议入侵者，由此引发的纷争、指责和相互攻击，几无宁日。

其次，在自种自收的体制下，大家都先顾自己收益的最大化和落袋为安，而把新东方整体的品牌信誉置后考虑。滥用和“搭便车”新东方品牌的现象呈失控趋势。

举个例子来说，TOEFL 班的市场规模大、盈利水平高，于是大家都想办 TOEFL 班。原来主持 TOEFL 班的人肯定反对别人染指，想进入的人则肯定设法进入。如果大家一哄而上都办 TOEFL 班，那么良莠不齐的办班质量必定影响新东方 TOEFL 班的品牌信誉，最终危及大家的 TOEFL 班生源。如果不让谁办 TOEFL 班，那么凭什么只许你办而不许我办呢？

围绕类似这样的问题，新东方内部展开了无休止的争论、指责和明争暗斗，利益上的冲突演变成意见和行为上的不可调和，然后是一步步升级为相互之间道德上的谩骂和人格上的攻击，最终演变成一场局面失控的混乱甚至是全面混乱。至此，新东方分封割据、收入分成的格局陷入了全面危机，合作崩裂、局毁人散一触即发。

如何化解治理危机、走出混乱局面、重建管理秩序，成为新东方生存还是死亡的燃眉之急。

三、分析与诊断：以管理咨询的眼光

在上述背景下，和君咨询于 2000 年春受聘为新东方的管理顾问。和君咨询从管理咨询的角度对局势的基本诊断是：

（1）各个关键人物“自种自收、分灶吃饭”的业务模式和利益机制是矛盾和冲突的核心症结。重新构建业务模式和利益机制是集体走出危机的基础命题。

（2）缺乏统一的、能够惠及并约束全员的组织功能体系，是危机爆发的直接原因。发育出统一的市场营销和品牌管理功能、产品研发功能、质量测评和控制功能、人力资源开发功能、后勤保障功能等，是新东方能否走向未来的关键。

四、估值 50 亿元：以投资银行的眼光

随着对新东方了解的不断加深，和君咨询师对新东方的商业价值有了全新的发现。几个现象是：①一年 20 多万人次的人流量，导致新东方后勤方面卖盒饭一年都能挣几十万元，新东方门口卖烤山芋和卖盗版碟的小商贩都盈利颇丰。②新东方的教材教辅和音像制品销量甚大，在新东方简陋大厅内的一个小

书店，一年营业额都可达到几百万元的规模。某出版社2000年度占大头的码洋都是与新东方有关的书籍和音像作品。③广州、上海的新东方分校开张，周边的房租和商铺全面提价，连附近饮食摊位卖的馄饨、包子都在涨价。④办理汇款的邮局，换外汇的银行或黄牛，做快餐的麦当劳、肯德基等纷纷盯上和靠拢新东方。⑤登录新东方网站的人流量非常大，堪称中国学校和公司网站之最。

透过上述现象，和君咨询敏感地意识到，新东方的商业价值应该不只是"办班—收费"的学费来源，它或迟或早还可开发出基于人流的一系列商业模式，演绎成为当时资本界炙手可热的新经济主题。比如，它可能衍生出后勤商业、人才服务、门户网站、图书出版、商业物业、教育房地产、文具玩具甚至卡通形象等领域的商业模式。无疑，这些基于人流的商业模式将是新东方或现实的或未来的商业价值的重要开发方向。站在这个角度来理解，新东方在学员人流方面潮水般的增长过程实质上就是新东方商业能量聚合与蓄积的过程。

如此看来，新东方有着这样的特点：传统的培训收费和后勤商业能够确保资本收益的安全边际，而基于人流的新经济商业模式则提供了充分的成长潜力和想象空间。假定新东方是一个公司，那么这样的一个公司该值多少钱呢？新东方学员可望达到35万人次/年，经过和君咨询的谨慎测算，如果新东方做好人才分工和提高管理效率，可望从每一学员人次中赚取250～300元的净利润，那么公司的年净利润额将达到1亿元左右。假定新东方上市，综合考虑其品牌影响力、行业情况、增长趋势和未来的商业潜力，市盈率应该能达到50倍左右。由此推断，新东方应该值50亿元。

如果抽掉复杂和烦琐的人头盈利量测算和多少有些"微妙而武断"的市盈率定位，那么这个估值过程可以表达为如下这样一个傻瓜测算：

新东方价值＝(35万人次×250～300元利润/人次)×50倍市盈率＝50亿元

新东方值50亿元，创业元老或关键人物如果变身为公司股东，谁都可以变成亿万富翁。和君咨询的这个论断对所有新东方人来说，是震撼性的和激动人心的，同时也是疑惑不解的和将信将疑的。那时候的新东方，是一个即将散架的乱摊子。有业界人士笑话说：和君咨询真敢胡说八道，新东方也值50亿元？一群教书匠刚挣了点小钱就奢望成为亿万富翁？做梦！

和君咨询抛出的这个50亿元的"大饼"，逆转性地让新东方乱局中的所有事主改变了看待利益大小的口径和视角。他们之间一直以来纠缠不息的眼前利益纷争，陡然变小，甚至可以忽略不计或不足挂齿。人们开始审视自己的真正利益所在，开始考虑如何寻求妥协和保持合作以求那份真正利益的到来。

五、面对公司政治：义与利的平衡木

新东方进入乱局和走出危机的整个过程，一直纠缠着复杂和痛苦的人际旋涡和公司政治，剪不断、理还乱。其中的关键事主是新东方“三巨头”——校长俞敏洪、副校长徐小平和王强。

王强是俞敏洪在北大时候的同班同学，徐小平是俞敏洪在北大念书期间的青年教师。三人在北大时候就相知相熟。后来徐小平、王强留学北美，分别在加拿大和美国安家立业。1995 年，国内创业将近 5 年而且初成气候的俞敏洪专飞北美，以机会、梦想和激情力邀徐、王回国加盟新东方，同追两个梦想，共创一番伟业。两个梦想和一番伟业是：发财梦和哈佛梦——为国家和民族的未来办成一所像哈佛那样的私立大学。徐小平、王强毅然放弃北美生活，义无反顾地回国投身于新东方的事业。从此，以俞敏洪为头马、以徐小平、王强为其余二马的新东方“三驾马车”齐拉共跑，带领新东方走出了一段狂奔突进的崛起和欢歌岁月(1995 ~ 1999 年)。

2000 年前后，大家共事的蜜月期和高潮期永远地结束了。新东方已然做大了，但“新东方是谁的”一直没有解决。“民办公有”的新东方学校产权状况，像是一个挥之不去的阴影笼罩着新东方的创业功臣们。俞敏洪及其家族成员一直把持着新东方的关键部位，行使着这样那样的肥缺分配和管理权力，但在“收入提成、分灶吃饭”的利益模式下，有谁能够放心和相信俞敏洪的管理地位和权力不会夹带自利企图呢？各路诸侯渐次壮大，互相攻伐，浸染领地，争夺地盘，灵魂人物兼管理者俞敏洪顾头难顾尾，使出浑身解数化解是非纷争、平衡各方利益，但总是吃力不讨好，安抚了这个又得罪了那个。三番五次下来，俞敏洪的管理权威和公信度受到全面挑战。

一个集体，一群人，权威既失，秩序大乱；公信迷失，人心离散。先是说理，后是争论，再后是指责，再后来是谩骂和哭闹，再再后来则是下台的下台、辞职的辞职、栽赃的栽赃、告状的告状、跳槽的跳槽、另起炉灶的另起炉灶……大作家卢跃刚在关于新东方的报告文学《东方马车》(见图 2-1)中这样描述：“新东方团队迷茫、困惑、痛苦，失去了方向，陷入了互相猜忌、怀疑、批判、攻击的信任危机之中。内耗多于建设，利益抛弃友情，情绪

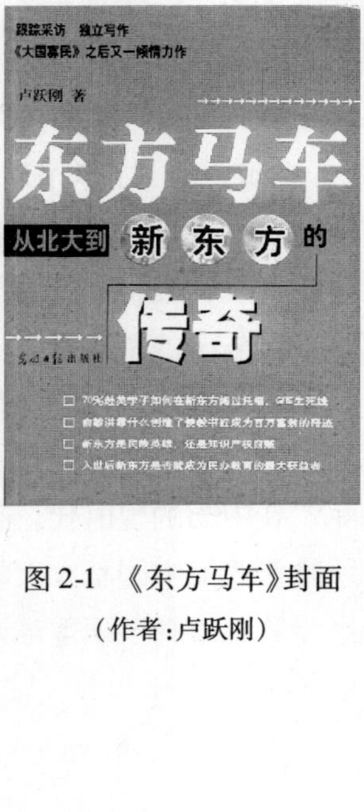

图 2-1 《东方马车》封面
(作者：卢跃刚)

覆盖理智，遍体鳞伤，概莫能免。”直至最后，无论是争权夺利，还是人身攻击，都白热化到了无所不用其极的地步。恶性的公司政治肆无忌惮地全面爆炸，新东方风雨飘摇，眼看着就要局毁人散、灰飞烟灭！

事情到了这个地步，两个梦想和一番伟业哪里去了，没人关心！

在新东方的管理乱局和政治危机中，和君咨询因“专家”身份而一度成为新东方各派人士共同指望的对象，俞敏洪、徐小平、王强等都希望和君咨询能够主持公道、评判是非、斡旋关系、说服异己，最终给出科学合理、行之有效的解决方案。他们之间连吵架、骂仗和人格攻击都会在和君咨询的会议室里展开。

面对这样的局面，作为专业机构的和君咨询，一旦失去应有的操守和把持，后果将不堪设想。此时，两个梦想和一番伟业，像一盏明灯照亮了和君方面的主事人王明夫的咨询角色，成为王明夫在整个过程的各种场合中表明态度、发表观点、斡旋关系、引导事态、提出主张、勾画方案的基础立场和道义底线。新东方要想走出乱局，以下三点是关键：

首先，大家必须确立看待问题的正确立场和态度。通过历史分析大家可以看清楚：乱局是在新东方长大的过程中一步步形成的；问题的出现是历史上“分封聚众、坐地分银”模式的必然结果，而与哪个人的道德和人格无关。管理的问题需要依据事实和逻辑，通过理性的和客观的管理方案来解决，而不能转向道德和人格，人为地将问题复杂化、人格化和微妙化。大家放弃道德怀疑和人格攻击，重新建立信任关系，回到客观地看待问题的立场中来，是解决问题的首要前提。

其次，从“义”方面重新燃烧起新东方事业的理想主义光芒。新东方人多是北大骄子，是读书人，大多有着“指点江山，激扬文字，粪土当年万户侯”的精神气质。《孟子》(见图2-2)曰：“士何事？尚志！”《礼记》曰：“士不可不弘毅！”1995年底，徐小平问俞敏洪：“你现在有钱有事业，还有什么问题？”俞敏洪思忖片刻说：“还缺点崇高感！”如今，新东方人围绕一己利益扭打混战、纠缠计较、精神疲惫、形容枯槁，浩然之气尽失，两个梦想和一番伟业不翼而飞，我们志在哪里，谈何弘毅？志不立，毅不弘，崇高感从何谈起？真是应了朱子的那句话：“志不立，则一齐放倒了！”英国人为他们的牛津大学和剑桥大学而自豪和自信，他们有个说法：“只要牛津、剑桥还在，英格兰民族就不会没落。”今天，我们的国人还值得因为哪所大学的精神而自豪和自信呢？在中国的现时代，独立、自由、深厚、沉雄的大学精神亟待复兴，办成一所哈佛式的中国私立大学是国家和民族的时代召唤。传统体制下的中国大学已经步履沉重甚至积重难返了，中国的教育事业需要有着新理念、新精神和新体制的新东方。造就一所哈佛式的中国私立大学的梦想不能丢。我们读书人，一生何求？岂可因私利而忘大义，贻笑于世人！

再次，从“利”方面描绘未来新东方的价值。《史记》曰：“天下熙熙，皆为利来；天下攘攘，皆为利往！”新东方人，大利何在？摆事实、讲道理、搞测算，新东方价值可望达到50亿元，只要合作维持、群策群力，迟早有一天，诸位皆可身价晋亿。这是大家共同的大利所在，散伙且慢。很显然，当前的形势与任务是：清零历史，捐弃前嫌，求大同存小异，面向未来，取大利、弘大义，共同为实现50亿元的发财梦而并肩作战！

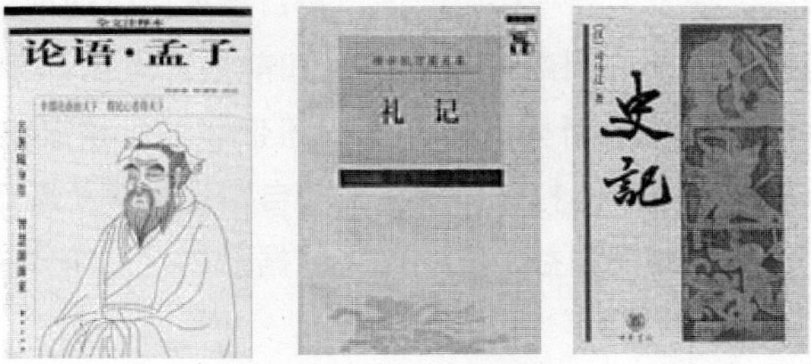

图2-2 《孟子》、《礼记》、《史记》封面

——在这些书或人物中，中国人总能找到无穷无尽的力量源泉

六、解决方案：五年战略规划和工作思路

基于上述理解，新东方的五年战略规划或者说是五年工作计划的解决方案要点应该如下：

（1）在“学校的旁边”构建一个规范的公司化运作主体，注册成立新东方公司。新东方学校是依照教育行政法规注册成立的民办学校，根据有关规定，学校享受免税待遇，但终极产权“民办公有”，产权属于国家，不适合作为“公司”来运作，尤其是无法作为资本运作的合格主体。新东方要走向真正的产业化，首先要做的是依据《公司法》的要求注册成立一家产权清晰、符合现代企业制度的要求、完全市场化生存的公司。让学校的创业元老和关键人物成为公司股东，大家的利益在产权层面上捆绑在一起。在具体运营上，则“做虚学校、做实公司”，学校维持品牌，公司做实经营。

（2）创新和明确股东（创业元老和关键人物）的盈利模式，追求企业价值最大化，直取50亿元目标。长期以来，新东方创业元老和关键人物的盈利模式是：把持一块业务，办班—收费—分钱，各自吹糠见米、坐地分银、落袋为安。新模式的要求是：大家放弃“吹糠见米、落袋为安”式的个体户收益模式，依据对经营发展的贡献度和重要程度分享股权，通过股权增值来实现股东收益的最大化。测算显示，如果大家能够积极配合，新模式能够成功运行，那么新东方做出1亿元的利润、50亿元的企业价值，将在5年内可以期待。届时，新东方股东(创业元老和关键人物)可望臻达的财富身价是坐地分银50年时间都无法企及的。

(3) 根据资本增值最大化的要求来进行整体布局、资源调配和工作分工，将个人能力和资源纳入公司的组织功能体系之中，各就各位地扮演自己的角色和发挥自己的岗位职能。原来的新东方是“分封割据、自种自收”的格局，各路诸侯自立山头，缺少大局观和协同性，各自依据自己的利益最大化来调配资源和安排业务，较少关心组织的整体命运和前途，大家都倾向于品牌“搭便车”和大树底下好乘凉。新模式通过产权纽带和盈利模式的变革把大家的利益捆绑成一个整体，这就为打破山头主义和自留地赢得了基础和契机。企业价值最大化成为大家的共同利益，并以此为依据来进行工作分工、整体布局和资源统一调配。

(4) 彻底变革“分封割据、自种自收”的运营模式，建立现代法人治理结构，发育和建设统一的、能够惠及和约束全员的组织功能体系。在原来的格局下，新东方是大牌子下的一群个体户，各自为政、各自为战，没有统一的、能够惠及和约束全员的组织功能体系。例如，在研发方面，没有统一和清晰的课程设计理念，各路诸侯依据自己的感觉推出课程，课程质量良莠不齐；在营销方面，谁办班谁就贴海报、做广告，没有统一的营销部门和市场推广功能；在生产管理方面，没有统一的课程质量评价体系，谁办班谁组织教学。甚至直至2000年，新东方都还没有统一的财务部门和财务管理，连收支和结算都各自为政，财务隐患随时都可能引发系统风险。如果不改变这种局面，新东方注定没有未来，客户(学员)越多，业务规模越大，混乱就越甚，风险就越大，品牌信誉就越难保证。在和君咨询提出的解决方案中，组织功能体系的发育和建设被定性为“新东方走向未来的生命线”，是新东方未来5年的关键成功要素，是新东方未来5年战略实施的主体内容。

(5) 伺机引进战略投资者，通过市场化的外来股东来促进公司治理的优化和运作规范化，同时增加资本实力，通过加大投入来加速公司做成“模样”，拉开与竞争对手的落差，在条件成熟的时候尝试和探索基于人流的商业模式开发。和君咨询对引进战略投资者事项进行专项论证，并与电广传媒(湖南卫视)、五粮液等可能的投资者进行了实质性的合作探讨，后来因新东方的内部关系尚未理顺而搁置。

(6) 选择时机实现公开上市——IPO。一方面实现原始股东的股权增值和流动性，另一方面为新东方走向下一个成长阶段创造全新平台，最终实现“取大利、弘大义”的人生梦想。和君咨询对新东方的上市进行了可行性论证和提出专业建议，内容包括：上市方式——IPO 还是借壳上市？上市地点——国内还是海外？A 股、H 股、红筹股还是 N 股？上市条件——未来几年的财务预算是资产负债趋势、营业收入、现金流量、税务处理、利润；募股资金投向——业务组合和盈利模式。当时的新东方，因为对这个知识领域很陌生，再加上大家的心思和焦点都在内部关系的理顺上，所以，和君在这方面的专业意见往往得不到新东方的有效回应。

七、后续结果：五年来和五年后

新东方公司于和君咨询提出建议的当年（2000 年）在国家工商管理总局注册成立。此后五年来，新东方学校和公司沿着上述战略方向走过一段炼狱般的战略转型和组织变革之路，俞敏洪及其新东方最终实现了凤凰涅槃一样的重生。作为本战略咨询案例的必要信息补充，在这五年的新东方路上，值得提及的有以下几件事：

（1）在公司治理和经营主导方面：2002 年之前的新东方经历着复杂和痛苦的公司政治斗争，俞敏洪几度从核心领导地位上“下岗”，公司治理和经营几度陷入危局。2002 年之后，俞敏洪以其难以替代的经营能力和胸襟气度而最终确立起绝对权威和经营主导权，其他第一代创业元老变身为股东后退居二线，俞敏洪带领第二代骨干人才把新东方推上了全新的发展阶段，直至今天。

（2）在经营形势方面：新东方的增长趋势不减当年，广州、上海、深圳、武汉、西安、长沙、成都、沈阳、扬州等地新东方学校陆续开张，形势喜人（见图 2-3）。截至当前阶段，新东方在全国的学员已达到 100 万人次/年。

（3）在经营模式和组织功能方面：新东方彻底改变了“分封割据、收入提成”的个体户经营模式，逐步过渡到组织化和流程化的运行体系。公司在决策机制、产品研发、市场营销、人力资源、品牌建设和传播、财务管理、组织管控、信息系统等方面，初步建立起一整套相对完整的规章制度、功能体系和企业文化。在新东方的规范化建设和组织功能发育过程中，普华永道继和君咨询之后成为新东方的咨询顾问。

（4）在私募融资方面：2002 年国内某证券机构出资现金 2 亿元，以增资扩股的方式取得新东方 15% 的股权。后因该机构的入股动机偏向于股市投机而被新东方及时识出，经双方友好协商决定，新东方对该证券机构作出了退资处理。2004 年 12 月，美国的老虎环球基金作为战略投资者正式投资入股新东

图 2-3　新东方大厦

方，出资 2 250 万美元，占新东方 10% 的股权，并以合同条款约定：凡是新东方私募融资，老虎环球基金拥有优先认购权。事实上，自从 2003 年开始，新东方就已经成为私募资本机构追逐的目标。高盛、鼎晖、华平、IDG 等投资机构皆委托过和君咨询约见新东方，表达了想投资入股新东方的强烈意愿。新东方股权已然成为投资界的抢手货，但优先认购权已被老虎环球基金锁定，其他资本机构只能望而兴叹。

（5）IPO 和纽约上市：2006 年 9 月，新东方公司在纽约证券交易所正式上市挂牌，IPO 及 SECONDLY OFFER 募集资金约 1.5 亿美元。截至 2007 年 5 月，新东方总市值约 17 亿美元（约合 120 亿～130 亿元人民币，是 6 年前和君咨询估值 50 亿元的两倍多）。以私募估值和上市交易为契机，持有股权的一批新东方人成为千万富翁和亿万富翁，一个新东方富豪群在中国财富界一夜之间冒出，关键人物全部成为声名显赫的财富新贵。其中，俞敏洪持股价值约 30 亿～40 亿元，被媒体称为中国 5 000 年历史上“最富的教师”。早已退居二线的新东方元老徐小平和王强的持股价值约 10 亿元。

（6）未来：路漫漫其修远兮，困难和挑战将一路伴随。在走向未来的过程中，新东方还将继续遇到无数的困难和挫折，最大的挑战将来自下列各个方面：共同理想的建立和人格化，成长方式的转变和升级，持续的管理改进与变革，企业文化建设及其与时俱进，以及后俞敏洪时代的接班人选拔和培养。但是，无论怎样，新东方走到今天，已经是“做赢不易，做输更难”了。随着新东方的纽约上市，公司的品牌影响力和资本实力暴增。按照合理的财务管理原则来运作，新东方可用资金实力达到数十亿元之巨，是中国教育产业中实力最强的王牌公司。或者可以新东方扬州学校的一个侧面观察到新东方“做赢不易，做输更难”的状况。新东方扬州学校于2002年开始购地建设，占地数百亩，已经发展成为当地人气最旺盛、吸引力和影响力最强的中小学学校之一。在“名校辐射效应”的作用下，扬州市以新东方学校为中心向四周划地N多平方公里，正在开发建设一个城市新区。该新区的规划与建设已然成为扬州市“十一五”期间最具发展潜力的热土。由此引发那片土地的价格飞涨。新区的建成，无疑将为新东方学校的发展营造出全新的人口基础和社区环境。不经意间，教育房地产的商业前景、教育与商业相生共荣的未来发展已然露出曙光。

八、颇有意味的花边故事

因为一场咨询，和君咨询董事长王明夫和新东方校长俞敏洪成为惺惺相惜、无所不谈的好朋友。两人的家庭都在北美温哥华，妻子儿女交往甚密，情谊融融。

2006年9月，新东方在纽约交易所挂牌，各大主流媒体纷纷在头版刊发俞敏洪在纽交所敲钟时刻的照片(见图2-4)。关于新东方上市和俞敏洪财富身价的新闻铺天盖地地渲染着，此时的俞敏洪及其新东方成为举世瞩目、光芒四射的明星。对此，王明夫无限感慨地说：大众只欢呼成功和荣耀，而有谁知道俞敏洪带领新东方走到今天的历程，几乎可以用“泣血”来形容！

图2-4 新东方纽约上市

上市前夕，根据美国的有关法律，新东方启动“董事分享计划”(Director Share Program)。根据该计划，公司董事可以向配偶和亲属之外的、为公司的创业和发展作出过贡献的人配售一部分原始股。此时，远在美国的俞敏洪打电话给王明夫，说有一部分原始股可以配售给他，以表心意。王明夫是股票投资方面的专家，深知这份投资的增值前景，但他婉言谢绝了。王明夫解释说：新东方走到今天，谈何容易，在千辛万苦的创业和发展过程中帮助过俞敏洪和新东方的人，又何止是我王明夫一人呢？

2006年底，中央电视台评选当年的“CCTV年度经济人物”，俞敏洪作为人气最旺的人选之一进入最后一轮的评选。央视二套在其间的一期“财富人物”节目中，俞敏洪作为CCTV年度经济人物的热门候选人成为该节目的主角。央视工作人员在了解到和君咨询与新东方、王明夫与俞敏洪之间的咨询故事之后，特邀王明夫作为神秘嘉宾出席节目。

主持人王小丫这样导引出神秘嘉宾的出场：“我们听说，俞校长在做新东方的历史上，曾经得过一场大病，几乎到了死亡的边缘。这时候，新东方请来了一位医生，把病给治好了。今天我们也把这位神秘的医生请到了节目的现场。”

当神秘嘉宾王明夫突然出现在俞敏洪面前的时候，俞敏洪感到意外，他以其惯常的调侃语气说：“明夫，怎么是你呀，你把我的企业咨询成这样，还敢来见我？”（见图2-5）

图2-5 俞敏洪和他的新东方“大夫”王明夫

在节目录制现场，评论嘉宾问王明夫：“你在多年前新东方还很小的时候就预言它将值50亿元，现在真的兑现了，而且已经达100多亿元了。那么你能预测一下未来的新东方能值多少钱吗？”王明夫估摸片刻，说：“嗯，500亿元吧。”又问：“还要多少年？”王明夫说：“大约5～8年吧，如果我搭进去一起做，3年！”

2007年春节期间，俞敏洪在纽约减持他自己的一小部分新东方股权——100多万份ADS，套现5 000多万美元（折合人民币约4亿多元）。这是俞敏洪自创业以来从新东方那里获得的第一笔规模财富。他用这笔钱在香港成立了一个新东方慈善基金会，宗旨是：为中国大陆的贫困学生教育提供资助，包括提供学费和生活费赞助。王明夫受俞敏洪邀请，成为香港新东方慈善基金会的三名董事之一。在一次见温家宝总理的场合，俞敏洪对温总理说：中国应该尽快立法，允许私人设立慈善基金会。我们相信，当中国有法可依允许私人设立慈善基金会的时候，俞敏洪等中国富豪的慈善用财就不必再舍近取远、绕道香港了。

早年创业伊始的俞敏洪，面对社会，是一介怯生生、嫩乎乎的书生，并不了解社会上的那些事。后来随着新东方事业的山重水复和跌宕起伏，他一步步成长成为今天这样一个坚毅、老练和成熟的董事长，变得勇于面对任何困难和挑战，能够运筹帷幄、轻松应付各种复杂局面。回首自己的精神成长史，俞敏洪说：一个男人的生命意志是怎样长成的？起先，年轻的时候，人就像一堆面粉，洁白、纯净、好看，但没有黏性、韧劲儿和分量，一阵风过来，就能吹散了。后来，公司内外、社会各方、黑白善恶、雅俗圆钝，各路神仙、各种力量都加入进来，就像往面粉堆里掺水、使劲、搅和、揉捏一样，反复这般，纯洁的面粉就慢慢地被揉成面团了。这时候，开始有了韧劲儿、弹性、张力和分量。继续揉下去，就可成拉面了。一旦成了拉面，那么，用开水煮都不容易煮烂了。一个男人的长成，从面粉到面团最后到拉面，不过如此而已！

如今的俞敏洪皈依了这样一种生命观：人生就为一件大事而来。可以肯定，一切钱财意义上的事，都已经不可能成为俞敏洪心中的那件大事。哈佛式的一所中国私立大学，或许够得上这样一件大事的分量。

2007 年的新东方，离这所大学还有多远？在这个世界上，一只叫做俞敏洪的小蚂蚁，还需要在地上继续爬，继续爬……

资料贴士：

王明夫写完本案例后于 2007 年 7 月 1 日致函俞敏洪，函如下：

“校长：

附件是我以一个观察家和咨询师的视角撰写的新东方那段历史，一段跌宕起伏的珍贵历史。我的视角只能看到我看到的东西，请你批评指正。

注意休息，保重身体！

明夫”

2007 年 7 月 10 日俞敏洪回复王明夫函：

“哈，明夫，写得真是不错，可以成为关于新东方的历史性文献，既有战略高度，又有哲学高度，比我看到的哈佛新东方案例写得好多了，哈佛写了新东方的皮，你写了新东方的肉。

我整整一个星期都坐着船在海上漂流，既上不了网，也收不到手机信息，回复晚了，抱歉。

你整个夏天待在哪里？新的下一代又要出生了，真是老当益壮。

祝好！

俞敏洪”

九、思考与启示

（1）中国企业的一个普遍现象是：机会的来临大于能力的成长，业务增长的速度快于组织发育的速度。本案例中的新东方就是这个普遍现象的一个典型缩影。市场机会潮水般地涌来了，企业领袖管理好一个大公司的理念、知识、能力和心理还没有准备好；业务规模已经足够体量甚至疯长了，组织功能体系却还依然处在稚拙甚至是洪荒的阶段。这是很多中国企业在高速成长过程中的一种深层次“反差”。一切管理混乱和组织危机都不过是这种深层次“反差”的表征和结果。解决之道在于：发育组织功能，提升管理能力，让业务的展开实现从基于个人能力到基于组织体系的转型和升级。在这个问题上，目前时代的中国还有很多风头正劲、声名广大、高速增长的公司都需要冷静下来问一问：能过得去吗？过得去的，历史上的辉煌岁月只不过是一段小小的彩排，真正的大好河山还在后头；过不去的，好汉勿念当年勇，风流总被雨打风吹去。

（2）中国企业需要什么样的战略咨询？莱布尼茨说：世界上没有两片相同的叶子。管理者和咨询师首先需要确立的认识是：商界里找不到两个相同的企业。所以，一切战略咨询都必须从企业的唯一性和个性化存在出发，而不能从“战略模型”出发。在本案例中，几乎没有用到任何科班的战略模型和工具，比如 BCG 矩阵、麦肯锡 7S、波特五力模型和竞争战略、SWOT 分析、和君 ECIRM、战略三层次理论（事业—竞争—功能）等，也始终没有写出一份符合科班标准的战略报告——使命愿景、目标体系、战略计划、战略实施与执行、战略评价与矫正等。站在事后的今天回过头去看，如果当年依照这些模式化思维和科班知识的套路去应对新东方的局势，那何止是“书生气”，简直就是“傻死了”！真正的咨询高手，其能力和境界体现在：从企业的实际情况出发，协助客户完成他自己的思考，而不是向客户提供一套科班化和模式化的思维，也不是为客户写出一份标准化和格式化的咨询报告。一个悟性足够的咨询老手，总有发生这种感觉的时候：分析和判断一个企业，很多时候，并不需要高深的专业知识，而是需要人情事理的把握。而且在很多时候，这种人情事理的把握，仅需要悟识和尊重“事之常理、人之常情”就够了。这就是所谓的“大道之简”。

（3）咨询师如何面对客户方面的公司政治？毛主席说：“凡是有人的地方，就分左中右。”对咨询师来说，在错综复杂、微妙敏感的公司政治中工作是家常便饭、职业常态。面对公司政治，咨询师该怎样拿捏和把持呢？说什么话？怎么说话？站在什么样的立场和角度说话？契合了哪一派的观点和需要，违逆了哪一派的主张和利益？结果往往是，作为专家的咨询师，左右不是人，契合了这一派，就得罪了那一派；或者是，专家说什么，矛盾的各方都各取所需，用来作为“支持自己、指责对方”的依据。而素质不够、经验不足或心术不正的咨询师，则可能有意或无意地卷入客户的公司政治之中，站队、帮忙、添乱。面对客户方面微妙而复杂的政治生态，咨询师的危险程度无异于身陷“地雷阵”之中，随时都有可能踩响地雷而小则惹是非、中则成替罪羊、大则彻底出局。在新东方的咨询过程中，就有工作小组中的某人员在公司政治中失去了应有的操守和把持，成为永远不受欢迎的人。和君的公司形象和信誉也因此大打折扣，堪称教训惨痛。

咨询师如何面对公司政治？这个问题看似复杂，实际上很简单。基本原则是：明确一个观点，站稳一个立场。这个观点是：管理咨询师就像是医生、律师、会计师和化验师那样，其职责是根据专业标准发表专业意见。试想，一个医生对病情的认识和诊断，需要看病人和家属的脸色行事吗？在公司政治中，咨询师一方面需要谨防被人当枪使，另一方面自己也要自尊自重，放弃夹缝中“求生存、捞利益”的思维，放弃任何试图跟对人、站对队、察言观色、见风使舵、投机钻营、搭便车和捞一把的动机和做法，以“君子坦荡荡”的态度站稳客观、中立的专业立场，保持自己的职业操守，维护自己的职业尊严。请记住，和君咨询要求员工的职业操守是：专业立场第一，客户意见第二。

最后，本案例是“管理咨询＋投资银行”双重专业思维的又一次应用。我们深信，经验老到、思维系统的咨询师或经营者将会越来越意识到，“管理咨询＋投资银行”的知识组合和能力结构对当今时代的中国企业有着广泛而深远的适应性。

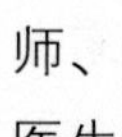

复习与思考：

（1）和君咨询提倡“人是应该有一点诗歌精神的”。你怎样理解诗歌精神，和君咨询为什么要提倡诗歌精神？

（2）为什么说，从管理的角度看，建立统一的、能够惠及并约束全员的组织功能体系，是新东方走出危机的关键步骤？

（3）本案例中，新东方五年战略规划的解决方案要点是什么，为什么是这样的？假如遇到一个类似的客户，你能给出类似的解决方案吗？

（4）你怎样理解“中国企业存在一个普遍现象：机会的来临大于能力的成长，业务增长的速度快于组织发育的速度”？

（5）咨询师应该怎样面对公司政治？

（6）你怎样理解“真正的咨询高手，其能力和境界体现在：从企业的实际情况出发，协助客户完成他自己的思考，而不是向客户提供一套科班化和模式化的思维，也不是为客户写出一份标准化和格式化的咨询报告”？

（7）你如何理解“男人的意志是怎样炼成的：从面粉到面团再到拉面”？

（8）本案例再次显示了和君咨询“管理咨询+投资银行”双重专业能力的服务方式，你是怎样理解这种方式的？

嘉宾点评：

俞敏洪(北京新东方学校校长,新东方公司董事长)：

这个案例写得真是不错，可以成为关于新东方的历史性文献，既有战略高度，又有哲学高度，比我看到的哈佛新东方案例写得好多了。哈佛写了新东方的皮，这个案例写了新东方的肉！

第三章
战略转型与营销突破：欧普照明

案例主题词：战略转型 · 营销体系 · 奠基

和君咨询案例系列之：

欧普照明战略转型与营销突破

程绍珊　撰写于2007年夏

在国内照明行业中，有一家原来名不见经传的民营企业——欧普照明近几年来迅速成长起来，将国内同行远远地抛在后面，成为国内家居照明的领头羊，而且在这一领域内，其市场规模和经营效益都超越了飞利浦、松下和GE等业内的国际品牌。欧普照明的超常规发展使业内同行和专家们都大吃一惊，纷纷作为标杆进行研究和学习。人们发现支撑其高速发展的核心力量来自强大的营销网络。不仅在全国各中心城市市场上，而且在大部分各县级市场和发达地区的乡镇市场上，几乎总有欧普照明的专卖店，数量接近3 000家，而且多半都是当地最大的门店。

欧普照明何以能构建其如此强势的终端网络呢？其实这项营销的奠基工作早在六年前就悄然开始了，和君咨询的营销团队就是这项工程的设计者、推动者和施工者。

一、感觉

2001年10月，和君咨询在深圳举办了一次宣讲其深度营销理论的公开课，课堂上气氛热烈，台下200多位学员中，坐着两位神秘的听众：一位是欧普公司的总经理马秀伟女士，另一位是其营销总监丁必伟先生。两人不时低声议论、频频点头，显然被和君的深度营销模式所吸引，显得非常兴奋。

几天后，马总就出现在和君咨询公司北京总部的会议室内，经过不到两小时的洽谈，就达成了咨询服务的协议，尽管我们再三强调缺乏照明行业经验。我敢肯定，当时他们还没有搞懂深度营销模式具体是什么，也不知道咨询服务究竟能提供什么价值，只是认为现在照明行业的营销模式肯定没有未来意义，觉得和君咨询的营销理念和导向在感觉上是对的，相信能解决他们企业现在所存在的问题（这可能与现在选择咨询公司和立项的招标模式大不相同，但其实这种感觉往往更准确，就像恋爱中的感觉一样。从某种意义上讲，咨询服务的过程就是咨询团队与企业恋爱的过程）。

项目就这样开始了，咨询团队从组长到成员都是由欧普照明的马总亲自挑选的，并迅速进入了工作状态。但随即遇到了问题，不到两个月，走马灯似地换了三位项目组长。这是我们服务客户中少见的，客户给出的理由是没有感觉。于是，当时还是一名普通咨询师的我，被任命为第四任项目组长，也肯定会是最后一位组长，当时和君咨询高层决定，如果我再不能积极推动项目并让客户感到满意，就只有终止项目。所以，我进入项目后的第一件事就是找感觉，让双方回到初期的那种一见钟情的恋爱感觉。

一圈市场跑下来，通过内外的沟通与了解，我对企业内外的情况基本有了认识，隐约知道客户要的感觉是什么了。那时，国内照明行业正处在一个历史的转折点，在广东中山市的古镇（号称中国灯都）聚集了上万家中小型灯具照明厂家，他们是随着国内的改革开放，凭借其便利的地理位置和丰富廉价的劳动力，逐步承接原来从台湾和香港等地转移过来的照明产业，加上浙江温州地区迁移过来的部分灯具企业，而形成了一个分工细腻、高度协同的产业集聚区，这其中的大部分企业都是来料加工或 OEM 制造，还有一些是外贸出口，只有少部分企业是做内销的。由于共处于一个供应链体系，加上本来产品的技术含量就较低，导致大家的产品长得越来越像，同质化非常严重。奇怪的是，几乎所有企业的销售方式都是“前店后厂”模式，在临街的店铺上各厂家都建立了产品展示中心，坐等国内外各位买主前来选货、下单。这种“一手钱一手货”的生意做得简单而无风险，众厂家也是乐此不疲。为了更多地招揽客户，表面上都比着在店铺装修方面下力气，一家比一家装修得豪华气派；同时，暗地里的价格战愈演愈烈，很多时候大家其实都在“赔本赚吆喝”。

而来古镇买灯的国内商家也都是一个个的小个体户，实力有限，对光源和灯饰产品也是一知半解，订哪家的、订什么款式和订多少，基本都是凭感觉（有点像早年贩卖牛仔裤和时装的，全靠老板娘的眼力，否则货一滞销，就要砸在手上），风险也是极大。

再说到门店买灯的消费者，面对琳琅满目的各类灯具，更是雾里看花，既没有什么知名品牌，也没有什么行业标准作参考，选灯就是靠感觉和店老板的推荐，价格就看自己能不能砍了。

我们的客户欧普照明就淹没在这一片万家灯火之中，随波逐流地混着。公司成立已有些年头，虽发展较快，但整体实力有限：只有一栋厂房、几百员工、十来个销售人员，主要生产普通的节能灯和部分仿行业领先者——飞利浦和松下的吸顶灯，产品全部以国内市场为主。节能灯因规模不够、竞争力有限，几年来几乎没有增长，但原本是作为辅助产品的吸顶灯却是“无心插柳柳成荫”，近年来增长较快。这个公司虽然照明的核心技术没有，但生产控制较好、产品质量稳定，且在渠道中有一定口碑，市场销售基本稳定，整个公司虽说超常规的发展壮大看不到什么希望，但生存是没问题的。

那为什么他们的老板还要花钱找咨询公司呢？可以肯定的是老板心中还有“企图与梦想”，想做大做强。马总曾经对我说：“我已经留好了养老的生活费，现在欧普公司的一切都能投入，就是要干出点样子来。”但如何清晰地表达战略意图和描绘出未来愿景，用什么经营模式和如何一步步实施等一系列的问题，他们还是没有进行系统的思考，只是有些感觉。

面对这样的客户和营销水平如此原始的行业，我们与客户立项是营销咨询服务项目，给个能短期提高销量的营销策划方案，应该对我们大部分咨询师而言，都是信手拈来的事。可能的结果是，即使项目市场效果好，也肯定会让客户没有什么感觉的。我想只有一个能“顶天立地”的系统咨询方案才能让客户有感觉：既在高度上能解读行业发展与市场竞争的规则，从而规划出企业壮美的发展蓝图，并清晰提炼出其经营模式，以帮助客户对企业战略问题完成系统的思考，又要考虑客户企业现实的资源与能力状况，在短期内每一步都能见利见效，实现自我滚动的快速发展。

当我把这些项目定位和目标告知欧普照明的高层领导时，他们竟异口同声地说：“我们要的就是这样的东西。”看来双方“感觉”有了。

二、见地

基于这样的共识，我们采用成立联合项目小组的形式，将客户的董事长、总经理和包括营销总监在内的各位管理高层都括进了我们的咨询小组，并由营销总监具体与我对接，进行项目的具体领导和管理。同时，提出欧普照明要进行二次创业，号召全体管理人员积极参与、献计献策。就这样将各部门经理和全体营销人员也都调动起来了，或多或少地参与我们的调查和研究工作，这样一下子欧普照明上下都调动起来了。

以前项目推进非常被动，往往是咨询师闭门造车、独自作答，而客户却袖手旁观、一味挑刺，所谓的咨询服务变成了客户花钱考咨询师的奇怪局面。现在是双方要共同完成项目，由咨询师提供理论框架、系统结构、相关案例经验和相应的工具方法，而客户参与项目的人员提供市场感觉和行业经验，并在过程中不断地研讨和沟通，使得许多问题和认识在写出报告和方案前就已经达成共识了，项目推进非常顺利。一方面，咨询师的地位主动了，对市场、行业和企业的认识更深入到位了；另一方面，客户觉得澄清和深化了许多内外问题的认识，并在中高管理层中达成了共识、统一了认识、明确了方向，使平时的管理协同和沟通顺畅了许多，同时都觉得学到了许多东西。在这种氛围下，项目推进得非常顺利，双方逐步从“初恋期”过渡到了“蜜月期”。

经过一个多月的研究，我们双方都对欧普照明的发展目标、竞争战略和实施路径有了以下明确和统一的认识。

1. 宁为鸡头，不为凤尾

欧普照明凭借其企业创始人的创业精神和市场直觉，在市场高速发展和产业重心转移的背景下，发展成为初具规模和生存基础的企业。其相对优势在于卓越的品质和低成本制造等生产环节，而在技术和品牌上基本无优势可言，与国内大部分处在产业集聚区内的制造型企业一样，如果仅仅是活着，小日子还是可以的，但要是想出人头地，却缺乏核心优势与能力。

哪里是欧普照明突破的方向呢？我们首先分析了国内照明行业中的制造厂家结构，发现有三种比较典型的类型：一是以生产光源为主的厂家，由于技术相对成熟，产品高度标准化，规模经济效应明显，所以产业集中度较高，优势企业如佛山照明和阳光照明等；二是以生产灯饰为主的厂家，其产品定位高端，样式个性化强，且变化快，多是手工加工，典型的劳动密集型，由于国内市场消费能力有限，稍有规模的厂家多以外销为主，供应国内市场的厂家都比较小，行业集中度很低；三是做照明灯具的厂家，产品相对标准化，款式变化相对平稳，其竞争特点是介于光源类产品与灯饰产品之间，尤其是吸顶灯由于价位适中、现代简约，国内市场很受欢迎，但国内厂家几乎没有营销意识，所以品牌和渠道皆无，大都规模有限，只有飞利浦和松下等几个国际品牌处于曲高和寡的状态，但其营销模式也是依靠强大的品牌力进行高端发货式的粗放销售。

欧普照明如果沿产业链向上延伸，去做光源类型的制造商，追求规模或创新光源技术，其生产设备和技术研发的巨额投入显然是无法承受的。如果欧普照明转型为做高档灯饰产品为主，如水晶灯和石材灯等，不但生产技术和优质供应商资源等都没有，而且其市场势必要由内销转向陌生的海外市场，同时还要面对一些有规模优势和先发优势的国内企业的激烈竞争。最关键的问题是这一领域是细分的差异化领域，难以做大，更难成为产业领先的强势企业。

但欧普照明坚持和强化自己现有的产业定位也会有巨大的困难。其节能灯产品不管是在现在还是在将来，都不会有规模优势和技术优势，在越来越激烈的价格竞争中注定难以做强做大。而其吸顶灯产品虽然市场前景看好，欧普照明比较国内同行来讲，有一定的先发优势和市场基础，近期的发展也非常迅猛，但从长期来看，欧普照明要想在这一领域有所企图和作为，必然要与产业巨头——飞利浦和松下等国际名牌在国内市场直接对抗，而且是一场几乎“没有第二”的竞争，与高手对决，往往结果只有全胜或者死亡。

我们的选择是：宁为鸡头，不为凤尾。亮剑国际巨头，集中强化吸顶灯系列产品，贴近飞利浦和松下的定位，主攻其相对薄弱的家居照明市场，获得单点突破，进而逐步丰富产品线，扩大竞争优势，最后在家居照明领域成为国内市场的领先企业。

2. 洞察格局，营销突破

要实现这一战略目标，欧普照明需要具备什么样的核心能力与优势呢？又如何获得呢？这是咨询师必须清晰回答的问题，并要引导客户企业的管理者上下达成共识。处于照明行业产业链中间的欧普照明，向上延伸不可能，而停留在中间仅作生产又不甘心，只有向下进行有效的延伸，以更贴近蓬勃发展但又稚嫩无序的国内照明市场需求，方有可能突破。这就意味着欧普照明有且只有在营销环节上寻找战略突破的机会，构建竞争优势和核心能力。

有这样的可能吗？有的。当时国内家电企业中的TCL、长虹和康佳等彩电企业正风起云涌，利用其大规模制造和本土营销的优势（如TCL有效的分销渠道和长虹凶狠的价格战），将外资名牌彩电一步步挤出国内市场。照明行业能借鉴这样的竞争模式吗？对国内家电行业有深刻理解并有多次成功营销咨询经验的和君营销咨询团队自然胸有成竹，关键是要让欧普照明的高层对此有足够的信心。

为此，咨询小组较为系统地阐述了我们的战略定位与实施路径：从未来的发展趋势上看，照明产业的生产能力势必过剩，而且吸顶灯这样较为标准化的产品难以存在长久的差异化优势和成本优势，故对生产环节进行规模化的投资是没有战略意义的。只有在整个产业链目前最薄弱的营销环节进行前瞻性和战略性投入，才能获得先发优势。欧普照明应该率先放弃目前业内通行的“前店后厂的坐商”式营销模式，降低营销的运作重心，走向各区域市场，深化与下游渠道和终端的合作关系，以锁定优质渠道资源和掌控优势终端，对全国市场进行战略性布局，建设区域性营销管理平台，并适时推进专卖店体系建设。与此同时，随着渠道建设的推进，逐步加强品牌建设，占据家居照明领导品牌的地位。还要率先建立完善的营销管理体系，培养职业化和专业化的营销队伍，把欧普照明打造成以营销为龙头的业内领先者。

作为项目组长，在阶段性汇报会上，我对以上构想进行了慷慨陈词，加上天生的演讲才能和激情，一下把研讨的气氛调动起来了。欧普公司的几个高层领导都不断地点头，并插话发表意见。大家对战略方向表示认同，至少感觉上是这样，但具体如何做出来，心里还是有些打鼓。毕竟都是企业中人，思考问题往往比较具象和实在，对要靠想象和逻辑去思考和判断的问题总是觉得没有底，尤其对在营销环节构建优势表示怀疑，觉得照明行业的品牌优势和渠道优势好像有些虚，不像以往看得到的设备和技术上的优势那样实在。而且投资建设专卖店终端、强化总部和区域营销管理平台以及培养营销队伍等，这一系列的动作要投入当时欧普公司的主要精力和资源，万一没有达到预想的目的，那整个企业就将陷入被动，甚至有可能未来的营销优势没有建立，而原来的产品优势却丢了。

是的，咨询师没有办法告诉客户：我们为他们选择的战略没有风险。从某种意义上讲，是选择就有风险，而且风险与回报总是对等的。我们只能告诉每种可能选择的优劣长短，并进行积极的建议，但不能代替客户的决策。也就是说，我们的咨询服务是帮助客户完成其自身的系统思考，而不是硬塞给他们一个答案。最后，欧普照明的马总还是作出决策，就按和君咨询制定的战略干。理由是：只有这样，欧普照明才有可能取得突破。

三、方案

有了这样一个基本的战略定位，我们必须拿出具体如何在营销环节上进行有效突破的策略，并形成能实施的方案与计划，这就是战略的落地阶段。

一般而言，要从营销上取得突破，构建能持续领先的竞争优势，在产品同质化竞争的背景下，只有在品牌和渠道两个方向上获得。以欧普照明这样的出身，想在品牌上挑战飞利浦、GE 和松下这样的国际豪门，不仅在短时间内不可能，而且即使有可能也烧不起那样的钱。看来有且只有在渠道上进行有效突破，这正是和君咨询的看家本领——深度营销模式能极好地解决问题。

在此之前，和君咨询的深度营销模式在国内众多行业中都取得了非凡的成效。例如，我们在家电行业为 TCL 彩电导入此模式，成功地通过“以速度抗击规模”击败了当时的行业老大——长虹。同样，在快速消费品行业，何伯权时代的乐百氏也在和君咨询的协助下，通过积极导入深度营销模式，取得了销量和市场的重大突破。这主要是因为深度营销强调以“1P + 3P”的结构来整合 4Ps 策略，即将营销渠道视为战略性的重点策略，其他的产品、价格和促销推广等 3P 策略围绕这一核心进行有机组合，使得企业的营销资源和能力围绕渠道运作进行配置和发育，不断深化与渠道的关系，打造高度协同的营销价值链，以能实现掌控终端，提高有效销售的能力。如图 3-1 所示。同时，由于能打通营销渠道，使得企业能不断地动态变化其产品组合、推广主题和价格策略，主动地把握竞争节奏，这样企业就能在营销环节获得动态而持续的竞争优势了。

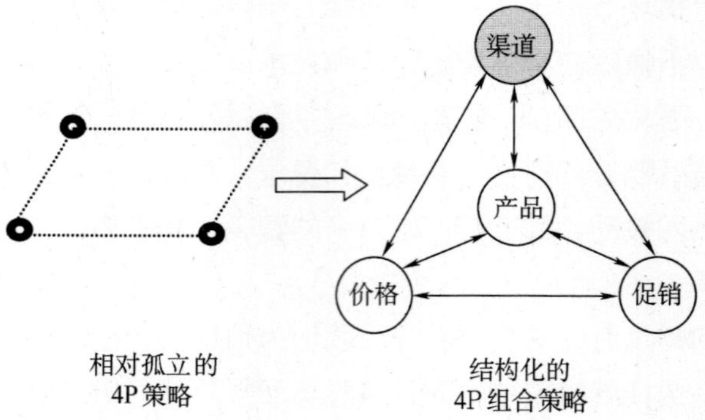

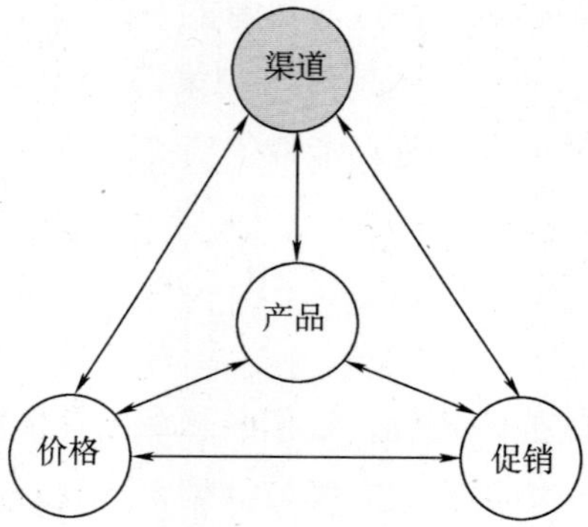

图 3-1　深度营销模式示意图

在照明行业中，深度营销模式还能演绎这样的辉煌吗？从逻辑上讲，照明产品的消费者购买行为属于低关注度、高参与度的，渠道和终端的作用应该更大，从商业逻辑上讲我们的模式应该更有效。但这毕竟是第一次在这个行业中进行尝试，所以我们在制定具体的导入方案时，充分结合了照明行业的具体特点和企业的实际情况，非常谨慎地规划了其实施的步骤和节奏。

首先，要改变现在高端放货、终端失控和渠道秩序混乱的局面，进行渠道结构和管理模式的转型。原则上市场划分以省级区域为单位，在其区域物流及商流中心设立办事处或分公司，将销售平台前移至区域市场，使之成为市场一线的运作主体，而总部的营销管理平台主要进行品牌管理、市场企划、销售管理和客户服务等专业职能工作。这样就降低了营销管理重心，更加贴近市场，提高了资源配置精度和竞争反应速度。

同时，全面梳理原有终端网络，结盟优质经销商。原来终端是市场自然发展而形成散乱的终端网络，整体销售效能低下：布局不合理，或交叉重叠，布局过密，诱发价格战；或区域空白，终端不足，使得市场潜力未能充分发掘。现调整为：在中心城市的专业市场上，保持合理的终端数量和质量平衡，采用“1+N”的终端结构布局，即每个专业市场有一个核心经销商，再加上一定数量的分销商。核心经销商拥有备有库存、全品项展示、售后服务和销售支持等功能，相当于“4S”店，而分销商只做主力品种的展示，起到有效覆盖市场的作用(这种“1+N”的终端模式在当年是和君营销咨询团队的创新，经过实践检验，不断发展和完善，几年后成为在以传统专业市场为主要渠道的行业中，如建材、家具和五金品等，广泛采用，几乎成为标准终端模式)。而在次级市场，则按照一县一户的原则进行终端开发和建设，部分发达地区延伸到中心乡镇。按照这样的终端布局密度，欧普照明在全国完成终端网络建设后，将至少拥有3 000个优质核心终端，这会形成其最有价值的企业资产，而且一旦封闭运作后，将是任何对手难以超越的竞争优势(实践也证明，后来欧普照明的超常规发展就是依赖的这一基础)。

在强化终端布局的同时，要积极扶持和掌控优势经销商。我们有个基本的判断，优质的经销商一定会是照明行业核心而稀缺的产业资源。随着行业竞争的不断加剧，流通环节必然出现整合，优秀经销商肯定是“马太效应”中的得意者，所以对优质渠道资源的控制，将给竞争对手设置一个重要的竞争壁垒。为此，我们将原来欧普照明于构想之中建设专卖店计划进一步完善和具体化，并提升到战略高度，配置专项资源进行推进，以锁定各区域市场优质的经销商，尤其是在次级市场上。这种形象统一、建设形式多样的专卖店成为欧普照明一条亮丽的风景线，为提升品牌形象起到了关键作用。

转变原来与经销商之间的仅仅是交易博弈关系，而转化为协同共赢、长期发展的伙伴关系，要为经销商提供系统的顾问式服务，帮助其发展壮大。为此，我们建立了经销商和终端的维护标准和相应规范，使得一线营销人员能保证对终端进行定时、定点和定线的拜访和维护，以完成深化客情关系、解决实际问题、进行培训指导和宣导公司理念等工作。这在当时竞争对手还在坐等客户上门做生意的时代，我们的这些合作理念和实际服务让经销商很受感动，得到广泛认同，极大地调动了经销商的积极性。

要达成这样的营销模式转型，改造原来的营销队伍成为关键。原来只是与经销商进行“一手钱一手货”的简单交易，营销人员专业能力发育不起来，也不需要。但转型为深度营销模式后，我们的营销人员要能成为经销商的顾问，为其排忧解难，这就要求营销人员不但专业能力要强，而且要精通经销商的经营运作，这对原来欧普照明的大多数营销人员来讲是个巨大的挑战。为此，我们制定了系统的培训方案，采用多种培训形式，结合实际工作进程进行培训。另外，我们还积极引进新的职业化营销人才，并建立相应的绩效管理和激励机制，逐步完善营销人力资源管理体系。

有了协同的营销链、完善的终端网络、高效的营销管理体系和强大的营销队伍，营销策略的动态组合的威力才能充分发挥，就如同要练就高超的中国功夫，要先扎好马步，练好基本动作，使得身体素质和协调性强了，武功的招数才能真正克敌制胜，否则，充其量是些花拳绣腿。营销模式转型主要是为了建设以上这些市场的基础，在此之上，我们进一步规划和提升其品牌定位与价值诉求，并引入专业的品牌传播公司进行设立与实施，同时对其产品组合进行了更有效的组合，并安排了全年的促销推广计划，实现了“月月有主题、周周有活动”的渠道联动的市场搅动活动，以提高终端销量和提升品牌热度。这样围绕构建营销链和打造强势终端这个中心，将其他营销策略进行了更有效的组合。

咨询小组还会同欧普营销管理部门的相关人员，按照以上的策略安排进行了精确的营销预算，从而形成了全年的营销计划，同时还积极推动编写了中长期营销发展规划，这在欧普照明的营销史上还是第一次。

四、推进

营销模式转型的思路有了，详细的方案有了，但真正到实施的时候，困难才显露出来，对咨询师的考验才真正来到。不同层面的各种问题都会阻挠项目的推进，甚至导致项目终止，企业变革失败。如企业高层决心的问题、来自内部的员工挑剔和阻挠、外部经销商的不理解和担心，还有队伍能力和组织相关职能发育滞后问题等。如何面对和化解这些纷繁复杂的矛盾和问题，需要一个咨询师冷静的思考和全面的咨询能力。

要聚焦核心问题，抓住主要矛盾。像欧普照明这样的民营企业，老板白手起家创业，其在企业的影响力和权威性是绝对的，而且从某种意义上讲，国内企业的文化就是老板的文化，所以企业的变革注定是自上而下的。要能推动其上下向变革的方向上靠拢，咨询师应积极调动一切积极的因素和运作各种可能的方法，包括折中、妥协和坚持，甚至是“裹挟”的方法，当然这些方法和手段的运用要掌握好节奏和火候，咨询师的艺术性和魅力就在这里。

必须让欧普照明的决策者真正完成系统的思考，而不是一时的冲动和激情。尽管有时老板在咨询师的调动下，在某些场合上豪言壮语，表现得雄心万丈，但在进行具体决策，要投入资源和费用的时候，小生意人的那种精明与短视就会暴露出来，显得犹豫和谨小慎微，导致变革停滞和倒退。其实这是业界的普遍现象。在进行战略研讨时，咨询师展示的产业机会和思维高度往往会把客户带入一种居高临下、豪情万丈的情景之中，企业老板往往表现得特有企业家精神，但等冷静之后，面对要打破现状和花钱的时候，又容易回到保守和短浅的思维中来。而领导者稍微一点的犹豫都有可能会被那些怀疑和阻挠变革的人加以放大，成为企业战略转型中的巨大阻力。

要真正说服企业的决策层，光有美好的发展前景和严密的商业逻辑还不行，必须还要有实实在在的市场业绩表现，“用事实说话”才行。所以，咨询项目必须不断地取得短期业绩，以促使欧普的领导们下更大的决心。为了保证也为了能切实体验到转型的效果，我们决定联合项目小组在推进阶段由欧普照明的马总担任项目总监，其营销副总丁必伟为具体的项目负责人，与和君公司的咨询师一道，共同推进营销转型工作，并为项目最终结果承担责任。我们就这样将两位关键人物裹挟进来了，使得方案的实施有了强大的领导保障。但在具体方案实施的过程中，咨询师必须全面参与并亲力亲为地进行实际市场运作，是以行动而不是语言给客户上下和外部经销商示范和树立信心。

为了便于日后的共同协同与沟通，我们和客户达成了一些顺利推进方案实施的基本指导原则，并约定：如果遇到问题，且不能形成一致意见的时候，双方就以这些原则为准。

首先，必须保证我们的主要变革措施和市场投入能取得短期见利见效的市场业绩，对于我们的整体营销模式转型有积极意义，同时具备长期的、有未来的战略意义。对于那些短期的投入和日常的决策由企业现有的营销管理体系进行处理，但不能与营销模式转型相抵触。其次，尽量实现“无拐点”的平稳过渡，为此，我们坚持“以增量调节存量”的方式进行转型，即初期保持两种模式并行，随着新模式的实施和推广，逐步将传统模式取消，同时营销资源和人员主要投向新的模式以产生新的销售增量。再次，考虑到我们要推进的模式是行业内首次尝试，有许多集体的细节还要完善，故要坚持“以点带面、树立样板、逐步复制、滚动发展”的推进节奏，即开始阶段主要集中在两个试点区域，随着模式的完善和队伍能力的成长，再逐步扩大区域。最后，坚持“战略决定组织”的原则，营销组织要随着模式转型逐步改革，先集中精力进行区域市场的营销转型，来拉动现有的营销后台进行响应，逐步发育相应的服务和支持职能，并相应进行组织调整和部门建设。

后来项目的具体推进出现的种种问题和最终解决，都证明了这些变革的原则非常重要，成为双方回归理性决策的主要保障。观念的转变不是一蹴而就的事情，往往在现实的困难下，在一些习惯、情感和世故等主观因素的影响下，欧普的决策者总是会拐弯，甚至是回头，尤其在国内的照明行业，大部分企业和经销商都是浙江温州人，都有着千丝万缕的利益关系和情感联系。咨询师也是人，在长期深入企业的实际运作的时候，就会有一些主观好恶和个人得失等因素掺杂进来，这些也都影响着一个职业咨询师客观理性的第三方立场。所以，在一些具体问题上发生争执几乎是难以避免的，每当这时候这些原则就成为双方要找到的准星。（随着和君营销咨询实践的不断深入，现在，这些原则逐步成为我们每个营销咨询项目的指南。）

除了上述这些原则保证外，最关键的还是新模式能否带来真正的业绩提升。也就说，在选择的两个试点市场上（一个是上海——国内中心城市型市场的代表，一个是湖北——区域市场的代表），我们必须取得令人信服的成果，才能取得客户企业的上下和内外的一致认同和支持。尽管是第一次接触照明市场，但和君营销咨询的核心特长就是能见利见效地解决实际问题，加上照明行业的营销水平确实与家电行业有不小的差距，许多问题我们在其他项目中早就有成熟的解决办法，所以还算比较顺利。例如，在上海市场上，我们仅仅用了区区 3.5 万元的促销投入（实际上就是一些积压的旧款产品），就将原来的渠道梳理清楚，并在当月就实现了销量的翻番。

随着大家信心的增强，许多区域市场的经销商和业务员由犹豫观望到主动申请，要求进行模式转型。于是，项目推进速度不断加快，不到半年基本上对所有区域市场都进行了改造，有些地方的终端建设有了很大的提升，开始进行专卖店的升级。我们感觉到，其实一个企业的市场营销转型就是一个“众人拾柴火焰高”的过程，咨询师关键是要能先在客户企业内和市场上点上这第一把火，这也许就是本土咨询师尤其是和君营销咨询师的核心能力。

随着一线市场模式转换工作的顺利推进，对总部的营销后台职能部门提出越来越多的服务和支持的要求，原来靠营销总监丁必伟带着几个企划人员和文员靠响应式的对付已经越来越无法支撑了，大家几乎都在疲于应付，根本无法有目的和有计划地进行管理了。看来营销组织的变革与转型迫在眉睫了，其实，也只有这个时候才能有效地推进。像欧普照明这样一直都是坐商销售模式，营销后台人员几乎没有市场感觉和业绩压力，只是进行一些基础性的销售结算和对账等工作，如果营销组织变革先于一线市场的模式转型，可以肯定这些后台人员都不知道要干什么，就是培训宣讲也是云里雾里。再加上心态和能力上的问题，几乎是难以变革成功的。

“营销模式决定营销组织”，这是一个基本的管理原则。当新的营销模式的发展越来越清晰地告诉企业需要什么样的管理和服务职能来支撑的时候，营销组织的变革就会有更明确和更具体的方向了，而且也把市场压力和责任传递给了后台职能部门的每一个员工。我们就是在这个恰当的时候及时将咨询项目的工作重心转移到了营销组织重建和职能发育方面，并顺利完成了相关组织设计和规范建立的工作，这一系列的工作得到了欧普照明原有营销后台人员的积极配合，组织调整也很快到位，但运行效能却是慢慢体现出来的。

这其中主要的原因还是，客户企业员工的能力培养和提升有个时间周期，必须投入足够的耐心和精力。这对企业和咨询师来讲都是一种不得不做的付出，毕竟咨询师能否将能力有效地传递给客户，就表现在能将其相关员工的能力培养起来，否则仅仅凭市场业绩的短期表现，是无法体现咨询项目的真正服务价值的。

为此在欧普照明的营销项目进行了10个月后，作为项目组长的我又跟踪服务了两年多，除了进一步落实前期项目中许多变革举措外，更多的工作是不断强化营销队伍，尤其是对营销骨干们的系统培训，以提升他们的综合管理能力。当然还有许多对模式进行修修补补的工作，但总的方向和基本框架一直没有什么改变，反而越来越强化，每年业绩都在不断地发展。说实话，在那几年的行业环境中，不用什么高明的营销模式，只要不出昏招，都能活得不差，但欧普照明的发展却有了面对未来竞争的战略意义：一是夯实了市场基础，掌控了优势渠道资源；二是培养了队伍，建立了现代营销体系，获得了优秀的组织能力。

如今的欧普照明已是行业中遥遥领先的企业，其高效强劲的销售网络、蒸蒸日上的品牌势头、咄咄逼人的竞争位势和一路高歌的市场表现的确为同行们展示了壮阔的事业图景，并赢得了阵阵喝彩声。任何高高耸立的企业大厦都是建立在夯实的基础之上的，而欧普照明的奠基工程却是在6年前和君咨询与客户企业共同完成的。

干奠基工程是要能潜沉于地表之下的，默默辛苦地工作，付出艰辛的努力，最终通过大厦的屹立来体现其贡献和价值。这就是和君咨询服务的实质和其客户价值所在。

复习与思考：

(1) 和君咨询倡导“把东方的体验式文化与西方的分析式文化相结合”的思想，你如何理解？本案例是如何体现的？

(2) 本案例中对照明行业进行分析的模式与要点是什么？

(3) 何谓“高端放货”的营销模式？何谓“深度营销”的营销模式？如何理解不同的营销模式适合于不同的行业发展阶段？

(4) 本案例中欧普照明营销模式转型方案的要点是什么？

(5) 如何理解营销咨询需要“用事实说话”，在具体营销咨询中应该如何落实？

(6) 你怎样理解“短期见利见效与长期具有战略意义”的营销咨询原则？

(7) 你怎样理解“营销模式决定营销组织”，在实际营销咨询中应当如何去应用？

嘉宾点评：

肖风（博时基金管理有限公司总经理）：

产业变迁永远是决定企业命运的关键因素。企业如何在产业格局中识别战略机会，厂商的努力如何拉动业态变迁，这个变迁又如何影响着其他厂商的命运，如何推动着整个产业升级，从这个案例中我们似可一斑窥豹。这真是一个理论思考空间和实战借鉴意义都很大的案例。

第四章
战略营销与管理改进：JJ照明

案例主题词：战略营销

和君咨询案例系列之：

JJ 照明战略营销

孙曜　撰写于 2007 年夏

一、背景介绍

JJ 照明以家居照明为主，其主打产品是以简约、时尚的烤弯玻璃灯产品（业内俗称韩国风）为主的装饰照明灯，经过 6 年的奋斗，年销售额增长到了 2005 年的近 6 000 万元，成功铸造了在国内韩国风系列的强者地位。但是，由于国内房地产的持续、高速发展，加上国家“十一五”规划中，明确提出让两亿农村人口城镇化，意味着对房地产及灯饰产品的巨大需求。另外，国家城市基础建设蓬勃发展，照明产品需求量巨大。同时，由于灯饰行业的利润过高，导致灯饰照明行业快速增长，吸引了许多企业参与竞争。另外，由于市场规模的继续扩张，以及该行业缺乏进入壁垒的特点，竞争厂家还在持续增加，竞争日益激烈。

虽然 JJ 照明是国内韩国风系列产品的主要生产者，但是在国内市场并没有建立起与领导者相匹配的市场战略布局，缺乏完善的营销网络。为此，JJ 照明积极寻找专业化的咨询公司，提供有关国内市场营销模式、赢利模式等的咨询服务。JJ 照明希望夯实企业基础，增强企业竞争力，到 2007 年实现超亿元营业规模，成为国内家居照明的细分领域的领导者。

二、项目特点

虽然该项目是营销咨询项目，但是，它是以销量作为考核的基础，通过销量的增加来支付一定比例的咨询费的营销项目。

和君咨询公司营销项目一贯的支付方式决定了客户的零风险，即“先服务，后收费，不满意，不收费”的咨询收费方式。具体来说，就是在咨询合同签订结束后，和君咨询项目组将会提交整个项目进程计划，同时提交第一个月的工作计划与预计工作成果，整个收费是按月收取。在第一个月合作结束后，提交项目月总结，客户满意后，支付第一个月咨询费，然后是第二个月的工作计划，如此推进。当客户对项目不满意时，可以随时无条件中止合作，我们不再收取任何咨询费用，这就是客户零风险。

客户零风险是在目前咨询泛滥成灾的状况下，提升咨询自身能力、保证客户利益的最好手段。通过这种咨询收费方式，将质量低下的咨询公司淘汰出局，逐渐提升咨询能力与口碑。

该项目采用的就是这种收费方式，而且在完成一定的销售额基础上，增量部分按比例提取咨询费，更是增加了项目难度。整个项目分为两个阶段：第一阶段，进行行业研究，确定整个行业发展趋势；第二阶段，进行市场调研，了解客户的产品在市场上的竞争力、市场占有率、价格优势等方面，同时要了解竞争对手的情况、客户的渠道情况，对客户的自身研、产、销系统也要进行细致的分析，然后制定相应的项目计划。第一阶段销量提成支付咨询费的方式不适用，按照按月收费的咨询方式，在第一阶段结束后，提交系列文本，同时要提交第二阶段的工作计划与费用预算，因为咨询费用销量提成支付，要充分调查清楚客户的各方面情况，进行细致的分析，然后制定出营销策略与销售目标，销售目标的分解，同时要确定各种资源投入状况，如人员、营销费用、广告费用、促销费用、公关活动费用等与营销相关的费用，要计算清楚并且告知客户，确定明确的资源投入，以保证营销目标的完成。

三、基本命题

该项目从表明上看，是战略营销管理的项目，但是从客户的表面需求深入分析，我们发现这个项目的基本命题是确定客户企业的发展战略规划，在明确发展战略的基础上，进行营销模式设计，同时确定各项职能战略，保证发展战略能够落地。

营销战略是项目的重点，但是，如果没有明确的战略指引，就没有营销策略，所以发展战略是该项目的起点。确定发展战略后，重点是明确营销战略，对市场进行统一布局，确定不同市场的营销策略，确定营销的渠道模式与管理。同时还要健全营销中心的职能建设，发育组织能力，提升营销价值链的系统效率，降低整个价值链的系统成本，提高企业的竞争力。各项分命题分别如下：

1. 战略规划

战略规划就是基于企业的资源能力和外部环境竞争状况，制定企业的发展战略及各项职能战略。

（1）行业研究及企业发展战略的规划。

（2）组织、人力资源战略的制定。

2. 营销模式的设计

（1）对灯饰照明市场进行深度调研，对目前的市场销售网络进行实地走访，了解公司战略发展方向、公司结构与营销系统的实际状况。

（2）根据甲方的发展战略与市场实际状况，对甲方的价值链进行系统的分析，针对薄弱环节，设计出适应于甲方能力的营销模式。

（3）拟订甲方年度的营销体系（包括分销网络）建设与发展规划及本年度的实施计划，在相应的内外部环境充分分析的基础上，系统地表达出甲方的市场战略与品牌定位。

3. 营销策略的制订

（1）通过对区域市场的深入调查，系统总结、营销模式设计，对国内市场进行规划，确定重点开发市场，形成市场开发的宏观布局，确立明确的市场开发目标。

（2）针对客户内部资源和竞争对手的状况，制订各个市场开发的营销策略，包括销售渠道建立与改进政策、价格体系、产品组合策略、各级市场推广策略等。

（3）制订年度明确的营销计划和目标，目标包括销量、市场销售网络建设、营销组织职能发育等定性和定量指标，针对目标，确定资源投入计划，并且细化到月。

4. 营销渠道的开发与管理

（1）根据营销战略和市场划分，通过对各级经销商的调研，结合甲方目前的实际状况，确定市场营销渠道规划方案。

（2）确定经销商改造方案和渠道新建方案，并就方案的实施确定推进计划表。

（3）确定以渠道为中心的价格、产品及推广策略的落地方案。

5. 营销模式及方案的试点

（1）根据“先试点、后铺开”的原则，选定方案实施的试点区域，对试点区域进行详细的市场调查，确定具备的实施方案。

（2）在试点市场协助甲方人员实施市场规划、销售渠道的改造和建立、价格体系建立与管控、产品组合与终端陈列、推广促销等。

（3）在试点实施的基础上，帮助甲方建立各种管理范本（区域销售组织架构，部门职责，岗位职责），锻炼队伍，并完成相应的市场管理规范建设。

（4）在试点市场取得见利见效的市场效果。

6. 试点模式的推广复制

（1）在深化样板区域市场的同时，协助甲方在全国范围内，选择具有战略意义的重点市场进行复制和推广，并取得见利见效的销售业绩。

（2）根据推广过程中的实际运作，不断完善和丰富营销模式和区域市场运作策略及促销组合。

7. 营销组织的建设

（1）在全国推广期间，乙方协助甲方进行营销组织能力的发育，建立营销平台，制定营销组织架构、部门岗位职责、渠道、区域的管理规范与营销主要流程。

（2）对经销商和营销人员进行培训，逐步提升市场管理能力。

（3）协助甲方发育起各类营销管理职能，包括营销计划管理职能、订单与库存管理职能、企划促销职能、营销培训职能、售后服务职能等。

（4）协助甲方建设和推进目标与计划管理体系，将公司的营销责任落实到各个区域市场的营销团队。

四、运营思路

（1）围绕企业的三个最核心财务指标——净利润、资金报酬率、现金流量，把营销系统运行的整体效率定义为：增加有效出货，减少存货和降低运营费用。

1）增加有效出货就是要增加最终顾客的购买量，这一方面需要采取广告、促销、价格折让等对终端顾客进行拉动，更重要的是要让经销商愿意推销我们的产品。所以，必须实现公司销量与经销商利益的同步增长，也就是说，要设计好对经销商产生良好激励的利益分配模式。

2）减少存货就是通过增加配货的频率，减少资金占用，并在即时掌握终端销量信息的基础上，实现真正的按需生产和按需配货。这样，资金的流动更快，使用效率提高，最终实现资金报酬率提高。

3）降低运营费用来自两个方面：一方面要提高队伍的工作效率和营销系统的整体分销效率，从而降低单位销售费用；另一方面要严格控制一切费用支出，包括人员、宣传促销等各项开支。

（2）通过对灯饰照明行业的深入、细致的研究，行业标杆企业的对比，针对客户自身的资源能力状况，制订适合企业发展的三年战略规划，在明确发展战略的前提下，制订各项职能战略。

（3）在营销系统中，选择成熟的区域，建立起营销平台，由他们来掌控好核心经销商，并通过核心经销商掌控终端网络，同时把业务员培养成客户顾问，实现对整个网络的控制。具体营销步骤如图 4-1 所示。

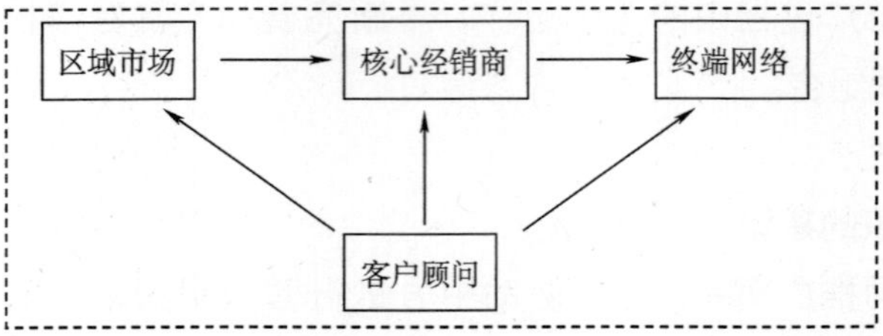

图 4-1　营销步骤

1）区域市场。选择一个区域先行试点，探索可行和有效率的模式，成功做到区域市场第一后再推广到其他区域，并逐步规范这种模式，这是深度分销的操作原则。通过对区域内各级经销商及零售点的普查，建立区域市场数据库，分析区域市场的容量和竞争强度，选择首先切入的区域，并确定区域目标责任。

2）核心经销商。核心经销商掌握着当地的销售网络，具有较大的分销能力，直接面向终端，对 JJ 照明的销售贡献具有现实和未来的意义，是分销体系的中坚力量。我们不是要最大的经销商，而是需要他们对终端网络的掌控力。寻找并维持与核心经销商的结盟合作关系是掌控零售点并实现区域市场第一的关键。

3）终端网络。建立稳定的终端网络是保证分销系统稳固的基础，是有效出货的最前端。缺少终端网络的经销商越大，分销体系的风险也就越大。所以，我们的核心经销商实际上是网络经销商。终端网络与核心经销商一起，最后将成为以配送补货为特征的深度分销网络。

4）客户顾问。让业务员成为核心经销商和零售终端的经营顾问，把他们拜访客户的活动规范化、流程化，这样他们就成了营销网络的主导者。

（4）我们的目的是有效出货，货要到达消费者必须通过零售终端，而零售终端由于量大面广而最难控制。我们必须降低销售中心，才可能直接接近顾客，实现终端拉动，才可能获取终端信息，加强产销一体化，才可能维护与终端客户的关系，既保持出货的连续稳定，又保持网络的稳定发展。所以，我们要跨过省级代理，缩短渠道，去接近终端。这就带来队伍工作习性改变的问题，原有的产业环境和市场增长给业务员留下了很大的空间，于是“坐商”也可以把市场做大，我们要做的是把他们从维系几个客户改变为管理一个网络，从产品和渠道的经营者转变为分销网络的管理者。

项目的最大价值在于培养一支队伍，他们懂得如何去接近终端，如何去拉动消费，如何去管理经销商和管理网络，这支队伍才是JJ照明走向未来的坚实基础。不管市场环境如何变化，只要我们的队伍知道怎样围绕客户、围绕消费者做事情，JJ照明将永远立于不败之地。

（5）我们不能自己销售，也不能直接做到终端。流通企业的存在价值是它们拥有更好的方法、更大的积极性。在出货上比我们有更高的效率，并且也不可能有足够大的投入来自建网络。同时，经销商是理所当然的经营者，而我们的业务员并不具备渠道经营者的条件，也不能得到相应的制度保障。所以，我们要利用经销商来控制终端网络，要利用社会资源来做大网络，从而规避费用、控制等各项风险。事实上，直接管理终端将比管理经销商困难得多。掌控终端而不拥有终端，这也是深度分销的一个基本原则。

（6）我们要坚持的是在项目实施阶段将给客户带来现实意义上的销售额的增长。我们是在局部地区发育模式、培养种子选手，并在复制推广中完善模式，培养更多的种子选手，最后在全部网络中推广的。本项目将最终建立起规范化、制度化的分销管理模式，并把深度分销的理念传递给所有的员工，为JJ照明在未来的扩张打下基础。

五、项目方案

在项目的第一阶段，项目组提交了企业发展战略纲要，主要分为以下几部分。

1. 公司的事业理论基础

（1）环境假设。

（2）企业使命与愿景。

（3）企业文化与核心价值观。

（4）核心能力与优势资源。

（5）现实困境与战略选择。

2. 发展战略描述

（1）总体概括。将该企业的发展战略概括为"一个领域，两种能力，三年规划"，即在家居照明一个领域全力发展，迅速成为家居照明领域的细分领域领先者；同时在研发能力的发育、创新开拓、伙伴合作等方面加强研发能力以及扩大营销网络、建立信息系统和进行客户关系管理等营销能力的发育，形成企业的核心能力；制订三年具体的战略规划。

（2）战略目标。

1）客户与市场方面。①建立业内完善的营销网络，战略性市场销售网络覆盖100%；②成为家居照明强势品牌；③2～3年销售规模达到4亿元以上；④家居照明产品指明购买率、服务品牌行业提及率居中国第一。

2）内部管理方面。①研、产、销一体化协同运作，统一于争夺市场，提高组织整体运营效率；②在统一的企业文化认同基础上，强化职能部门的专业管理、服务支持以及市场快速响应能力。

3）学习成长方面。①建立富有人性化的激励机制，最大程度激发队伍的活力，调动队伍中的每一个人的主观能动性；完善组织内部培训体系，成就员工的职业生涯规划。②建设一支训练有素、稳定团结的家居照明客户顾问队伍。

（3）竞争要点。具备持续的创新研发能力、快速的市场反应速度以及精准的产品和市场定位，成为家居照明系统方案的提供商。通过内部资源整合，提高终端争夺客户的能力，进而整合外部资源，确立价值链的主导地位。

（4）经营模式。

（略）

3. 各项职能战略描述

（1）发展战略落地规划。

（2）组织战略。

（3）人力资源战略。

（4）营销战略。

同时提交企业年度营销计划与费用预算，纲要如下：

JJ照明2006年度营销计划及预算

JJ照明事业定位于家居照明产品及服务提供商，必然要建立和获得符合中国市场特点的多产品推广、分销、服务等综合功能的营销能力。因此，基于国内家居照明市场特点和竞争态势，以及企业内部实际条件和情况，JJ照明制订了2006年度市场营销计划，以实现JJ照明的战略跨越，并逐步树立在国内家居照明市场的第一品牌地位。

A. 市场营销整体目标

2006年度市场营销整体目标包括销售目标、市场开发与维护、分销网络建设与维护、品牌建设与管理、营销组织建设与队伍培养五个方面的目标，具体如下：

（1）销售目标。2006年度设定销售目标X亿元，综合销售毛利率为X万元，净利润为X万元。

（2）市场开发与维护。

（3）分销网络建设与维护。

（4）品牌建设与管理。

（5）营销组织建设与队伍培养。

B. 市场营销策略

（1）产品策略，进行产品规划，确定利润型、走量型、形象型产品的规划与定位。

（2）价格策略，制订价格策略，确定产品组合中的产品价格定位。

（3）渠道策略。①区域市场规划；②明确渠道各主体责权利。

（4）促销策略。

C. 营销计划的实施

D. 销售目标的分解

（1）销售目标区域分解。

（2）销售目标月度分解。

（3）2006年度销售目标月度及区域市场分解。

（4）2006年度销售目标按产品系列组合分解。

E. 营销费用预算

（1）营销费用预算基准与原则。

（2）营销费用项目结构。

（3）营销费用预算。

（4）营销可支配资源月度积累。

(5) 营销费用月度支出预算。

其他项目方案如各种促销方案、公共关系维护、公关事件的策划等就不再一一细说，这些是在项目实施的过程中逐步出台的。

六、项目实施

项目实施分四个阶段进行，各阶段的工作内容重点见表4-1。

表4-1 营销计划实施步骤

步骤	实施阶段	期间	工作内容重点
1	样板试点期	2006年3~4月	分销终端开发，区域市场分销网络维护与管理，市场推广与宣传，营销驻外组织机构建立，销售人员的招聘与培训
2	复制推广期	2006年5~9月	复制推广市场分销终端开发，分销网络维护与管理，营销管理职能完善，业务流程整合
3	全面提升期	2006年10~12月	销量提升，品牌建设
4	稳定发展期	2007年1~3月	销量巩固，2007年度营销规划

1. 样板试点期(2006年3~4月)

(1) 目标市场的详细市场调查，分销终端的选点与谈判。

(2) 分销终端的签约，店面装修，订货，产品展示陈列布置。

(3) 户外广告，软文报道等推广与宣传。

(4) 样板市场区域招商大会召开，模式总结。

(5) 样板市场的促销方案及推动实施。

(6) 完成114家终端开发，其中核心经销商24家、分销商90家。

2. 复制推广期(2006年5~9月)

(1) 分阶段实施新区域市场的开发复制工作。

(2) 巩固样板市场终端网络建设。

(3) 完善市场营销管理的构架与职能，驻外销售机构组织制度建设。

(4) 整合公司内各部门对营销业务响应的关键业务流程。

(5) 完成90家终端开发，其中核心经销商20家、分销商70家。

3. 全面提升期(2006年10~12月)

(1) 深化复制区域的终端网络建设，继续培育新的优质终端。

(2) 有选择地开发新的区域市场，尤其是在有战略意义的大型中心城市塑造 JJ 样板工程，以及建设有展示意义的核心终端。

(3) 制订并实施年底新一轮的市场宣传与促销活动方案。

(4) 根据市场反馈信息，加快新产品规划与开发工作，丰富 JJ 产品组合。

4. 稳定发展期(2007 年 1 ~ 3 月)

(1) 巩固终端网络建设，提高终端动销率。

(2) 总结年度营销业绩，表彰优秀经销商。

(3) 规划新年度营销战略和计划。

七、项目效果

该项目运行 1 年零 4 个月，在第二阶段，该企业第二个月销售比去年同期增长 67%，销售高速增长，构建全新的营销体系，全国销售网络初成规模，营销队伍由 3 人发展到 40 人。在第二个月，就提出合同续约一年，按照提出支付咨询费的模式继续合作。

由于是在客户端进行咨询，对客户的能力培养非常重要，咨询的实质就是能够帮助客户提升自身能力，在咨询项目结束后，能够独立地进行系统思考和解决问题。在项目进行中，客户能够开始系统地思考问题，逐步提高自身能力，将企业从家族式管理带入公司化运作层面。

项目收费也超过预期，远高于一般咨询项目收费，达到双赢的局面。

复习与思考：

(1) 营销咨询项目的本质是给客户提供价值，而营销本身的价值最能够显性化的就是销量，因此，从案例中我们要思考，营销咨询的本质是什么？如何衡量？

(2) 提供咨询服务，获得咨询报酬是咨询行业的主要收费方式，案例采取销售增量提成的模式，打破传统的咨询收费模式，采取双方共同约定的销售增量的比例支付咨询费，咨询方风险非常大，对咨询方案的可行性、实施过程以及结果考量都提出了极高的要求，因此在一个营销咨询项目中，你如何保证项目方案的有效性？如何提高客户的满意度？

(3) 正如案例所述，该案例的项目风险非常高，要求项目组正确认识市场、对产品组合和渠道要有一定的了解，才能驾驭风险，因此，作为一个营销咨询师，你应该如何提高自己对市场的质感、对产品的理解和对风险的控制？

(4) 该案例在实施过程中之所以能够顺利开展，主要是在项目初期正确地制定了年度营销计划与预算，明确客户的市场投入、产品准备、人才储备等资源投入，按照月度进行检核，及时调整计划。作为一个咨询师，你如何保证营销计划和预算的正确性、可行性？

嘉宾点评：

王文京(用友软件股份有限公司董事长)：

一个公司是否有投资价值，说到底，还是要看其基本面。这个案例从战略营销的角度揭示了一个企业的基本面改善是如何展开的，实战而且细节是这个案例的特点。这对做企业的经营者和做证券的投资者都有启迪意义。

第五章
外销企业的国内营销：浙江 HY

案例主题词：外销企业转型·营销

和君咨询案例系列之：

HY照明的国内营销之路

李一广　撰写于2007年夏

随着世界制造中心向中国的转移，我国诞生了很多外销型的中小型企业，尤其集中在长三角和珠三角一带，它们利用周边的配套优势和我国的劳动力资源，加上自身的勤劳吃苦精神，取得了快速发展。但与此同时，人民币不断升值、国外的反倾销和技术壁垒也日益给这批企业带来诸多风险和压力，转向内销市场，似乎成为这些企业的共同选择。问题是，怎么转向，怎样完成关于转向的系统思考，怎样展开转向的实践探索，最终实现成功转向必须具备怎样的理念、认识、条件和路径呢?

从严格意义上来说，本案例算不上成功案例，但对于我国众多以外销为主的民营企业具有深远的指导性意义。咨询师和当事企业作出了很多有意义的市场探索，相信有心人可以从中得到很多启迪。

一、项目的由来

在照明行业里，和君营销咨询绝对算得上是老大，欧普照明的成功案例和程绍珊老师对照明行业的理解，让HY照明前来听程老师培训课的老板十分信服。经过一番沟通，和君营销团队项目组一行三人赴HY照明企业所在地——浙江上虞开始了为期一年的营销咨询。项目的主要命题很广，包括国内营销战略确定、国内营销组织建设、区域试点和复制推广等，目的就是帮助HY照明从纯外贸企业转变为国内国外市场并重的企业，增加企业抗风险和盈利能力。HY照明的营销部门结构框架如图5-1所示。

二、企业和行业背景

1. 企业背景

浙江上虞是我国的百强县之一，是“三皇五帝”中舜的出生地，也是“梁祝”中祝英台的故乡，我国另一家著名的照明企业——NC照明也坐落于

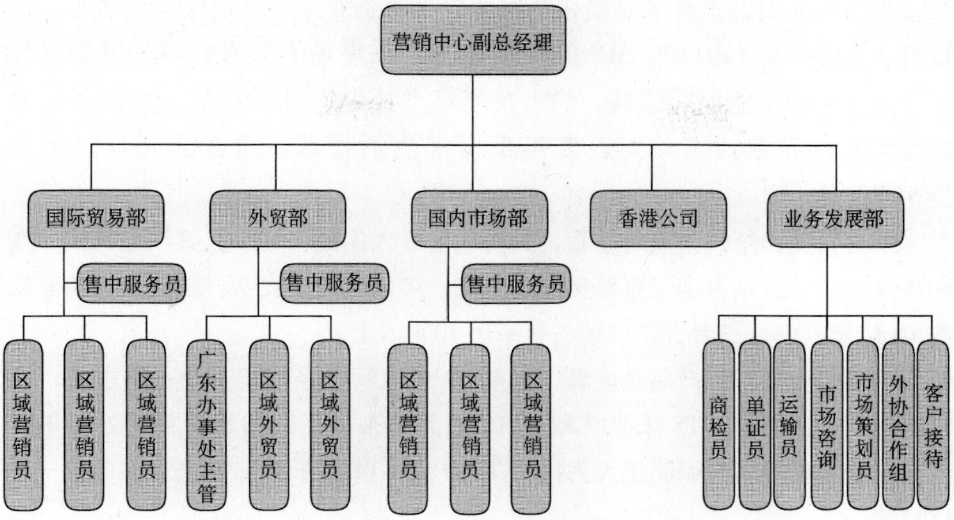

图 5-1　HY 照明的营销部门结构框架图

此。HY 照明的创始人为夫妻二人，在 1993 年以前分别为阳光照明的技术员和生产工人，凭借自身的技术能力和想做一番事业的冲动，承包了一个负债累累发不出工资的绍兴县某村办企业，并迅速在当年扭亏为盈，逐步进入良性发展。

2004 年底，HY 照明的年销售额约为 1 亿元，辖三个光源生产厂，一个电器生产厂，还有一个童车公司。公司的主营产品 T8 日光灯管，按照产量排名全国第六左右，公司正大力发展 T5 三基色光源，新的生产线调试完毕后 T5 产量可以位居国内前三，植物生长管和杀菌管等特种光源的研发更居国内领先地位。

电器厂主要是给部分有特殊需求的光源客户加工支架，属于配套性部门，未被重视。

作为丈夫的董事长认为照明已经相对成熟，交由妻子甘总管理，其主要精力负责新建的童车厂。

国内市场部刚刚组建，有经理一名，文员一名，业务员两名。

2. 行业背景

照明行业在蓬勃发展，2003 年已经达到 1 000 亿元的规模。照明行业的企业主要可以分为电光源企业和灯具企业两大类。

电光源企业中，飞利浦、GE 和欧司朗占据了世界 60% 的市场份额，同时它们也加强了对我国电光源企业的合资合作进度，几乎控制了大多数龙头企业，如佛山照明、上海亚明和浙江阳光等。随着竞争的加剧，单只利润微薄，光源企业日益走上了规模化道路。电光源企业又可以划分为荧光灯、白炽灯、金卤灯和 LED 等。HY 的主营业务之一是属于荧光灯中的直管荧光灯，主要用于工业照明领域，约占荧光灯产量中的 40%；另一大品类为紧凑型荧光灯和建成节能灯，多用于日常生活领域，约占荧光灯产量中的 56%。

从直管荧光灯的销量角度看，国内销量最大的是飞利浦，其次是佛山照明和华强照明，分别占据了直管荧光灯的高、中、低端的龙头，国内年销售额均在 10 亿元以上，三者合并市场占有率达 70% 以上。

从直管荧光灯的产品角度看，目前 T8 普通管已经替代 T10 占据主流，T8 三基色正迅速崛起；T5 未来将取代 T8 成为未来的主流市场，目前处于培育期，同处上虞的阳光照明正大力推广 T5 产品；T4 属于装饰性光源，多为一体化销售。

灯具企业由于外观和制作特性的要求，利润率较高，小企业众多，尚无真正意义上的领导品牌出现。较为著名的有三雄极光、松业、扬业和斯夫特等。

行业里一部分具有规模的电光源企业已开始生产各类灯具，有的灯具企业也开始生产电光源产品，灯具生产企业自己配套生产整流器，整流器生产企业同时生产灯具，这是行业发展的一个新趋势。这一趋势的明显特征是为客户提供可靠的配套照明产品。

三、对 HY 发展的初步理解

项目组于 2004 年 11 月 12 日正式进入 HY，迅速对相关人员进行了访谈，并对江苏的苏州、常州、南京和山东的青岛、济南、临沂两地作了详细走访，对 HY 的主要问题和发展战略逐步清晰。

1. 当前经营模式逐步走入困局

HY 的主要产品为 T8 和 T5 光源，更以 T8 为主，价格比行业龙头佛山照明高，质量比佛山照明低，但仍然能获得 4 000 万只/年的订单，靠的是小批量、多品种的柔性化生产，目前公司有 1 900 多种规格产品，靠手工和半自动模式满足这种经营模式。但自动化缺失的同时，也带来了质量不稳定的后果。虽然外贸人员到处撒网，客户数量多，但缺乏大订单和核心客户，合作超过一年的客户只有不到 10%。这种模式无法进行持续增长，规模不增长就会导致同行业主流品牌的差距继续拉大。

2. 原有的经营意识缺乏对国内市场部的支持

外销模式一般为客户提供订单，照单生产，基本不存在库存压力，而做国内市场需要备货，且由于外销很少调研市场，很少有帮助客户做市场开发，没有对客户的管理和支持系统等，导致整个研产销队伍缺乏必要的市场营销意识。

3. 缺乏有效的营销支持系统

HY 由于基本没有做过国内市场，所以谈到国内市场时，没有详细的市场资料，没有必要的宣传单页，无 CI 标识，无国内包装，无经销合同，缺乏必要的终端形象设计，更谈不上人力资源考评体系、订单管理和信息管理流程等。

4. 品牌意识和现实的差距

HY 负责人具有强烈的高档品牌意识，希望能成为国内响当当的品牌，但由于产品质量控制水平的缺失，加之飞利浦、欧司朗和佛山照明等巨头的强势地位，强势突破极其困难。并且由于企业知名度不足，受到众多浙江小节能灯生产企业的影响，浙江产日光灯的口碑在消费者心中不好。

如何实现“短期见利、长期见效”的 HY 国内营销之路呢？如何才能快速打开市场、构建 HY 的品牌建设之路呢？通过和君项目组多个角度的反复分析，HY 的竞争战略浮出水面。

四、HY 的品牌定位和竞争战略的提出

项目组综合各种因素进行分析，提出定位于工程照明领域的中高端市场，T8 登台 T5 唱戏，以支架带光源，逐步树立 HY 照明品牌的竞争战略。

1. 定位于工程照明领域的中高档市场

市场定位是企业对目标消费者或目标消费市场的选择，根据 HY 照明的经营与产品特点，我们定位于工程照明领域的中高档市场，目标消费群体是中高档消费者。这一消费群体的消费特征或观念是：注重环保概念，追求绿色高品质生活，理性选择总经济价值最大化。

这个市场定位是基于我们对公司内外环境的如下判断：工程照明消费的市场空间大，增长速度快，不仅有现实的广阔发展空间，还包含产业升级、技术更新换代的未来潜力；这个市场领域内，虽然产生出一些具有相对优势的企

业，但仍未出现领袖级企业，未出现具有相对垄断优势的企业；HY 进入工程照明领域，能够更好地发挥 HY 光源方面的特点，为光源产品方面的优点、特色与灯具的结合。

为了满足我们目标市场中消费者的需求，HY 的产品应该是具有良好性价比的中、高档产品，也就是要满足以下两点：

（1）产品内在与包装档次中高档。产品的设计风格、工艺水平与制造质量，包装的色彩与形象、整体设计与质量，售后与服务承诺等方面，都能够传递出符合高档产品品牌的概念与价值。

（2）产品价格中高档。与中高档次价位的竞争产品相比，HY 产品在每一个价位档次上都具有较高的性价比，而且其使用价值、性能和质量等顾客可感受价值均高于同价位产品。即要符合甘总所倡导“我们宁愿少赚一点，把这个价值体现在产品上，让渡给消费者”的理念。高档产品，不是简单的高价格产品，而是有更高价值与更丰富内涵的产品。

HY 品牌的价值观要与目标消费者对应的品牌文化相吻合，既要反映消费者的价值主张，又要反映 HY 的不懈追求。因此，HY 的价值主张为：HY 卖的不是荧光管、不是整流器、不是支架格珊、不是光源、不是灯具，而是光亮以及为客户解决光亮的整体方案。

概括起来，HY 品牌概念与品牌价值观的精髓是：通过为客户创造最大的经济价值与最便捷、最舒适的使用感受而成为工程照明领域内提供系统解决方案的专家。

2. 关于竞争战略的思考

品牌定位有了，如何才能实现呢？项目组从以下角度进行了思考：

（1）光源品牌应从差异化入手。HY 照明的核心优势要建立在光源产品上，这是 HY 多年来积累的优势和主业，但要从光源产品做出高端品牌，十分艰难。飞利浦照明通过在中国 20 年的耕耘，指名购买率达 80%，再加上欧司朗、GE、佛山照明的挤压，这已经成为基本不可能的道路。如果从 HY 照明的特殊照明管入手，或许可以开辟出一片新天地，然后再把品牌延伸到日光灯管来，但特殊照明管的市场份额较低。另外，由于 T5 管刚刚起步，未来的发展趋势是取代目前的 T8 管，HY 从 T5 管入手，抢先占领消费者心智，或许可以逐步树立起 HY 的光源品牌。

（2）灯具品牌更容易确立。首先，灯具企业虽然已经初具品牌，但多数都是这一两年刚刚起步的国内企业，由于进入门槛低（相对来讲，光源企业对技术、规模、品质管理灯的要求就要高很多），导致了众多企业在其中竞争，没有一家能超过5%的市场占有率。其次，从市场表现来看，光源都是展示在支架或格珊中的，由于支架或格珊的价格远高于配套的灯管，消费者对灯具的关注度更高。再者，HY照明的电器事业部已经有了一定的支架生产经验，童车的喷涂生产线也可对灯具的喷涂提供强力支持。甘总认为，生产灯具是相对来讲较为轻松的事。

（3）光源、灯具、整流器等配件是销售中的互补产品，一体化销售率相当高，配套销售是发展的主流趋势。由于HY照明的光源优势，也曾为一些国内灯具企业做过贴牌，从部分灯具企业OEM部分产品来销售，没问题。

3. “明修栈道，暗度陈仓”的竞争战略

通过以上思考分析，项目组认为，特种光源要继续发展，但由于使用范围和市场容量有限，作为一个强有力的补充存在，主要精力还要放在有潜力、有容量的T5市场。

（1）成为B市场的强者，是树立HY品牌的关键。单纯从光源角度看，市场被分割为两大部分：庞大的灯管替换市场，简称为A市场；与支架、格珊灯具组合以后，进入新安装消费顾客的市场，简称为B市场。

A市场很庞大，但被现有灯管品牌牢牢占据。而B市场，从每年规模与增量看，也很庞大。但这个市场从价值量来看，以灯具为主，光源为辅。HY的光源产品，如果想直接进攻A市场，在品牌未树立的短、中期内是做不到的。因此，HY必须借助进攻B市场，取得工程灯具市场价值的同时，逐步获得自身光源产品的知名度与市场价值，继而灯管从B市场渗透到A市场。即先进入B市场，双赢灯具与光源。

但是，HY如果不能成为B市场的强者，上述双赢的局面就不可能形成。在可预见的2~3年内成为B市场中的强者，也就是后来居上者，是HY国内市场战略的关键目标。

（2）HY怎样才能赢得在B市场的领先与成功？审视B市场的竞争对手，HY似乎胜算不大，机会渺茫。我们在第一部分已经罗列了一批相对领先的竞争者，如松下、三雄极光、奇利等，这些企业虽然不能成为行业统治者，尚无行业领袖的地位，但其相对优势也很明显：一是行业先进入优势；二是初步的品牌优势；三是经济区位优势，即地处古镇或珠江三角洲，在那里灯具灯饰企业云集，有很强的区域专业化协作优势，信息广、距离近，使生产组织快捷、成本低廉。

我们要做品牌，但打品牌我们打不过已经在T8支架格珊领域已经有知名度的领先品牌。

我们要追求高品质，但短期内我们没有全套高效的灯具生产线，以及阵容强大的专业设计队伍。

我们要控制成本，但我们没有能与古镇相比的区域专业协作优势，甚至我们部分地需要他们来为我们 OEM，成本优势的潜力难以占先。

(3) 作为后来者，HY 采取跟随战略的结果会是什么呢？HY 采取跟随战略，切入 B 市场，就是要在多点上全面努力，保持在各个面上跟进竞争对手，在每一点上能够超越更好，不能超越则尽可能拉近差距。

全面拉近差距，困难重重。努力之后，不是没有可能。但是，我们将不可避免地付出很大代价：一是短期之内进行较高的资源投入；二是仍然不能进入品牌的第一方阵，虽有了一定知名度，也有了品牌影响，但仍是在这个市场的二流品牌队伍里面。这是由于对手已经形成的优势所决定的。

这样的预期如果实现，从经济绩效角度来讲，HY 是有收获的，并且在国内工程照明市场中有了地位。但是，市场经济的规则，决定了只承认第一第二的企业，跟随者是这个市场的边际供应商，其不稳固地位决定了他们只能“看天吃饭”，摆脱不了领先者的挤压与蚕食，企业运营在高风险的区域内。同时，HY 作为这样的跟随者，是不能为其光源产品带来一个美好未来的。

总之，简单地按照“市场上什么好卖就卖什么，什么挣钱就做什么”的思路，而不去充分发挥 HY 的优势与潜力，是不能把 HY 带入长久未来的。

(4) HY 要成为市场领先者，唯一的道路是颠覆工程照明市场的固有格局。目前工程照明的现有产品格局是这样构成的：光源方面是 T8 普通直管荧光灯为主流；核心器件方面是电感整流器；灯具方面是与上述产品相配套的支架与格栅。

直管荧光灯的购买行为，有指定品牌购买的，也有被经销商推荐而购买其他品牌的。经济发达地区的消费观念相对成熟，指定购买远远多于推荐购买。直管荧光灯的品牌，从高到低分别是：跨国品牌（飞利浦、欧司朗、GE）、国内品牌（佛照、电工、华强等）以及国内杂牌。

电感整流器一般是与支架格栅匹配以后出厂并进入渠道的。整流器按材质与品质水平，分为优质的、达标的和不达标的。

支架格栅则按外形设计是否时尚流行、板材材质好坏、表面处理是否光洁美观，以及内部走线布置是否细致、清晰，安全性与合理性高低等因素，结合整流器的优劣分为高、中、低三档。

具体举例，以飞利浦、松下、松本、红松等为代表的走高档产品、高价路线，定位于高端消费者；以史福特、本邦、TCL、兴达、英格尼、托维、松业、奇利等为中档或中偏高产品，其中，尤以奇利为典型，是目前市场上最具性价比的代表品牌。

一般来说，按上述竞争要素，构成企业产品的高、中、低档。尽管存在着某些企业市场操作能力不强、市场没有做透、价格定位混乱等问题，但目前市场上的领先者仍紧紧围绕T8光源系列，构筑与积累了各自的竞争优势。这个格局如果不改变，HY想去争得市场领先者的位置，困难重重。颠覆这个格局，是HY争取市场领先的唯一出路。

（5）T5成为能否颠覆旧格局的关键。眼下的竞争现实是十分清楚的：大多数市场领先者与竞争对手已经建立的优势是在T8工程灯具方面，他们在T5工程灯具方面没有明显优势与领先地位。更清楚的是，他们都不具备自己在光源产品本身的任何优势。

T5优势是众所周知的，即T5三基色荧光灯在节能和光参数等方面，都大大优于T8普通荧光灯，是下一代绿色光源。但在市场上T5销售并不好的原因，首先在于与其配套的电子整流器未能实现有效突破，T5所使用的电子整流器性价比低于T8所使用的电感整流器；其次在于领先的光源品牌和灯具品牌不希望打破现有格局，希望能在T8上获得更多利润。

也就是说，消费者购买T8整套灯具产品（灯管＋电子整流器＋外壳＋附件），灯管和电子整流器的首次采购成本低，电子整流器寿命长（10 000小时），但灯管寿命短（5 000小时）。如果使用T5整套灯具，首次采购成本高，电子整流器寿命短（3 000小时），但灯管寿命长（12 000小时），光效好。如果从节能角度考虑，使用三年的总成本是低于T8的，但由于节能的角度消费者不易感知，所以首次购买的成本相对较高制约了消费者的购买。

在松下、明耐、阳光等的教育下，我们看到，一些成熟的高档消费者考虑到实际使用的照明效果，已经呈现出更多采购T5三基色灯具的趋势，尽管还不是主流。但是推动这个趋势成为主流，必将改变目前的市场格局。而HY通过推动现有市场格局的加速改变，既能获得在T5工程灯具市场中的领先地位，也能加速做大T5工程灯具市场，从而替代T8工程灯具。

正好，HY甘总提到，电子整流器方面，宁波一企业已经取得技术突破，电子整流器寿命已经可以达5 000小时以上而成本没有太大增加，可以满足需求。结合HY在工程照明领域系统解决方案提供者的市场定位，项目组提出了HY照明的竞争战略。

（6）明修T8栈道，暗度T5陈仓。HY进入市场要依靠T8工程灯具，逐步发育T5灯具。应该看到，当前的工程灯具主流市场是T8系列，T5还未成为主流。如果没有T8灯具，就难以取得现实的市场收益，也难以凝聚经销商网络，毕竟T8灯具依然是经销商眼前吃饭挣钱的看家利器。

T8 与 T5 的产品组合是关键，即“靠 T8 吃饭，靠 T5 挣钱；靠 T8 进入，靠 T5 领先”。因此，鉴于企业资源的有限性，T8 灯具系列不能不上，但不能太多，要少而精，性价比高。T5 产品线则需要相对程度的丰富，即所谓的“明修 T8 栈道，暗度 T5 陈仓”。

鉴于目前市场现实与控制投入的需要，我们以 T8 系列作为整体产品上市的开路先锋，T8 品种要简捷，中档价位，追求高性价比，并辅之一款低价的不盈利产品作为“战斗机”。有了“战斗机”产品，就可以打特定的价格敏感型客户，阻挡低价竞争者，便于经销商开展低价为目的的投标竞争，有利于经销商凝结客户关系。

为吸引客户、显示 HY 光源优势，T8 普通荧光管打破行业包用一年的规则，凡配套购买 HY 灯具和光源的客户，光源包用包换两年。T8 灯具系列的这样组合，目标是沿袭目前市场传统的中档客户群体。如果客户追求效果，可购买 T5 灯具系列；如果退而求其次，在相同的品质下，更长包换的承诺可以增加顾客的信任感和购买愿望，同时也能展示 HY 光源的优越性。

我们力图以 T5 灯具系列改变现有市场与消费的格局，因此在 T5 系列安排上，从一体化(塑料、铝合金底座)到支架，再到格珊系列，品种系列齐全。

T5 进入市场初期，针对目标是高端客户。毕竟，围绕飞利浦、松下、松本、红松、史福特、本邦等产品，市场上存在一批对质量有高要求、追求性价比而非单纯价格敏感型的高端消费群体。这一消费群体的特点是愿意支付更高价位，因为他们更看重总成本的节约、光色的享受以及对光亮需求的系统解决。换句话说，就是用 T5 灯具系列更长久的包用包换服务承诺、高档价位，争夺 T8 高档价位灯具所对应的高端客户群体。

这一组合战略，兼顾的是吃饭与发展、现实与未来。更为关键的是，大家都预计到 T5 三基色护眼绿色照明是大势所趋，是未来的主流。那么，对于 HY 而言，只有在兼顾 T8 灯具市场的前提下，改变市场规则，力推 T5 工程灯具系列，才能加速颠覆现有格局，成为这个市场的领先者，从而树立 HY 在工程照明与 T5 三基色光源的领先地位。

五、项目进展一波三折

在竞争战略和品牌定位得到客户认可后，项目组便展开了系列准备工作。由于 HY 照明在国内市场基本一穷二白，因此，项目组从品牌规划、产品选型与设计、原材料选购、广告宣传方案、产品单页与包装设计、终端形象设计等全程参与和引导，并通过周例会制度，才推动各项工作的逐步前进。但由于想象和实施中的差距，进度远远低于预期，甘总在周例会上也很恼火。

经过一个月的准备工作，营销队伍也招聘来了8名成员，不过多数是没有业务经验的大专生，项目组便带队到了预定的试点市场——南京，到达南京的时间是2005年3月1日。其实，当时选定的试点市场是南京和济南，但把全部队伍都拉到南京，是为了便于培训队伍和提炼营销模式，尤其是面对一批新手，队伍的培训十分重要。经过三天的集中培训后，项目组每人带领两人，对灯具市场进行了扫街式调查：一是调查，二是锻炼队伍。这时，工厂的产品和宣传单页尚未到位，项目组在实战中等待，以提高效率。

1. 第一次转折

队伍在南京训练10天后，分成两部分：一部分留在南京，另一部分赶赴济南（选择南京和济南是由于考虑到目标定位与市场容量等因素）。一再催促下，公司的第一批样品于2005年4月初抵达南京，临时的宣传单页和手册也陆续到达，工厂的OEM单位也开始了格珊灯具的生产。但普遍成本过高，且自制产品的质量不过关，偏离了以高性价比的灯具带动光源的营销战略，出厂价过高导致没能体现产品的性价比，又是个新品牌，经销商拓展进展缓慢。同时，项目组由于组长陈老师又兼顾了另外一个项目的进展，与企业高层缺乏有效沟通，导致客户不满。到2005年4月25日，甘总向项目总监程绍珊老师提出了异议。

2. 第二次转折

面对客户的异议，程绍珊老师调换了项目组长，工作重点也作了相应调整，由寻找经销商演变为自建物流平台和专卖店，自建的目的是提高经销商信心，重点是让潜在经销商以价格不透明的HY照明产品去做工程，专卖店的主要目的是展示而非销售。经过一番紧密的工作后，在两地的灯具装饰城找到了适宜的专卖店地址，并且通过公关广告公司联系到样板工程单位——重点小学，欲将小学的灯光全部免费更换为三基色的绿色光源，并以公益型样板工程带动HY照明的品牌传播。

由于新项目组长张老师的口音较重，HY甘总的口音也较重，双方沟通有障碍，加上甘总认为没有达到自己想要的效果，项目组进行了第二次换人，由赵勇老师代替张老师出任项目组长。

3. 第三次转折

赵勇老师到位后并没有立即开展工作，经过对前期的分析后认为，项目组开展缓慢的主要原因是后台缺乏职能支持，对接人市场部经理对营销的认知较少，且在公司内部的位置偏低，无法有效地调动资源和对内沟通；原公司营销总监也仅仅负责外销业务，缺乏对国内市场的了解，并且由于任务压力，没有过多地关注国内市场。因此，赵老师先对 HY 作了组织调整，设立国内营销总监并兼任了一个月，以协调和建设后台支持体系。在此期间，项目组与 HY 负责人甘总达成了下一步的工作计划和思路，并在一个月后将营销总监一职转交给潘总(潘总原为 HY 外贸部经理)。这时项目组才开始第三次启动，时间是 2005 年 8 月初。

面对灯具无法实现有效突破的局面，这一次的工作重心改为以专卖店为区域平台，通过对比试验和五金店互为促进，加快 HY 光源品牌的传播。具体做法：由业务人员分区域扫街，规定好对比试验和五金店的工作任务。对比试验是指与写字楼、学校、商场等物业或后勤部门沟通，免费送 20 根灯管试用，要求业务员亲手换上(至少一根)，该物业应同 HY 签署试用协议，然后做好档案管理工作；五金店是考虑到数量不多的工程照明单位一般不储备灯管，数量少也不愿到市场去购买，因此更换光源多在附近五金店进行，通过免费为五金店更换招牌，可以扩大 HY 照明的知名度，并要求业务员尽量销售 1～2 箱光源给该五金店。同时，针对灯具市场内的诸多门面，设计简易的光源展台，签署协议后免费给该门面代销，销售完毕结账。

通过一个多月的努力，HY 光源的品牌已经初步被南京和济南的用户知晓，但销量仍然远未达到预期目标。经过一番沟通，项目组与 HY 结案。

4. 后续

2005 年底，HY 欲上壁灯项目，要求和君咨询再次提供咨询服务，指名要赵勇老师带队。但赵老师考虑到该企业的市场意识、队伍管理、项目费用与风险等因素，婉言拒绝了该合作意向。

六、项目小结

企业的关键命题是一个以外销为主的企业如何开拓国内市场而成为照明行业的知名品牌。

项目刚开始经过调研，认为 HY 主打的产品——T8/T5 光源，已经形成了强势品牌，高端的飞利浦、欧司朗、GE；中端的国内上市企业佛山照明；低端的华强。HY 甘总期望能够做国内第一品牌，所定价格高于佛山，项目组认为难度太大。在调研中发现，T8/T5 光源的配套灯具企业品牌集中度比较低，还未形成真正的强势品牌，结合 HY 对灯具生产很容易的判断，初步制定了以灯具带光源的营销战略。同时，项目组开始了队伍招聘与培训、品牌定位和产品包装定型等工作，并按计划进入样板市场——南京和济南进行寻找经销商暨队伍实战培训。

项目组没有料到 HY 高估了自身的灯具研发及生产能力，由于 HY 新开发的模具几经修改仍不符要求且整改缓慢，产品根本不具备市场竞争力。后期 OEM 的产品也价格远远高于行业平均水平，以灯具带光源的营销策略失效。由于一个月没有按既定策略找到经销商，未能迅速铺开市场，加之陈老师精力分散，与 HY 甘总沟通不及时，导致 HY 出现了不认可情绪，项目组长改为张老师。这段时间的成果是基本上没有销售经验的一线队伍得到成长，并对样板市场及周边区域的照明市场有了较深的理解。

张老师带队的这段时间的主要命题开始有所变化，重新确定了光源为主，并计划通过样板工程带动产品销售，并考虑市场开拓初期，在找不到合适经销商的情况下自建物流中心，倒做渠道。这段时间对前期的营销策略和管理制度进行了完善和修订，并初步确定了样板工程和样板工程的宣传方案，可惜未能得到执行。经销商和物流中心本阶段未得到确立。期间，讨论发现，项目之所以推动困难，在于 HY 照明没有营销后台所致，也就是说从组织结构就有欠缺，虽然 HY 确立了要开拓国内市场的战略，但组织没有为战略服务。

此项目其后由赵勇老师接手，先期担任 HY 照明的营销总监一个月，发育后台职能，并调整样板市场的营销策略，在济南和南京各确定了自营的专卖店，做形象展示和小物流，业务人员的工作重点改向街道五金店和学校、商厦等工程客户，同时大力做五金店，计划通过工程市场的开拓和五金店的合作，打开市场。应该说这一阶段，客户还是比较满意的，但并没有取得很高的销量。

从以上几个阶段来看，咨询项目的工作重点几度转移，转移中体现了营销的魅力，即随着市场和客户的变化，调整营销策略，笔者从中收获颇多。

七、项目效果与启示

1. 项目效果

怎样理解和评价咨询的效果是衡量客户和咨询师认识水平的一个重要指标。在本咨询项目中，咨询的效果可以从下述三个方面来看待：

（1）从实际的销量和终端建设看，项目组没有能够达到预定的目标，虽然 HY 也认为自身有很大责任，但项目组不能回避问题和责任。如同下属工作没有干好，领导一定有责任一样，我们要思考：战略是否正确，策略是否对路，是否考虑到了客户的执行力，是否合理配置了项目成员，是否同客户有效进行了沟通等问题。

（2）从品牌建设的角度看，南京和济南两地的用户、经销商基本都熟悉了 HY 照明，建立了较好的口碑和营销网络，为 HY 后续的发展奠定了基础。

（3）从市场意识和队伍建设角度看，HY 中高层对国内市场的复杂性有了充足的认识，研产销协同和营销后台与前台的协同基本成型，和君培育的营销队伍，无论留在 HY 的还是出去的，一年内基本上都成为了照明行业的优秀区域经理。

我们认为，本咨询项目的最大价值在于思考和分析的逻辑与过程。一个善于学习的客户，应该能意识到，和君咨询师导入的思考和分析逻辑，比短期内的销量增长，有着更重要的意义。

2. 项目启示

我国尚有很多出口型企业面临着与 HY 同样的问题。可以说，这是一个大市场，这类企业多数有着较强的生产能力和来料加工能力，但由于订单式生产，缺乏市场营销理念。因此，在同这类企业的合作过程中，理念的宣导是很重要的，营销战略的改变必须得到组织内部的配合和协同，得到企业文化的支持。

（1）内部专人负责。对于这类企业，项目组应当派专人在企业内部搅动和推进，促进营销组织建设，必要时，可暂摄营销总监一职，以更好地协同市场进展、建立规范有效的国内营销体系。在合作过程中，要时刻关注客户应完成工作的进度。一般来说，进入项目后，双方须确定互相配合的工作计划表，明确双方责任。项目组应当确保自身计划能完成，同时不断督促客户进度。如果客户进度落后，必须及时指导和提出要求，必要时及时与客户沟通，调整预期。

（2）重视沟通和宣导。由于订单式生产导致的企业特点，外销企业多有大客户营销的思想，有精益生产降低成本、加班生产以最快的速度满足客户需求的思想，但没有作市场研究和培育的意识，没有做渠道开发和管控的意识，项目组要不断地向客户宣导用长期的眼光来做国内市场的理念。因此，市场建设的过程就是一个思想宣导的过程，只有客户明晰了背后的运作原理，才能够给予有效支持，所以应当经常给企业中高层讲课，提升营销理念，同时做好沟通工作，避免客户误解和提出不利于市场推进的要求。

多年营销咨询的经验告诉我们，由于营销是一个窗口，是企业运营在外部的表现，因此营销的问题一定不仅仅是市场策略的问题，更不是促销手段的问题。它是一个系统工程，包含了战略、企业文化、组织体系、人力资源、流程管理等诸多因素。如果就营销而解决营销，就变成了脚疼医脚、头疼医头，治标不治本。但如果一开始就同企业讲这些问题，企业不一定认可，甚至有可能认为咨询师在推卸责任。因此，一定要以前端拉动后端，通过市场建设的过程，逐步引导企业的转变。就像练习太极拳时，教练并没有一上来要求大家掌握呼吸要领，也没有要求苦练桩功。但通过拳法的施展，却发现呼吸自然有了改变，下盘也更加扎实，教练在练拳过程中的指导点点滴滴间就已经达到了效果。如果教练让学员先练上一个月基本功再教拳，估计学员会走掉大半，很少有人能坚持下来。

八、对外销企业转型国内市场的思考

自从中国加入 WTO 以来，很多外销型企业普遍感觉到生存压力增大了不少，生存空间似乎越来越小。造成这种状况的原因是多方面的：政府出口退税政策优惠的减少、人民币升值造成竞争优势的减弱、原材料成本的上升和国际贸易保护主义的抬头等。在如此多的内、外部环境压力下，转战国内市场寻求新的生存空间和利润增长点就成了外销型企业转型的最初动机。

1. 以外销为主的企业的特征

（1）外销经营已经至少发展 10 年，企业具备一定的规模，积累了一定的资金。

（2）生产经营多为 OEM 贴牌生产，几乎没有自身的专有品牌。

（3）自身产品工艺技术基本为标准化作业，产品工艺和质量有保证。

（4）长期处于生产价值链的下游，生产环节和市场环节的话语权缺失。

（5）经营模式以订单销售为主，管理模式以生产管理为主，内部的组织架构也是紧紧围绕这两个核心点而搭建的。

2. 外销企业与内销企业的不同特点

具体内容见表 5-1。

表 5-1　外销企业与内销企业的不同特点

	国际贸易销售	国内市场营销
需求关注方向	下游客户的需求	最终消费者的需求
与客户的合作模式	贸易采购 + 订单交易	区域销售 + 目标导向
市场中的角色扮演	供应商和随从者	生产者和领导者
市场主导性	被动承受，缺失市场话语权	主动引导，主导产品的市场方向
与客户的合作周期	采购成本的高低决定合作周期	追求与厂家的长期合作
成交特征	单次批量比较大，但是进货周期不稳定	单次批量较小，但是进货周期相对比较稳定
承担的市场职责	原料采购：订单加工；标准工艺改进；下游客户关系管理；不负责产品的市场推广和客户开发职责	市场调研分析；消费者的消费趋势和偏好研究；目标市场定位；产品线规划和产品组合；区域市场开发；渠道客户规划与管理；消费终端拉动和宣传推广
客户要求	生产工艺支持；生产管理支持；物流支持	产品技术支持；售后服务支持；产品宣传支持；市场客户开发支持；销售奖励支持；市场维护支持

3. 外销企业转型的方向

（1）竞争模式的转型。外销订单营销拼比的是公司品质口碑、客户关系、产品性价比、产品花色类型的丰富性(产品线长度与宽度)以及交货速度。而对于国内市场来说，营销的游戏规则是全方位的竞争，包括品牌与产品线规划、渠道与终端建设、整合传播(包括传播媒介组合与线下促销手法组合)、销售与市场管理等。

（2）品牌模式的转型。目前出口企业自有品牌的占很少一部分，大多数是以贴牌生产的形式出口，对品牌的认识和运营尚未提高到一定的高度。因此，当这些企业对国内市场开发的时候，必然会面临新品牌模式转变的问题，包括品牌的设计、品牌的传播和推广、品牌声誉的建立和品牌价值的积累等。

（3）产品模式的转型。过去出口企业关注的是产品性价比、产品质量和产品的丰富程度。而现在，他们需要建立的是基于消费者需求和市场细分的产品模式，包括市场的调查、产品的定位、产品的策略、产品的研发、产品的生产、产品的组合、产品的终端展示、产品的卖点提炼和产品的促销策略等。

（4）定价模式的转型。由于大部分出口企业在对外贸易中往往处于弱势地位，定价模式基本是以成本导向模式为主，在生产成本上加上微薄的利润。而现在的定价模式则是竞争导向和消费者导向以及利润导向三者相结合的定价模式。在力争消费者满意、确保产品自身的竞争能力的基础上，追求利润的最大化。

（5）渠道模式的转型。过去的渠道往往是比较单一的，以直接面对国外贸易商或销售商的大客户销售渠道模式为主。而现在需要的是建立企业自有渠道，渠道的选择、渠道的管理、渠道的招商工作等都是一个全新的话题。从重点客户交易到大规模渠道分销的转型，对企业营销体系的冲击是相当大的。

（6）推广模式的转型。绝大部分出口企业的推广模式是很简单的，推广手段稀少、推广渠道单一，往往是展会的推广和网络广告，其推广效果有限。但当其面临国内市场的时候，需要的是整合传播模式，包括线上的媒介推广以及线下的促销、活动和公关。推广不仅仅围绕眼前的利益而展开，需要企业兼顾品牌的推广、产品的推广、企业形象的推广等整合的传播推广模式。

4. 转型的关键要素

（1）重视市场调研和市场定位。由于国内外竞争环境和消费者购买特点的不同，企业在进入前，务必要仔细调研国内市场，确定企业的品牌定位和市场定位，并寻找企业的竞争战略和策略。

（2）加强意识宣导。由于长期的贸易行为导致了企业的习惯意识。如果这种习惯意识不改变，会严重制约国内市场的拓展，企业应当对中高层加强市场营销的培训，由重视订单转变为重视消费者和经销商。没有对国内市场的理解，包括重要性的理解、运作特点的理解，即使严格要求，对市场的响应也不会及时有效。

（3）重视组织建设。随着意识的改变，企业的组织架构也要相应改变。即使销量较小，国内营销总监的地位也应单独确定，并配备相应的部门，如市场推广、渠道管理等，并完善岗位职责、薪酬考核等组织体系。组织要为战略服务。

（4）保持长期心态。市场建设需要一个投入期，品牌也不是一蹴而就的，企业转型也需要一个过程。因此，外销企业在转型过程中，应当保持一个长期建设的心态，不要急于求利和保本，要从战略角度考虑，给予内销部更多关注和支持。

综上所述，外销企业转型不是简单意义上的营销行为，而是企业从无品牌到自创品牌的战略转型，由大客户的、贸易的运营模式到精细化的关注消费者的营销转变，核心能力由制造优势、成本优势、产能优势、品质优势、技术优势等向人才优势、品牌优势、营销优势、创新优势等转变。说到底，外销企业转型之道实质上就是发展中的一个系统再造和战略选择的过程。

复习与思考：

（1）外销型生产企业生存的环境发生了哪些变化？为什么企业要转型？如果不转型，应该如何发展？

（2）外销型生产企业相对专注于国内市场的企业，有哪些特点？

（3）浙江HY的竞争战略该如何选择？是低成本、差异化，还是聚焦？如果选择差异化，应该在哪个方向最适合？

（4）外销型企业在转向国内市场过程中，如何利用原有优势？转型中应当注意哪些要素？

嘉宾点评：

刘坚(《经济观察报》总编)：

我们经常观察到，成功乃失败之母，在企业命运变迁中，历史上的成功往往导致未来的失败。改革开放以来，中国沿海一带有很多依靠海外市场而生存的外销企业获得了巨大的成功，这类企业在新形势下面临着如何转向国内市场的问题。倘若拓展国内市场方面打不开局面，这类企业前景堪忧。这个案例提供的一场实战探索展示了其间的希望与挑战。

第六章

基于产业价值链的深度营销：正虹饲料

案例主题词：产业价值链·深度营销

和君咨询案例系列之：

正虹饲料营销链再造

张博　撰写于2007年夏

深度营销的核心思想是谋求产业价值链的系统效率最大化，进而实现企业效率最大化。对于快销品、家电等行业，产业价值链的核心环节在于营销，深度营销的核心命题就在于提高营销链的系统效率，落实在具体模式上就是以渠道为核心的营销模式。美的专卖店模式、建材行业“1＋N”模式以及广泛适合的、适应产业分工效率原则的厂商价值一体化模式等，都是具体的实施模式。

本案例阐述的饲料行业虽然营销环节仍是核心环节，但由于高度同质化的产品、特殊的赊销习性和混乱的行业环境，仅仅在营销环节实施以渠道为核心的营销模式是难以提高企业的运行效率的，必须从产业价值链整体来考虑，着眼于产业价值链中最关键也是最薄弱的环节（处于散养状态的养殖环节）来制定企业发展战略，进而确定营销模式，构筑核心竞争力。唯有如此，才能摆脱困境，实现规模发展和提高盈利能力。

和君咨询为正虹饲料提供的咨询服务就是按照这个思路展开的。正虹案例的核心要点是：顺应养殖业演进，从服务营销入手，积极组织和整合相关资源，发育基于散养特点、分工协同的养殖联合体，提高养殖产业效率，由原来简单的饲料生产和分销，转变为供应养殖的综合服务，重新获得产业链的主导地位，建立未来的竞争优势。

和君咨询为正虹饲料提供服务的时间是2001年。6年来，正虹不仅按照这个发展战略和营销模式的方向运作，并将其不断地推向深化。而且，这种模式已经逐渐演变成为中国强势饲料企业的通用模式，通威、六合、永达等大型饲料企业大都采取了类似的发展战略和营销模式。

一、案例背景

1. 饲料行业介绍

中国饲料行业起源于20世纪70年代末，泰国正大集团将饲料引入中国。

20世纪90年代是饲料行业发展的黄金时期，四川希望饲料、山东六和饲料、湖南正虹饲料等国内饲料企业崛起，并得到了快速发展。

（1）行业的基本状况。目前全行业的饲料年产量在7 000万吨左右，其中浓缩料约1 000万吨，预混料约200万吨，其余为全价料。饲料行业属于大宗农副产品行业，物流成本高。因此，运输半径不能超过500千米，否则很不经济，所以饲料企业做大的方式都是在外地建厂。

由于饲料行业在早期利润高、门槛低，加之行业的区域性特点，新厂家不断进入，不到10年时间，全国冒出了2万～3万家饲料企业。也正因为如此，自1998年以后，饲料行业的竞争日趋激烈（价格战、促销战），导致行业利润水平逐渐降低。

（2）行业的基本特性。饲料工业是联系种植业和养殖业的中间产业，生产成本和产品价格受到粮食价格、养殖产品价格等多重制约。

1）上游的粮食价格等原材料上涨，导致饲料原料成本不断加大。

2）下游养殖产品价格因供求关系，经常出现“丰收谷贱伤农”的情况，使得养殖户对饲料需求量下降，导致饲料企业销售起伏大、生产能力过剩，进而成本变高。

3）产品同质化严重，乱放添加剂，质量参差不齐，市场秩序混乱。

4）较低的行业门槛、赊销的消费习性，使得行业鱼龙混杂，价格战、促销战、赊销战硝烟不止，规模优势无法发挥，成本居高不下，经济效益明显下降。

5）由于养殖效率受养殖技术、防疫、品种、原料等多种因素的影响，在小厂家的赊销、虚假宣传下，大厂家的质量优势很难展现，这也是饲料行业存在明显区域性特征的重要原因之一。

在这样恶劣的行业环境下，饲料行业普遍出现“劣币驱逐良币”的现象。大饲料厂家的生产规模、技术、资本等优势难以发挥，凸显出发展“瓶颈”。

（3）行业的突出问题。中国饲料行业主要存在以下几个问题：

1）市场秩序混乱，经销商赚钱难。因产品同质化程度高，经销商对养殖户没有养殖服务支持等，必须靠铺底资金来维系客户，资金成本高，规模也做不大。另外，卖饲料的越来越多，大家都没有独特的卖点，农民随意地选择经销商，所以客源不稳定。名牌产品价格透明不赚钱，杂牌产品风险高、农民认可度低，也不赚钱。

2）养殖效率低，养殖户不挣钱。疾病防治不当、养殖技术落后、养殖风险大，生猪价格不稳，品种不好、品种改良比例低，散养为主、缺乏规模等，导致养殖户不赚钱。2002年，在湖南市场上，土杂猪价格由2.9元/斤降到

2.45 元/斤，良种猪价格由 3.6 元/斤降到 3.15 元/斤。

2. 正虹企业

正虹饲料企业的前身是国营农场饲料厂。20 世纪 80 年代中期，董事长吴明夏率领几个创业者在正大产品的基础上，开发正大替代产品——正虹 001 猪浓缩料，使正虹逐渐发展起来。

中国饲料行业中有一定规模的企业都受困于中小饲料厂家“无序的竞争”和行业的赊销习性，正虹饲料企业也不例外。2000 年，正虹产能已达 80 万吨，但年销量只有 20 万吨。

1999 年，面对饲料行业同质化的促销战、价格战、终端战以及行业赊销的不良习性，正虹开始推行“公司＋农户”的产业化模式，向养殖户提供猪苗、饲料、养殖和疫病指导以及商品猪回收等深度服务，并按约定的价格或者不低于当时的市场价格回收，使养殖户能“赚钱”，从而规避行业恶性竞争，实现有效销售，降低资金风险。为此，正虹还投资建造了湖南最大的存栏万头以上的种猪场，并成立了专门收购生猪的兴农公司。

但是，实际运作起来问题出现了。养殖户不仅把生病的、养不好的猪等问题全部归罪于厂家，更有甚者把养好的猪自己销售，把养不好的猪全部交给厂家，甚至“偷梁换柱”，把不是厂家猪苗的、不合格的商品猪交给厂家。最终结果是“公司＋农户”维持不到两年，就以失败告终。

二、问题解读

企业的战略选择必须顺应行业和市场的变化，即解读行业、看透行业，然后才能作出战略的选择，进而确立经营模式——各种业务结构化的组合。

1. 饲料产业分析

（1）产业环境的变化。20 世纪 90 年代中期以前，原有的养殖产业发展水平处在自然分散的状态，养殖户的目的是以消耗余粮——把稻谷用以养殖，换成钱（稻谷卖价低，而且也不好卖），基本上没有投入产出比的经济效益概念，规避风险是农户最主要的要求。这种背景下，正虹提供了优质的饲料，大幅度提高农户余粮饲养的效率，通过先动优势和规模优势成功建立起品牌差异，这是正虹成功的关键。

进入 20 世纪 90 年代末期，养殖户的养殖目的和期望变化了，养猪成为养殖户赢利的手段。他们关心的是养殖的综合效率和效益，对养殖品种、技术、种猪等有了更高的要求，这些因素逐渐成为影响养殖效率的关键因素。另外，在供大于求的情况下，牲猪流通也非常关键，而饲料的作用正在迅速减弱。因此，是否能有效地提供养殖综合服务是竞争的核心。在这种情况下，谁能认识到这一变化并及时响应，谁就能获得新竞争规则中的先动优势。

（2）牲猪产业的价值链分析。牲猪产业价值链（见图 6-1）上的核心环节是养殖户的繁殖育肥过程，一是因为这里是价值链中最大的价值生成环节；二是因为其他环节都是依靠规模来组织的，而在普遍散养的情况下，繁殖育肥过程却是无法通过规模取胜的。所以，如何把大量的产业资源整合到这些零散的养殖户中就成为养殖产业价值链中的关键问题。

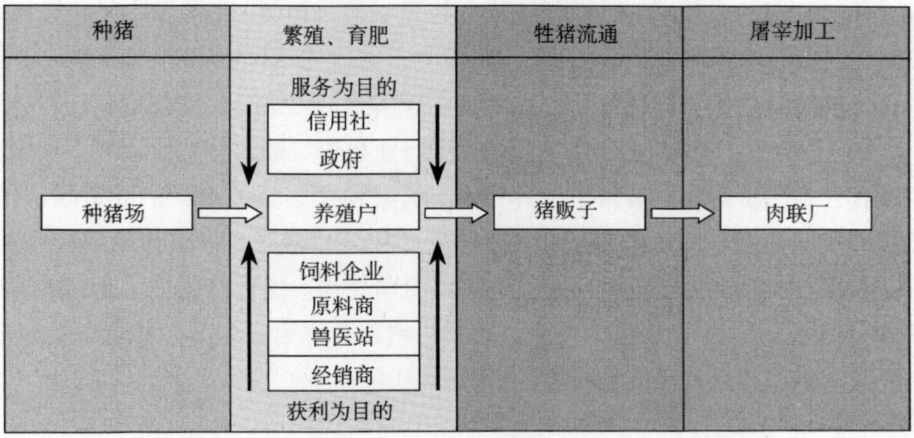

图 6-1　牲猪产业价值链

饲料企业、原料供应商、兽医和防疫站、饲料原料经销商都在围绕农户展开经营活动，他们是以自己获利为目的，同时，还有政府和信用社也在为农户开展服务。另外，前端和后端的种猪场、猪贩子也在围绕农户展开活动。当所有产业资源都向养殖户集中的时候，养殖户就成了未来竞争的核心资源。

各方面的产业资源都在围绕养殖户展开，这种产业组织形式是市场驱动自发形成的。以下两点很值得关注。

1）饲料企业在其中的作用是什么？对养殖户来说，最关键的资源是良种猪、出栏价格、资金，其次是信息和防疫、病情治疗。这些资源之所以重要，是因为它们的稀缺性以及对农户的效益。饲料之所以不重要，是因为以上两点都不具备。严重供大于求的市场状况，使饲料在这些资源中最不具备稀缺性；饲料产品的无差异性（或者说这种差异无法让养殖户作出明显的区分）使它给农户带来的效益是可以替代的。

结论是：饲料企业在这种产业组织方式中基本上没有地位。

2）这种产业组织形式实际上是缺乏组织性的。所有这些资源虽然都在围绕农户展开，但是都处于零散状态，独立提供，而养殖户需要的是综合服务，结果是养殖户在整合这些资源，在承担产业资源一体化的责任。然而，不同的利益主体在协调上肯定有很多的障碍，这些资源由于无法完美地整合，而无法体现出最大的效益。养殖产业的资源整合后被提供给农户，这就是未来养殖产业发展的要求，这也是养殖产业中最有规模、最具资金实力的饲料企业在未来产业中确立地位的机会。

（3）产业竞争的战略点。中国养殖产业链的关键环节（也是薄弱环节）是处于散养状态的养殖环节。在这个环节上，只有在相关的养殖要素（优良品种、饲喂管理、防疫技术、收购服务、资金和高品质饲料等）能动态匹配、优化组合时，其养殖效益才能最高。而散养状态下，这些要素是离散的和被独立提供的，一般养殖户由于文化素质、技术水平等因素，无法有效地整合和获得。

以上情况为饲料企业提供了战略性的行业机会：顺应养殖业演进，积极组织和整合相关资源，培育基于散养特点、分工协同、适度规模的养殖联合体，提高养殖产业效率，由原来简单的饲料生产和分销转变为供应养殖综合服务，重新获得产业链的主导地位，建立未来的竞争优势。这也是饲料企业突破规模发展“瓶颈”的必由之路。今天，通威、希望、六合、恒兴、永达等大型饲料龙头企业都是因此而发展起来的。

2. 正虹的战略分析

（1）正虹传统经营方式的困境。恰如前面所说，正虹依靠先动优势迅速发展起来了。但是，从企业核心竞争力来说，除了积淀下来的品牌，正虹的优势是很脆弱的，2000～2002年湖南湘潭、长沙等核心利基市场严重下滑就是明证。

1）正虹饲料企业原来的营销价值链（见图6-2）分析。正虹饲料原来的营销价值链效率的来源有三个：一是行业先行者的品牌优势；二是经销商队伍实力较强；三是大宗原料的成本优势。但是，这些优势在中小饲料厂家高促销、高利润以及自身价格体系透明和渠道缺乏维护与管理等因素的冲击下，逐渐开始丧失。

从20世纪90年代中后期开始，正虹饲料投资兴办了一个国内一流的种猪场。同时，抽调技术人员、大学生成立科技服务队，并组织乡镇兽医成立“兽医天使”服务队，开展技术服务工作。但是，市场份额仍在萎缩，品牌影响力逐渐减弱，一批商忠诚度在下降、渠道稳定度和分销力也在下降、促销的费效比却不断提高。

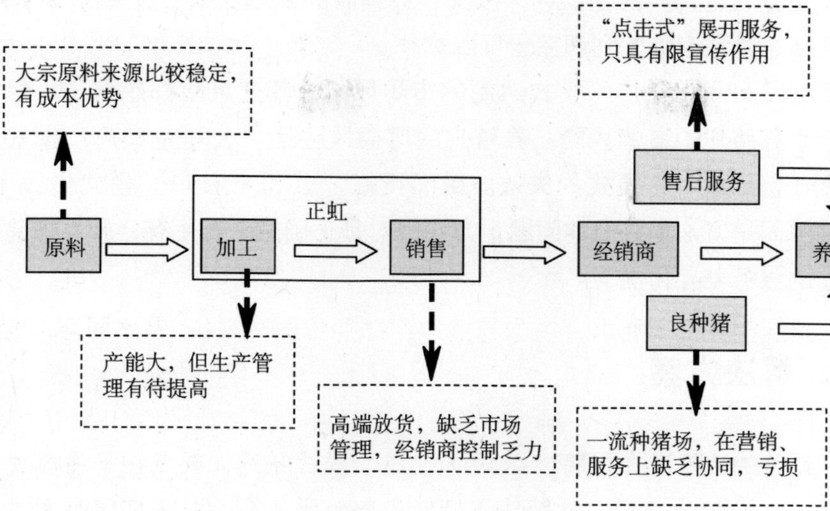

图 6-2　正虹饲料企业原来的营销价值链

在饲料行业产品高度同质化和不规范的市场环境下，从服务角度切入市场，强化对顾客的服务能力，并以此掌控经销商和终端。这是对的，但关键问题在于这种“点击式”的技术服务(包括品种改良等)不能在广大的养殖散户中展开，而市场的主体就是散户，所以，技术服务缺乏效力也就不足为奇了。

2）掌控“渠道资金”。从账面上看，正虹的回款还没有形成显著问题，这得益于对大经销商一直要求现款现货，实际上是将回款风险转移给了大经销商，其代价是将很大一部分利润让给大经销商。问题是经销商获得了这部分利润，却很少承担回款风险之外的其他责任，没有尽经销商的责任去推正虹。如果直接将货供给零售店或者养殖户，虽然可以减少流通环节的利润损失，却不可避免地增加了应收货款，因为农户都在赊购，而二批和零售店却没有足够的周转资金来跟正虹现款现货。另外，销售费用也是难以支撑的。

因此，掌控“渠道资金”就成为行业竞争和规模发展的关键，而正虹传统的营销模式恰恰缺乏对这种能力的培育和管理。

(2）正虹的“公司 + 农户”模式。随着养殖户越来越关注赢利，养殖方式也开始从“单户养殖点”向“多户养殖联合体”转变，这种变化是由产业资源整合的要求所引发的。市场需求的变化对品种改良提出要求，而品种改良在单点上进行是很难有成效的，必须把大量的养殖户组织起来，形成养殖联合体。这种联合体将成为养殖产业生产环节的主要组织方式，也是未来产业中相关各方争夺的重点资源。

正虹也准确地看出了产业竞争的战略点，同时开始推行“公司 + 农户”模式。“公司 + 农户”模式的意图是提供“服务 + 饲料 + 回购”，既解决了养殖户缺乏资金问题，又摆脱了对“扒皮”经销商的依赖。虽然资金占用较高，但是，种猪、牲猪回购的利润完全可以弥补。

正虹把“公司+农户”模式遇到的市场风险、养殖风险都想到了，但就没有考虑到养殖户的道德风险。养殖户的道德风险是“公司+农户”模式的最薄弱之处，导致了此模式的失效。虽然正虹“公司+农户”模式失败了，但失败的原因是方法和路径的问题，方向绝对是正确的。要生存，就必须建立基于产品的服务差异化优势。

三、解决方案

正虹具体的战略选择是将“公司+农户”模式激活，要点在于将模式重心从厂家(正虹)转为渠道，从而使正虹转为养殖服务商，以正虹现有的或将来培育的服务、品牌、种猪、猪流通以及深加工等获得在营销链的“掌控”地位。

1. 新的“公司+农户”模式

正虹的“公司+农户”模式对于养殖产业化程度高的鸡、鸭等行业还是可行的(山东六合饲料鸡鸭饲料就采用类似正虹的“公司+农户”模式)，可以低成本地提供综合服务，资金回收风险可以规避。但是，对于以散养为主的牲猪行业，就难以全面提供综合服务了，资金风险也是很难规避的。

正虹看出了产业竞争的战略点，但没有洞察到在散养、赊销为主的产业环境下提供综合服务的目的应该指向“掌控渠道资金”，进而将各种深度服务的种猪、牲猪流通、牲猪屠宰冷鲜以及深加工等事业单元、产业要素激活。这是正虹在养殖产业做成基业长青的大企业的正确路径。这种新的经营模式与原来的“公司+农户”模式最大的变化就是将模式的重心从厂家转移到渠道，才使得模式具有普遍的意义，从而也改变了风险的主体。

因此，正虹的机会和面向未来的战略就是：不再做单纯的饲料生产商，而是成为养殖服务提供商，通过嫁接具有服务功能的经销商，把养殖户组织起来形成养殖联合体，让养殖产业价值链高效运行。基于这种理念去组织产业资源，建立一支队伍，让他们懂得如何去组织资源，实施产业战略和市场战略，假以时日，正虹必将成为养殖产业的龙头企业。

2. “公司+农户”模式要点

“公司+农户”模式的基本思想就是利用厂家的核心服务资源嫁接渠道资

源以及其他社会资源为养殖户提供综合服务。但是，正虹现有的渠道缺乏这种功能，也缺乏意识。因此，必须改造现有渠道，使渠道具有技术、资金、防病、防疫、流通、饲料、原料七大养殖要素中的一种或几种功能，并通过嫁接其他功能成员，或利用自然状态下形成的服务功能，构成具有完整服务功能的营销渠道体系。

从技术、资金、防病、防疫、流通、饲料、原料七大养殖要素来说，除去原料和饲料，具有资金、防病、防疫、流通等功能的渠道成员是在自然状态下普遍存在的，但是，能够给大量的散户提供技术支持的主体存在吗？这是新的"公司 + 农户"模式能否可行的关键点。

因此，新模式的要点就是要找到普遍存在于散户之中的能提供技术支持的主体——养殖能手。

首先，要在自然状态下发现养殖能手，他们是养100头猪以上的，很有经验。由于现实的养猪方法比较原始，不像养鸡那样，已经达到了相当的工业化程度，因此很难按某种规范或标准去培养养猪能手，只能从自然状态中去发现养猪能手。不是让养猪的人全部集中起来，而是要保持分散养殖户。如果要把这些分散的养殖户整合成为正虹的用户，就必须通过养殖大户的示范和聚集效应。

然后，再提供帮助和服务，由这些养殖大户来引进种猪，去发育种猪场，并给散户提供服务，包括防疫和销售等，来降低养殖风险，同时也把大户培养成正虹的经销商。

让大户主导去完成这条价值链上的活动，正虹依然是饲料企业，这些环节不能由正虹来做的原因，一是成本高，二是正虹并没有足够的资源，也没有足够的能力，做起来远比不上养殖能手。

四、推进实施

在模式实施中，项目组在湖南湘乡市场进行试点（该市场销售由近2 000吨/年滑落至20吨/年左右，试点三个月销售就超过100吨）。该试点主要任务有两个：一是探索具体的实施模式；二是总结经验，丰富模式，以具备大范围复制推广的可行性和有效性。

1. 两种典型的养殖服务模式

（1）"本地业务代表 + 终端经销商 + 养殖示范户 + 散户"的用户组织体系。为广大养殖户提供综合服务是饲料企业渠道改造的关键，必须将在散养状态下的养殖户有效组织起来，才可能克服离散性，从而可经济地提供有效服务。

我们在实践中根据各地养殖发展的水平和特点，总结出一些有效的养殖户组织方式。在养殖发展一般的地区，建立以“本地业务代表+终端经销商+养殖示范户+散户”的用户组织体系(见图6-3)，以及普惠性质的兽医服务体系，即企业与终端经销商共同聘请当地优秀兽医，提供免费防疫和养殖技术咨询等服务。同时，积极嫁接和整合当地信用社、屠宰加工企业或个体、良种场和原料经销商，结合当地养殖的具体要求，系统地为养殖户提供综合服务，饲料企业则在宣传组织、技术培训、药品物资、市场信息和人员管理等方面提供支持。

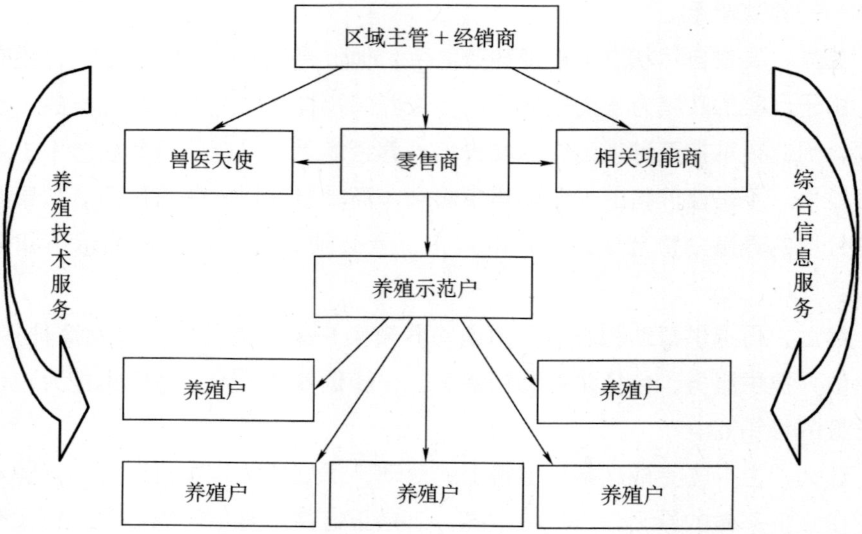

图6-3 “本地业务代表+终端经销商+养殖示范户+散户”的用户组织体系

1）将目标市场确定为养殖大户，整合现有的产品、促销和技术等营销资源为其提供系统的养殖增值服务，并以其为示范户去辐射其他养殖散户。

2）改造现有一般的经销商，有意识地扶持当地有影响力的兽医、牲猪商贩等相关经销或合作经销饲料商，利用其行医防疫、牲猪收购等服务力，贴近服务广大养殖户，建立服务功能型渠道。

（2）养殖联合体模式。在养殖较为密集和发达地区，逐步发展养殖联合体模式(见图6-4)。饲料企业的核心市场都是养殖的发达地区，养殖密集、规模大，养殖品种和技术相对较好，最有可能先行实现养殖产业化——养殖联合体模式。

养殖联合体模式的具体做法是：由企业或较大的经销商进行组织，发展以

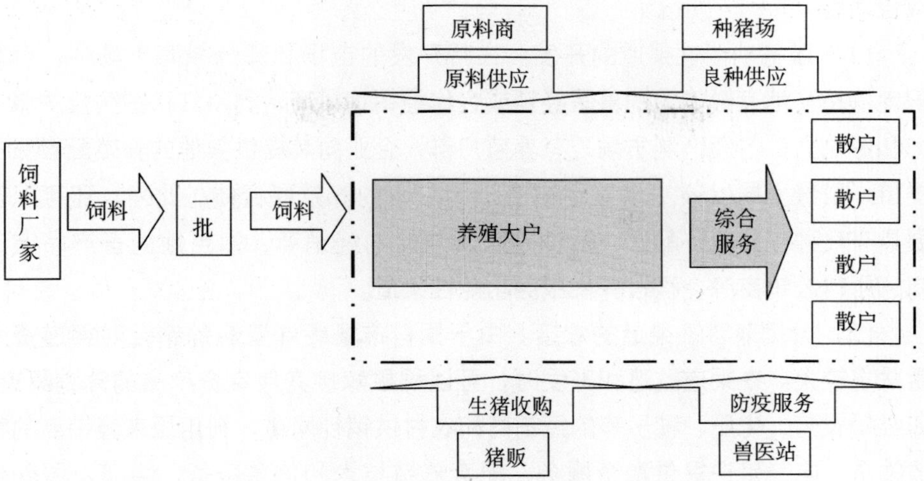

图 6-4 养殖联合体模式

核心养殖户为主，建立以养殖大户带小户的组织形式，实现内部分工(一般核心户饲养良种，负责繁殖育种，大户负责畜苗培育和育肥，散户负责育肥出栏)，按经济交易下紧密合作的形式实现协同，形成区域养殖合作社。

由正虹与大型屠宰加工和流通企业进行战略联盟(后自建)，实现订单制的定点收购，在肉类市场营造安全食品的品牌，协助肉制成品的销售。

由正虹整合良种和兽医等资源积极引导养殖联合体品种改良，提供养殖和防疫技术服务，加强日常饲喂的管理和维护，保证畜产品的安全性、高品质和低成本。这样就形成了一条高效协同的养殖产业价值链，饲料企业成为连接和管理产业链的主导者，重新获得了市场竞争的主动地位。

2. 经验总结和模式延伸

虽然养殖服务模式确定了，但在具体市场实施中却遇到了许多实际困难。首先，散养特性下的养殖户分布离散，普遍规模小；其次，各地养殖水平发展不平衡，而且养殖特点、习惯和偏好不同；第三，农村市场流通发育程度不同，差异性较大，再加上农村基础设施(交通、通讯、金融等)、人文和政策等相关因素的影响，造成服务需求差异大、管理难度大和实施费用大，企业直接进行综合服务，资源投入大、效果差、效率低。

针对较大的市场差异，基于现实的资源状况，可以通过开发、优化和创新等方法，因势利导地改造原有分销网络，使之具备养殖综合服务和高效分销的综合功能。

（1）服务功能性渠道的开发。在新开发的市场和部分原有市场中，有意识地扶持当地有影响力的兽医经销或合作经销饲料商，利用其行医防疫的服务力和影响力，占领区域市场现有养殖户群，企业向其提供其他的养殖配套服务支持，引导发展以该“兽医经销商”为中心的养殖联合体。此外，还可以发展具有良种、回收、配送、融资等服务功能的经销商，如当地的畜产品流通商、原料经销商等，积极开发服务功能性渠道。

（2）分销兼容性渠道的嫁接。由于饲料市场终端普遍赊销，对渠道资金量需求较大。在渠道改造和开发时，可以积极嫁接其他农资产品的分销渠道，如经销农药、化肥、种子等的经销商和农村供销社网络，利用原来经销商的客情关系，向养殖户提供融资服务、配套养殖技术和信息服务，共同发展养殖户。这样，经销商在原来业务中增加了饲料销售，提高了经营效益，而养殖户也获得了购买的便利和更多的服务支持。

（3）区域养殖价值链的协同。通过嫁接当地的屠宰加工和内外销售等企业，与经销商组织的养殖户签订定点收购的长期合同，经销商赊销饲料，回购畜产品，饲料企业组织良种供应和兽医服务，构建区域性养殖产业链，展开各环节协同，实现一条龙运作，提高了养殖效率。在这种区域性的产业合作中，各相关主体均获得了利益，尤其是养殖户的养殖效益得到明显提高，风险得到有效分担。饲料企业则可以建立稳定的渠道、忠诚的客户和良好的企业形象，获得区域市场竞争的绝对优势。

五、心得体会

正虹市场下滑的直接原因是由于湘大、大北农等大型饲料企业的服务营销和中小饲料的“乱拳”。在产品高度同质化的状态下，必须在服务上创造出差异化，而单纯地依靠正虹自己的资源是不可能实现有效服务的，“公司＋农户”模式的失败就证明了这一点。

我们在正虹的咨询目的就是要找到能够为广大散户提供简单、有效的服务模式。另外，掌控渠道尤其是掌控渠道资金，也是必须解决的问题。“本地业务代表＋终端经销商＋养殖示范户＋散户”的用户组织体系和养殖联合体模式很好地解决了这两个问题。同时，我们也看到以“上游——种猪”和“下游——猪深加工”，尤其是向下游延伸既能够提供核心服务（最有掌控力的服务），而且还有巨大的产业机会（冷鲜、低温熟食等）。这样的业务组合还可以使正虹用高利润的上游和下游提高饲料环节的服务力和价格力。

正虹咨询历程使我们深刻理解了“战略是走出来的”这句话的真正含义。正虹咨询的任务是从饲料营销环节解决销售问题，但是，在解决问题的过程中，我们从饲料服务营销策略，到饲料营销战略——服务营销模式，直至对整个产业纵向一体化经营的思考，逐步深入，从而看出引领正虹实施“大农业产业化”的模样。后来正虹也是按照这样的方向进行纵向一体化运作的。

在某些行业中，只有从策略层面上升到企业战略层面思考营销命题，才有可能以更宽视野、更有深度的思考企业经营和发展的根本命题，而不是解决一时的销售业绩问题。一代管理学宗师彼得·德鲁克认为，企业的主要功能就是营销和创新。我想其中可能也有这样的认识吧。

复习与思考：

(1) 你怎样理解“深度营销的核心思想是谋求产业价值链的系统效率最大化，进而实现企业效率最大化”？

(2) 你怎样理解“企业的战略选择必须顺应行业和市场的变化，所谓解读行业、看透行业，然后，才能作出战略的选择，进而确立经营模式——各种业务结构化的组合”？

(3) 你怎样理解价值链分析在行业分析中的作用？

(4) 本案例中正虹饲料是如何实现对养殖户养殖要素的对接与掌控的？

(5) 本案例中正虹饲料的经营模式从提供产品转向养殖服务，你如何理解随着行业的发展及竞争格局的演变，企业的经营模式也可以发生变化？

(6) 你怎样理解价值链竞争的核心环节在于获得价值链的掌控地位而非简单地拥有价值链？

嘉宾点评：

吴万善(华泰证券有限公司董事长)：

一个上市公司的命运走向是怎样被影响的，这样的案例值得投资银行家、证券分析师和基金经理深读。

这个案例在两点上给人留下深刻的印象。第一，战略是“走”出来的，而不是“想”出来的。每个企业都需要在应对挑战和谋求发展的过程中不断地往前“蹚”。一旦“蹚”成功了，其模式也就成为了行业内的业态。就是这个业态，决定了产业利基和业内厂商的生死。第二，企业的命运往往受制于产业价值链，而不仅仅取决于产品和技术。所以，围绕产品和技术打转转的竞争思维应该在适当的时候、适当的情势下升级到价值链竞争思维。本案例显示，正虹在中国饲料行业里率先"蹚"出了一条价值链竞争的纵向一体化运作模式。这对各行各业里的企业都有很好的启示意义。

第七章

央企再造与产业领袖：中国外运集团

案例主题词：央企再造·战略转型·资本运作·产业领袖

和君咨询案例系列之：

中国外运集团战略转型、组织再造与资本运作

刘纪恒　李继泉　撰写于2007年夏

物流，英文词汇“Logistics”，直译为“后勤”。这个词起源于西方早期战争，并在第二次世界大战中被广泛使用，指军队为维持战争的进行所需的人和物的支持保障系统。在中国今天的军队体系里还有总后勤部的建制，与总政治部、总参谋部并立。可见，Logistics（后勤）与军队及战争的联系源远流长、密不可分。后来，这个词被用于工商领域，统称“物流”，其具体内涵随经济的发展而不断丰富，基本含义就是“物的流通”。

文献记载，物流产业（Logistics）产生的前身是二战期间美国对军需物资进行合理生产、储存、分拨、运输和精准供应的一套系统化的管理体系和方法论，借助于这套Logistics（物流）体系和方法，美国军队把军需物质和战士以正确的方式、在正确的时间、运送到正确的地点。据说，这套后勤系统为盟军在二战的最后胜利作出了杰出贡献。战后美国有一位国防部长——麦克纳马拉，他在二战期间就是美国军中一位运用数理统计和运筹学组织军需供应的后勤专家。正是这位麦克纳马拉，从战场退役后，带着他在二战期间搞后勤供应的9个战友，组成一个完整的管理团队，接管了当时已经陷入危机的福特汽车。以麦克纳马拉为首的10位后勤专家把他们在二战期间的Logistics（后勤）理念、方法和经验应用于对福特汽车的企业管理，整顿了福特的原材料及产品的供应、存货和配送系统，以物流效率为突破口，大大降低了生产的流通成本，从而彻底扭转了福特困境。这10位退役军人拯救工业巨头福特汽车的事迹，轰动了美国的工商业界。这10位退役军人被人们称为“蓝血十杰”，在美国家喻户晓。从此，Logistics（物流）管理在美国产业界的应用得到了空前的重视，成为提升工商业效率和改善消费者福利的一股持久浪潮。人们越来越意识到：在战争中，后勤往往决定胜负；在商战中，物流也是决定竞争胜负的重要因素。“蓝血十杰”从二战后勤专家到拯救工业巨头的管理者，再到头人出任国防部长的传奇经历，似乎对物流产业的意义和作用作出了一个耐人寻味的注脚。

真是意味深长："物流"自其产生伊始就显示了它对战争和产业的双重意义。半个多世纪过去了，现代战争的组织与控制已经完全电子化和数字化，对物流（后勤）系统的快速反应和"精准性"提出了更高的要求。而在产业方面，物流已然是现代工业和商业的"大动脉"，是电子商务的"生命线"。一个国家物流的效率，成为影响该国工商业竞争力和消费者福利的一项决定性因素；一个国家物流产业的发达程度越来越成为反映该国工商业竞争力和综合国力强弱的重要指标。今天，在大国崛起和全球化竞争的大背景下，当我们来讨论"产业强国"的时候，我们心中总会反复跳出这样的问题：中国的物流产业领袖在哪里？中国的物流产业将怎样产生和造就呢？本案例讲述的就是一个传统央企集团怎样迈向现代物流公司的故事。

一、国字号央企：在共和国的历史变迁中遭遇生存危机

请先琢磨一下这个公司的名字：中国对外贸易运输（集团）总公司。中国、对外贸易、运输、总公司，看出什么名堂了吗？

顾名思义，这是一家这样的单位：中国的所有对外贸易货物都由这家公司负责运输，而且是总负责。这个单位成立于1950年，它是计划经济体系中的一个重要组成部分，政企合一，履行国家的使命（打破列强对中国的经济封锁，保证国家对外贸易的顺利开展），以国家行政权力的名义垄断中国所有外贸货物的运输工作（那时还不适合称做"业务"）。后来经一步步演变，到20世纪90年代中期，这家单位发展成为一个业务综合的企业集团，是国务院批准的国家120家试点企业集团之一，是国家创办和扶持的特大型中央企业。

在业务线上，中国对外贸易运输（集团）总公司（以下简称"中国外运"）以国际货运代理为主业，集海洋运输、汽车运输、航空运输、铁路运输、国际多式联运、仓储、船舶经营、船务代理、船舶租赁、进出口贸易、对外劳务、旅游、房地产等业务于一身。在跨国经营方面，中国外运从1980年起就迈出国门，在境外成立了第一家海外公司。经过20年来的努力，中国外运在跨国经营方面也初具规模。

在组织体系上，中国外运先后在全国各重要城市和口岸相继建立了所属机构，并与国内外的贸易界、运输界以及外国政府部门建立了广泛的业务联系，形成了服务外贸运输的国内外庞大的组织体系。在整个计划经济时期，中国外运及中国租船公司与外贸部运输局是政企合一的机构，负责全国外贸运输行政管理和企业经营的双重责任，并与交通、铁路和民航等各有关部门建立了有效的外贸运输协调机制。中国外运的总公司在北京，各地分公司按照行政级别定

位，最后形成覆盖全国各地的机构和人员分布，其情形类似于曾经的邮电系统和工商银行系统。

在计划经济时代，这是一个有效率和有执行力的体系。位于北京的中国外运总公司，实际上是外贸运输的行业政策制定者和行政管理部门，而遍布全国各地的分机构是外贸运输业务的具体执行单位。50年来，中国外运在我国的外贸货运代理行业和外贸运输领域，始终发挥了主力军的作用。几代中国外运人风雨无阻、无私奉献，做好外贸运输工作，为保证各个不同时期全国进出口任务的顺利完成作出了重要贡献。整个中国外运体系以与生俱来的行政垄断方式独占了整个国家的外贸货物运输业务。只要中国的对外贸易活动还在继续，就一定有外贸货物需要运输，这个依照行政区划建制起来的中国外运体系，就不愁没有活干、不愁没有饭吃。

然而，这一切都是因计划经济体制而起的。当计划经济体制逐渐退出历史舞台、市场经济体制一步步向我们走来的时候，中国外运的生存依据和业务来源就发生了质的改变。

随着改革开放的逐步推进，我们国家的外贸运输领域发生了重大变化。首先是市场化的运输企业及国外物流公司开始进入中国的外贸运输市场，中国外运开始丧失“独占”外贸运输业务的垄断地位。中国外运总公司一步步从一个行业性的行政管理部门转变成为自己企业内部的管理协调机构。

丧失了业务垄断权力的中国外运总公司，既无权力保证各地分机构的业务供应和收入来源，也无财力负担各地分机构的运营支出和人员费用。于是，各地分机构出于自身生存的压力和利益的考虑，开始面向市场各找门路、各自为战。全国各地的一个个分机构，凭借自己拥有的运输工具、仓储、货场、历史形成的客户关系等资源，拥“资源”自重，割据自家门口的市场，能者则自立山头、占山为王，弱者则泥菩萨过河——自身难保，喊穷求助，撂摊子、甩包袱。整个中国外运体系从此分崩离析，裂变成为“大牌子底下的一群小公司或个体户”。

位于北京的中国外运总公司，因此而一步步变成一个既没有管理权威又没有资源基础的副部级“空庙”，不能统一配置资源，也不能统一调度人员；对下属分机构出台政策和发号施令，或者被置之不理、无人听从，或者遭遇“上有政策、下有对策”的情况。自1994年开始，中国的外贸进出口权全面开放，整个国家的外贸运输市场开始了全面的市场化进程，各路竞争者全面杀入，各显神通。在日益激烈的市场竞争压力下，中国外运各地分公司开始争吃“窝边草”，煮豆燃萁、竞相厮杀，整个中国外运体系分崩离析、不成体统、风雨飘摇。

截至1998年底，中国外运在全国范围内的在职职工近5万人，离退休职工1万多人。累计资产总额125亿元，净资产38亿元，营业收入55亿元，而全集团合并利润不足4 000万元。位于北京的总公司，在最困难的时候，账上现金只有几百万元。停摆危机就在眼前。

此时，外贸运输市场的各方参与力量从各个方面共同构成对中国外运体系的全方位竞争与夹击，它们是国内承运人(如COSCO、中铁外服等)、国外承运人(如SEALAND、MAERSK、TNT等)、国内外货主(如中化、五矿、GE等)、国内外货代公司(如汽运公司、仓储公司等)、中国外运系统内部(各省级分公司、各承包公司)以及形形色色的民营企业。在这种情势下，中国外运集团何去何从，生存还是死亡，就像一座难以跨越的大山，沉重地摆在了全体中国外运人的面前。

二、谋变图强：从地毯式的调研开始

与其在困难面前投降，不如向困难发起进攻。从1998年开始，中国外运领导班子毅然决然地发起并领导了一场轰轰烈烈的自我救赎运动。运动的序幕就这样拉开：聘请市场化的专业咨询机构以独立第三方的立场介入，公司成立多个调研小组，展开全集团范围内的大规模调查研究。

调研小组的工作分为北线和南线推进。北线以内地和沿边为主线，北到满洲里、长春，东到大连，西到西安、兰州等地区；南线以沿海和沿江为主线，到上海、浙江、江苏、湖北、重庆和成都等地区。听取了地方外经贸委、经委、海关、口岸办及地方外运企业领导班子、中层干部、一线职工和离退休职工的意见。通过这次地毯式的系统调研，初步达成了如下认识和判断。

1. 经营环境和市场需求的深刻变化

(1) 竞争。随着进出口经营权的全面放开和加入WTO进程的加快，中国的外贸运输市场与境内运输市场逐渐合流，已经进入完全自由竞争阶段。进入货物运输市场分食的国内外货运代理企业急剧增加，竞争主体呈现出多元化、全方位的特点。各地除取得货运代理资格的企业外，外商驻各地的办事处也或明或暗地搞货运代理，还有大小二代、个体户纷纷参与市场竞争。国际物流巨头纷纷进入中国市场。曾经的业界王者——中国外运的各地分支机构独立面对市场竞争，一一沦为行业内众多竞争者中普通的一员。

(2) 货源结构。工业制成品比重急速增大，经济发达地区的比重增速明显高于经济欠发达地区。从进出口贸易总额来看，无论是总量还是增速，东南沿海经济发达地区都要明显高于西部经济欠发达地区。从全国外贸总额来看，三资企业的进出口总额已超过我国外贸总额的一半，专业外贸公司的进出口额只占外贸总额的1/3。同时，生产企业自营进出口在迅速增长。

(3) 运输方式。集装箱运输发展速度很快，公路集装箱运输、海运、铁路运输渐成主流。

(4) 客户需求。客户不满足于点对点的货物运输，而是对一体化的运输服务提出越来越高的要求。客户希望货运代理企业能够提供更多的延伸服务，如铁海联运、水海联运、陆海联运、空运、储运与分拨等。为了减少管理成本和提高周转效率，很多货主不愿同时与多家运输企业合作，而希望有综合性的物流企业提供一揽子的系统解决方案。

2. 公司的主要问题及症结

(1) 竞争乏力，市场滑落。在日趋激烈的市场竞争面前，中国外运的市场份额每况愈下，形势严峻。例如，四川外运业务量连续两年以50%的速度减少；青海外运几乎没有货物代理业务，而将汽车修理和汽车配件非为主业。

(2) 观念落后，士气低落。各地分支机构的人员，上至领导下至普通员工，对激烈的市场竞争反应迟钝，无所适从。对公司现状和每况愈下的市场份额缺乏重振雄风的信心。总公司提出“以市场为导向、充分发挥外运的网络作用”的号召和政策流于形式，各地分支机构并没有深刻理解和转化为行动等。

(3) 历史包袱沉重。具体的历史包袱有：一是债务负担和资产包袱沉重，存在大量的低效或无效资产；二是大部分资产是计划经济时期留下的，设备老化，效率低下，急需更新投入但投入的资金来源无着落，资金缺口很大；三是人员负担很重，离退休人员、在职冗余人员很多，在企业划转时未能及时进行转制和完成人员消化，人浮于事、人际矛盾复杂。

(4) 各地分子公司的企业管理乏善可陈。具体为：一是对经营者和业务骨干没有行之有效的激励和约束机制；二是管理手段落后，信息不灵，没有及时全面的信息网络供各企业使用；三是没有建立科学的客户管理体系，缺乏客户联系、客户巩固和发展客户的整套管理内容，结果客户没有成为公司的财富，反倒成为销售人员谋利的工具；四是业务操作上普遍比较原始，多数企业业务操作仍采用个人大包干的方式，从揽货、制单、报关、结算收款，全流程个人负责，只有少数企业采用了专业化操作方式等；五是各地分子公司长期由总公司和地方双重领导，不利于企业的健康发展。

（5）集团网络虚设，整体运营失效。为了落实各地分公司的经营责任和激励，集团对各分子机构实行“自负盈亏、利润承包”的政策，作为打破“吃大锅饭”的重要改革举措。但这种做法的后果是，各分子机构独立经营、分散竞争，形成总公司大牌子下各自为战的独立企业群。中国外运体系，表面上看是一个网点遍布全国的大集团，实际上是上千家小公司(有的甚至近似于个体户)。它们打着集团牌子各自为战，相互协同极少，内部竞争激烈，集团网络名存实亡。表现为：同域竞争；同一公司内部竞争；异域竞争，内地和口岸外运企业互设机构，互挖墙脚；条块竞争；母子竞争，对一个大客户，地方公司谈了，总公司听说后，也去跟客户谈，甚至同一公司的不同部门或不同业务人员相继去跟客户谈，共同去争一个项目，最后不了了之。中国外运体系全国各地分子机构的竞争演变成了一场混战，集团化管理和运营名存实亡、整体失效。

如何看待现状？如何走向未来？中国外运和咨询小组的同志们针对上述问题展开了反复的研讨，有时会发生激烈的争论。经过反复的观点碰撞和思想交锋，在一手信息和铁一般的事实面前，人们逐渐地意识到，中国外运需要的不是以“辩证地看待事物”自居的粉饰现状，也不是在现有的格局下加强管理、令行禁止、落实责任、改善激励、强化约束，更不是总公司“等米下锅”的现金流输血或下属单位的进贡。所有这些，都对中国外运的整体突围和全面新生于事无补，甚至会演变成为搞乱思想认识、模糊改革方向的误导性迷雾。中国外运真正需要的是全面推翻历史形成的当前格局，通过体系再造来彻底重建一个新格局。换句话说，中国外运需要的是彻底的格局变革和系统再造，而不是“不动格局动环节、不变系统变局部”的管理改良，也不是“头痛医头、脚痛医脚”的管理手术。这注定是一场矛盾错综复杂、工程量巨大、风险隐患很多、艰辛曲折而且旷日持久的“旧城改造”运动。

三、产业战略选择：从传统运输企业到现代物流公司

一切问题和难题都暂且放下，中国外运首先需要完成的是对产业大势的判断和产业战略的选择。于是，运输企业与物流公司的区别在哪里，谁代表过去，谁代表未来，谁已日薄西山，谁正朝阳升起，背后的机理是什么，成功的模式有哪些，关键成功要素又如何，中国外运是否能够实现从传统运输企业向现代物流公司的转型，条件准备得怎么样，难点在哪里，过渡方案怎么安排……这

些问题勾连成一个有机整体，成为中国外运产业战略选择的关键命题。

骡子把农粪驮到地里，卖炭翁把木炭挑到集上，卢作孚把最后一批民族工业的装备物资通过长江航道运到重庆，手推车把军需物资送到淮海战役的前线，轮船把中东石油运到新奥尔良港、把巴西的铁矿砂运到上海码头，汽车把陕西的彩管运到四川绵阳的长虹、把青岛啤酒运到河南洛阳，火车把山西的煤运到广东、把宝钢的扎板运到温州……所有这些都是“运输”。那么物流呢？物流就远不只是“运输”的概念。20 世纪 90 年代中期，多数国人只知道运输和仓储，还不知道物流为何物，相关业界人士也才刚刚开始现代物流的启蒙和觉醒，远还没有实现对物流产业的系统认知和深刻理解。世界十大物流产业巨头 UPS、FedEx、德国邮政世界网（Deutsche Post World Net）、Maersk Sealand/A. P. Moeller、日通（Nippon Express）、Ryder、TNT Post Group、Expeditors、Panalpina 和 Exel 各显神通，合纵连横，纷纷瞄准中国物流市场，这对中国本土运输和仓储企业的命运意味着什么？对中国工业、商业和整体经济运行意味着什么？它们是怎样成长和强大起来的呢？它们都有什么产业理念和运作模式呢？形势有如兵临城下，然而对所有这些问题却很少有人能理解，甚至很少有人重视。

为此，咨询小组对物流产业开展了系统的研究和讲解：

（1）解读世界物流产业的产生背景、发展历史和演变趋势。

（2）解读世界物流企业的发展战略、运作模式和竞争要点。

（3）解读中国物流产业的发展环境、发展现状和发展机遇。

深入的产业研究及其系统讲解取得了意义深远的成果，那就是：中国外运在全国运输和仓储行业里率先看清了 WTO 时代的物流产业大势和自己的战略方向。

（1）中国的物流产业大有发展前途，其产业规模大于家电、化肥、酒水、玻璃、水泥等产业。如果说一个家电行业就可以造就海尔、美的、长虹等多家企业巨头，一个酒水行业就可以产生娃哈哈、农夫山泉、五粮液、青岛啤酒等著名企业，那么中国物流行业将造就更能代表中国综合国力的、跻身世界 500 强的中国企业集团。

（2）现代物流公司与传统运输企业有着本质上的区别，无论是海尔、宝钢、P&G 等工业巨头，还是沃尔玛、王府井等连锁商业，抑或是正在兴起的各种或大或小的电子商务组织，它们所需要的都不是传统的运输服务，而是现代的物流服务。正是这种深层次的客户需求变迁，决定了传统的运输企业注定没有未来，而现代物流公司却有着十分广阔和诱人的发展前景。

于是，中国外运基于产业的战略选择，水落石出，即从传统运输企业迈向现代物流公司。

基于产业的战略选择已经明确了，那么，基于资源的战略选择呢？“瘦死的骆驼比马大”，或许是对中国外运资源状况的最恰当描述。一方面，计划经济时期，中国外运长期据守着政企合一的行业垄断地位，几十年来的国家投入，为中国外运形成了一系列的资源家底；另一方面，改革开放之后，中国外运也开展了一系列面向市场竞争的进取努力，开拓了一些新的经营领域，先后和著名品牌的国际物流公司建立了合作联盟，学习了它们的理念和做法，局部地积累了经验、锻炼了人才、树立起了全新的物流理念和服务意识。盘点下来，中国外运迈向现代物流的资源基础相当丰厚。

（1）在“硬资源”方面，中国外运的境内现有固定资产原值达到×亿元，位居中国前三的地位。仓储用房×多万平方米，货场和集装箱堆场×平方米，铁路专用线×万公里，码头×个，运营机动车辆×辆，轮船×吨位，还有各种装卸机械和搬运设备等。这些硬资源如果要新建或重置，累计投入不下×亿元。换句话说，没有×亿元的巨资投入，谁也建立不起与中国外运旗鼓相当的硬件装备。（出于商业敏感，真实数据在此隐去。）

（2）在“软资源”方面，中国外运第一是拥有国字号的品牌——“Sino-Trans”，这个字号以国家信誉为底子，经营了几十年，在行业内和社会上都有着很高的知名度、商誉和公信力。

（3）遍布全国、延伸到全球的机构网点，在各省市自治区、重点口岸、主要城市共有521家独立法人企业；在境外有29家公司和办事处，形成了分布广、规模大的全球性经营网点，全国各地总共有三级公司1 000多家，其中做主业的有700多家。

（4）长期形成的客户关系、政府关系和行业关系。中国外运垄断经营几十年，在全国各地积累和沉淀了一批老客户和老人脉。中国外运是共和国的亲生儿，由于行业的准入限制，它至今仍保有一定的专营特许。由于长期的工作关系，中国外运与国家有关部委（外贸、内贸、交通、铁路、航空等）、地方外经贸委局等政府有关部门建立了良好的工作协同关系，并得到各政府部门的长期支持。由于业务的必然相关性，中国外运与海洋运输、航空运输、铁路运输界一直保有日常的业务联系。

（5）人才队伍。中国外运聚合了一大批高等院校的优秀毕业生，培养出大批在外贸运输代理领域精通业务、经验丰富、业务水平较高的专业人才。他们长期从事我国进出口外贸运输和国际货运代理，虽然国内是计划经济模式，但境外却是市场经济体制。因此，这批人才自然具有一定的商业意识和服务概念，比较熟悉国外同行业的管理方式和管理经验。

（6）综合服务能力和整体规模实力。中国外运在其起始发展期，就在产业链中处在介于承运人与托运人之间的第三方物流服务型企业的位置。为用户提供仓储、订舱、加工、运输等综合服务，具有完善的服务系统。中国外运所开设的服务品种及种类也是国内最为全面的，国际货运代理虽然已打破独家垄断局面，中外运各分子机构的份额累加起来，仍是全国市场份额最大的综合货运代理企业，也是我们国家唯一具备庞大物流网络潜在能力的企业。

（7）一定的先行优势。改革开放后，中国外运率先进入了市场化程度高、效益好的经营领域，在船舶经营、船舶代理、航空货运代理、快件运输等领域先行发力，取得了规模扩张和良好效益的双丰收。同时，中国外运在行业内最先与顶级的物流跨国公司（如UPS、DHL、TNT等）进行合资合作和战略结盟，在快递、航空货运、海运、综合货运等领域相继与国外大公司结成联盟。不但大大延伸了中国外运在世界各地的合作伙伴和业务网络，而且更新了观念、学习了能力、积累了经验。

中国外运毕竟是共和国铺垫起来的家底子，中国物流行业里的大户人家。如果中国外运都不具备迈向现代物流集团的资源条件，那么，环顾长城内外、大江南北还有谁呢？至此，中国外运基于资源的战略选择昭然清晰，即从传统运输企业迈向现代物流公司。

在科班的战略理论中，公司的战略选择依据无非是两条：一是基于产业的战略选择，主张进入那些最有机会的产业，然后用产业机会来拉动资源的聚合和能力的生长；二是基于资源（或者说“能力”）的战略选择，主张进入最能发挥自己资源优势的业务领域，最大限度地利用资源，通过自己的资源优势来建立势力范围、稳固产业利基、屏蔽竞争对手。在和君咨询原创的ECIRM战略模型中，I（Industry——产业）和R（Resource——资源）被认为是决定战略胜负和企业命运的两个关键因素。由此导出的自然做法是：产业分析和资源分析成为公司战略研究中的关键内容。

在中国外运的战略研究中，基于产业的战略选择和基于资源的战略选择从两条路出发，结论却合流成了高度一致的一条路：走向现代物流集团。于是，在20世纪90年代中后期的中国，当大多数国人还不知道现代物流为何物的时候，当中国运储行业里的多数人都还在老观念和旧视野里困难地活着或得意地赚钱的时候，中国外运率先成为“识时务者为俊杰”的现代物流产业的先行者。

1998年12月，跨时一年、反复研讨、激烈论辩、几经修改的《中国外运集团发展战略纲要》报告正式出台。中国外运集团的战略定位赫然表述如下：把中国外运从一个传统的外贸运输公司建设成为由多物流主体组成、国际化、流程标准化、操作规范化的大型第三方综合物流企业集团。

四、艰辛的“旧城改造”：公司重组和组织再造

跨时一年的《中国外运集团发展战略纲要》的制定过程，就是中国外运总公司高层廓清认识、统一思想、坚定产业信念、憧憬美好前景的过程。在产业战略清晰、目标和方向明确的基础上，一场旷日持久的“旧城改造”运动开始了。整个中国外运体系推行基于物流产业战略的资源重新配置和组织再造。这场公司再造运动，依照下列“施工图”而展开。

（1）开展思想建设，推动观念更新和企业文化变革。通过这项工作，促进整个集团上下统一思想认识，消散认识迷雾，扫清思想障碍，明确前进方向，强化大家的危机意识和改革意识，用全新的事业追求唤起大家打破现状、参与改革的热情，让大家对整个集团的现状、问题、机遇、危机、改革方向、发展战略及其步骤路径有一个统一的认识和明确的理解，促进全员共识、上下同心。

（2）重建总公司的职能，优化公司治理，调整组织结构，理顺总分公司和母子公司关系，重构组织管控。学习和借鉴国外成功大公司的组织理念和管理模式，参照瑞士泛亚班拿、德日辛克和日本日通等世界物流巨头的组织结构模式，结合中国外运的实际情况，进行了总体的公司治理和组织结构设计，对总公司的职能定位和功能体系，对总分公司和母子公司的关系设定，对各业务单元和业务部门的职位、职权和职责，进行了基于未来物流产业战略的系统安排。通过这项工作，使得中国外运集团初步建立起符合现代企业制度要求的公司治理结构，明确和强化了总部的职能体系，理顺了组织管控关系，初步形成了有利于整个集团“集中决策、统一指挥、系统协同”的组织结构和运行机制。

（3）进行业务重组和资产重组，实现资源的统一调配和重新配置。基本上依照“块块”和“条条”两个方向来进行。首先是“块块”方面，对区域公司进行重组和整合。例如天津、上海、广东，原来是同一个地方有几家甚至是十几家中国外运的公司，它们之间的协同效应很差，甚至恶性竞争、互挖墙脚。这种状况不能容许继续存在，于是就把同一个区域的几个或十几个公司重组成一家公司，进行统一管理。在“块块”重组和整合基础上，又依据产品线和服务领域来进行“条条”方向的重组。例如，把基于空运的物流业务重组成一个空运专业公司，把基于汽车运输和集装箱运输的业务分别重组和整合成一个汽车物流专业公司和箱运物流专业公司。通过业务重组和资源重新配

置，理顺了“条条”、“块块”的关系，提高了资源利用效率和管理协同效应，避免了恶性竞争和相互拆台。由此，中国外运集团从一个协同性差的松散型体系变成了一个相对紧密型的公司。

（4）加速信息化建设，推行流程再造。整个集团的广域网加上各分公司局域网的建设投入，总投资将近亿元，一步步地建立起综合的信息服务平台。推行流程优化和再造，致力于服务产品标准化、运营过程流程化、营销体系一体化，把中国外运从一个传统的外贸运输企业转型成为一个服务标准、流程规范、国际化运作的综合性大型物流企业集团。通过信息化建设和流程优化工作，提高了所有服务产品的安全性和时效性，降低了成本，提高了效率。

（5）开展队伍建设，改革传统的劳动人事制度，从人员聘任、绩效考核、薪酬体系、晋升机制、培训开发、职业生涯规划等，全面推行现代人力资源管理体系。

（6）进行主辅分离，做好人员分流，消化历史包袱，处理好“改革、发展与稳定”的关系。在人员分流方面，主要有三种出路：一是投资性分流，即通过投资发展旅游、商贸等业务，将一部分人员分流到这些业务上去；二是制度性分流，即通过改制、分立、剥离等方式，让一部分人员脱离“身份”，走向市场；三是补偿性分流，即买断工龄，一次性给予补偿，下岗、培训和再就业。

（7）进行国际产业结盟，寻求海内外上市，借助国际产业巨头和资本市场的监管力量，加速现代企业制度的建立和公司规范化运作。

（8）全面改进基础管理，提高岗位作业效率和系统运营效率。

通过这幅“施工图”的不断推进和落实，中国外运集团一步步向一个现代物流公司靠近，再靠近。总公司首先实现了“人、财、物”的统一调度，初步建立起了“全国一盘棋”的业务体系和组织机制，彻底改变了“承包制”的后患和“分封割据、各自为战”的局面。这场矛盾丛生、工程浩大的公司再造运动，自1998年开始启动以来，一直持续至今，已快要10个年头了，而且到今天为止也远还没有到可以宣告结束的时候。

受篇幅和精力的制约，在这里我们无法对“施工图”下的具体施工内容作出详细描述。值得提醒的是，这份“旧城改造”施工图及其在中国外运集团的实践，是共和国央企再造的宝贵探索，直至今天也不失其“纲举目张、统领全局”的指导意义。

在翻阅项目历史档案的时候，我们看到了下面这份当年咨询师致中国外运集团最高领导的建议函。从今天的认识来看，这份信函从观点到行文都显得很稚嫩，但从中我们可以看出当年启动“旧城改造”（战略实施）的时候真可谓是千头万绪、举步维艰、错综复杂。

资料贴士:

关于实施中外运发展战略的建议

尊敬的罗董事长并各位常务董事:

我们受托编制的《中国外运集团发展战略纲要》现已获通过。目前,具体实施开展战略方案的工作已经开始,我们参加了三次推进实施的工作会议,感到有几个重要的问题需要常董会讨论决定,以便纲要实施工作的顺利开展。

(1) 中国外运亟待形成高效率的决策机制。战略研究工作完成后,中国外运总体方向已经确定,战略方案的实施工作即将全面展开,各部门已经开始行动起来。但是,至今决策层还没有设立一个专门的领导小组或指定专门的负责人来具体管理整个战略的实施工作,并对一些具体问题迅速作出决策。现状是多头决策扯皮,管理上权力分散,生手操作需要从零起步,如此实施发展战略纲要,很难迅速进入操作程序,往往使工作又回到市场调研、理论论证等基础工作阶段。因此,我们建议必须选择高度认同改革理念并具有操作思路的人才,对其全面授权,在科学的决策机制下,给予适度的管理权力,全面推动改革方案的实施。

(2) 中国外运亟待迅速强化人才选择的机制。中国外运总部人才大都集中于三个领域,一是具有政治领导经验的行政干部,二是具有丰富市场经验的业务人员,三是具有一定理论素养的中青年人才。进入市场转型阶段后,公司的各种市场功能和管理功能急需高素质的熟手。在最初改革的一至两年,公司的管理成本必须大幅度上升,要选择培养和使用一批熟手人才进入管理层。目前,迫切需要推动“三个一”的人才培训工程,包括以资产重组为重点的综合人才一百人,以大客户开发为重点的行业专才一百人,以信息管理为重点的信息专家一百人。

(3) 中国外运亟待明确物流经营战略的重点。物流事业部已经成立,初步工作已展开。但是,职责范围不明确,人员还没有完全到位,建立信息物流网络、大区物流中心、与国际上大型物流公司的合作、与行业的合作、开发大客户等经营战略的具体原则和方案还没定下来,需要董事会及时确定。其中与“中海”、“中铁”联合的大项目,具体如何推进,应该制定一个方案。跟国际物流大公司签订合作协议后,具体如何操作,应加以明确。行业大客户服务部的设立已经迫在眉睫,但究竟应该设立多少个,要赶快决定。产品市场传播作为新产品推向市场之前的前期工作,宜尽早开始,需要大规模的投入,需要在财务预算上作好安排，明确投入方式。

(4) 中国外运亟待进行物流组织结构调整。目前机构及其职能的设置由人力资源开发部负责，由于物流产品和物流流程的建设还未完成，使得人力资源开发部的工作受阻。我们认为，既然物流事业部已定位为物流管理机构，那么应将有关物流机构及其职能的设置工作交由物流事业部统一管理，包括大客户部、各种专业性公司的设立等无论“条条”还是“块块”。是否可行，请常董会考虑决定。

(5) 中国外运亟待明确资产重组的方式。关于资产重组的组织有三种选择：第一，由总部作出方案，发到下属各部门和公司，全面贯彻执行；第二，以各省公司为单位推荐人员来总部接受培训，由接受培训的人员回去后根据本公司情况来制定资产重组的方案；第三，由总公司组成几个专门领导小组，分别到几个大区域进行联合工作，通过共同的协商，制定出各个区域的资产重组方案。究竟采取何种方式更有利，应尽快讨论决定。关于下岗分流，应成立专门小组，首先，是政策研究小组，一方面负责向财政部要政策，同时制定下岗政策，将下岗分流的基本制度和原则规定下来。如下岗范围，我们建议可以略高于实际下岗人数，或者在下岗模式上，干脆采取全员下岗、聘用的方式。其次，是下岗动员小组，建议由公司内的政工人员组成，对下岗进行全面宣传，做好思想工作。另外，对于政策解决不了的麻烦，是否先冻结起来，分步骤解决，或者委托外部公司帮助解决。

在战略方案推行过程中，必须成立几十个专题工作小组，专门研究、操作具体的实施方案。

1999年12月6日

五、上海与香港上市：基于战略的资本运作

“旧城改造”是需要资金投入的；宏伟的物流产业战略的实施需要可持续、大规模的资本供给。于是，上市成为中国外运集团的必然选择。这时，中国外运集团面临着三大资金的需求。

第一，物流产业的基础设施和能力建设迫切需要资金投入，例如旧设施的改造和升级、机构网络的布局和完善、信息化建设中的IT软硬件投入、仓储条件的改善和运输工具的购置等。

第二，抢占市场机会、进入新兴业务领域迫切需要资金投入，例如航空快递业务。

第三，历史包袱的消化、富余人员的分流迫切需要通过增强总体财力来促

进“发展中解决问题”。

如果能够上市，股本资金的到位将拉动银行信贷资金和商业信用的跟进，极大地增强公司可调度的资金实力、改善集团现金流，满足上述各方面的资金需求。这样的一轮基础投入，将为加速“旧城改造”进程、推动集团整体向现代物流集团转型奠定全新的资源基础和能力基础。

1999年，中国外运正式启动局部业务的A股上市工作。基本方案是：将全集团范围内的空运快递业务进行重组和整合，构建成一个目标市场明确、主业清晰的上市主体——外运发展。2000年底，外运发展在A股市场成功IPO，于上海股票交易所挂牌，一举筹集资金达10亿元左右。

2001年，中国外运更大雄心和更大规模的集团海外上市计划启动。基本思路是：将集团范围内整合后的沿海各大区基于海运物流的优质资产进行重组，构建成一个符合国际资本市场标准的上市主体——中国外运(集团)股份有限公司。2003年，中国外运(集团)股份在香港股市成功实现H股IPO并挂牌，顺利筹集股本资金达到40亿元左右。由于中国大陆的物流产业被普遍看好，由于中国外运在物流行业中的地位突出、竞争优势显著，同时也由于中国外运管理团队的才干、作风和路演过程中的卓越表现，该宗IPO以20倍市盈率在全球发行，创造了中国大陆企业海外上市的估值奇迹(中国大陆国企在香港IPO,通常市盈率在5~12倍区间,像中国外运这样达到20倍以上的,史无前例)。中国外运(集团)股份的香港IPO，被评为当年度全球最佳IPO。

时隔两年、横跨本土和国际资本市场的前后两次上市融资，划时代地壮大了中国外运的资源基础和整体实力，彻底提升了集团的竞争力。在此过程中，资金实力的增强自不待言，而两次上市带给中国外运的战略价值和管理意义，实在是无法用金钱去衡量的，也是无法用金钱去购得的。

第一，“手中有粮、心里不慌”。上市融资的成功使得中国外运得以“挟雄财以令诸侯”，彻底地树立起总公司的管理权威，极大地振奋了全系统的精神，全系统的向心力、凝聚力和事业心得到了逆转性的增强。

第二，两次上市工作极大地拉动了集团内部的业务重组和资源重新配置。在重组剥离的上市过程中，消化了大量的历史包袱，分流了富余人员和关停整顿了一批相互恶性竞争的小公司和承包户，理清了产业资源，梳理出了基于市场化的物流产品和业务线。

第三，上市工作极大地促进了现代企业制度的建立、机制的转变、公司运作的规范化以及观念变革，为推进集团整体的“旧城改造”作出了历史性的贡献。

第四，两次上市尤其是海外上市，极大地提高了中国外运的品牌知名度和公信力，树立了中国外运的第三方物流企业集团形象，增强了国际物流巨头对中国外运的认识和合作兴趣，为中国外运结盟国际物流巨头、学习国外先进管理和技术创造了全新条件。

第五，上市之后，中国外运的行业地位得到了很大提升，人们对公司的成长预期越来越乐观，股权激励、薪酬体系向市场化靠拢也成为大势所趋。这对提升中国外运的人才吸引力起到了很好的作用。一批高素质的高级管理人才、物流信息人才、物流配送人才、物流管理人才、电子商务人才及金融人才的流入，为中国外运彻底拉开与竞争对手的距离、走向现代物流公司奠定了新一轮人才的基础。

境内外的两次成功上市是中国外运在发展历程中具有划时代意义的里程碑。截至 2002 年末，中国外运通过近 5 年的内部整合与调整，业务收入从 40 多亿元猛增到 250 多亿元，利润也历史性地上升到 7 亿元之多。香港上市一举募集股本资金达到 40 亿元之多，银行资金踊跃跟进，集团的资金实力和信用空间暴增。在合理财务结构的原则下，整个中国外运可用资金规模超过百亿元。就是这样，中国外运一步步地发展成为我国物流行业实力遥遥领先的龙头型大公司。

央企转型和再造是否一定要上市？中国外运的经验表明，答案是肯定的！

六、对“物流帝国”的向往：雄心勃勃的产业整合计划

假如你怀揣百亿巨资，手执品牌利剑，适逢弄潮时代，面临行业内的战国乱世，你会怎样？

男儿何不带吴钩，收取关山五十州。远大的产业抱负和雄厚的资本实力汇流交织在一起，一个雄心勃勃的物流产业整合计划（整合后中国外运的业务版图如图 7-1 所示），在中国外运的高层脑海里热浪翻滚。于是，一场在中国物

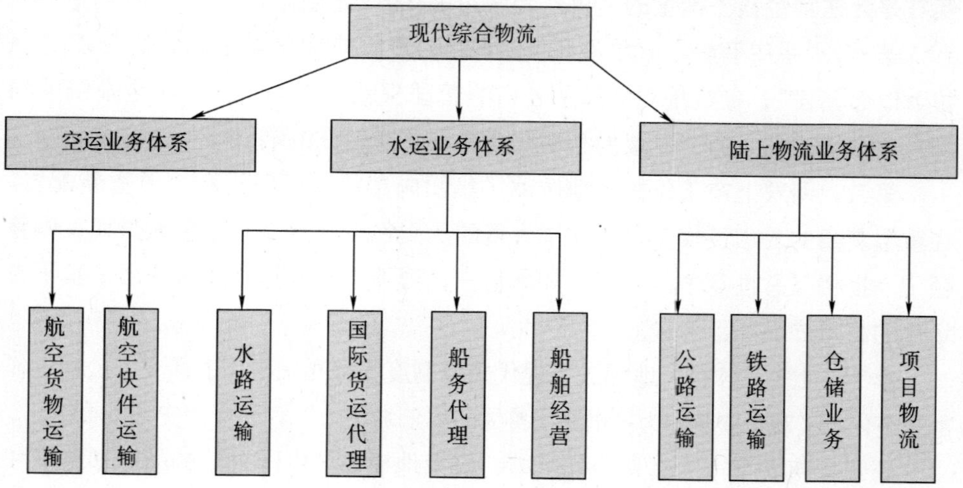

图 7-1　整合后中国外运的业务版图

流产业里“合纵连横、逐鹿中原”的并购整合行动，低调开始了。

整个行动计划的实施是依照如下的逻辑而展开的：基于产业战略的需要拟定并购标准——在全国范围内展开行业调查，搜索符合标准的目标对象，框定入围企业——试探性接触和调研，达成合作意向——制定合作策略、开展商务谈判、设计交易结构——达成并购交易或增资入股——建立母子公司关系，规范治理结构和公司运作，实现报表合并——开展购后整合，落实集团统一的管理要求和文化要求，促进母子公司之间、兄弟公司之间的业务协同和资源共享——调整产品线和区域市场的布局，重新配置资源，进行扶强限弱、扶优汰劣的重组，把资源和市场份额向竞争优势显著、盈利能力强的产品线或区域子公司集中(见图7-2)。

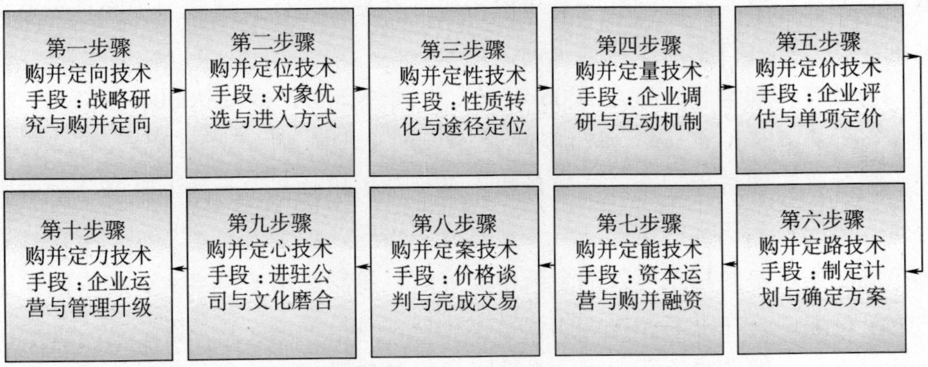

图7-2　产业整合的并购逻辑线路图

懂行的人都知道，这不是纸上谈兵，而是一条深谋远虑又切实可行的实操路线。中国外运如果沿着这条路线稳步行进8～10年，一个规模足以进入世界500强、实力足以跟国际产业巨头分庭抗礼的中国字号“物流帝国”将呼之欲出，中国的民族物流产业在与国际物流巨头的较量中从此将格局大变。

计划行进中，事件一：并购福建龙头企业，整合区域海运物流市场。

计划行进中，事件二：整合北部湾港口，布局“中国—东盟”物流带。

计划行进中，事件三：并购上海裕和冷链物流，开辟冷链物流产品线。

计划行进中，事件四：并购华宇陆运物流，整合全国性的陆运网络。

计划行进中，事件五：并购四川航空公司，开辟航空运输产品线。

计划行进中，事件六：并购申通快递，进一步整合空运快递市场份额。

计划行进中，事件七：并购大力神，进入特种运输领域。

……

一个个并购整合行动在进行中，有的长驱直入，有的半途而废(详见后文“北部湾行动计划”案例)；有的山重水复而折戟沉沙，有的一波三折而终成正果(详见后文“并购福建裕利”案例)。中国外运的动作，让中国外运内部感到震动：集团的资源不再向体系内部低效率的经营单位倾斜，而将以全新的思路把资源运用到扶持、并购和整合优势企业的道路上去。同时，国内外物流产业界也对中国外运的产业整合手笔倍加关注，人们纷纷意识到，中国外运是中国物流产业中一头需要紧紧盯住的“大象”，它已经开始跳舞了，而“当大象想要跳舞的时候，蚂蚁就得离开舞台”（IBM总裁郭士纳在《谁说大象不能跳舞》书中说)。国际物流产业巨头，一头头想要在中国物流舞台上跳舞的跨国“大象”也开始要顾忌中国外运这头本土“大象”的舞姿和地盘了。

沿着资源整合、产品线整合和区域布局等三个方向，全面推行产业整合战略，中国外运的行动意图是直接指向战略目标，即在海运、空运、陆运三大领域建立起能够满足多层次客户需求的多服务产品，最终发展成为中国真正意义上的第三方综合性物流服务提供商。

业绩在持续增长。截至2006年末，中国外运资产规模达300多亿元，整体业务收入达400亿元，利润接近15亿元。9年前那个账上现金只有几百万元、随时都可能爆发现金流断流危机、各地分支机构各自为战混乱竞争的中国外运，早已成为遥远的过去。一个资本实力雄厚、现金流充足、利润可观、总体布局和条块协同基本有效的全新中国外运，身影逐渐变得高大，在中国第三方物流产业中，在上海和香港的资本市场里，身价骤增而且活跃。如今的中国外运是当之无愧的物流行业龙头企业，已经具备了相当的条件基础去担当振兴和强大民族物流产业的时代使命。但路漫漫其修远兮，和君咨询看得十分明白，中国外运离一个真正具备国际竞争力的、世界级的“物流帝国”，还有着十分遥远的距离。

限于篇幅，我们在此无法对每一个并购行动展开详细叙述。下面分别就两个并购事件进行情景勾画，以让读者得以一斑窥豹。

计划行进中，事件一：

并购福建龙头企业，整合区域海运物流市场

在福建海运物流市场上，综合排名第一的是一家民营物流企业——厦门裕利集团。它拥有覆盖福建全省的物流服务网络和稳定的客户群体，在中国大陆、中国香港、美国设立有10余家从事实际经营的子公司，业务范围包括国际集装箱转运堆存、拆装箱、集装箱公路运输、装卸、检验、维修及配套服务、仓储服务、货运代理、修箱、代理报关等业务。裕利集团发展势头迅猛，年增长率持续保持近30%的速度。2003年销售收入达到6亿~7亿元，年利润几千万元。而中国外运的福建省公司在当地海运物流市场中的市场份额排名

靠后到了3~4名，年利润不足500万元。一个是个体户创业、没有资源家底和品牌基础的私营企业，一个是顶着中国外运大牌子的省公司，两相比较，竞争力谁强谁弱、发展前景谁好谁坏，不言自明。

从战略上看，对福建的海运物流市场，中国外运是一定要占领的。不仅仅是因为那里的经济发达、物流活跃，更重要的是因为那里是未来“两岸三通”的桥头堡和物流集散地，是中国大陆发展对台经贸的战略要地。随着集团整体实力的增强和雄心勃勃的产业意图，加速占领福建区域的海运物流市场，成为中国外运在全国版图里战略布局的重要一步。

摆在中国外运面前的选择有两个：一是振兴中国外运在福建的省公司，加大扶持力度和资源投入，强化区域内行业竞争，击退裕利集团等竞争对手的强势，夺回市场份额；二是选择区域市场上最具竞争力的龙头企业，并购和重组它，然后倚重它的力量整合区域同业，实现对区域市场的绝对占领。哪条路对中国外运来说更安全、更经济、见效更快、彻底拿下福建海运市场的把握性更大、对社会和行业造成的负面效应更小？当然是第二条道路。

那么，并购重组的首选对象是谁呢？当然是排名第一的裕利集团。而从裕利方面看，它深知中国外运家大业大、资源多、品牌好、网络全、资本实力强，如果能借助中国外运的品牌、资源和网络，那么，对裕利进一步拉开跟竞争对手的距离、最终实现对区域海运市场的垄断大有裨益。而如果两家不能率先携手，一旦中国外运结盟区域内的其他竞争对手参与福建海运市场的竞争，那必将对裕利集团构成抵挡不住的威胁。于是，中国外运与裕利集团的结盟重组成为双方共赢的战略之选。

经过反复和艰苦的商业谈判，2004年1月，中国外运最终如愿并购控股了裕利集团。接下来的进一步重组是：将中国外运的福建省公司并入裕利集团，用民营机制和活力刺激和提升省公司的业务水平和管理能力，在福建海运市场内进行业务整合，并实现与中国外运全国性物流网络的对接。

中国外运在福建海运物流市场上的动作，向中国外运内部发出了强烈信号：中国外运体系中的各“条条”（产品线）、各“块块”（区域市场），谁的业务干不好、市场份额往下掉，谁就要被外来人整合。集团的资源不再向体系内部低效率的经营单位倾斜，而将以全新的思路把资源运用到扶持、并购和整合优势企业的道路上去。这一信号使得中国外运内部人员感到震惊和压力，面向市场、奋力拼搏似乎成了唯一的求生出路。

中国外运并购福建裕利是一个典型的“一波三折终成正果”的案例。2004年1月，中国外运以存量股权收购和增资扩股并举的方式一举控股裕利75%的股权。紧接着，把中国外运福建省公司并入裕利集团，实现针对福建区域海运市场的业务重组和管理理顺。此后三年，裕利集团的业务规模和盈利都实现了大幅增长，但裕利集团的管理层(也是原始创业者)与中国外运之间、裕利集团与中国外运福建省公司之间，矛盾丛生、纷争不绝。作为最后的解决方案，就在本案例写作定稿的一周前，2007年盛夏的一日，中国外运再次出手，收购裕利集团的另外25%股权，最终实现对裕利的100%控股。裕利集团的创业者兼管理层在卖出最后的25%股权后，带着几亿元现金和无限悲伤，就像离开自己生养的儿子一样彻底离开了裕利。“娜拉出走之后”，我们祝福中国外运在100%控股裕利之后能够早日100%地占领福建海运物流市场。

计划行进中，事件二：

整合北部湾港口，布局“中国—东盟”物流带

以大格局和大视野来观察，中国的经济发展呈现出显著的“经济圈”现象，先后经历了珠三角经济圈、长三角经济圈、环渤海经济圈的形成与繁荣。这些体量巨大、活力四射的经济圈一个接一个地崛起，传递和接力着改革开放以来中国经济的持续增长。在成因上我们很容易看清楚的是，每一个经济圈的崛起，一是在境外需要有世界经济力量的介入。例如，世界产业力量对长三角经济圈的介入，日韩对环渤海经济圈的介入等。二是在境内需要有中国腹地的支撑，而这些经济圈一旦崛起，又对中国腹地经济形成了层层传递、无远弗届的拉动和辐射，最后搅动着中国市场的活力和增长，贯通着中国经济与世界经济的互动和共生。经济圈的崛起和递延，堪称是中华民族伟大复兴的经济演义，是人类经济史上一幅声势浩大、波澜壮阔的宏伟图景。

哪里会崛起繁荣的经济圈，哪里就会产生繁荣的物流带。继环渤海经济圈之后，中国下一个可以等量齐观的经济圈和物流带将最有可能在哪里崛起呢？当然是环北部湾地区。北部湾是联结东南亚各国和中国大西南腹地的一片“咽喉”海域，围绕这一区域，境外有东盟各国构成的世界经济力量和市场需求，境内有桂、黔、滇、川四省构成的资源腹地。在21世纪伊始，国际形势和国家战略的各种大事情和大格局风云际会，把环北部湾地区的经济和政治地位提升到了前所未有的战略高度。

从经济方面说，首先是国内的经济形势。国家西部大开发战略的实施，东南沿海地区加工业向西南腹地的梯度转移，中国重化工业崛起对西部资源的需求和依赖性增强……，各方面的因素都促使中国大西南地区的经济正在进入一个大发展时期。北部湾，是整个大西南地区的共同出海口。其次是国际经济形势。区域经济一体化是世界经济全球化的重要趋势，随着中美、中日韩、中欧经贸合作渐趋成熟和进入边际递减阶段，“中国—东盟”的经贸往来将成为全

新的热点和速度最快的增长点。“中国—东盟自由贸易区”的建立和发展势不可挡。北部湾地区是“中国—东盟自由贸易区”的要冲地带。

从国际政治方面说，面对世界霸权主义的抬头，中国与东盟国家唇齿相依，与东盟各国结成战略伙伴关系、维护东南亚地区的和平与稳定，是中国的国家战略。北部湾地区，作为联结中国与东盟各国的要冲地带，必将成为国家重点关注的战略区域。而台海局势一直不稳定，一旦台海出现动荡，海南岛和琼州海峡以东的海域将受到严重影响，而海南岛和琼州海峡以西的北部湾海域，势必将成为承接经济西移的首要地带。

总之，基于在国际政治经济格局中的战略地位，“中国—东盟自由贸易区”的建立，中国西南腹地经济大发展时期的到来，使得作为要冲地带的北部湾地区必将成为人才流、商品流、资金流和信息流的重要集散地。从物流产业的角度来看，中国西南地区特别是广西，一直以来都是中国与东南亚国家经贸往来的主要门户和口岸。中国西南地区与东盟各国之间取道北部湾的物流距离最短，北部湾的天然港口也有利于大幅降低运营成本，在中国加入WTO和“中国—东盟自由贸易区”建立的双重背景下，在贸易壁垒逐步降低和台海局势日趋紧张的形势下，环北部湾地区作为中国面向东南亚的物流中心的地位日益显现。环北部湾经济圈和物流带的形成，将成为中国经济的新格局。

所有这些，对中国外运的战略布局意味着什么呢？珠三角、长三角、环渤海三个经济圈的物流产业资源早已完成了分配，竞争气候已成，此时中国外运如果再入这些区域大展拳脚、跑马圈地，必将面临竞争强、成本高、阻力大等一系列问题。如果以先见之明和魄力勇气，率先布局贯通“中国大西南—东盟”的北部湾物流带呢？肯定有着成本较低、竞争不强、阻力不大等便利。于是，一个雄心勃勃的“北部湾行动计划”萌生了。

第一步，逐一收购北部湾的港口(见图7-3)——防城港、钦州港和北海港，垄断性地占领和控制作为“东盟—中国大西南”物流带的“咽喉要冲”——港口。

第二步，对环北部湾港口既进行整合协同，又进行专业分工，防止重复建设，避免恶性竞争，联合打造高质量、高效率的北部湾港口综合吞吐能力。其中，防城港以散杂货物运输为主，北海港以集装箱运输为主，钦州港以临港工业物流为主(其位置图如图7-4所示)。

第三步，依托通疏港能力和交通基础设施，全面筹划大西南物流战略。由中国外运在西南四省区域的分公司“统战”西南片区的物流行业，承揽和控制整个大西南地区的货源向北部湾汇集，改变大西南腹地的物流流向，初步形成从大西南腹地流向北部湾然后再对接东盟自由贸易区的物流大格局。此计划

图 7-3 北部湾各港口位置图

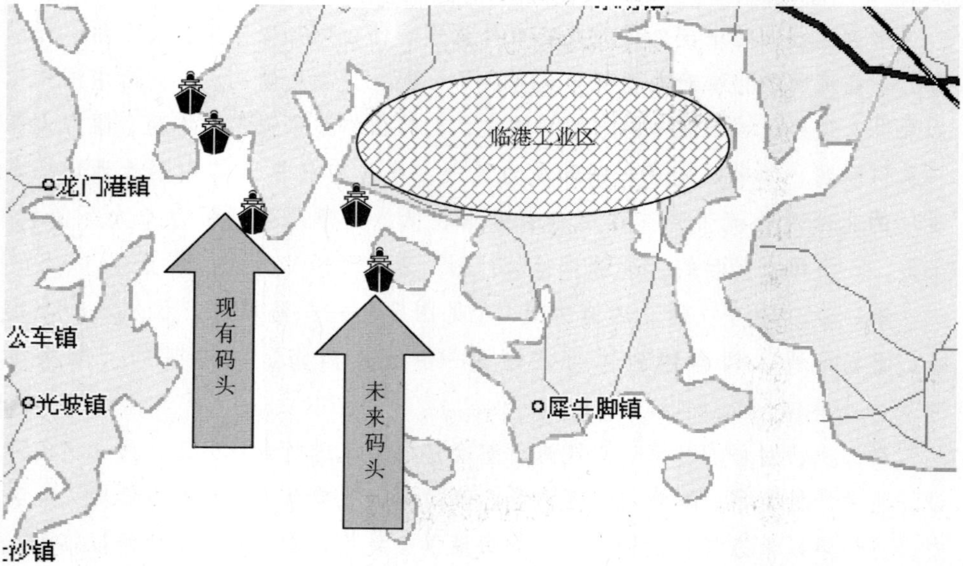

图 7-4 钦州港临港工业位置图

的实施，也必将极大地促进中国外运内部的管理调整，加速其在大西南区域的“旧城改造”。

第四步，承接跨国公司和中国东南沿海地区的产业转移，发展临港经济——临港保税区、临港工业园区、临港物流园区等，最后促进环北部湾经济圈和物流带的繁荣。

第五步，利用北部湾的区位优势和资源优势伺机建设中国外运集团的修造船基地。

就在对北部湾经济圈进行战略性分析并酝酿上述计划的时候，国家“十一五”工业布局中的一件重大事情出台了，即国家批准在北部湾地区建设特大型的、数千万吨级的钢铁工业基地和重化工产业基地。同时，“中国—东盟自由贸易区”的发展也如火如荼、势不可挡。广西壮族自治区规划建设的“北部湾工业经济特区”，也作为自治区经济发展的头等大事提上了议事日程。北部湾地区成为这个重型产业基地和国际自由贸易区的物流中心、贸易中心和加工业中心，已成定局。然而，中国外运的北部湾行动计划，却永久地搁浅了。原因真是一言难尽。对一个复杂的、国有体制下的央企来说，发生什么都是正常的。这是一个典型的“半途而废”的行动计划。可以肯定，20年后我们来回望，如果以当年的价格占领北部湾的物流产业资源（比如港口、货场），那无异于是以白银的价格买入了钻石。

七、思考与启示

（1）央企转型与再造是一项历史性任务。央企是那个特殊历史时期的必然产物，为共和国经济的独立自主和发展作出了历史性贡献。随着计划经济逐步退出历史舞台，作为计划经济体系组成部分的各个央企集团，都面临着向市场经济转型的问题。如果转型得好，央企是中国参与国际产业竞争的“国家队”，是在全球化背景的新形势下保卫国家经济安全的“正规军”，是我们占领产业制高点、实现产业强国的排头兵。如果转型得不好，则央企集团会是被各个击破、任人肢解的巨型困兽，会是在自己的产业领域里“丢城池、失领地”的败军，会是制造社会负担、危及社会稳定的不定时炸弹。我们需要的当然是前者，而不是后者。我们欣喜地看到，中国外运的转型和再造，一直沿着前者的道路走过来，而且还将继续沿着前者的道路往前走，尽管走得是那么不容易。

（2）产业战略选择是央企再造与新生的首要问题。在央企如何实现新生的问题上，长期以来我们都把关注的焦点放在了体制改革上，以为只要市场化取向的转制做到位了央企就会有前途。今天看来，这种认识有失偏颇。谁也不会否认体制改革的重要性甚至是关键性和致命性，但事实也越来越有力地告诉我们，如果产业战略选择失察了，央企集团的整体再造与新生将会迷失方向。1998年开始的中国外运整体转型，首先是从产业战略研究出发的。正是对现代物流产业的深入理解，正是从传统运输企业向现代物流集团转型的战略定位，唤起了集团上下的热情，指明了整体再造的方向。我们不能想象，在产业战略模糊或失察的前提下，一个央企集团的业务重组、资本运作、组织结构调整、流程再造、资源重新配置、企业文化变革等将朝着什么方向、依照什么标准来展开呢？

（3）央企再造是一场艰辛甚至是旷日持久的“旧城改造”运动，思想建设、组织建设、队伍建设和企业文化建设是这场“旧城改造”的四大基础工程。在央企的市场化转型过程中，简单的放权让利、自主经营、自负盈亏，是无济于事的；就是产权改革到位之后，也躲不掉一场长期、艰苦的组织建设和管理变革。犹如一场彻底的“旧城改造”运动，不是简单的拆旧建新，需要的是系统再造，从城市理念、整体规划，到功能体系、道路管网、环境设计，再到过渡安排和发展前瞻等。中国外运经过近10年的艰苦拼搏与奋发图强，已由濒临危机的典型国企跃升为中国最为强大的第三方综合物流提供商。这是两代中国外运人抗争与拼搏的结果。但此时的中国外运远没有完成它真正意义上的再造与重生，它前面的路还很长，还需要经历痛苦的自我救赎与蜕变。罗马不是一天建成的，磅礴的工程需要几代人去接力。这场公司再造运动，需要有雄心壮志，需要勇气和魄力，需要耐心和策略，需要科学精神和专业精神，需要谋定而后动，需要综合平衡“改革、发展和稳定”关系。谁能指望一场规模巨大的“旧城改造”工程可以轻松顺利地完成呢？

（4）资本运作是央企新生的必由之路，上市是央企再造的最佳路径。从大处说，资本运作对央企再造的意义有三个，一是解决资金问题，二是解决转制问题，三是解决企业成长方式问题。中国外运的新生过程显示，资金是壮大改革底气、撬动存量重组、消化或稀释历史包袱、激发和扶植新生力量的第一要素，也是面向市场聚合人才、展开竞争、整合资源的最佳武器。只要能防止盲目投资，增量资金越多越好。中国外运通过两次上市启动的百亿资金流入，是整个集团告别过去、走向未来的关键步骤。而上市之后，借助于上市标准的要求，借助于证监会、交易所、投资者和舆论媒体的监督，央企集团能够较好地突破转制的阻力，加速转制的进程，建立符合国际惯例的公司治理结构和现代企业制度，推动整个组织体系向市场化方向转型。由所有这些东西构成的组织再造，是决定央企集团能否走向新生的攻坚工程。关于企业成长方式，央企集团因为长期受计划经济和国营体制的影响，往往习惯于产品经营的思路，而对资本经营的思路和方式，却感到生疏。以资本运作的方式，利用资本市场机制，展开收购兼并、分拆剥离、资产重组、价值链整合、资源控制、产业联盟等，是央企成长方式升级换代的必由方向。中国外运在其转型和新生的过程中，进行了这些方面的大量实践和探索，有成功、有挫折，有经验、有教训，但方向不变、趋势不改。

（5）什么样的系统思维足以成为“再造央企集团、造就产业领袖”的指南针呢？或者说，哪些要素足以成为央企再造的关键因素呢？第一，必须有一个有事业心、有使命感、有才干的企业家团队或者说领导班子。班子不得力，一切都免谈。第二，必须擅长或学会擅长资本运作，建立起通畅的资本渠道，保障持续的资本供给。手中要有钱，没奶何以成娘？第三，目标产业领域必须市场规模够大、利基充足、盈利模式现实可行。产业的锅里没有，厂商的碗里哪里会有？第四，必须有与目标产业领域相匹配的产业资源，或者公司历史形成了基础良好的存量资源，或者公司能够迅速地获得、整合和占领产业资源。没有资源怎么做事？这就是巧妇难为无米之炊。第五，在组织功能体系和运营管理上必须有基本的效率保障。管理不好，资源利用差，就难逃“捧着金饭碗要饭”的命运。为简明起见，我们把这五个要素分别用 Entrepreneur（企业家）、Capital（资本）、Industry（产业）、Resource（资源）和 Management（管理）来表示，这五个要素的英文单词的第一个字母耦合在一起，就构成了和君咨询原创的“ECIRM”战略模型（见图 7-5）。和君咨询师完整地经历了“中国外运”这样一个典型央企集团再造的全过程，跨时近 10 年。这一跌宕起伏的央企新生过程，成为和君咨询原创出 ECIRM 模型的重要思想来源之一。和君咨询在对众多大型企业集团的咨询实践中，反复验证了 ECIRM 模型的应用效果。关于 ECIRM 模型的学术阐释，详见王明夫博士著作《蓝筹》第二章（中国人民大学出版社，2004 年）；类似的商学论述，见哈佛大学科利斯教授的战略名著《公司战略——资源与范围》（东北财经大学出版社，1999 年）。

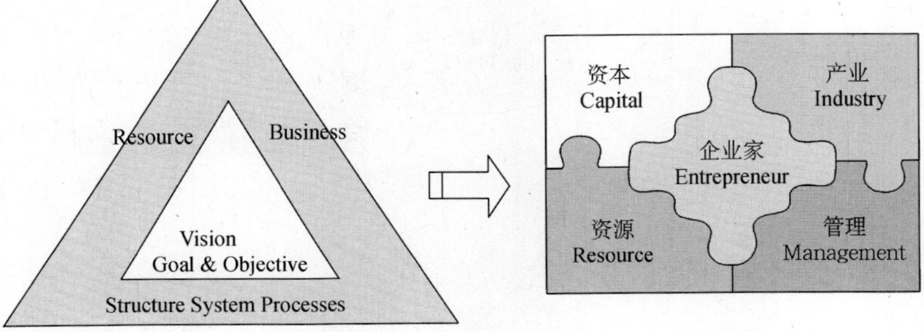

图 7-5 从哈佛科利斯模型到和君 ECIRM 模型

（6）“管理咨询 + 投资银行”的双重专业能力（见图 7-6），是咨询公司为特大型央企集团提供系统服务的综合能力要求。在中国外运从传统运输企业迈向现代物流公司的“旧城改造”运动中，基于产业和基于资源的战略规划、组织结构调整和母子公司关系设计、流程再造、企业文化变革、现代人力资源管理体系的建立、企业信息化建设等，是典型的管理咨询问题。而业务重组、资产重组、主辅分离、资源重新配置、A 股和 H 股上市、产业整合过程中的并购重组等，是典型的投资银行问题。前一系列的管理咨询问题和后一系列的投资银行问题，往往是彼此交织、互为依赖的。单就其中的任何一个具体问题，如果我们按照“就事论事”的方式来加以解决，都无法达到理想的效果。而只有具备“管理咨询 + 投资银行”双重知识结构和专业能力的综合性咨询机构，才有可能为大型央企集团的战略转型和组织再造提供系统解决方案。央企、国企是这样，民营企业又何尝不是呢？当前阶段，中国的大多数企业都远未进入成熟形态，它们需要的往往是基于战略的系统再造，而不是头痛医头、脚痛医脚的管理手术。这也就是和君咨询为什么要选择并坚持“管理咨询 + 投资银行”模式的原因。和君咨询师断断续续跟踪服务中国外运近 10 年之久，面对的问题横跨管理咨询和投资银行的几乎所有专业领域，一直经历着一

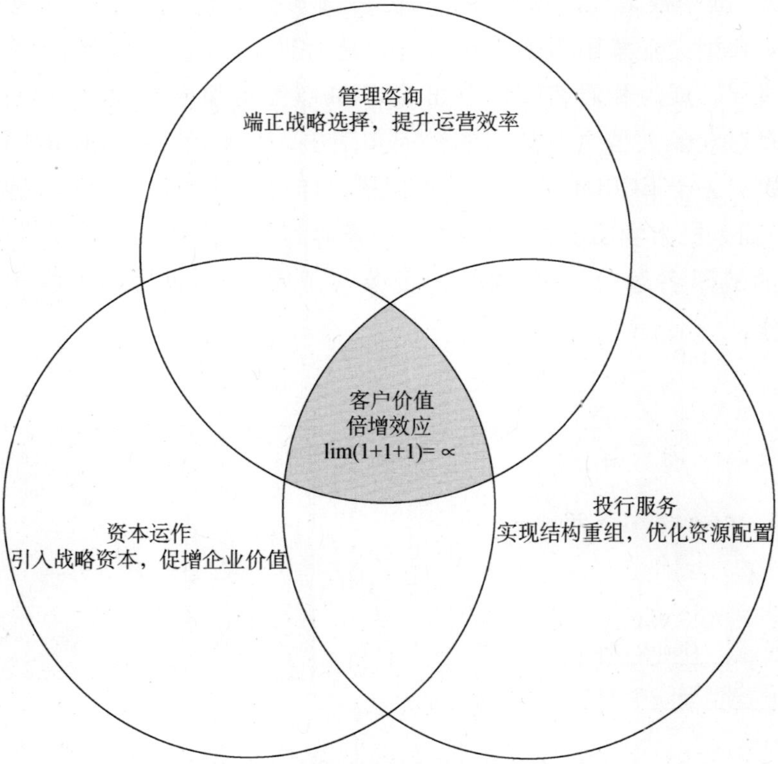

图 7-6　和君咨询的客户价值倍增模型

个央企集团常见的那种纷繁复杂、跌宕起伏的内部矛盾。如此咨询，堪称是中国本土咨询史上的一个“奇迹”。就在本案例写作成稿的今天，刘纪恒团队手上还有两个中国外运的咨询项目尚在履行中。

最后，本案例也是王明夫博士的公司战略和投资银行“十六字诀”的一个鲜活注脚，这个“十六字诀”为：产业为本，战略为势，创意为魂，金融为器。篇幅所限，在此不予展开论述。此“十六字诀”是成就一个大战略家或大投行家的宝贵心诀，和君同仁需要对其仔细琢磨。

复习与思考：

（1）怎样理解基于产业的战略选择？怎样理解基于资源的战略选择？

（2）本案例显示的央企集团组织再造“施工图”是什么？为什么是这样？

（3）本案例显示的产业整合并购逻辑线路图是什么？为什么是这样？

（4）怎样理解上市的意义？为什么说上市是国企再造的最佳路径？

（5）为什么说央企再造是一场历史性任务？

（6）怎样理解 ECIRM 模型可以成为“再造央企集团、造就产业领袖”的指南针？

（7）怎样理解“管理咨询 + 投资银行”的咨询服务模式和和君咨询的客户价值倍增模型？

（8）怎样理解公司战略和投资银行“十六字诀”：产业为本，战略为势，创意为魂，金融为器？

（9）综观整个案例，你觉得它的逻辑体系是怎样展开的？案例写作风格上有哪些地方值得琢磨和学习？

嘉宾点评：

牛文文(《中国企业家》杂志总编辑)：

央企转型和再造是一场历史性任务。如果转型得好，央企是中国参与国际产业竞争的“国家队”，是在全球化背景新形势下保卫国家经济安全的“正规军”，是我们占领产业制高点、实现产业强国的排头兵。这个案例画出了大型国企集团产业升级、组织再造以及资本运作的路线图，并展示了一个鲜活的、可贵的实践探索过程，发人深思。中国国企改革矛盾丛生、问题多多，但中国外运人十几年的探索和奋斗令人肃然起敬，也让人看到了国企新生和产业振兴的希望。

迄今为止，中国课堂所教学的都还是舶来品，何时能产生中国人原创的商学思想体系，很多有识之士都在望穿秋水。本案例中展示的ECIRM战略模型，其理论意义和实践意义都让人看到了中国本土思想者和实践探索者从本土商业实践中提炼和原创商学思想的可贵光芒。

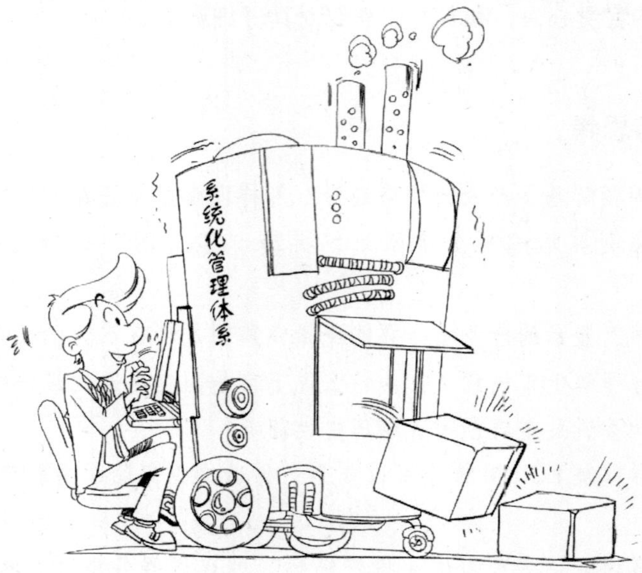

第八章

上市公司战略规划与国际化：新中基

案例主题词：产业战略·业务重组·国际化

和君咨询案例系列之：

新中基产业战略选择与国际化

周彦平　撰写于2007年夏

刘一，一位普通的美术教师，新疆某大学美术系的创始人之一。在他30几岁的时候，母亲的一场重病彻底改变了他的人生航向。为了挽救母亲的生命，身为长子的他到处求医问药、不惜代价，为此家庭背上了沉重的债务。母亲病故后，如何偿还债务，成为刘一人生中严峻的挑战。每月60多元的工资收入，何以去承担起支撑整个家庭的责任呢？他毅然放弃了自己的专业，辞去了安稳的教师工作，走上了经商的道路。当时，中国的市场经济正在经历邓小平南巡讲话的"春天的故事"。弃教从商10来年，他一路"摸着石头过河"，敢闯敢干、艰苦奋斗，一步步把自己创办的企业"拉扯"大。至2000年，刘一经营的企业——新疆中基实业股份有限公司(新中基)正式上市，一个学美术专业、为生活所迫一猛子扎进商海的教书人，在经历了近10年的闯荡和苦干之后，摇身一变成为上市公司的董事长。

本案例讲述的就是新中基上市之后怎样走向未来的故事。在和君咨询打交道的数百个客户企业家中，刘一以他的胆识、聪明、爽气、快速反应和雷厉风行，在和君咨询师的心目中留下鲜活的猛将印象和高大身影。此项目结束后的大约6年时间里，即2001～2006年，刘一以其一贯的敢闯、敢干和雷厉风行，带领新中基大踏步地走向世界市场的舞台，成为中国本土企业实现国际化发展的成功典范。而刘一本人，一个土生土长的中国新疆企业家，在他所从事的产业领域里，已然是一个全球领袖级的人物。2007年，他已经50岁了。

一、背景：项目的来由

新中基——新疆中基实业股份有限公司，是新疆生产建设兵团下属的一家企业。欲知这个企业的现状与问题，且先琢磨其历史来路。

（1）1994年前，新天装潢公司——新中基公司的前身。

（2）1994年6月，与兵团的有关企业捆绑合并，并定向募集股份，设立新疆中基股份有限公司，以进出口贸易(边贸)为主导业务。

（3）1994 年 12 月，投资新疆味缔食品有限公司，进入食品加工业。

（4）1998 年，吸收合并兵团农五师 85 团、87 团和农八师 145 团的部分农牧业经营资产及新疆石河子华隆食品有限公司，从此进入养殖、种植及屠宰加工业。

（5）1999 年，投资组建新疆西域酒业有限公司，从事葡萄酒生产及葡萄种植基地建设；投资组成建中基番茄制品有限公司，从事番茄制品生产销售。

（6）2000 年，新中基借兵团的上市指标成功实现 IPO 和上市，形成总股本 1.25 亿元，向社会公开发行的普通股为 4 500 万股，发行价格为每股 5 元，募集股本资金约 2.25 亿元。拟进入房地产开发业务。

作为上述历史过程的最后结果，新中基形成了业务高度多元化、母子公司关系繁复错杂的总体格局，如图 8-1 所示。它从装饰装潢和贸易起步，依托新疆生产建设兵团在农畜产品生产方面的优势，经数次资产重组，已发展成为集进出口贸易、装饰装潢、农业种植、养殖、农产品加工、牲畜屠宰、食品加工、葡萄酿酒及葡萄种植、生物肥料等多元化发展，跨地区的股份制企业。而在股票行情的 F10 资料里，新中基的业务范围被介绍成是：农、林、牧、副、渔。

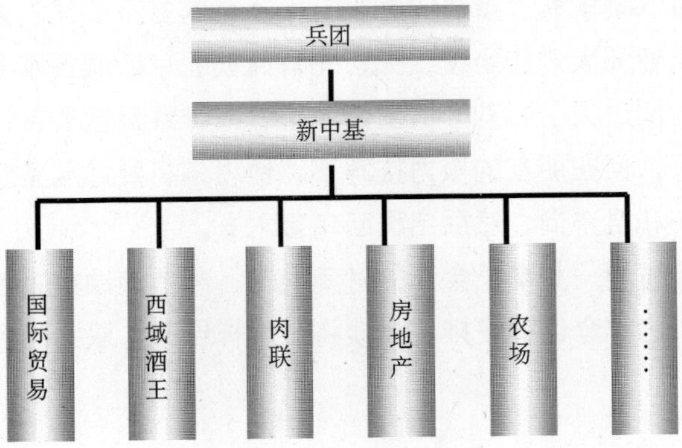

图 8-1 新中基总体业务格局

格局是历史形成的，问题也是历史产生的。在这样的历史和格局下，新中基面临着一系列的管理问题。

（1）业务如此分散，经营单位林立，在自负盈亏的大原则下，盈利状况好的单位则倾向于分灶吃饭、自立山头，而经营困难的单位则倾向于吃大锅饭、哭穷诉苦。怎样才能把这么多业务单位笼到一起、团在一块，如何理顺母子公司关系，如何定位总部职能，如何调整组织结构，如何实现组织管控，成为上市之后新中基面临的迫切问题。

（2）与公司进入了全新的发展阶段相比，在人力资源方面，从公司总部到各下属单位，普遍存在机制落后、观念陈旧、人才缺乏、现有员工队伍不能适应未来发展要求的情况。总部对各下属单位如何进行目标设定和绩效考核？公司对员工如何进行竞争上岗和绩效考核？薪酬体系如何调整以实现奖优汰劣和激活队伍？人力资源队伍如何实现整体上的规模壮大和素质提升？这些问题成为新中基上市之后面临的又一迫切问题。

带着这些问题，新中基的董事长刘一亲自来到北京寻找管理咨询机构。从表面上看，咨询需求是明确而清晰的，即：第一，组织结构和流程设计；第二，人力资源管理改进。挂名北京某著名高校字号的某咨询公司，因此而受聘为新中基的管理顾问。经过数月的工作，该咨询公司为新中基提交了10份厚厚的咨询报告：新中基组织和人力资源管理诊断分析报告、新中基组织结构和流程设计方案、新中基绩效考核和薪酬体系设计方案等。

这些咨询报告，作为书面文章，从内容到形式，都很难在专业上挑出多少毛病。但刘一董事长来京听过汇报、看过报告之后，心里感到失望和沉重。他了解自己企业的状况，深知这些专业上无可挑剔的方案在新中基行不通；就是强行贯彻下去，也是不管劲儿，治表不治里，难解新中基的真正难题。

面对花了几十万元钱买来的一堆咨询报告，刘一董事长望而兴叹。咨询公司还能为新中基释疑解惑、解决问题吗？不达目的誓不罢休的刘一作出了有趣之举：他在北京亚洲大酒店坐镇三天，轮番面谈北京区域各家咨询公司，挨家盘道。三天的时间过去了，刘一失望而无奈，兴味索然地准备打道回府。回程的机票已经订好，但在朋友的极力推荐下，他将信将疑地准备会见最后一家管理咨询公司——和君咨询，然后启程回乌鲁木齐。

和君咨询师与刘一董事长会谈的时间很短，离他该动身去首都机场的时间只有几十分钟。这样仓促的安排，会谈将会怎样展开，双方的合作关系可能闪电般就建立吗？

二、立项：直奔主题，切中要害

如此短的会谈时间，来不及寒暄和客气。面对新中基的业务构成和组织结构图，和君咨询师直言：请咨询公司从组织流程和绩效考核方面着手做起，是错误的。企业的各种管理问题，是彼此勾连和互为因果的，解决之道首先在于遵循它们之间的因果逻辑，调整“因”才能求得“果”。历史上形成的业务结构不合理，是新中基所有管理问题和难题的源头。业务结构杂乱无章是“因”，组织结构繁复错杂是继起的“果”。解决组织流程问题，首先必须从优化业务结构着手。用专业术语来说，战略决定组织，在新中基的战略定位不明确之前，组织结构的调整和人力资源管理措施上的改进，是缺乏方向和没有意义的。

于是，讨论的话题就转向了新中基的战略，首先是事业战略。新中基现有的大杂烩式的业务结构合理吗？结论是不言而喻的：不合理。和君咨询师对此作了逐项分析。从业务发展的角度上说，新中基毕竟是一个小企业，资金实力和资源规模有限，何以去支撑在10个业务领域里同时展开纵深竞争呢？随着市场竞争的日益充分，国际国内的强势企业迟早都会把竞争推到新中基的家门口。在这种大形势下，集中有限的实力和资源，聚焦于一个专业领域，最终建立起自己的竞争优势，是小企业先求生存后谋发展的必经阶段和上选策略，岂可将有限的资源分散配置、在各条战线上同时开打？其次，从组织管控角度上看，在产业价值链上没有关联性和协同效应的各种业务，像麻袋装土豆一样地纳入同一个组织之中，这对组织管控提出了严峻的挑战。针对不同性质的业务特点，需要发育和组建对应的组织职能，这会极大地增加组织的复杂性，势必造成组织规模不经济，增加组织成本，妨碍运行效率。如果不发育和组织相应的组织职能，则将面临组织失控和乱序的危险。在公司成长的早期阶段，如此散乱的业务结构，注定了新中基必将陷入组织失效的处境。再次，从资本市场上的估值角度上看，不同业务在资本市场上的估值水平各异，业务结构如此多元甚至是杂乱的新中基，其股票该怎样估值呢？好苹果、烂苹果混在一个框里卖，注定是烂苹果卖不出去，好苹果也卖不出好价格。良莠不齐、杂乱无章的业务结构，怎么能在资本市场上卖出好价钱？由此必然造成新中基股票的估值缩水或折价，不利于公司形象、信誉和后续融资，也有损股东的价值最大化。

如此看来，新中基的首要问题是产业战略的选择问题，而不是管理效率的提升问题；是业务结构调整及资产的重组问题，而不是组织结构优化和人力资源管理的改进问题。历史不能重来，而历史形成的当前这个格局肯定不能整体走向未来。在这种情形下，新中基真正需要的是产业战略的重建，以及根据新的产业战略的要求来实现组织变革和系统再造，除此之外，任何在点上或环节上或局部上发力的管理措施都无济于事。公司的上市，资金实力和金融信用得到了很大的增强，这为战略重建和系统再造提供了很好的契机。一句话，新中基如何走向未来，该是到了需要完成系统思考的时候了。从这个意义上说，新中基需要的是战略咨询，而不是组织设计和人力资源管理方面的咨询。

和君咨询师的一番快人快语，有理有据，一针见血，直奔主题。整个分析过程犹如庖丁解牛，胸有全牛而又条分缕析。见多识广、作风雷厉的刘一董事长服气了。关于新中基的管理问题和出路，他一直感到不对劲儿又一直都理不出头绪、吐不出块垒的那种心中困惑和郁闷，被和君咨询师几十分钟的一席言谈给瞬间冰释了。刘一董事长说“听君一席言，胜读十年书”，当场闪电决定请和君咨询为新中基做战略咨询，然后匆忙赶赴首都机场。他回到乌鲁木齐的次日，发自北京的和君咨询协议传真到了乌鲁木齐的新中基办公室。和君咨询与新中基的战略咨询合作关系就此正式确立。

事后想起来，整个项目的立项过程很像武侠情景里的手起刀落、快意恩仇，又像情爱场合里的千年一遇、一见钟情。可以肯定地说，这个项目的立项过程，在时间之短、沟通之利落、决策之神速方面堪称咨询项目开发中的“绝笔”。

三、突破：产业战略选择

新中基的各类业务中，哪块业务最有发展前途而有望成为公司未来的核心产业或支柱产业呢？

和君咨询借助自己的产业分析经验，像是账房先生一样开展了对新中基业务的逐项盘点。以边贸为特色的新中基进出口业务，已经过了中国西北与独联体国家边贸最活跃的高峰期，开始走下坡路了。新中基的葡萄酒生产（西域酒业）与已经确立了品牌地位的长城、王朝、张裕以及同是兵团企业的新天国际等葡萄酒领先企业相比，还有很大的差距，竞争压力日益加大。畜禽养殖及其屠宰加工（肉联）业务，远不能形成双汇那样的全国性品牌和竞争实力。装饰工程施工业务，只能像个体户那样小打小闹，肯定成不了大气候。生物肥料的生产销售，规模小，难成势。房地产开发业务，才刚刚起步，区位、人才、经验、管理和品牌都颇多欠缺，而且上市公司依赖募股资金投资房地产，在那个时候多被舆论所诟病，也不被政策所支持。番茄酱生产和销售，规模太小，原料供应、产品品质、技术设备、销售渠道等方面并无竞争优势。逐项盘点下来，我们发现，新中基这个“麻袋”里装的全是“小土豆”，找不到明显可以成为公司核心产业或支柱产业的业务。

于是，难题出来了：新中基的产业战略往何处去？当时，新中基有募股资金2.3亿元，同时又获得了国家发展农业的5年期3.6亿元贴息贷款。新的股本资金的到位，能够有效地拉动银行信贷资金积极跟进。新中基的资金实力和投资能力，因此而剧增。如果利用不好，造成盲目投资，业务领域越投越多，业务结构越来越乱，一不小心就会把公司拖入一个广种薄收、薄种寡收甚至种而无收的困局。这是众多上市公司的前车之鉴——资金富裕与报表压力的双重夹击，倒逼上市公司走上了盲目投资的不归路。与此相反，如果新中基能够利用好上市地位和资金优势，那么公司有望进入新一轮的扩张期，实现企业的成长壮大。问题是，投向哪里、为什么投、怎么投呢？

在对新中基业务结构的内部分析没能找到产业方向之后，和君咨询小组开始了寻找新中基产业方向的外部分析。咨询师们重点调研了生产建设兵团的体制、资源情况，走访了农垦科学院、石河子大学、新疆生产建设农业局、经贸委、计委等单位，搜集和查阅了大量的资料，对政府职能部门、专家和学者进行了系列访谈，论证研究思路。然后对新疆地区的资源状况、产业结构和经济发展有了更全面、更深刻的认识。在此过程中，新疆的特色农业慢慢走进我们的视野，并最终成为我们关注的重点。

新疆在农业产业化方面有着得天独厚的条件，具备自然条件、土地规模、政策支持、区域市场和管理体制等五大优势，因此，新疆的特色农业（特色农业指充分利用特定区域内的农业资源，开发出经济价值高、相对收益高、品质上具有绝对竞争优势的特色农产品）优势明显。新疆特色农业产业带分布图如图8-2所示，分析图如图8-3所示。

图8-2　新疆特色农业产业带分布图

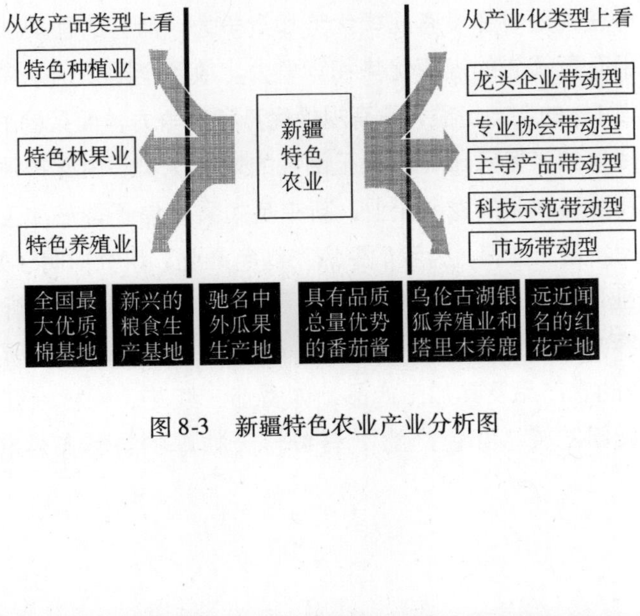

图8-3　新疆特色农业产业分析图

新中基的母体——新疆生产建设兵团是国家计划单列的党、政、军、企合一的特殊组织，担负着中央赋予的屯垦戍边的重要使命，与30个省直辖市自治区平级。新疆生产建设兵团下设10个农业建设师、3个农场管理局、1个工程建筑师，下辖174个农牧团场，分布在新疆农业产业带的全部链条中。军垦和农垦是兵团建设与发展的基础、传统和天职。经近50年的发展，兵团农业结构已经成为带动新疆农业产业发展的推动力。特色农业产业化是兵团生产建设的战略方向和必由之路，是广泛而重要的经营活动。当我们聚焦研究兵团掌控的生产经营和产业资源的时候，一个模糊的猜想渐行渐清晰。新中基依托兵团的资源和基础，走特色农业产业化之路，或许是实现产业突破的上选方向。

于是，一项关于新中基业务遮兵团中权重占比的研究分析开始了。这项研究分析得出表8-1。

表8-1 新中基各产业规模占兵团同产业规模的比例表

	新 中 基	兵 团	新中基占兵团比例	全 国	兵团占全国比例
工业	3 663万元	28亿元	1.30%	119 048亿元	0.02%
农牧业	8 696万元	60亿元	1.50%	24 516.7亿元	0.24%
进出口贸易	3 528万美元	40 908万美元	8.60%	3 239亿美元	0.13%
葡萄酒	1 000吨	3 300吨	30.30%	30.5万吨	1%
番茄加工业	4.6万吨	13万吨	35.40%	28万吨	46.40%
耕地面积	12.3万亩	1 545万亩	0.80%	15.6亿亩	0.99%
商品猪存栏	4万头	61万头	6.60%	53 000万头	0.12%

从表8-1中我们可以看出，新中基的大多数业务在兵团中的权重都很小，但番茄加工业和葡萄酒业的规模在兵团的同产业规模中权重最大，分别占比例35.40%和30.30%。其中，兵团的番茄加工业规模占全国番茄加工业总规模的46.40%，而兵团的葡萄酒业规模则仅占全国规模的1%。这些数据表明，新中基的大多数业务在兵团内部没有规模优势和竞争力，而它的番茄加工业和葡萄酒业在兵团内部有着领先的规模优势和竞争力。放到全国范围来考量呢？兵团的葡萄酒业仅占1%的全国份额，没有规模优势和竞争力，而兵团的番茄加工业则占领了全国规模的半壁江山，有着压倒性的规模优势。由此推测，作为兵团里的上市公司和番茄制品的龙头企业，新中基如果聚焦于番茄加工业的投资和发展，有望做大。这一推测，为我们聚焦“红色产业”研究指明了方向。

“红色产业”的概念，我们首次是从和君咨询的另外一个新疆客户那里听到的。这个客户就是当时如日中天、名满江湖的新疆德隆。所谓“红色产业”，泛指红色的农产品及其加工产品，如番茄、红花、枸杞、红辣椒、大枣以及石榴等。新疆发展“红色产业”有着得天独厚的自然条件和资源优势。

新疆德隆收购控股上市公司新疆屯河之后，重新调整新疆屯河的主营业务，剥离其水泥业务，聚焦于“红色产业”，雄心勃勃地致力于把新疆屯河打造成在全球“红色产业”市场中有定价话语权的特色农业产业领袖。和君咨询从新疆德隆那里了解到，新疆屯河的基本战略路线是：整合新疆自治区（不含兵团）的番茄制品行业，占领全球番茄制品的权重市场份额，然后取得定价话语权，由此实现产业盈利水平的提升。

番茄制品系列是“红色产业”中的生力军，细分包括番茄酱、番茄沙司、番茄汁、番茄切块和番茄粉等产品，其价值对比详见表8-2。番茄制品中富含维生素、氨基酸、有机物和矿物质，能最大限度地保持番茄的味、色和功能。在1999年的新疆农业生产会议上，有关政府部门已明确提出要大力发展“红色产业”，并出台扶持政策，努力形成特色经济。

表8-2　番茄制品价值对比分析

品　　种	消耗鲜番茄倍数	与鲜番茄价格比（倍）
番茄沙司	2	38
调味番茄酱	1.6	37
番茄酱	2	16～20
罐装去皮整番茄	1.4	10
工业番茄酱	6.8	14

有了先行者屯河的探路、政府政策的支持和兵团的资源和优势，新中基的“红色产业”战略定位渐行渐近。和君咨询的相关产业分析也逐步地聚焦、深入和细化。

（1）国际视野。对番茄酱产业进行全球市场分析。世界番茄酱产业主要集中在北美和地中海国家。在世界番茄酱产业链中，中国处于产业链的最初一级——番茄种植。中国的番茄酱产量约占世界总量的4%（见图8-4），属于出口导向型，主要以大密封式罐装包装形式向意大利出口，由国外进行重新加工和小包装后销往世界各地。新疆的番茄制品出口受国际主要生产国的自然产量影响很大，我国并没有掌握产业价值链中的关键环节，没有形成自己的品牌和营销网络。因此，我国的番茄制品出口一直以来总处于被动地位，竞争力很弱，在全球产业链中只能吃些“下脚料”。

（2）资源分析。新疆作为番茄酱产业基地，具有全球范围内不可比拟的竞争优势。新疆番茄具有“三高二少”的资源优势，“三高”是红色素含量高、可溶性固形物含量高和单产量高；“二少”是病虫害少和霉菌少。因此，新疆作为番茄酱初级加工基地，具有在全球范围内不可比拟的竞争优势。而番茄早已成为新疆“红色产业”中的支柱产品，番茄酱已成为新疆主要的出口

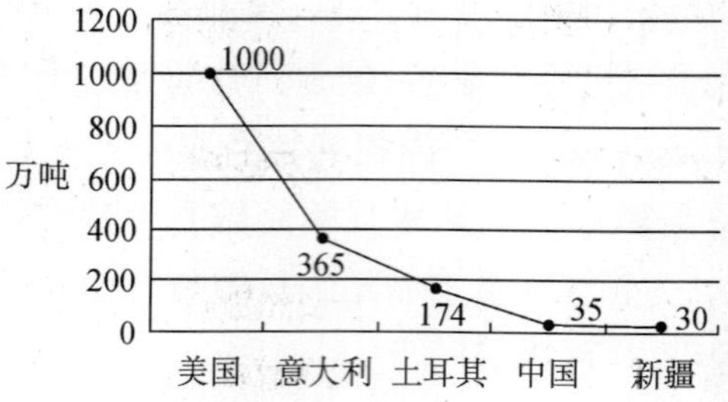

图 8-4　2000 年世界番茄酱生产量

创汇商品，产量占全国的 86% 左右。由于“三高二少”的独特资源优势和中国的制造成本优势，把新疆发展成为全球番茄种植和番茄制品的主产基地，可以说是大有希望、大有作为。番茄种植生产现状比较如表 8-3 所示。

表 8-3　番茄种植生产现状比较

	播种面积/万公顷	总产量/万吨	备　注
全国地区	930.5	3 353.3	含鲜食番茄面积
新疆地区	10	440	
兵团团场	4.3	190	

（3）主要竞争对手分析：新中基和新疆屯河。新疆屯河的主要优势是：①技术装备和服务能力好，有新疆最大规模的番茄酱生产能力和成熟技术；②先进的管理模式，以 ISO 9000 为主线，各部门落实岗位责任制；③机制灵活，有人才优势，有培训体系；④通过一系列的整合，已经实现了 20 万吨以上的产销规模，在行业中遥遥领先。与新疆屯河相比，新中基的主要优势是：①设备投资数额较少，折旧对利润的冲击较小；②管理能力提升较快，管理成本较低；③有国际贸易的经验，市场能力先行，并与美国 HUNTS 公司合作；④有兵团的资源背景作依托，而兵团管辖的资源和厂商，新疆德隆一直难以进入。

新疆地区主要番茄酱生产企业对比情况详见表 8-4。

表 8-4　新疆地区主要番茄酱生产企业对比

	新疆兵团	新中基	新疆屯河
产量/万吨	18.76	6.30	21.79
种植面积/亩			
原料种植区域	依托兵团农场	依托兵团农场	部分依托兵团农场
销售番茄种子价格/元/公斤		250.00	280.00
收购价格/元	0.30	0.28	0.22
平均生产成本/元/吨		2 145.00	2 200.00
生产线数量/条	35.00	6.00	22.00

（续）

	新疆兵团	新中基	新疆屯河
包装规格			
销售价格/USD/吨			
投入产出比	6.0:1	5.6:1	5.9:1
工艺流程		闪蒸杀菌	
销售渠道	由购货商规定	无长期购货商	无长期购货商
建厂投资对比	高	低	高

从表8-4中我们可以看到，新疆屯河经过多年在自治区范围内的产业整合，已经形成22万吨的番茄酱产销规模，而新中基只有6万吨左右的规模，兵团的若干家番茄酱厂商累计有19万吨左右的规模。如果新中基能够吸收整合兵团的番茄酱产能，那么新中基有望一举超过新疆屯河而一跃成为中国产销规模最大的行业龙头。

新疆屯河、新中基、天业是国内生产番茄酱的三个主要企业，三家的生产总量占全国的80%以上，具有绝对的竞争优势，而且新疆生产建设兵团还有丰富的番茄酱生产资源可以利用。

至此，新中基的产业战略选择已经很清晰了：以番茄制品为突破，聚焦“红色产业”，迅速占领行业龙头的地位，然后联手新疆屯河完成全行业整合，伺机进行全球布局，构建起具有国际市场话语权的产业价值链，最终取得全球霸主地位。

四、行动与结果：战略重组与走向国际化

如果借用BCG矩阵对新中基各种业务的性质作一图示(见图8-5)，很显然，新中基总体的业务处理思路应该是：①找到合适的时机和方式，应收割、卖出或剥离的瘦狗业务为装饰工程施工、生物肥料、养殖肉联、种植等；②应保留的金牛业务为边贸；③应尝试和观察的问题业务为葡萄酒和房地产；④应聚焦和加大投资的明星业务为“红色产业”。

1. 战略重组

(1) 与兵团进行资产置换，将新中基不符合未来发展战略需要的业务和资产从上市公司里换出到兵团去，将兵团的番茄酱产销的业务和资产换入到上市公司里面来。由此实现对兵团范围内番茄酱产业的整合，迅速突出新中基的主业地位及其规模优势。同时，实现对非主营业务的清理和退出，加速业务结

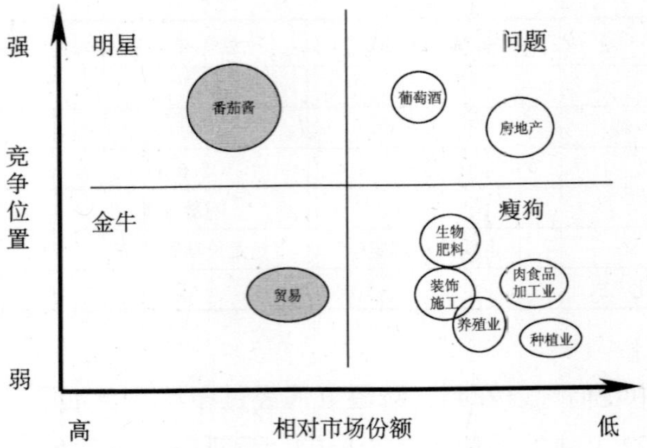

图 8-5　新中基业务 BCG 矩阵图

构优化的进程。兵团番茄酱生产资源的分布详见表 8-5 所述。

表 8-5　新疆生产建设兵团番茄酱生产资源分布

	生产能力	国产生产线	进口生产线
农二师 23 团番茄酱厂	1 200	1 条 1 200 吨	
农二师 21 团番茄酱厂	17 100	3 条 1 200 吨	1 条阿尔泰克 6 000 吨，1 条 FBR7 500 吨
农二师 25 团番茄酱厂	7 500	1 条 1 500 吨	1 条罗西卡 6 000 吨
农二师 28 团番茄酱厂	2 400	2 条 1 200 吨	
农二师小计	28 200		
农三师小海子食品厂	1 200	1 条 1 200 吨	
农三师小计	1 200		
农六师 102 团番茄酱厂	11 500		1 条阿尔泰克 6 000 吨，1 条阿尔泰克 5 500 吨
农六师小计	11 500		
农七师 131 团番茄酱厂	3 000		1 条罗西卡 3 000 吨
农七师绿叶集团	21 000		
其中：绿叶公司	15 000		1 条 10 000 吨，1 条 5 000 吨
其中：奎屯食品厂	6 000		1 条 ZACMI3 000 吨，1 条罗西卡 3 000 吨
农七师小计	24 000		
农八师石河子食品厂	8 000	2 条 750 吨	2 条 ZACMI6 500 吨
农八师 122 团番茄酱厂	720	1 条 720 吨	
农科院科晨公司	1 500	1 条 1 500 吨	
天业集团	48 000		
其中：天达番茄酱厂	15 000		1 条 FMC15 000
其中：145 团番茄酱厂	3 000		1 条国产 3 000
其中：天业番茄酱厂	30 000		3 条 FMC，1 条 15 000 吨，2 条 7 500 吨
农八师小计	59 720		
新中基	63 000		
其中：博乐厂	22 500		1 条 FBR7 500 吨，1 条 FBR15 000 吨
其中：三坪厂	24 000		2 条 FMC12 000 吨
其中：芳草湖厂	12 000		1 条 FBR12 000 吨
其中：军户厂	4 500		1 条 FBR4 500 吨
合计	187 620		

（2）需要退出但又不能置换到兵团里去的非主营业务，随时寻机卖出。其中，葡萄酒业务(西域酒业)后来整体转让给了新天国际。如今，“西域”品牌被新天国际定位为顶级的葡萄酒品牌，每瓶“西域”红酒售价高达2 800元，号称是中国产最昂贵的葡萄酒。

2. 战略投资

新中基的资金投向应该聚焦于“红色产业”的基地建设和产业链打造，实现“产前信息化＋产中规模化＋产后垄断化”的农业产业化模式，最后形成公司在“红色产业”中的全球竞争力。

“红色产业”的国际化经营模式：新中基直接供货国际市场，以质优价廉的产品优势取得国际采购订单，由此锁定国际分销渠道，逼迫欧洲产能向中国新疆转移，新中基承接住国际产能转移的机会，以并购整合和加大投建两条腿并举，迅速形成供货全球的产能规模和种植基地，最后形成国际著名品牌，取得拥有全球权重市场份额的行业话语权。一旦形成国际著名品牌和取得全球话语权，则在全球范围内配置资源、整合渠道和控制终端，重新梳理产业秩序，维护和扩张产业利基，主导从国内种植农户一直到国际消费用户终端的价值链贯通和价值切割，确保作为龙头企业的新中基的盈利水平。简单地说就是，从国际市场上发力，一步步倒溯，最后构建成一条国际市场—龙头企业(新中基)—原料基地(新疆及其中国其他地区)一农户(新疆及中国其他地区)的产业链。

3. 管理提升

根据全新的产业定位和国际化战略要求，建立相应的目标责任体系，变革组织结构和流程，推行全面预算管理，加强人力资源开发与绩效管理，开展信息化建设等，逐步实现公司的整体变革和系统再造。

新中基还要求得政府(兵团)的帮助和政策支持，多为兵团作贡献。兵团作为新中基的母体和控股公司，从扶植农业产业化龙头企业的大局和战略高度出发，对新中基的战略重组和转型提供了极大的指导、支持和帮助，包括但不限于：①积极支持资产置换，协助新中基退出非主营业务，做强、做大红色产业；②兵团加强宏观调控力度，严格控制重复建设番茄加工业，避免内部恶性竞争，给兵团番茄酱集团的健康发展创造一个良好的政策支持和发展环境；③兵团农业主管部门指导和帮助新中基建立番茄种子基地，努力培育优质高产番茄种子，提高番茄单产，增加团场和农工的收入，同时要协助做好产前和产中技术服务工作；④兵团生产计划职能部门帮助新中基协调各师、团安排好每年原料种植计划，由新中基按照与各师、团年初签订的收购合同保证实现全部按价收购。

经过几年的努力，一开始就从国际化起步、直接供货国际市场的新中基，逐步地发展成为全球(番茄酱)“红色产业”的领军企业。新中基布局新疆，进军内蒙、宁夏、天津，拥有现代化番茄制品工厂16个，累计形成番茄制品综合产销能力超过60万吨，位居国内第一位、世界同行业第二位。

新中基已经形成了“常规—中端—高端”完整的产品系列，形成了以大包装番茄酱为常规产品，以去皮整番茄、番茄丁和小包装番茄酱为中间产品，以番茄红素、番茄纤维和番茄籽精油为高端产品的新格局。

新中基的“ChalkiS”品牌番茄酱取得了德国有机食品BCS认证、欧共体有机食品BCS认证、欧洲食品组织HACCP认证、美国汉斯公司食品生产企业认证等。

新中基在番茄酱产业的经营模式、生产技术、产品品质、基地规模、市场渠道等各方面皆已有明显优势，其番茄制品销往世界70多个国家和地区。大包装番茄酱已占到欧洲市场份额的45%、占世界番茄酱交易量的18%，小罐番茄酱占到了非洲市场的60%份额。新中基与意大利RUSSO公司达成长期供货协议(2005开始未来5年每年供货10万吨)，与法国SCATV合作社形成战略结盟关系，100%收购了占法国番茄制品51%市场份额的普罗旺斯公司。新中基90%的产品外销，毛利率达到30%左右。番茄酱及其制品的销售收入占到新中基主营业务收入的90%以上。

在欧洲，一个兴盛了半个多世纪的番茄酱产业，因为中国新中基的崛起而衰落。价廉物美的新中基番茄酱使欧洲的番茄制品企业纷纷倒闭。1999年，意大利的番茄酱生产企业有327家，现在已不到10家；希腊和西班牙已放弃与中国相同的番茄酱产品的生产；意大利派蒂公司的27条生产线关闭了15条，派蒂公司的老板说：“这一切都是你刘一先生干的。”新中基董事长刘一的说法不过是：“我想让全世界都知道新中基。”

在番茄酱主业崛起的同时，装饰工程施工、生物肥料、葡萄酒、食品加工、种植、养殖、肉联等非主营产业陆续退出，新中基的业务结构实现了根本上的好转。此时，新中基的组织结构和流程问题、人力资源问题等，或许依然突出，甚至有可能问题的严重程度更甚于以前。但是，此时的新中基再也不是当初的那个新中基了，此时的组织、流程和HR问题，也不再是当初的那些问题了。赫拉克利特说：人不能两次踏进同一条河流。新中基这条河流，已经流过了脱胎换骨、青春焕发的一段峥嵘岁月。

五、思考与启示

(1) 对于企业来说，结构效率优先于运营效率，资源配置优先于运营管理。本案例中，新中基一开始的核心问题是业务结构和资源配置上的失效。在业务结构和资源配置失效的前提下，试图通过组织流程优化和人力资源管理改进来解决新中基的管理问题，是徒劳无功的。某高校咨询公司提交的组织设计和人力资源管理报告之所以对新中基没有意义，就在于它忽略或绕开了现有的业务结构和资源配置而直接就组织谈组织、就 HR 谈 HR。和君咨询的成功则在于，暂且把新中基的组织流程和人力资源问题放在一边，而直接在业务结构上思考问题，发现症结，寻找突破，把功夫下在资源配置和业务结构的优化上。中国有不少企业，首先是资源配置和业务结构失效的问题，其次才是运营管理失效的问题。面对这种企业，根本的解决之道就是从结构效率着手。

(2) 基于战略的管理改进。企业成长过程中总是会出现很多问题或难题的，这些问题或难题往往表面化、直观化。就事论事，在环节和局部上的管理改进，往往没有意义，容易出现面多加水水多加面、按下葫芦浮起瓢的情况，越改越乱。只有先完成关于企业生存与竞争的系统思考，明确了企业的发展战略之后，实行基于战略的管理改进，才有根本上的意义。

(3) 中国企业走向国际化。中国人口多、市场大，这已是定论。因此，一直以来人们都习惯于瞄准中国市场。而新中基案例告诉我们，对有的企业来说，更需要瞄准世界市场。新中基的国际化过程显示，中国企业需要而且可以在世界市场中寻找企业的生存空间，在比较优势中发现企业的成长方向。以前，中国走向国际市场的产品是打火机、服装、电子元器件、矿产等低端或初级产品，将来中国走向国际市场的产品领域将延伸到家电、汽车、电脑、火箭、手机等高端或深加工产品。在过去的 30 年里，所谓全球化，其主流趋势是全球的美国化；在未来的 30 年里，所谓全球化，其主流趋势将会是全球的中国化。走向世界，是中国有志企业的必由之路，也是中国 5 000 年来的最大发展机遇。

(4) 基于产业进行战略投资，而非基于生意机会和基于项目进行投资。根据金融经济学的科班观点，净现值 NPV >0 的项目就可以投资，就能为企业创造价值。在公司的战略决策中，这是一个很危险、误导性很强的观点。中国有不少上市公司，募股资金到账连同银行信贷资金跟进，面临着资金富裕和报表压力的双重夹击，于是四处寻找项目和机会，美其名曰“开辟新的利润增长点”。殊不知，基于生意机会和基于项目的投资，很可能造成一个盲目多元化的格局，使得公司整体的资源配置和战略布局失效。中国有很多陷入困境的上市公司，其困境的源头起因也多半与这种基于项目的、所谓“开辟新的利润增长点”的投资策略有关。新中基上市之初募股资金的投向就一度面临这种危险。本战略咨询使得新中基及时地回避了这样的投资陷阱，即在稳住现有业务的情况下去寻找新的投资机会、开辟新的利润增长点，以缓解报表压力。正确的投资策略应是先确定产业战略选择，然后围绕产业价值链展开投资，这就是所谓的基于产业的投资。新中基对“红色产业”的聚焦投资，成为新中基彻底告别历史、成功走向未来的关键步骤。

（5）如何历史地和辩证地看待企业的问题？项目伊始，新中基的业务结构和组织状态是一个乱局，从这个乱局回溯到它的形成历史就不难发现，历史上的做法可谓是误打误撞。面对这种企业情形，咨询师很容易误入歧途，即站在今天和未来的角度对企业的历史和问题横加批评、全面否定。这样做，是极不明智的。要知道，存在的就是合理的，历史上那样一步步地走过来，自有它那样走过来的理由和必然性。如果不那样走过来，那么很可能今天就没有这个企业，没有这个话题，甚至连今天这个需要我们去面对的难题都没有了。那还谈么呢？从这个意义上说，历史永远是对的，对企业历史形成的问题，咨询师只能设身处地地去加以理解，要历史地和辩证地去看待，而不能指责，更不能全盘否定。

（6）关于咨询，是迎合客户的观点，还是改变客户的认识？在本案例中，客户一开始认为，组织管控和人力资源管理是关键问题，需要从改进管理和激活队伍着手，所以，委托咨询机构先作这方面的咨询。和君咨询介入后，咨询师所做的第一件事就是在初次见面的时候改变客户的这一认识，及时指出新中基面临的首要问题不是组织和人力资源问题，而是业务结构和产业选择问题。正是这一认识上的改变，才使得新中基的咨询工作走上了正确的道路，最终协助新中基完成了系统思考和实现了战略转型。看来，咨询师不应该以一味地迎合客户为能事，而应该从为客户创造价值利益的立场出发，依据专业的标准发表中立、客观和专业的观点。当客户的认识错误或偏颇的时候，咨询师刻意附和或迎合客户的观点，是有失职业道德的。和君咨询师始终要记住，只要能真正为客户创造价值，我们就一定能够得到客户的认可和赞誉。咨询师的职业尊严和职业信誉，说到底还是要通过“为客户创造价值”来确立的。

复习与思考：

（1）你怎样理解“中国有不少企业，首先是资源配置和业务结构失效的问题，其次才是运营管理失效的问题。面对这种企业，根本的解决之道就是从结构效率着手”？

（2）你怎样理解“当客户的认识错误或偏颇的时候，咨询师刻意附和或迎合客户的观点，是有失职业道德的。和君咨询师始终要记住，只要能真正为客户创造价值，我们就一定能够得到客户的认可和赞誉。咨询师的职业尊严和职业信誉，说到底还是要通过‘为客户创造价值’来确立的”？

（3）你怎样理解“在过去的30年里，所谓全球化，其主流趋势是全球的美国化；在未来的30年里，所谓全球化，其主流趋势将会是全球的中国化。走向世界，是中国有志企业的必由之路，也是中国5 000年来的最大发展机遇”？

（4）什么叫做“基于产业战略进行投资，而非基于‘开辟新的利润增长点’进行投资，也非基于生意机会和基于项目NPV进行投资”？

嘉宾点评：

赵学军（嘉实基金管理有限公司总经理）：

股价总是瞬息万变的，而公司价值却是长年累月的经营努力一点点蓄积起来的结果。K线背后的故事才是决定K线走向更靠得住的因素。如何走到K线背后去把握上市公司的命运走向，如何判断上市公司的投资价值，这个案例对证券分析师和基金经理来说，值得用心去体会。

上市公司的国际化问题已经沸沸扬扬很多年了，也一直是资本市场关注的热点之一。从这个案例可以看出，新中基的“红色产业”国际化算得上是一个成功的尝试，值得其他上市公司借鉴。

第九章

战略咨询与管理升级：潮宏基珠宝

案例主题词：发展战略·系统思考·咨询价值

和君咨询案例系列之：

潮宏基发展战略咨询

王丰　撰写于2007年夏

2006年4月2日，一场名为“紫气东来”的中国珠宝原创展示秀（见图9-1）在巴塞尔世界钟表珠宝博览会主会场——1号馆卢塞恩厅举行，其神秘古老的中国文化元素和独特的原创设计风格，震撼了整个巴塞尔世界博览会。身着旗袍的东方女子，戴着精致的东方首饰，踏着悠扬的中国乐曲，风姿绰约地走上舞台，一种紫气东来的吉祥、浪漫和华贵气氛弥漫着整个会场。这场展示秀，带着“中国”、“珠宝”和“原创”三个关键词，博得了国际珠宝行业巨头的一致好评，改变了国际珠宝业界认为中国只能廉价制造和抄袭的偏见，赢得了美国、意大利、法国、瑞士、德国、俄罗斯和比利时等国近百家媒体的广泛赞誉。这场珠宝界盛事使世界看到了一个崛起中的中国珠宝业的光芒和潜力，它的主办者和原创作者，是一家地地道道的中国本土珠宝企业——广东潮宏基实业有限公司。

图9-1　巴塞尔世界钟表珠宝博览会：
潮宏基“紫气东来”中国珠宝原创展示秀

本案例就是以一个咨询项目的角度讨论这样一个中国珠宝公司的事情。潮宏基，作为一家中国本土领先的私营珠宝企业，面对竞争和面向未来，如何完成关于竞争与发展的系统思考，最终实现认识上的统一和发展战略上的清晰呢?

一、项目背景

广东汕头，1996年，成立汕头潮宏基有限公司。其前身起步自1989年起，廖木枝先生与其好友廖坚鸿先生怀揣着他们的毕生积蓄共6.8万元，开始了他们的创业梦想。最初经营小家电业务，后来发现珠宝首饰市场存在着巨大商机，于是转而代理黄金首饰业务。由于坚持诚实守信、完善自我、追求卓越服务的经营精神，潮宏基公司在大多数客户中建立起了良好的信誉，经营形势一路向好，销售收入从1996年的3 000万元，到2006年跨上了4亿元的台阶，潮宏基字号的珠宝专营店和加盟店已经遍布大江南北，公司成为国内镶嵌首饰的领先企业。(创业初期,由于缺乏资金,为了信守付款承诺,有时在关键的时候会不惜承担损失,斥借月息高达6%的资金按期付清货款;那时往返北京,创业者连卧铺也舍不得坐,常常自带一块塑料布在火车上席地而卧,往返一次北京才仅可以报销一百多元。)

在后续的尽职调查中，和君咨询小组发现，潮宏基真是一家成绩斐然、前景可期的珠宝企业。首先，从经营结果看，过去10余年潮宏基一直保持了快速的发展势头，从偏居粤东一隅的一家私营小公司发展成为销售网点遍布全国的品牌珠宝企业，其发展速度远快于整个行业的平均增长速度。其次，从公司内部管理看，潮宏基是国内珠宝首饰企业中第一个通过2000版ISO 9000质量体系认证的企业，国内第一个全面实施SAP ERP的企业，与国内同行相比管理水平高出一等。再次，从销售渠道看，潮宏基的自营店和加盟店总数接近200家，拥有广泛而扎实的销售渠道，与国内大多数珠宝企业还处于区域经营的状况相比，潮宏基已经立足全国。潮宏基已经跻身国内一流的珠宝品牌行列，荣获“中国珠宝首饰业驰名品牌”、“2005年品牌年度大奖”、2005及2006年度“中国500最具价值品牌”。

这样的一家成功企业，还需要花重金聘请和君咨询来解决什么问题呢？在第一次面对面的交流中，潮宏基总裁廖创宾就对和君咨询直言心中的困惑和问题。中国大陆珠宝市场的高速增长，吸引国际珠宝巨头和中国香港品牌都不断加大对中国大陆市场的投入，珠宝行业的总体竞争形势不容乐观。这个竞争态势会究竟怎样演变呢，对潮宏基又意味着什么？与国际同业相比，无论资金实力还是品牌影响力，潮宏基的差距都还很大，大到了在相当长时期内都无法跨越的地步。与国内竞争对手相比，从各项指标看，潮宏基似乎也高不出多少，要进一步拉开差距则更难。珠宝品类有很多种，虽说都在做珠宝，但事实上大家在做不同的目标市场，我们迄今都还说不清潮宏基的竞争对手究竟是谁。大家都说总部在香港的周大福是潮宏基的竞争对手，但周大福主要是做黄金的，而潮宏基主要是做镶钻首饰的，好像不应该放在一起……这些问题如果得不到回答，公司下一步怎么发展，就会像一个没戴眼镜的高度近视人，眼前一片模糊。用什么样的愿景目标能感召大家都充满激情地投入到公司事业的发展中来，基于什么标准给各部门、各环节布置哪些工作，定多高的指标较为合适，这一切都没有头绪。

逆水行舟，不进则退；企业生存，不进则亡。任何一家企业都不能单凭历史上的成绩走向未来，而在市场变迁和竞争的环境下，企业也不可能基于现状以赢得未来的生存。那么，潮宏基的未来在哪里？向哪里去，该怎么走，怎样保证在未来的市场变迁和竞争中立于不败之地？为什么需要那样走和可以那样走，依据是什么？潮宏基在对历史和现状有着清醒认识的同时，关于未来，则面临着挥之不去的认识模糊和思想困扰。管理层一想到公司未来发展的成长方向、路径和图景，就陷入了迷茫、争论、迟疑和举棋不定之中。用潮宏基总裁廖创宾的话来说，就是："潮宏基发展到今天这个规模不容易，但未来的路怎么走，下一步怎么保持进一步的增长，真的说不清楚，很郁闷。这直接困扰着我给各个部门制定什么样的目标和指标。"

潮宏基的上述问题和困惑，在经验老到的和君咨询师眼中，是典型的战略命题。于是，首期合作的项目就被笼统地定义为"战略咨询"。和君咨询如实相告从来没有做过珠宝企业的项目，没有行业经验。潮宏基在信任和疑虑的交织中开始了与和君咨询的第一次合作。

二、客户需求的识别与界定

大多数客户都不能准确地定义自己的咨询需求，它们遇到难题的时候，往往只有朦胧和大概的"请咨询专家帮忙"的意识。这是咨询业务的一个重要特点。客户需求不明确，直接导致客户预期的漫无边际。客户满意度方面出问题，很多时候都与此相关。所以，有经验的咨询师，最重要的是对客户需求作出准确识别，并就此与客户达成共识，让客户清晰自己的真实需求、明确咨询项目的目标和内容，对咨询项目的工作边界和效果形成合理的预期。

假如你是这个项目的咨询师，想想看，你将怎样分析和识别潮宏基这个项目的咨询需求呢？深入分析你就会发现，潮宏基这个客户的咨询需求，无论它自己怎么理解和认识，它的实质需求都可分为三个层次。第一，针对每一个具体的问题寻找答案和给出解决方案，比如竞争对手是谁，它们在哪里，它们怎样展开竞争？目标市场的规模和增长速度怎样？商业模式有哪些选择，该怎样改进等。但仅仅回答这些具体的问题是不够的，这些具体问题的答案只有放在一个“通盘考虑、整体布局”的系统思维里才能显出它们的真正意义。第二，完成关于潮宏基生存与发展的系统思考，形成关于潮宏基如何走向未来的“通盘考虑、整体布局”。第三，发育和建立起完成这种系统思考所需要的立场、理念、知识、思维方式、逻辑工具和方式方法，以及由此武装起来的人才团队。

很显然，和君咨询如果能够满足第一层次的客户需求，就足以获得很好的客户满意度。但根据和君的咨询理念，面对潮宏基这样的客户，和君咨询师应该致力于协助它完成关于企业生存与发展的系统思考，并帮助潮宏基内生出完成这种思考的知识和能力。所谓为客户创造价值，在这个项目里，就应该表现在对这三个层次需求的逐阶满足上。很显然，服务于客户不同层次的需求，咨询工作的人员素质要求、工作内容和工作量也大有不同。而咨询师服务能力和职业境界的高低，也就体现在他们能在哪个层次上深入下去真正满足客户的需求。咨询收费的报价，也应当与此挂钩。在砍价的过程中，咨询师如果不能很好地理解客户需求并展示出与其相应的工作要求和工作量，就很难让客户心悦诚服地接受合理的报价。而客户自身，往往对需求层次认识不足，在选择咨询公司的时候，容易滑入“货比三家”的误区，倾向于选择报价低的咨询公司。殊不知，虽然名义上同样都叫“战略咨询”，实质内容却是深者做深、浅者做浅的，服务的内容和价值可能有天壤之别。

三、项目过程简要描述：分析诊断——解决思路——方案设计

1. 导入分析框架和工具方法

在项目小组正式进入潮宏基公司展开工作的第一天，潮宏基对接小组人员就提出了要项目小组阐述诊断的工具、方法及其背后的逻辑。项目小组立即提出了这样的公司诊断系统框架：外部分析和内部分析两个部分。其中，外部分析包括宏观环境、国际视野和国内视野三个子部分；内部分析包括销售分析、财务分析和组织人力分析三个子部分。分析工具和方法包括行业和公司研究报告的案头研究、公司内部资料的提炼和整理、专业问卷的调查和统计、公司各层面的系统访谈、行业外部专家的访谈等。

2. 建立对话机制，保持适时沟通

为了打消潮宏基对项目小组的疑虑，和君小组主动提出要求潮宏基对接小组领导廖创宾总裁每周听取一次项目小组的汇报，了解项目的进展情况。在接下来的4周里，项目小组分别以国际视野、国内视野、销售和财务分析、组织人力分析为主题向廖总进行了汇报，顺利地完成了对整个公司的诊断工作。在这一过程中，充分展现了和君的专业性和计划性，也及时听取了项目主要负责人的意见，在交流过程中消除了对方的疑虑，让客户方面对和君小组的工作给予了积极配合和有力支持。

3. 通过事实分析，最终达成共识

依照分析框架展开实质性的事实收集和分析诊断工作，以事实为依据，一步步引导客户进入有系统的思考状态，最终达成共识。通过一个月大量的事实数据收集、整理和分析工作，项目小组如期向潮宏基公司提交了公司系统的诊断报告。报告通过大量的事实和数据定量分析，令人信服地使潮宏基内部达成了如下共识。

（1）对外部环境的认识

1）从宏观环境看：①短中期市场增长的判断。未来5～10年是中国经济发展的黄金时期，工作年龄阶段的人口比重也进一步加大，中国消费品行业面临着消费升级和消费多元化的黄金发展阶段。中高档消费品面临着爆炸性的增长机会。②长期趋势的预测。从长期看，中高档消费品在经历一轮高速增长后会进入一个平台甚至衰退的境遇。③渠道成本的走高。消费升级推动百货零售业的发展，逐步促使优质的百货零售渠道成为稀缺资源，这将进一步提高百货零售企业的议价能力，从而提高渠道成本。

2）从国际视野看：①全球珠宝首饰市场保持平稳增长，但如果剔除原材料价格上涨的因素，全球珠宝市场处于衰退阶段。②在增长动力方面，中国和印度是推动全球珠宝市场增长的核心力量。从整个产业价值链来看，渠道仍然占据了整个产业链条的主体部分。③从美国经验看，渠道商是产业的领导者，互联网渠道正扮演着日益重要的角色。④从产业内企业的商业模式来看，可以分为三种类型的企业，一种是基于系统经济效益的模式（Zale），一种是基于产品经济效益的模式（Tiffany），一种是基于资本经济效益的模式（LVMH）。

3）从国内视野看：①行业增长趋势。中国珠宝首饰行业每年保持10%以上的增长速度，但以人均珠宝消费额来衡量，市场还有很大潜力和空间。②竞争和毛利率。各类珠宝企业都纷纷加快了扩张步伐，竞争加剧，一方面，企业

销售规模在高速扩张；另一方面，企业毛利率在下降。③标杆企业研究。行业领先企业（香港三大珠宝品牌——周大福、周生生、谢瑞麟）享受了整体行业增长带来的机会，表现了较快的发展势头，并逐步成为全国性的品牌，但三者的竞争策略各有千秋。

（2）对公司内部的认识

1）从销售上看，潮宏基销售额在近几年实现了较大幅度的增长，这一方面得益于整个销售网络规模的扩大，另一方面单店月均销售额也有所提升。但是销售增长主要来自店数的增长，核心店的增长不够突出。随着网络规模的进一步扩张，边际效益将进一步递减。存货周转率的下降也值得注意，如何进一步提高出货率，是发挥网络规模效益的重点所在。

2）从财务上看，财务质地健康，盈利能力呈现上升趋势，并存在较大改进的空间。公司营运水平一般，存货管理水平有待改善。拥有较大的融资潜力，应积极推进资本运作工作以充分利用公司的融资能力。

3）从组织和人力分析上看，潮宏基经过几个阶段的发展，积累了相对扎实的管理基础和稳定的员工队伍，但在内部管理上还存在比较大的效率提升空间，同时应为企业快速发展和迎接重大战略机遇的需要，管理系统的构建与提升和人力资源的系统规划成为企业不可回避的问题。

通过这样的内外部分析，和君咨询逐步把潮宏基的管理层引入了思考的状态，让他们思考：①从未来发展看，有基于系统经济效益的模式、基于产品经济效益的模式和基于资本经济效益的模式三种发展方向，潮宏基该如何作出选择？②国内外竞争对手经常采用的竞争策略和竞争手段，潮宏基该如何应对？③国内的经济环境能够推动珠宝产业的未来可能走势，潮宏基该如何抓住有利时机？④企业内部管理的健康程度怎么样，存在的问题有哪些，潮宏基在管理环节有哪些迫切需要改进的环节？

4. 提出解决思路

公司的诊断分析，使得潮宏基对企业的现状、商业模式、企业前景的选择有了比较系统的认识。在此基础上，和君咨询小组提出了战略制定的三个基础维度：市场、竞争和能力，并围绕这三个维度协助潮宏基展开战略思考。

（1）市场层面

市场的未来趋势判断直接影响到公司的战略选择，而对市场趋势的判断需要大量的数据分析支持。这时问题就出现了，中国珠宝产业发展还处于初级阶段，市场是混沌的，谁都说不清楚市场状况是怎么样的，潮宏基的管理层对现有行业研究报告的数字表示质疑，因为这些数字与他们这么多年做市场的感觉不一致。战略决策是有赖于事实和数据做基础的，对市场数据的判断一度成为大家争论的焦点。为了尽快消除这种内部争论，项目小组另辟蹊径，提出了测算市场数据、判断市场规模的新思路、新方法(见后文)。据此推算出来的数据，在逻辑上让人信服、在结果上与事实相仿。这样，内部争论很快平息了，并形成了一套对市场分析判断的理论基础，为未来的市场监测提供了很好的分析工具。在这种思路的指引下，项目小组对中国的黄金首饰、铂金首饰、钯金首饰、镶钻首饰等细分市场作出了分析判断，为业务决策提供了很好的基础。

（2）竞争层面

知己知彼，百战不殆。战略决策不能处于空想状态，而要处于实战状态。为了反映市场的竞争情况，项目小组采用了外部调研和内部调研并进的方式。一方面，利用和君咨询师遍布全国的优势，通过这些咨询师走访当地的珠宝店面了解到第一手的竞争信息；另一方面，项目小组设计了对潮宏基第一线销售人员的调研问卷，通过潮宏基遍布全国的销售网点收集来大量的竞争信息。

在此基础上，项目小组从细分市场竞争强度、区域竞争强度、重点公司竞争策略和效果分析等角度做出了细致的竞争分析。不仅对全国性的竞争对手的竞争策略有所掌握，对各个区域性的竞争对手的竞争策略也有所掌握，大大拓展了潮宏基管理层的视野，更增进了他们对竞争对手的理解。

（3）能力层面

巧妇难为无米之炊，公司发展也有赖于自身历史积累的能力。基于企业未来成长的需要，一个消费品零售企业的竞争能力分为成功复制能力、扩张能力、无形资产能力和公关能力。对此项目小组采取了中高层管理集体讨论的方式来沟通这方面的认识。我们把这四种能力又进一步细化为连锁管理体系、产品精益体系、组织人力体系、并购与整合能力、资金实力、资产运用效率、品牌力、技术专利、文化力、政府关系、媒体关系、合作方关系等可以衡量的12个小项。给潮宏基的中高层管理人员提出了两个问题：一是从历史上看，我们做得好的是哪些方面，不好的是哪些方面？二是从未来竞争的角度看，哪方面最为重要？

我们把潮宏基管理人员分为几个小组，先由小组内部讨论作出选择，然后以各组派代表发表意见的方式强有力地推进了讨论。这种方式不仅加强了管理人员对企业发展所需能力的认识，在讨论中也发现了大家对同一事物的不同看法和视角。真理越辩越明，通过大家不同意见的争论和综合，在管理层也逐步形成了对潮宏基能力优势和劣势的共同认识。优势就是未来要发扬的，劣势就是下一步着重要弥补的，很快潮宏基管理层对下一步的工作重点有了一个系统清晰的认识。

5. 方案设计与实施

通过诊断分析和战略制定基础信息的几番讨论，潮宏基战略发展路径就逐渐明朗化，对很多问题的看法和结论也就顺理成章。所谓的战略路径就是企业实现使命战略所选择的详细规划，具体来讲包含三个层面：第一个层面是企业为实现企业整体目标所要进入的领域是什么，在每一领域企业设定什么目标；第二个层面是企业在组织内部如何分配资源，如何确定不同价值目标之间的先后顺序、轻重缓急；第三个层面是在每一领域企业如何去实现自己的目标，采用什么样的策略和顺序。以下简要地就这个三个层面包含的内容和思考作一介绍，具体细节涉及潮宏基正在执行的战略举措，考虑到商业敏感性问题，这里不便详述。

（1）第一层面：业务定位

业务定位是潮宏基管理层过往争论的焦点，其实质是怎么处理新业务和老业务的关系。有的管理者认为老业务还有很大的潜力和空间，公司不应该急于发展新业务；有的管理者认为新业务能够带来更多的机会，进一步提升公司的销售额和利润水平。这一争论的实质在于对公司机会和能力的判断。正是有了前面对市场层面和能力层面的讨论基础后，对这一问题也就很容易达成共识了，不是要不要发展新业务的问题，而是新业务关键的成功要素与我们现有的组织能力是否相匹配。如果在现有的能力基础上，新业务与老业务能够很好地起到协同作用，那我们就要积极发展新业务，为企业提供新的增长空间。而如果现有能力不足，就要评估发展新业务的风险和潜在能力的提升作用，如果能促进组织能力的极大提升，冒一点风险也是值得的。

基于以上认识，项目小组为潮宏基制定出了业务发展纲领，明确了潮宏基未来各项业务的发展次序，并对各项业务进行了 SWOT 分析。在此基础上，提出了各项业务的目标市场、主要竞争对手、业务重点、获取资源的方法以及战略举措。从而明确了潮宏基的战略性业务和机会性业务，并在协同效应的基础上，分层次、有策略地展开。

（2）第二层面：价值排序

公司战略目标的实现是公司整体努力的结果，但是如果战略目标不能实现，其责任又该怎么分摊呢？例如，公司现在销售上不去，产品部门会说是市场部门营销没做好，市场部门会说产品部门没配好货。具体到珠宝行业，这一问题变得更为复杂，因为珠宝首饰不同于一般的大批量工业品，每一件都不一样，店铺销售业绩不佳，销售员通常的托词都是公司没有给我配好货，我的货比别人差当然卖不好。而如果让销售员来直接下单订货，销售员只会挑自己市场流行的货，从而导致公司产品同质化、降低公司的品牌力，长期以来会降低产品的销售力，陷入单纯的价格竞争。很自然，这一问题必然成为潮宏基历史上反复争论的话题，因为这直接关系到各个部门的责权利的划分。这一问题不解决，战略目标的实现就难以得到保证。

和君咨询认为，这实际上是一个公司内部价值排序的问题，公司的经营业绩会受到产品、渠道和促销三方面要素的影响。从长远来看，对于潮宏基的管理层来说，在产品、渠道、促销等方面优先次序是什么？对于这一排序问题，和君小组从外部经验和公司内部销售数据两方面展开了分析，逐个分析了产品、渠道、促销对公司经营业绩的影响。例如，在产品方面，我们观察一个新产品推出后销售额的增长情况，在多长时间可能出现一个销售额的大幅跃升；在渠道方面，潮宏基下有两个珠宝品牌（CHJ 品牌历史长，知名度高；VENTI 品牌历史短，知名度低），我们观察这两个品牌互换渠道，或者在同一商场内互换位置时销售额的变化情况；在促销方面，我们观察提价和降价对产品销售额的影响情况。通过一系列诸如此类的分析，项目小组得出了大量的有益结论，使潮宏基管理层看清楚了这些因素在多大程度会对公司的业绩产生影响。

在看清楚这些因素对公司影响的基础上，并进一步参考了其他行业的经验，潮宏基管理层对公司在产品、渠道、促销这几方面作出了价值排序，从而对产品部门、销售部门和市场部门的责权利作出了新的配置。根据新的配置，潮宏基对组织结构作出了相应调整，这为战略目标的实现提供了有力的保障。同时，潮宏基理顺了组织内部的关系，促进了组织能力的发育。

（3）第三层面：策略设计

在业务发展目标明晰和组织调整到位的基础上，竞争策略的设计就成了群策群力集体设计的结果。针对珠宝行业的竞争特点，我们从以下五个方面设计了竞争策略：

1）产品策略。包括设计师的成长路径、新产品设计流程、生产制造创新策略、时尚信息收集策略和新产品考核策略等方面。

2）渠道策略。包括布点策略、渠道模式策略和不同渠道组合策略等方面。

3）组织策略。包括组织流程策略和组织能力定位策略等方面。

4）品牌策略。包括品牌组合策略和品牌定位策略等方面。

5）资本策略。包括融资策略、上市策略和公司估值策略等方面。

和君咨询不仅提出了上述众多的竞争策略，并进一步对这些策略的轻重缓急作出了时间上的排序，从而推出公司 1 ~ 2 年的战略目标、3 ~ 5 年的战略目标和 5 ~ 10 的战略目标，使潮宏基管理层明确了短期、中期和长期的战略方向。和君咨询小组并在假定这些战略目标实现的基础上，测算了公司未来的经营业绩情况和公司的价值情况，使潮宏基管理层对目标有了清晰而且是定量化的认识，充分感受到了公司的巨大成长空间。

至此，和君咨询小组很好地协助潮宏基的管理层完成了一次系统思考，使他们对公司未来发展的前景不再是困惑茫然和手足无措，而是心如明镜、成竹在胸，深刻体会到有很多具体的事要立即着手落实，有一个壮美的事业前景在等候着他们去实现。一家基业常青的中国珠宝公司，隐约间呼之欲出。

四、咨询效果：在三个层面上为客户创造价值

回顾潮宏基战略咨询项目的整个过程，咨询的效果体现为：在三个层面上为客户创造了价值。

1. 对一系列事关潮宏基经营决策和管理举措的具体问题作出了实质性分析，并得出了完全可靠或基本可靠的结论

这些问题及其答案包括但不限于：

（1）中国和全球的珠宝市场增长趋势怎么样？中国年增长率在 10% 左右，未来 5 ~ 10 年面临着爆炸性的增长机会；全球市场保持平稳增长，但如果剔除原材料价格上涨的因素，处于衰退阶段。产业演变各阶段竞争特点分析如图 9-2 所示。

（2）产业价值的主体环节在哪里，对潮宏基意味着什么？产业价值链的主体环节在渠道，渠道商是产业秩序的掌控者和领导者。潮宏基要重视在渠道上发力，尤其要重视互联网渠道的兴起。

（3）珠宝企业的商业模式通常有哪些？一种是基于系统经济效益的模式（Zale），一种是基于产品经济效益的模式（Tiffany），一种是基于资本经济效益的模式（LVMH）。

（4）行业内的标杆企业怎么样？最值得借鉴的行业领先企业是香港三大珠宝品牌——周大福、周生生和谢瑞麟，它们的竞争策略……

（5）怎样看待潮宏基的现状，管理上应在哪些环节上改进？销售额较大幅度的增长，主要来自店数的增长，核心店的增长不够突出，增长的边际效益递减将进一步加速。财务质地健康，盈利能力存在较大改进空间。公司营运水平一般，存货管理水平有待改善，管理效率存在较大的提升空间，当前的人力资源队伍和组织体系不能适应迎接未来更大机遇的要求。

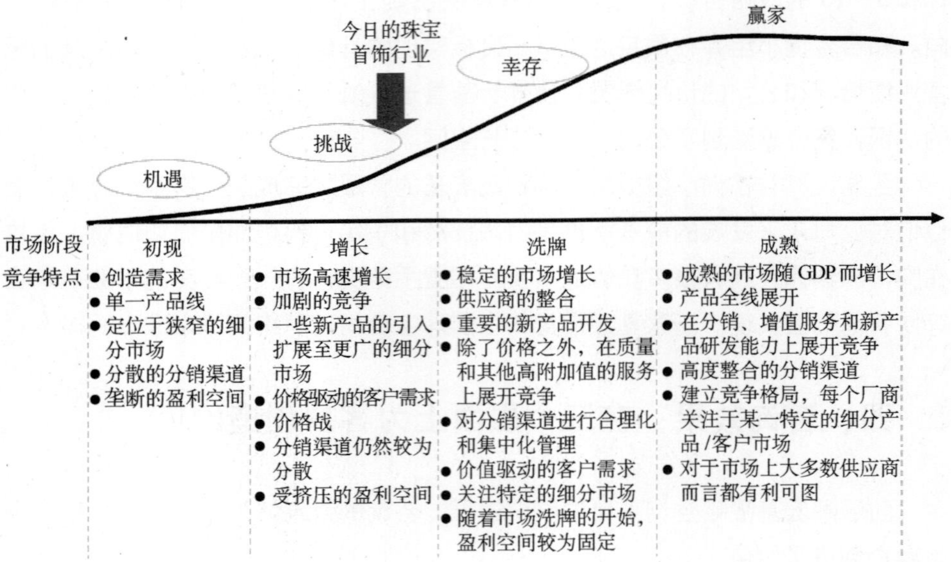

图9-2　产业演变各阶段竞争特点分析图

(6) 珠宝市场规模怎么样，潮宏基的主要目标市场(中国的黄金首饰、铂金首饰、钯金首饰、镶钻首饰等细分市场)规模究竟有多大？根据和君咨询师创造性开发的测算方法，中国的黄金首饰、铂金首饰、钯金首饰、镶钻首饰市场规模分别是×亿元、×亿元、×亿元和×亿元。(出于商业敏感，真实数据在此隐去。)

(7) 竞争状况怎么样，竞争对手是谁，分布在哪儿，它们的主要竞争策略和效果如何？和君小组从细分市场竞争强度、区域竞争强度、重点公司竞争策略和效果分析等角度作出了细致的竞争分析。

(8) 面对竞争和面向未来，潮宏基的竞争能力建设应该从哪些方面展开？应该从成功复制能力、扩张能力、无形资产能力和公关能力四种能力展开。而这四种能力又可进一步细化为连锁管理体系、产品精益体系、组织人力体系、并购与整合能力、资金实力、资产运用效率、品牌力、技术专利、文化力、政府关系、媒体关系、合作方关系等可以定量化考核的12个小项。其框架图如图9-3所示。

(9) 公司的经营业绩受到产品、渠道和促销三方面要素的影响，它们的优先次序该怎么选择？和君小组从外部经验和公司内部销售数据两方面展开了分析，逐个分析了产品、渠道、促销对公司经营业绩的影响，然后以定量化的分析使潮宏基管理层看清楚了这些因素与业绩的相关性程度，最后作出了合理的价值排序，从而对产品部门、销售部门和市场部门的责权利作出了新的配置。

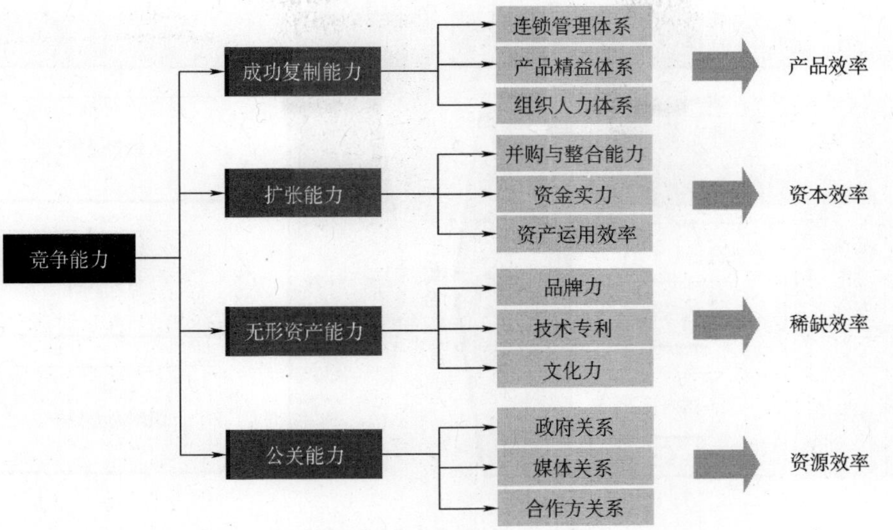

图 9-3 企业竞争能力分析框图

（10）针对珠宝行业的竞争特点，潮宏基的竞争策略从哪些方面展开，该怎样设计？从五个方面实现竞争策略的系统设计和安排：产品策略、渠道策略、组织策略、品牌策略和资本策略。

……

想想看，所有这些具体问题有哪一个不重要，有哪一个能绕得开或忽略掉？你绕开任何一个，它都会或者就在眼前或者在将来的某一天给企业制造麻烦；你忽略掉任何一个，它都会或迟或早地拖慢企业前进的步伐或者把企业前进的脚步拉回原地。就是这些一个个具体的问题像幽灵一样的出没，而又找不到值得信服的结论，使得潮宏基管理层一直以来感到困扰和迷茫。和君咨询师把这些问题一个个给予了回答，获得了潮宏基管理层的认可。

2. 将所有上述问题的思考和回答纳入到一个清晰的、结构化的逻辑体系之中

如此使它们共同构成了一个关于潮宏基生存与竞争的“系统思考”，形成了纲举目张的全局观，引导潮宏基将所有经营努力和管理举措整合成为理念上一致、逻辑上贯通、轻重缓急有序的有机整体，从而能够在较大程度上帮助潮宏基摆脱“看不清全局，苦恼于局部，头痛医头、脚痛医脚，顾了这个忘了那个”的状态。一些逻辑化战略思考框图如图 9-4 所示。

和君咨询师给出的结构化思维和系统的分析框架能够极大地促进客户实现系统思考、通盘布局，让客户可以依照这样的一个思维框架来面对形势的新变

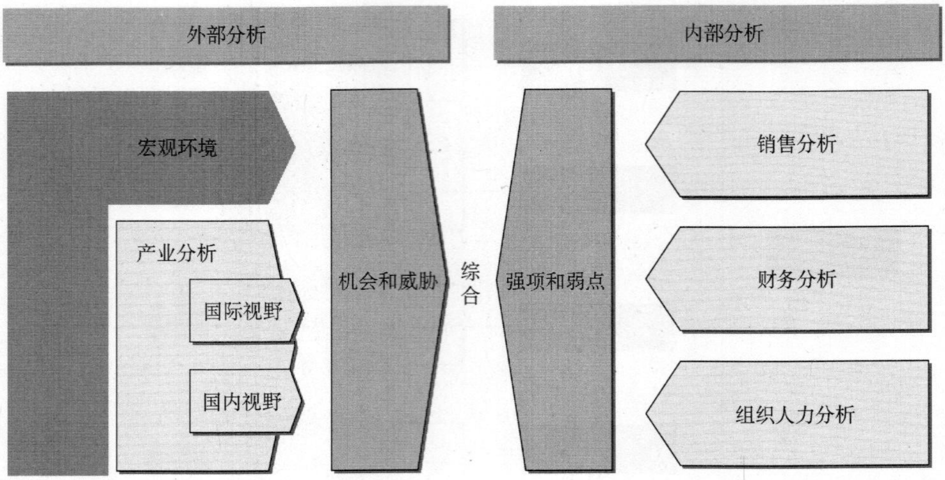

图 9-4 企业系统诊断分析框图

化，适时更新假设、信息和内容，在新形势下得出新结论。

3. 展示和传授了分析、思考和回答上述一个个问题的逻辑框架、专业知识以及方法和工具，帮助客户内生分析问题和解决问题的知识和能力

例如，如何判断市场规模是长期困扰潮宏基经营决策的一个头痛问题。中国的钻饰市场究竟有多大，潮宏基内部一个人一个判断，长期以来争论不休，得不出一个大家都能接受的结论。这样的问题如果得不出准确或大致准确的结论，那么潮宏基的经营决策实际上就会变成在信息失真情况下的盲目赌博。在更一般的意义上说，这是一个如何取得事实和数据、如何解读事实和数据的问题，唯有事实和数据真实了，决策才有胜算。对潮宏基的生存与竞争来说，你说这样的问题重不重要？那几乎可以说，它的重要性怎样强调都不为过。但一直以来，潮宏基没能找到分析和判断市场规模的思路、方法和路径。就在这样重要的问题上，和君咨询师另辟蹊径，提出了判断市场规模的新思路和新方法。例如，对钻饰首饰市场，和君咨询师开创性地提出这样的测算思路和方法：首先，通过民政部门了解到每年中国结婚数量；然后，通过一些人口调研数据大致获知结婚人群中购买婚戒的比例；接着，通过潮宏基的销售数据和销售人员的经验估计，推测出购买婚戒的平均价格；最后，通过潮宏基的销售数据和国外的经验，推测出婚戒占整个钻饰市场的比例。这样，推断当前中国钻饰市场规模的计算方法便清晰了。

中国钻饰市场规模 =（中国结婚数量 × 结婚人口中购买婚戒比例 × 婚戒平均购买价格）÷ 婚戒占整个钻饰市场的比例

毫无疑问，这种推断方法得出来的数据仍然存在质疑的空间。但从来没有做过珠宝行业的和君咨询师依照这种方法测算出来的中国钻饰市场规模的数据，却令潮宏基深为震服。因为和君咨询师测算出来的数据，十分靠近潮宏基总裁从全球钻石寡头 DeBeer 公司那里了解到的 DeBeer 对中国钻饰市场规模的分析(中国市场的钻石基本上来自 DeBeer 公司独家供应,它对中国市场有长期市场跟踪统计,所以 DeBeer 对中国市场规模的判断是可信度最高的)。在这种思路指引下，项目小组对中国的黄金首饰、铂金首饰、钯金首饰、镶钻首饰等细分市场作出了分析判断，为业务决策提供了很好的基础。从为客户创造价值的意义上说，市场规模的具体数据是时过境迁、昨是今非的，但和君咨询师创造性地提出来的一套分析和检测珠宝市场的理论基础和分析工具，在未来的反复使用和完善中，却有望逐步演变成为潮宏基作为一家珠宝企业的核心能力，尤其是在面对一个混沌市场的时候。

解决方案就存在于客户现场。和君咨询秉着“从客户中来，到客户中去，与客户打成一片”的咨询理念，在与客户的沟通和互动中从现场发现问题症结和找到解决方案，协助客户完成他们自己的思考，而不是给客户空降一套方案。对朝夕相处、同甘共苦了三个月的双方工作人员来说，两件事情动人而难忘。

第一件事是项目进行期间，正值潮宏基开年会。和君咨询专家被邀请做两件事情，一是要给来自全国各地的员工讲公司战略，二是要给公司中高级管理层和重点经销商讲公司战略。面对不同的听众，和君专家采用了不同的演讲策略。前者都是来自全国的一线员工，教育水平比较低，大多数人连公司战略概念都没有。对此，和君咨询专家模拟了一个“有朋自远方来，我该如何请他吃饭?”的问题，通过分析请人吃饭的过程来类比公司销售额怎么提升的问题，从而过渡到“如何提高我的店销售业绩?”的问题。通过大家都有体验的吃饭问题让听众体验了战略决策的过程。而对于后者，都是有经验的管理人员，有些人都接受了 MBA 教育，因此和君咨询专家在讲述公司战略时作了一些选择设计，让听众进行选择，在选择过程中让大家参与到整个公司战略的思考过程中来。

这两次演讲都取得了很好的效果。第一次演讲结束后，潮宏基总裁廖创宾听完后按捺不住地跑到讲台上说:“我也读了 MBA，听了很多老师讲战略，但这是我第一次听到这么讲战略，用吃饭的故事让我们听懂了很多道理，相信很多人在演讲前都不知道什么是战略，我想现在大家至少有了一些想法。”第二次演讲结束后，廖总仍然激动地说:“在今天演讲学习之前，我相信大家对公司战略问题各自有不同答案，但我相信，今天听完演讲之后，对公司战略会有一个比较一致的看法。”在年会结束的晚宴上，廖总向晚宴致辞，动情地说道："人一生就为一件事而来，我愿意把我这一生奉献给潮宏基的事业。"这是典型的和君咨询的价值主张和话语方式，说明和君咨询的价值观、思想、理念甚至是语言都开始融入了潮宏基的管理层。潮宏基的一位高管对和君咨询人员说："你们赢得了尊重，对你们的评价，是潮宏基上下第一次的一致好评。"

第二件事是项目临近结束时，潮宏基管理层召开战略和组织管理头脑风暴会。理所当然，和君专家也应邀参加。廖总特意选择了面朝大海的一个度假村，封闭两天，让大家放松身心、充分讨论、发表意见。由于涉及组织调整，会上管理层唇枪舌剑，针锋相对地表达出了众多的不同意见。和君项目人员在讨论中不断地设计调整方案，通过变通的手法很好地应对了各种情形，并在冲突中很好地展现了专业水准和敏锐睿智，逐步收敛了大家的分歧，使管理层的观点趋于一致，逐步达成共识。会后廖总要求大家一定要合张影，并对和君的咨询师说："要合张影，不管方案对还是错，现在都是一条船上的了，大家都绑在一起了。"和君咨询师与客户潮宏基俨然就是个命运共同体。

从项目整体上看，整个项目进程有条不紊、按部就班，是一个标准的战略咨询过程，与众多咨询公司的咨询流程没有特殊之处。但是，在整个进程中，项目小组很好地把握了与客户的沟通，通过高频度的互动沟通和成果展示增进了双方的理解和信任。更重要地在于项目小组很好地把握了项目推进的节奏，通过强大的逻辑链条把潮宏基的管理层带入了战略思考状态，通过一个个问题的清晰化而推动了整个思考过程，最终协助客户完成了系统思考，无论从和君咨询方面看还是从客户潮宏基方面看，都实现了预想的咨询效果。

潮宏基战略咨询项目，尽管只有短短三个月的时间，但双方结下了深情厚谊。项目小组在潮宏基管理层的积极指导、配合和支持下，不但顺利地完成了公司发展战略的制定，还促进了潮宏基组织管理体系的完善，更重要的是做到了"协助客户完成系统思考"。通过这个战略咨询项目的合作，潮宏基对和君咨询的专业水准和服务质量赞誉有加。战略项目小组甫一撤离，和君咨询的人力资源项目小组、营销咨询项目小组相继进入潮宏基，潮宏基已经成为和君咨询的亲密朋友和长期客户。可以预见，和君咨询与潮宏基结成的战略伙伴关系，将一路伴随两家公司未来成长的漫漫征途。

五、思考与启示

1. 关于企业的思考与启示

（1）成功的企业，前面还山高路远，大好的发展机会和真正的困难挑战还在后头。潮宏基是一家凭借远见卓识、聪明才智和艰苦奋斗的踏实作风而发家致富的企业，十几年的成长历史，取得了令人尊敬和值得自豪的成绩，为企业的未来发展积累了品牌、能力、经验和资源。正是历史准备的这些品牌、能力、经验和资源，使得潮宏基能够树立起更大的事业抱负，有机会去迎接未来中国珠宝业大发展的历史性机遇。在今天看来，过去十几年的珠宝业，市场机会和商业规模只不过是小荷才露尖尖角，而前瞻未来20年的珠宝业，那将是一场本土市场规模持续增长、全球化扩张和产业整合大机会相生共存的历史性机遇。可以肯定，对潮宏基这样的领先企业来说，大好的发展机会还在后头。同时，潮宏基走向未来的困难和挑战也必将越来越大。如果站在未来更高的要求上来看待，那么，供—研—产—销的各个环节，战略选择、商业模式、公司治理、人力资源、企业文化、资本运作、营运管理和品牌建设等各个领域，潮宏基都还问题多多，远不能适应未来全球化竞争和发展的要求。一句话，潮宏基的前面还山高路远。我们把视野放宽到整个中国商界，这种情况，又何止是潮宏基呢？中国持续了20几年的改革开放和市场爆炸，在360行里的各个领域、在大江南北的各个角落，造就了一批又一批的"成功企业"，它们发家了，也风光过，但它们中的大多数都没能走向未来，为什么？因为它们的思维方式、知识结构、思想认识、经营境界和组织体系的效率及能力建设，很难实现与时俱进的进化、变革和升级。而在竞争纵深化和产业高级化的大趋势面前，所谓实现"与时俱进"，又谈何容易。心高志远与脚踏实地、远见卓识与精耕细作，一个都不能少。所幸，在与潮宏基人的相处中，我们不仅看到了潮宏基走向未来将要面临的挑战，更看到了潮宏基走向未来的希望。和君咨询很荣幸有机会与潮宏基这样的企业一路相伴。

（2）在认识、判断和决策上，中国有不少企业和企业家都还处在依赖"经验直觉"的阶段，他们迫切需要实现从经验直觉型向系统思维型的转变。经验和直觉永远都是一个企业里的宝贵财富，它们是"长期历练＋悟性灵感"的结晶，是无可超越的时间过程的沉淀，因而在很多时候企业家的经验和直觉甚至会是这个企业最重要的核心竞争力来源。但是，仅凭经验和直觉来认识事物，往往只见树木、不见森林，抓了一三五却丢了二四六；仅凭经验和直觉来决策，往往心里没底儿，或者因为迟疑而贻误时机，或者因为误断或赌错了而酿成恶果。潮宏基管理层的最大困惑和困扰，不是说不清"树木"而是看不见"森林"。在项目进行过程中，和君咨询师对这一点尤其有感触。在每一个具体的问题上，潮宏基都有人有观点有看法（且不论看法的对与错、深与浅、全面与片面），但关于潮宏基生存与竞争的那种纲举目张、胸有成竹的全局观却一直未能建立起来，系统思考一直没有完成。在这种情况下，必然出现廖创宾总裁说的那种困惑：未来的路究竟该怎么走，"真的说不清楚"。在企业的成长历程中，规模越大、人员越多、组织复杂程度越高，对全局观和系统思维的要求就越迫切。那么，是什么东西在背后支撑着全局观和系统思维的形成呢？是知识结构、逻辑能力、视野和思维力等。如果要问在这个咨询项目中潮宏基最大的所得在哪个点上，应首推系统思考的完成和系统思维的逐步建立。仅凭经验和直觉，已经不能管理好一个规模很大、复杂程度很高的组织，实现向系统思维的升级了。对很多中国企业的下一步成长来说，已经到了迫在眉睫的时候了。

（3）建立组织理性是成长中的中国企业必须跨越的一个坎。所谓组织理性，就是通过一套组织体系和运行机制，打通从使命愿景到战略目标再到员工日常工作的全过程，使组织的使命愿景和战略目标通过这套组织体系和运行机制传导并落实到每个部门、每个环节、每个人的日常工作中去，让每个人、每个环节和每个部门都以与战略目标紧密相关的事情为日常工作的内容，最终形成“战略为人人、人人为战略”的事业局面。当前，中国还有很多企业的组织理性尚处在洪荒或草莽的阶段。个人权威代替了组织理性，个人化的“命令—执行”系统代替了组织化的职责体系和运行机制，个人意志和情绪冲击或左右着组织体系的运行。在事业发展的早期阶段、企业规模尚小的时候，这种状况是有效的。但组织规模大了之后，这种状况就难以为继，组织理性的发育和建立就成为企业能否继续往前走的重要命题。从长治久安和基业长青的意义上说，所谓企业成长，不仅仅是营业规模、市场份额和盈利数量等的增加，组织理性的发育和健全是企业成长的题中应有之义，甚至在某个阶段，是企业成长的核心主题和关键内容。据我们观察，很多执行力不足、运行效率低下的企业，其更深层次的原因是组织理性的“沙漠化”，而不是表面上所看到的人才欠缺和执行不得力等问题。在本案例中，潮宏基借助于咨询公司的力量在认识上完成了系统思考、在行动上明确了战略选择。同时，它通过后续的组织调整、人力资源、企业文化、营销体系等方面的工作，正在逐步建立起保障战略执行的组织体系。通过这样的一轮管理基础夯实，潮宏基的组织理性发育和组织效能提升必将进入一个新阶段，为未来迎接发展机遇和走向基业常青奠定新的基础。

2. 关于咨询的思考与启示

视野放宽到整个中国商界，类似潮宏基这样的需要咨询的企业，真可谓是遍布大江南北、数不胜数。换句话说，中国的咨询市场很大，能够实质性为客户创造价值的咨询公司，大有发展前途。我们在想，作为一个咨询师，他/她在职业素养和职业能力的修炼方面应该遵循一条什么样的进阶路线呢？在本案例的履行过程中，我们再次感觉到，对于一个咨询师来说，应该在以下四个方面进行循序渐进的学习和修炼：

（1）用事实说话。在大多数咨询案例里，都需要面临一系列事实问题的回答。比如本案例中，珠宝行业增长趋势如何？市场规模有多大？世界上珠宝企业的商业模式有哪几种？竞争对手的竞争策略有哪些？产品、促销、渠道等哪个因素对销售业绩影响最大？……都是事实问题，需要客观甚至是定量的回答，由不得臆想和武断。咨询师赢得客户信任和尊重的基础步骤就是能够用事实说话，通过展示客观的事实和数据来让客户信服。所以，收集、获取、分析和展示事实，是一个咨询师第一步要学会的基本功。本项目是在客户对和君咨询的疑虑中开始的，项目小组在对珠宝市场分析判断的基础上给出的一系列"事实"，让客户很快地对咨询小组打消了疑虑、产生了信任。同时，正是这些事实，成为后续的战略制定工作的基础依据。

（2）用专业说话。咨询师的职业角色是专业人士或"专家"，客户购买的也是对某一专业问题的专业意见和判断。所以，咨询师一定要懂得如何用专业说话，要熟知自己专业领域的理论、方法和工具。几乎在所有的咨询案例中，咨询师都会遇到来自客户方众多的质疑和挑战，客户甚至会用国外咨询公司专业工具来反驳项目小组的观点，这个时候项目小组的人员必须清楚地了解每种分析工具的前提假设和适用条件，通过与客户沟通解释，展示自己的专业功底，树立起自己的专业形象。否则就很容易与客户陷入"公说公有理，婆说婆有理"的争论之中。

（3）用问题说话。问题往往是最大的资源和财富，发现一个好的问题能够激发大家的思考。企业的管理人员在产业内待久了，往往对产业内很多事物习以为常了，对存在的问题熟视无睹。一个好的咨询师就要能够发现和提出好的问题，从而引发企业管理人员对产业进行新的思考、对企业产生新的认识。在本案例中，项目小组对珠宝销售额的影响因素就提出了很多新的问题，传统上认为要靠大量广告投入打品牌来推动珠宝销售，和君小组通过研究发现，事实并非如此，某些因素更为重要，而这些因素直接导致了企业战略如何设计。

（4）用境界说话。企业管理咨询往往没有对错之分，但有职业境界高下之分。事物总是矛盾的统一体，在企业咨询过程不可避免地会遇到各种意见的争论，而且很多争论从对立双方来看都是站得住脚的，从任何一方看都有存在的理由。这个时候咨询师的价值立场就尤为重要，如果咨询师职业历练不够，不能始终从企业的整体利益角度考虑问题，往往就很容易陷入左右摇摆之中。在本案例中，项目小组也面临了管理层很多价值观选择的冲突，只有站在造就中国珠宝业未来产业领袖的高度，出于企业基业长青可持续发展的角度考虑，才能在一些价值判断上作出适当选择。如果咨询师个人的职业历练不到，就很难把握其中的分寸，也很难坚守立场和原则。所以，咨询师的职业境界将直接决定咨询效果的层次高低。

记得小时候听过一个小商贩卖杏的故事。一个老太太来买杏，问是甜是酸。这个小商贩一听，心想一般人肯定爱吃甜的啊，就说："这杏可甜了。"实际上老太太是要给怀孕的儿媳妇买杏，就要买酸的。结果老太太没买，走了。小商贩记住了。一会儿又来了一个老头，小商贩忙介绍说杏是酸的。老头是来给小孙子买杏，小孩爱吃甜的，于是这买卖又没成。过了一会，又来了一个中年人，问是甜还是酸。小商贩有了前面两次教训，于是改口说："不酸不甜。"结果那人却说不酸不甜的东西就不爱吃，要不就酸，要不就甜，没味儿谁吃啊。对于一个咨询师来说，经常会面临与小商贩类似的处境，企业的个性千差万别，客户的口味各不相同。在这种情况下，咨询师该怎样说话呢？首先应该学会用事实说话，其次应该学会用专业说话，再次应该学会用问题说话，最后是用境界说话。

复习与思考：

(1) 企业战略咨询项目包含了哪些基本层面和要点？你认为应该如何进行企业系统诊断分析，并进一步为企业规划事业战略、竞争战略与功能战略？

(2) 产业演变各阶段竞争特点有哪些？请选取某一产业，说明当前中国这个产业处于什么阶段？在这个阶段，产业内的领先企业做强做大的关键是什么？

(3) 你如何评估中国钻石市场的规模？你能否再提出一个分析中国钻石市场规模的框架？

(4) 你是如何理解用事实说话、用专业说话、用问题说话和用境界说话的？它们对你平时的学习和工作有什么启示？

嘉宾点评：

王明夫(和君咨询集团董事长)：

珠宝这个行业，潮宏基这个公司，廖创宾这位总裁……，都让我们感觉到这是一个值得投资的企业。所以，和君在提供管理咨询服务的同时也为潮宏基导入国际国内有品牌、有实力的资本机构。看了这个企业、见过廖创宾总裁的资本机构，都对投资潮宏基兴趣盎然，这似乎从一个侧面反映了潮宏基的良好质地。本案例讲述了潮宏基如何在战略定位和管理升级上的努力。

王忠明(国务院国资委发展研究中心主任)：

经济的发展带来消费升级的浪潮，珠宝行业大有前途。一个企业的成长壮大，需要公司决策层的胆识和担当，需要经理员工几年几十年如一日的艰苦努力，需要合适的资本机构适时供给资本，需要和君这样的机构提供管理咨询服务，真是多种“维生素”一个都不能少啊！

第十章

基于产业和资源的战略规划：康恩贝药业

案例主题词：医药产业 · 战略选择

和君咨询案例系列之：

康恩贝药业发展战略规划

吴清功　李文明　撰写于 2007 年夏

对于中药，有两种不同观点交织在一起：一种观点认为中药是祖国瑰宝、医学奇葩，是解决世界医学难题（癌症、艾滋病等）的一把金钥匙，必须大力弘扬；另一种观点认为中药故步自封、不思进取、拒绝创新、神秘主义、治疗机理不清、疗效不确切，应该尽快废除。弘扬之声与废除之声此起彼伏，相持不下，让广大中药从业者欲进不是、欲罢不能。

本案例讲述的是一个用行动探索中药发展方向的实践者——康恩贝集团。地处浙江大地、富有创新精神的康恩贝人坚定地认为，中药既不能因循守旧、复辟尊古，也不能一概抛弃、彻底废除。中药的未来一定要与现代科学技术相结合，运用现代的科学手段提升中药科技。只有这样，才能真正弘扬中华医药，实现中药的振兴，为人类健康贡献力量。

一、项目背景和面临的问题

康恩贝集团是一家在现代植物药研发、制造及在化学合成药方面拥有核心竞争优势的大型制药企业集团、国家医药行业的重点骨干企业。集团以制药为主导产业，主要从事医药产品开发、制造和销售。自成立以来，通过产品经营和资本经营的手段得以快速成长。目前，公司拥有天保宁、前列康、金奥康、咳停片、阿乐欣、乌灵、可达灵、贝贝系列和元邦系列等名牌药品和保健品，在全国同类药品市场上占有重要地位。

2003 年，项目组为康恩贝集团的核心产品——天保宁提供营销咨询，得到了康恩贝集团上下一致的认同，双方结成了战略合作伙伴。2005 年初，康恩贝集团准备制订“2006 ~ 2010 五年发展规划”，确立未来 5 年的战略方向，不断强化自身竞争优势，以领先市场，我们项目组又一次获得了与康恩贝集团的深度合作机会。2005 年 5 月，项目组再次进驻康恩贝，拉开了“康恩贝集团‘十一五’发展规划”咨询的序幕。

当时的康恩贝集团业务和经营情况如下：

（1）集团产业横跨植物药、现代中药、化学制剂、特色化学原料药、保健品以及化工、医疗产品等领域；业务涉及医药研发、生产、销售、医药商业等多种业态；拥有控股及参股公司近20个、生产基地10个、独立的销售队伍4支、商业公司1家和科研单位2家。

（2）2004年，康恩贝集团工商业主营业务收入实现13.6亿元，其中工业销售实现11.9亿元，在全国中药企业中排名第9位。

面对这样一家高速发展的制药公司，我们该如何思考公司的发展战略呢？

二、问题的识别和解决方案的探索

项目组进驻康恩贝集团以后，进行了大量的访谈和调研，很快发现了康恩贝集团存在的主要问题。

（1）公司在行业中被定位为中药企业，但很难超越以同仁堂为首的传统中药企业和以天士力为首的现代中药企业。在这种情况下，公司应该如何定位呢？

（2）公司发展迅速，但业务未整合到位，难以发挥协同效应，并且由于资源分散，导致每个业务单元规模都不大、竞争力不强。

（3）集团管理未及时跟上，具体表现为：总部职能未得到有效发挥，管控模式不明确，高水平人才储备不足，企业文化难以统一。

作为一名咨询师，面对这样的公司、这样的问题，科班的做法是运用各种战略分析工具对环境、行业、企业的资源和能力进行分析，最终得出公司的战略选择，然后据此进行内部资源重组和运营模式的调整。这种套路本身没有问题，但是如果不深刻理解行业的变迁，恐怕这种方法产生出来的战略很难经得起未来的考验。

鉴于此，项目组没有套用科班的做法，而是首先对康恩贝集团的发展历程进行了梳理并针对公司的每个业务板块进行了深入的分析研究。

康恩贝集团最初起家依靠前列康、天保宁（银杏叶片）和专业的医院推广队伍，企业发展过程中，进行了一系列的业务扩展（并购），发展成为拥有几十家企业，业务涵盖中药、化学药、保健品和医药商业等多个领域的集团公司。21世纪以来，公司进入整合阶段，OTC营销和医院推广并重，培育出了天保宁、前列康、阿乐欣、金奥康等近10个名牌产品。

从企业的发展历程来看，公司在营销方面优势明显，无论在OTC营销还是医院推广方面。

接下来，项目组又对各个业务所处的子行业进行了研究。

中药子行业中，中医中药是中华民族灿烂文化的重要组成部分，中药以其特有的疗效与作用为人类的健康与发展做出了积极的贡献，在防病治病、康复保健方面显示出了独特的优势和魅力。但中药制造业在整个医药制造业销售额中占比仅为22%，同比增长16%（2004年数据，来源于国家统计局），低于医药行业平均增长率。另外，中药出口额占世界贸易额比重仅为5%左右，出口地区主要分布在亚洲，未能进入欧美等主流医药市场。

中药子行业中，以同仁堂为首的传统中药企业以品牌、配方等作为核心能力，已经在人们心中根深蒂固了。一些新兴的中药企业如果想有所超越，就必须有所创新。在这样的背景下，一些企业（如天士力、神威等）提出了现代中药的理念，也逐渐得到了业界的认同。

化学原料药竞争优势强，已经基本承接了世界产业转移的机会，抗生素、维生素、解热镇痛药、激素等品类在国际市场占有绝对优势，涌现出以华药、东药为代表的大宗原料药企业和以海正、华海为代表的特色原料药企业。

化学制剂发展水平低，基本以仿制为主，剂型落后，一些企业依靠快速仿制、强势公关的手段取得了一些成功。目前，大规模普通药市场和特色药市场基本形成。

保健品行业在中国还很混乱、风险很大。“你方唱罢我登场”、“各领风骚三五年”是中国保健品市场的真实写照。虽然一些企业的品牌产品在市场的认可度较高，但保健品市场频频出现的夸大宣传的假冒低劣产品，给这个行业抹上了一层阴影，从而不可避免地给一些优质品牌也带来了负面影响。

医药商业中，从20世纪80年代开始，国内经济体制由计划经济向市场经济转变，医药流通领域传统的统购包销制度被打破，市场化运作使行业内部竞争加剧。制药企业开始建立自己的终端营销队伍，商业企业原有的强势地位遭到削弱。受到市场竞争和国家医药政策的双重影响，国内医药商业企业赢利能力迅速下降。面对国内医药商业“多、小、散、乱”的现状，产业整合势在必行。

分析完这些子行业，我们发现：康恩贝如果聚焦医药商业和保健品，基本没有出路。化学原料药，因为产业格局已经形成，况且，我们认为未来存在产业转移至国外低成本国家的可能，因此也不能作为主要发展方向；化学制剂，和发达国家差距较大，想有所突破非常困难；中成药领域，传统中药和现代中药竞争激烈，领先企业位势明显，后来企业进入不易。

在这样的情况下，如何提出具有现实和未来双重意义的战略思路呢？

三、在产业变迁的背景下扫描中国药企

从公司现有业务来看，以上好像都不能作为未来发展的方向，项目组将目光转向了中国医药行业变迁的大背景，试图寻找一些出路。

建国后至改革开放前，我国形成了计划经济体制下的医药产—供—销体系，由于药品市场供小于求，生产厂家占据价值链中的主导地位，不存在销售方面的问题。

改革开放以来，随着生产的市场化和流通的市场化，医药行业开始走向快速成长的阶段，投资热潮引起医药行业竞争加剧，供小于求的局面逐渐发生变化。20 世纪 90 年代中期，药品产能开始过剩，竞争主体效益下滑。相反，以医院（占药品市场的 80%）为主的终端在产业链中逐渐占据了比较重要的地位，主要表现在垄断采购和垄断供应上。

另外，由于国家对医院补贴的减少和对医院的放权让利导致了“以药养医”体制的出现，这极大扭曲了医药产业链。医院和医生分别把“药品返点”和“回扣”当成主要的经济来源。在这种情况下，医药企业的产品想进医院意味着你要对医院进行公关活动，进医院后想上量要对医生进行公关活动，这些构成药品价格上涨的直接原因。

政府部门为了降低药品价格，采取了招标采购和药品降价等措施，然而这些手段不但没有有效发挥作用，反而造成各地政府的垄断采购（招标）和物价部门的价格管制权（政府定价、政府指导价和市场定价），为了突破这些限制，医药企业仍把公关作为主要手段。

这种“三垄断一管制”（见图 10-1）的现象造成了中国医药市场的畸形，也是“看病贵”的主要原因之一。为了解决这些问题，政府开始对医疗体制

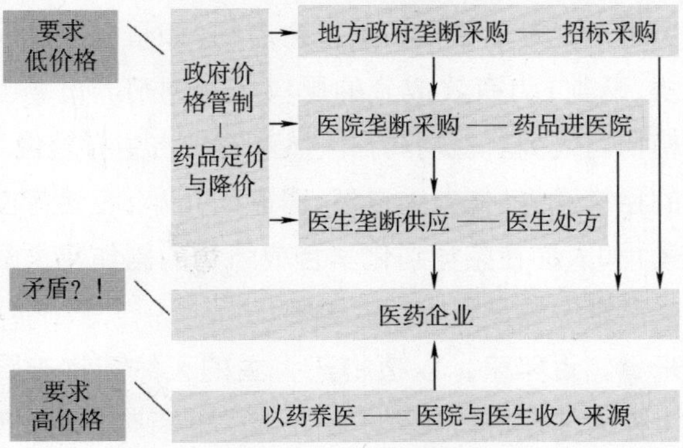

图 10-1 “三垄断一管制”格局

进行了一系列的改革。其根本目的是要解决“看病贵”的问题。

对于“看病贵”的问题，目前政府采取的主要手段就是药品降价(22次药品降价和全面推开的药品集中招标采购)。

但这些方法都因为没有触及问题的本质而收效甚微，由于国家对医疗机构的投入不足，医院发展和医生收入的主要经费来源靠药品补偿，即“以药养医”体制。医院和医生为了追求自身利益的最大化，让患者多用药、用贵药，过度检查、过度治疗，导致老百姓“看病贵”和医患矛盾激化。

经过几年的探索，社会各界已经形成共识，造成这种局面的根源是“以药养医”机制，解决的出路必须从解决“以药养医”开始。如果能做到这一点，医药产业的格局将彻底改变。未来10年，高质量、低成本的生产优势和高起点、高疗效的研发优势，将是在下一轮竞争中胜出的关键。

从世界形势看，中国和印度已经承接了原料药的产业转移机会，随着中国经济的崛起，原料药产业转出，制剂产业转入迟早会来，那些以原料药生产为导向的企业如果不能顺利转型，可能会面临倒下去的危险。

通过产业变迁的扫描，项目组确定了目前医药行业的关键词：“过剩”、“垄断”、“管制”和“以药养医”，未来医药行业则是“终端”、“研发”、“国际化”。沿着医药产业的发展方向，来探索康恩贝未来5年以及更长远的发展方向，成为项目组和企业高层的共同目标。

四、独辟蹊径，提出“植物药”概念

研究了产业发展趋势，我们再回到康恩贝自身的资源和能力方面，多种业态导致资源分散，产品所处领域庞杂致使能力难以聚焦，国内医药行业形势催生竞争手段谋变。在这种形势下，项目组逐渐将目光锁定了现代植物药。

植物药，顾名思义就是以植物初生代谢产物(如蛋白质、多糖)和次生代谢物(如生物碱、酚类、萜类)为有效成分的原料药和制剂。市场上植物来源的中药、中成药均在植物药之列。植物药在天然药物中占主导地位。近年来，由于植物药在治疗上的独特优势(来自大自然，毒副作用小；在治疗艾滋病等疑难杂症上有广阔的前景)和人们在感觉到化学合成药物的副作用之后对纯天然药物产生的一种安全感而越来越受到人们的重视。

从国际市场来看，近年来，以植物药为主的天然药物被国际市场日渐重视。目前已有几十种天然植物药被列入欧盟国家的药典。植物药市场的增长速度明显高于世界药品市场的增长速度，平均为10%～20%，美国高达20%～50%。其他国家和地区，比如韩国以高丽参为拳头产品，近年来出口增长迅速。中东及非洲地区植物药市场发展也很快，非洲增长为12%左右。国际天然药物企业德国舒培大药厂的金纳多、法国博福益普生公司的达纳康等银杏叶制剂，近几年也发展迅速，取得国际市场的高度认同，植物药的市场前景广阔。

另外，以化学药为主的传统药品研发成本相比植物药越来越高，成功率也越来越低，这就导致了很多大企业纷纷寻求植物药研发这个新的突破口，并加大了天然药物的研发力度，最近，诺华等跨国公司把研发重点转向天然药物，引起业界的高度关注。因此，植物药势必将成为世界药物市场和研发的新热点。

在国际医药市场开始追捧天然植物药的潮流下，国内一些企业(如康恩贝、昆药等)也开始关注植物药市场。基于这样的事实，我们认为，植物药不仅前景广阔，还是国际化的一个突破口，因为它能够直接与国际市场进行产业对接、使用国际通用语言对话。

从康恩贝的情况来看，公司在发展植物药方面具有独特的优势。

在康恩贝的发展过程中，中药和植物药一直是核心业务领域。1985年，第一个植物药产品前列康上市，至今20多年，为公司的发展做出了巨大贡献。

公司的另一个植物药核心产品天保宁是康恩贝集团按照专业推广模式成功的第一个产品，并以此为基础建立起了康恩贝的专业推广队伍、树立起了康恩贝的专业形象；天保康、咳停片、珍视明、乌灵胶囊、夏天无和肠炎宁等大品牌产品都是植物药，在康恩贝的销售收入和利润贡献上，植物药一直占据60%以上的份额。康恩贝的植物提取技术和质量控制水平国内领先，主打产品天保宁和国际上畅销的德国舒培大药厂的金纳多、法国博福益普生公司的达纳康等药品一样也是银杏叶制剂，是国产银杏叶制剂第一品牌，其银杏叶提取物质量标准与德国标准一致，是国际最高水平。康恩贝银杏叶基地与德国舒培大药厂的银杏叶基地相同，都采自山东南部和江苏北部，品质有保障。除此之外，康恩贝集团还拥有以植物提取物为主要原料的系列保健品，如男性保健品元邦和儿童保健食品贝贝系列产品。

通过以上分析，康恩贝未来的战略发展方向(见图10-2)豁然开朗。选择植物药作为未来企业发展的方向，既能充分发挥公司的能力和资源，又符合国际医药产业发展规律，存在“自主研发”和“走出去”的可能。

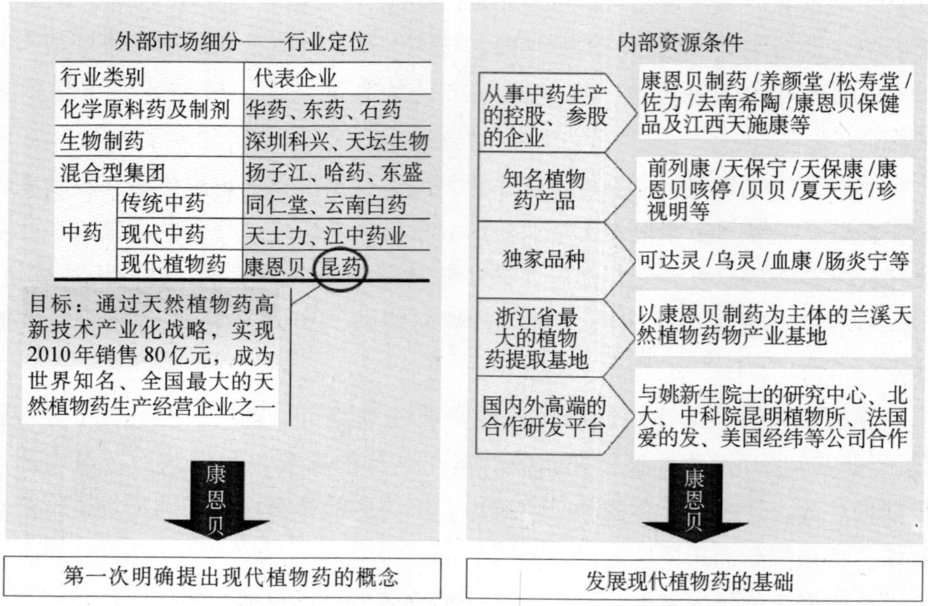

图 10-2　康恩贝的战略发展方向

五、围绕植物药所作的系列尝试

战略方向一经选定，项目组开始根据集团公司业务相关性进行了一系列的业务调整（见图 10-3）：以康恩贝制药股份为核心对集团内中药和植物药企业进行重组整合；以金华康恩贝为核心对集团内化学药企业进行重组整合；其他业务平台为康恩贝集团相关多元化投资的关注领域，包括医药商业和美容化妆

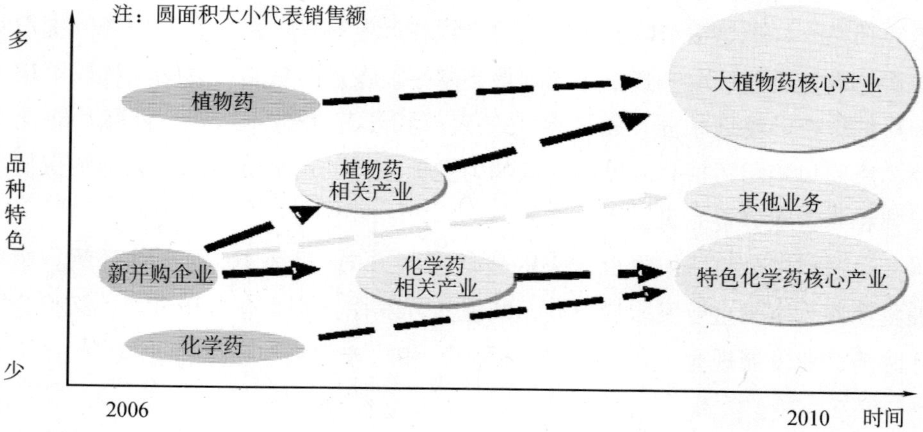

图 10-3　康恩贝的业务调整方向

品等。

第一类：主导产业为现代植物药。形成一个中心三大基地为核心的植物药产业布局：一是以杭州为中心的药品科研、管理、营销中心；二是兰溪产业园现代植物药生产制造基地；三是江西天施康现代中药基地；四饲佐力药业真菌发酵产品生产基地。

第二类：具有发展潜力和业态变革领先趋势的化药，在某些化药领域中获得发展。

第三类：其他业务平台，康恩贝集团依据现有的人、财、物资源状况，可以涉及相关产业如商业等辅助产业。

随着集团发展阶段的不同和集团规模的不断扩大，集团对各个产业发展的规模及特色也会有所差异，最终建立起大植物药产业和特色化学药两大核心，并购的相关小产业比例不超过20%，而且也只是策略性投资，条件成熟时要及时出售。

康恩贝集团在未来将逐渐进行整合植物药、化学药及保健品三大业务平台。将保健品逐渐纳入植物药平台体系，形成现代植物药、特色化学药两大核心，以其他产业为辅助。最终成为国际化的集团公司。

针对具体时间，项目组还和企业一起制定了“十一五”规划，这期间，康恩贝集团将采取产品经营和资本运营并重的方式，分三个阶段达成战略目标。

2006年是战略调整阶段，以产品经营为主，优化产品与市场组合，推行多品牌营销战略；整合营销系统，建设并完善公共管理和服务平台；强化渠道终端管理和销售队伍管理，逐步推进信息化建设；聚焦营销，做大品牌。

2007~2008年是战略整合阶段，坚持产品经营，同时启动资本运营。加强核心业务平台的独立运作能力。以股份公司为核心整合集团内部植物药相关资源，树立金康特色化学药的品牌形象。股份公司完成资本市场上的第二次融资。

2009~2010年是战略腾飞阶段，产品和资本并重：现代植物药(含保健品)和特色化药两大平台独立运作，成为集团发展两大支柱。成为国内医药品牌营销的楷模。重点植物提取物和化学原料药进军国际主流市场。以股份公司为核心购并整合集团外部资源，实现现代植物药旗舰企业和第一品牌以及特色化药制造业的强势品牌的战略目标。

在战略执行上，康恩贝集团围绕该战略规划进行了一系列的内部调整和产业整合。

（1）以现代植物药为主导，辅以新型制剂为主的特色化药，以及以植物药来源为主的保健品作为公司业务方向。整合集团内外符合公司战略目标的植物药企业，实现植物药规模化、集约化经营。

（2）调整结构，理顺流程，加强管控，做实本部，提高效率。将股份公司打造成为效率高、执行力强的一支铁军，在植物药领域所向披靡。

（3）以聚焦营销、做大品牌为手段，通过培育大品牌产品群，增强市场竞争力，提高市场控制力，实现公司业务与效益的快速稳步增长。同时，培育出康恩贝、前列康、珍视明、乌灵和肠炎宁等极具影响力的植物药品牌。

（4）加强战略研发，提升公司核心竞争能力与持续发展能力。注重植物药领域的技术创新和产品创新，以花粉、银杏、葛根、元胡、乌灵、新型制剂六大产品系列为重点，系列化做宽，精细化做深，促进规模化做大。紧跟国际植物药技术潮流，开发出具有自主知识产权的原创植物药。

（5）加快国际化步伐，培育公司国际化经营能力，提升公司国际地位。通过植物药产品输出、植物药提取物输出、制剂技术输出，参与国际竞争。通过走出去、请进来的方式，培育国际化人才，加速国际化步伐。完成一到两个产品的国际认证。

（6）加强人力资源与企业文化整合，促进企业和谐健康发展。通过强化股份公司人力资源职能，加速人力资源开发；通过企业文化的梳理与提炼，确立明确的企业文化，增强企业凝聚力。

六、思考与启示

1. 战略落地及现状的体会

战略制定以后，公司的定位逐渐清晰，现代植物药的称号被市场逐渐认可。如今日投资的研究员称其为“两市唯一的现代植物药企业”；恒泰证券研究员撰文称“康恩贝：暴利植物药引发主升浪”等。

2005 年康恩贝通过差异竞争、整合资源、聚焦营销的策略，销售收入比 2004 年增长 40%，利税达到 3 亿元，同比增长 45%；单品种过亿元的有 6 个，其中，承担起塑造康恩贝现代植物药品牌形象的前列康销售收入达 2.6 亿元，比 2004 年增长 90%。截至 2006 年，整个公司销售过亿的产品已有数个，而这些产品无一例外都是现代植物药。

植物药的战略定位和具体方案的设计，使企业不仅在营销上有所突破，在并购整合方面也围绕着植物药产业目标。上市以来，上市公司按照“3 + 1”水平购并策略（植物药，独占性品种、品牌和营销网络 + 团队），并购了浙江佐力药业；2005 年又按照“种植—饮片—提取—植物药制剂”以及“研发—制造—销售”等垂直整合方式，掌控了湖南九汇现代中药 70% 的股份，并收购了上海安康医药公司，以此建立区域市场网络，占领区域制高点。

康恩贝集团的战略正一步步在市场上显现出它的威力，朝着正确的方向前进，国际植物药领先的生产企业对于康恩贝集团来说已并不遥远。

2. 产业为本，战略为势，创意为魂，金融为器

此案例是和君“十六字诀”的又一次实践，对于企业而言，深刻理解所处产业的发展历程和现状，将利于预测未来产业的发展方向，这些都将有助于战略的制定和实施。另外，战略实施阶段，如果用好了金融这个“器”，可以使你的企业不必走“手工作坊—小工厂—大工厂—企业集团—大企业集团”这样的传统产品运营发展路径，而直接可以通过资本经营的手段，实现质的飞跃。最后，整个“十六字诀”的实践中往往会贯穿着创意之魂，最终实现伟大的战略布局。

对于咨询师而言，基于产业的战略选择，必将使企业的资源和能力发挥到极点，同时，也不会纠缠于传统的运营思维困境中。另外，金融工具的娴熟运用，使战略的实施得到了保障，这充分显示了在产业基础上的“管理咨询 + 投资银行”双重能力的强大威力。

复习与思考：

（1）怎样从产业变迁和资本市场两个纬度理解公司的战略问题？

（2）本案例中，康恩贝集团定位为“现代植物药”，其长远意义是什么？为什么在主张“现代植物药”的同时，仍不放弃特色化学药？

（3）你认为应该如何解决“以药养医”的问题？假如“以药养医”的问题能够得到解决，对中国的医药产业竞争格局会产生怎样的影响？

（4）纵贯整个案例，你觉得它的思路是如何展开的？这种思路对你理解战略制定过程是否有一些借鉴？

嘉宾点评：

于明德（中国医药企业管理协会常务副会长，原国家经贸委医药司司长）：

中国医药行业面临着全新形势，医药厂商如何思考自己的战略定位，如何基于产业大势和基于自身资源作好发展规划，这个案例提供了很好的借鉴。从康恩贝案例中，我们也看到了民营医药企业在不断地走向理性和远见。中国医药产业的发展，需要这种基于理性和远见的一家家企业的长期努力和默默贡献。

第十一章

基于战略的人力资源管理：丽江旅游

案例主题词：人力资源管理·基于战略·系统提升

和君咨询案例系列之：

丽江旅游人力资源管理

李书玲　撰写于2007年夏

全球打高尔夫球的发烧友都有一个玉龙雪山球场（见图11-1）情结，他们经常问到的一个问题是：你打过玉龙雪山球场吗？多少杆？当和君咨询师在球场创始人之一暨董事长王云的亲自陪同下开打这个球场的18个洞的时候，打球人的这个全球性"情结"一下子变得很好理解。特别开敞的球道，秀色可餐的绿化，极好的果岭，挑战与鬼魅交织的攻守设计，空旷辽阔的高原视野。远处横亘的玉龙雪山，像是球场的千年屏风、万古护墙，又诱惑着你又保护着你。你每挥一杆，都会有意或无意地望一眼玉龙雪山，她纯洁俊朗，或者在白云彩霞里出没，或者在山岚水雾中影绰，或者在晴空万里下静立。这个球场以这座梦幻般的雪山命名，是世界上海拔最高的高尔夫球场（3 150米），空气稀薄，含氧量低，其中一个洞的球道长度和18个洞的球道总长冠亚洲之最。在这个球场打球，挑战体力和意志，需要耐缺氧、抗高原反应，考验身体的环境适应性。于是，在这个球场里打过球就变成一种证明、一个在打球经历中不能不说的故事。所有这一切都发生在丽江，一个"让心休息的地方"。因此，在球场"情结"的周围，又平添了一种丽江式的诱惑与浪漫。

图11-1　玉龙雪山球场

就是这个球场的创始人之一暨董事长王云，创建了本案例的“主人公”——丽江玉龙旅游股份有限公司(下称“丽江旅游”)，并带领这个公司从小到大走过了创业的艰辛和发展的欢乐，至今已14年。本案例以一个咨询师的视角，讲述了一个关于丽江旅游上市之后在走向集团化管理的当口如何完成关于人力资源管理的系统思考并致力于系统提升的故事。

一、背景：项目的由来与立项

丽江旅游的成长历史，来路如斯，又一家中国企业就这样一步步地成长起来了。

(1) 前身——丽江玉龙雪山旅游索道有限公司，1995年12月成立，王云任董事长(直至今天)，投建和运营玉龙雪山上的第一条观光索道(下称“大索道”)。大索道建成之日，国际技术单位在下部站留下石碑纪念“This is a wonder”，从此中外游客可以乘坐索道登入海拔4 000多米的雪山深处，感受高山冰川的震撼魅力。

(2) 2001年6月，收购云杉坪索道公司75%的股权，获得云杉坪索道的绝对经营权。云杉坪索道是登入玉龙雪山的第二条索道，公司其余25%股权属于一家外资股东。

(3) 2001年10月，整体改制，由丽江市政府玉龙雪山管理委员会控股60%的国有企业——玉龙雪山旅游索道有限公司，变身为国有和民营股东共同持股的丽江玉龙旅游股份有限公司。

(4) 2003年12月，收购牦牛坪旅游索道有限公司60%的股权，另一民营股东持有40%股份。牦牛坪索道是登入玉龙雪山的第三条索道。

(5) 至此，丽江旅游将玉龙雪山的三条观光索道全部纳入麾下，形成了对玉龙雪山近距离观光旅游的永久垄断性资源地位。三条索道位于玉龙雪山的不同海拔高度，风景各不相同，除此之外，玉龙雪山不再有适合建设观光索道的地点和区域。玉龙雪山索道如图11-2所示。

(6) 2004年8月，丽江旅游上市，募股资金1.6亿元左右，原计划投向为：建设丽江古城世界遗产论坛中心、丽江古城艺术风情休闲区及丽江古城南入口旅游服务区三个项目，建成集餐饮、购物、休闲、度假酒店为一体的综合性旅游服务中心。之后因征地情况所限，募股资金集中于投建丽江古城南入口的五星级酒店项目，公司为此专门成立了一个项目公司(下称“古城酒店项目公司”)，负责酒店项目的兴建和运营。酒店建设已开工，预计2008年8月份建成开业。

图 11-2　玉龙雪山索道

以上市为契机，丽江旅游进入了全新的发展阶段。垄断性地占领了梦一般的玉龙雪山，三条索道变成了千年雪山般稳定屹立的现金牛。艰难的征地成功，五星酒店的投资兴建，据守了令人痴迷的丽江古城的南入口要冲，足以为公司带来没有争议的增长预期。上市融资渠道的建立，公司治理和财务结构的优化，品牌影响和资金实力的增强，为公司的进一步扩张奠定了前所未有的新基础。丽江旅游，云南这个中国旅游大省和世界旅游胜地的唯一一家旅游上市公司，具备了发展成为云南省旅游产业龙头企业的条件，面临着“依托丽江、整合全省、走向全国”的历史性发展机遇。这一历史性机遇，就像是一团火，在心高志远、远见卓识的王云董事长心中，燃烧成了一种按捺不住的事业理想和期待。

此时的王云刚从中欧商学院 EMBA 毕业，他深切地感到：从长远看，公司的人才队伍和管理水平跟不上企业全新发展的要求；从眼前看，公司的管理现状问题多多、矛盾丛生、效率低下。在公司的资源基础和产业机会都同时具备的大好条件下，人力资源和管理水平的落后成为阻碍公司发展的关键因素。于是，借助外脑，突破人力资源和管理瓶颈，成为丽江旅游顺理成章的选择。

2005 年 9 月，丽江旅游与和君咨询开始了首次电话接触。由于和君咨询师一直还在别的客户项目里而腾不出手来承接丽江旅游项目，所以两三个月下来，双方一直通过电子邮件保持联系。在这个过程中，丽江旅游陆续发来一些关于公司管理情况的材料，提出一些疑问，和君咨询师尽自己的所知一一予以解答。所提问题涉及人力资源管理的方方面面，包括某些层级的员工反映工资水平太低，福利待遇是否应该提高，培训工作如何开展起来，考核体系如何完善，如何解决员工工作单调、重复性大的问题，技术人员与其他服务人员的薪酬差距如何平衡，激励方式单一的问题如何改善等。这些问题乍一看都是人力资源管理的细节问题，但经验丰富的咨询师一看就清楚，这些问题通常是一个企业内部管理水平滞后并且已经开始影响员工情绪和态度的综合反映。其中的任何一个问题都很难通过人力资源管理单一功能的技术和经验去解决，因为问题之间是相互关联的，如果不从引发问题的本源入手，仅仅只是在技术层面变换方式方法，很难达到真正解决问题、疏通内部管理的目的。因此，在这个阶段的邮件往来中，一方面我们根据问题的本身，以专业技术和经验积累为基础，告诉客户“根据我们的经验，这样的问题，通常的解决方式有以下几种……需要采用以下几种可能的工具来提升管理的客观性和效率……”同时也告诉客户“基于各个企业的发展阶段、管理现状和人员特征等情况的差异，引发这些问题的原因也是不一样的，通常会有几种可能的原因，不同的情况需要采用不同的方法去解决”，“而问题之间的关联性，往往需要我们对企业进行系统性的诊断之后，才能选择恰当的切入点、选择恰当的方法，从而根本性地解决问题……”通过邮件的往来，和君咨询师一方面展示了专业水平及合作诚意，另一方面引导了客户培养系统分析问题的思维，为日后的项目开展奠定了初步沟通的基础。

2005 年 11 月，双方终于有了第一次面对面的接触。丽江旅游方面提议先做一套古城酒店项目公司的薪酬管理体系。和君咨询也希望能够从一个局部项目开始，以便有一个证明我们专业水准和服务能力的机会。和君咨询师强调，尽管只是为酒店项目公司设计薪酬方案，但为了保证方案的有效性，我们承诺，无论之后我们是否会继续提供服务，都会一开始就从整个公司全局的角度出发，从系统诊断和全公司人力资源系统提升的角度出发，为项目公司设计薪酬方案，从而为公司总体的变革提升留下接口。和君咨询师的真诚负责和职业素养进一步增强了客户的信心，一期项目当场就这样确定了下来。

在此，需要特别提到的一点是，人力资源管理改进看似企业运营层面的问题，但企业管理永远是一个整体，无论是人力资源、组织流程、企业文化或营销，从任何一个专业领域切入企业，看到的往往是整个管理系统的问题。而服务价值的高低也就体现在对管理理解深度不同所决定的对于不同管理领域的融会贯通的能力。这一点，对于现阶段的中国企业尤其适用。如果就人力资源讲人力资源，对企业的战略、文化、业务流程、营销组织、财务核算方法甚至是所处行业特点、区域文化等缺乏认识和理解的话，再先进的人力资源工具和技术也往往不过是“一叶障目”罢了，无法为企业创造真正的价值。而从最为实际的角度出发，仅仅拥有专业领域的技术和经验而缺乏对企业管理系统的理解的话，往往很难与企业的一把手实现对话，因为他们关心的问题通常不会是某一个岗位评估工具的应用方法，而是更为宏观的战略问题、文化问题、用人问题、组织秩序建立的问题……就丽江旅游项目而言，董事长王云是一个很有魄力和远见、同时有着理想主义和民族传统文化情结的人，他有着见多识广的经历，一直想把丽江旅游建设成为一个不仅拥有商业成功而且也有着民族文化品位的公司。因此，第一次与王云董事长见面，大部分的时间都是聊如何建设企业文化的问题。也正是因为这样，让他非常确定地选择了和君咨询。

二、分析与诊断：拨开云雾见月明

古城酒店公司的薪酬咨询项目于2005年11月底进场，持续将近一个半月的时间。这是一个新成立的公司，大多数员工都来自股份公司，尽管薪酬方案本身并不复杂，但设计方案之前，必须先理清楚下面一些问题：项目公司的薪酬支付策略、薪酬结构、级别体系是否需要与股份公司总部以及索道业务保持一致？项目公司的激励方法、力度与股份公司总部及索道业务区别应该在哪里？项目公司与索道业务之间人员的流动情况如何？项目公司与索道业务的不同特点对于薪酬管理以及整个人力资源管理系统的影响如何？股份公司总部以及索道业务传统的人员管理方法、目前存在的问题，对于项目公司的管理存在哪些影响？项目公司的业务与股份公司索道业务在公司总体战略目标中的定位分别是什么？基于项目公司在公司总体战略目标中的定位所决定的管控关系对于项目公司结构和岗位设计以及相应的人力资源政策会产生哪些影响？

为了弄清楚这些问题，和君咨询师在项目一开始就把整个股份公司作为诊断和研究的对象，对整个企业的管理现状作一次系统的诊断。从这个意义上讲，虽然一期的公司薪酬方案设计和二期的股份公司人力资源系统提升被分成了两个项目，但实际上是一体的。因此，当一期项目顺利结束之时，相比酒店项目公司组织结构设计和薪酬管理方案，和君咨询对整个股份公司人力资源管理现状的判断和改革思路的确定更加打动了客户，得到了客户公司高层人员的一致认可，这也就使得项目毫无意外地过渡到了第二期，开始了真正意义上的重头戏。

通过大量的访谈和深入一线的调查，和君咨询师开始拨开一个个具体问题的表象，逐步梳理出人力资源和管理问题背后的症结。

第一，多数中高层管理人员对公司的整体战略定位没有清晰理解和完成共识。尽职调查中和君咨询发现，丽江旅游的业务发展路线是：从索道业务到酒店业务再到将来的休闲度假业务、餐饮业务、高尔夫业务等，每类业务多以独立法人的形式经营，最后形成一个产业上聚焦于旅游、业务产品上多元的母子公司体系。也就是说，丽江旅游的总体战略定位是：发展成为一个提供综合性旅游服务的旅游产业控股集团公司。放在这样的总体战略定位下，目前的索道业务（三个索道公司）和古城酒店项目公司的战略定位和组织位置应该是一目了然的。但和君咨询师发现，多数中高层管理人员对公司整体的战略定位没有清晰的理解，因此大家很少站在公司战略的高度、放在这样的框架下来理解面临的管理矛盾，于是分析问题和解决问题的思路大多就事论事，只见树木不见森林，提不出基于战略的、符合未来发展走向的系统解决方案。

第二，组织结构和管控系统错乱，总部职能弱化，总分公司、母子公司之间的责权分配模糊，业务流程随机。根据上述的总体发展战略，现有两块业务——索道业务和酒店项目的战略定位及其与股份公司总部之间的管控关系和责权分配应该是容易安排和清晰的。然而现状却远非如此。大索道以分公司形式运营，其他两条索道以独立子公司的形式运营，各自有独立的股东会、董事会和经营班子。三家索道公司在组织管控上与股份公司总部之间的权责关系和管理流程各不相同。在利益机制上，三家索道公司各自利益独立，互不相关，员工薪酬标准不统一，奖金各自发。在经营上，三家索道公司各自为战、互相竞争，没有统一的经营政策、品牌推广和市场开发，经营上处于十分粗放的状况。在人员和管理上，三家索道公司各自一套人马，各有各的管理风格，都有一个自己的办公室负责行政、人事和财务管理工作，但岗位的配置并不完备，除去财务独立核算和一些日常的行政事务以外，其他的管理事务基本上都由股份公司本部职能部门在承担。虽然牦牛坪和云杉坪无论从股东的利润分配还是员工的奖金发放上都作为独立的公司实行，但就管理工作而言，他们和大索道一样，对股份公司本部存在着严重的依赖。在这种情况下，股份公司本部跟索道一线具有管理职能的管理人员之间的管控关系如何，之间的职责如何划分、如何衔接，哪些事情可以由索道独立决策、独立承担责任，哪些又必须上报股份公司，是非常模糊的。股份公司本部因为承担下属子公司的管理职能所发生的费用在子公司的财务上也基本上没有反映。在相当长一段时间里，股份公司（丽江旅游）的总经理经常会觉得自己实际上是三家索道公司的总经理，经常要亲自处理三家索道公司提出的大小问题。股份公司本部80%以上的精力都用在服务与管理索道业务上，另外一小部分精力用来处理古城项目公司的相关事务。也就是说，尽管公司的集团化趋势对总部职能提出了越来越急迫的需要，而这个总部职能却并没有发育起来，不仅是因为下属公司的依赖拉低了他们的管理层级，更为重要的原因在于，目前股份公司本部职能部门员工的总体水平距离集团化管理总部职能水平的要求还存在比较大的差距。

很显然，在组织结构、流程和责权体系没有理顺之前，直接地着手于聘用、考核、薪酬、晋升、培训等人力资源管理方案的设计，是徒劳无益的。

上述症结传导为人员的工作感受，就表面化为一系列人力资源管理方面的问题：

（1）员工对报酬待遇不公的感受很强烈，不满情绪日益严重。例如，三家索道公司负责索道一线设备维护和游客服务的员工，工作内容完全相同，但收入差距却很大，因为三家公司的经营状况有差别。三家公司的员工在工作海拔、回城近便性、休假安排、倒班方式、调岗机会、岗位津贴等方面，也很不一样。这严重影响了员工的工作情绪。

（2）人力资源的统筹使用和调配非常困难。薪酬待遇与岗位的工作环境和工作性质没有挂钩，三家索道公司的员工的报酬和福利待遇差别显著。于是，公司希望通过人员统一调度以提高利用效率，通过轮岗解决环境单调所带来的工作倦怠问题，但这遇到的阻力非常大。因此而产生的员工关系和组织气氛也十分的敏感和微妙，极不利于工作协调和团队配合。

（3）绩效考核很难执行，奖惩措施没有效果。职责接口的明确，责权体系模糊，出了问题很难归责，有了功劳也不容易记账。加上“重人情、讲面子”的地域文化的影响，使得简单的考核都很难有效地执行，考核往往流于形式，起不到奖罚严明所带来的激励和鞭策效果。

（4）各层级聘任权限不清晰，岗位没有清晰的任职条件，岗位设置和人员配备凭感觉进行，没有科学依据，人员进入容易退出难。由于公司的效益比较好，一旦有招聘的信息发出，便会有大量的人情关系员工推荐，“用人”部门的管理者在不愿意得罪人的情况下，对于人员的进入尺度控制很松。因此，虽然公司曾经推行过“用人的人招人，招人的人管人”的做法试图解决这一问题，结果非但没有解决问题，反而因为加大了用人部门的权限而使问题变得更加严重。同时，同样的因为人员编制没有明确的依据和审核办法，一旦新招的员工不能胜任工作，用人部门又会提出新一轮的招人需求。长此以往必然导致人工成本的不断增加和工作效率的持续降低。

（5）人才短缺，招人困难。丽江是一个“让心休息的地方”，并不是一个施展才干、追求事业的环境气氛，所以进取心强的事业型人才尤其是高级管理人才，十分短缺。

（6）员工培训和后备人才储备难以开展。在外部人才供应短缺的情形下，通过一套行之有效的员工培训体系的运行来实现人力资源队伍的总体改善，就显得尤为迫切。但是，由于中高层管理人员对总体发展战略的认识模糊，公司整体上的组织结构和权责体系错乱，培训什么、培训谁、怎样培训、谁来培训、如何评价培训的效果、投入哪里来、怎样建立起一个常态化的员工培训开发体系……关于员工培训和成长的一系列基础问题都得不出确切答案。

所有上述组织问题和人力资源问题交织在一起，产生的后果是：公司整体运行效率低下，管理上疲于应付，组织冲突频繁，员工工作动力不足和不满情绪严重。公司的人力资源部成为矛盾的焦点、是非的中心，压力大、头绪多，终日就事论事、疲于应付。在这种情形下，谁也提不出能够从根本上系统地解决问题的思路和方案，甚至没有空闲的时间和富裕的精力去思考这样的问题。

这时候，作为独立的第三方专业机构的和君咨询，就显得特别重要。和君项目小组对问题的识别、分析和诊断，协助客户人员跳出“盲人摸象，就事论事”的状态，对问题的形成及其解决方向建立起了一个逻辑清晰的系统全观。和君咨询的这种分析思路和诊断结论，得到了客户的赞赏和认同。

三、出路：系统解决方案

在设计具体方案之前，首先需要跟客户完成沟通的是，确立起对待问题的正确态度。问题并不可怕，现实中的任何企业，都是存在大量问题的，而且成长速度越快、发展前景越好的企业，问题越多；没有前途的企业，问题就少，甚至只有一个问题：没前途。丽江旅游的问题是发展中的问题。我们需要清醒的是，问题的形成不在一朝一夕之间，问题的解决同样也不是一朝一夕就能够实现的。丽江旅游许多管理习惯的改变、人员管理意识的培养和能力的提升，必然需要一个过程。从这个意义上讲，找到问题的根源加上合理的解决思路和方案，问题只解决了一半，后面的一半则需要持续的推进和执行。因此，管理者既不能掉以轻心、轻视管理，也不能因为问题的存在而动摇对事业的信心。解决管理问题，耐心很重要。丽江旅游要作好长期作战的准备，将组织能力的发育和管理水平的提升进行到底。

具体的解决思路和方案是在双方反复沟通、实现共识的基础上共同达成的。其基本逻辑是这样展开的：战略定位明确——组织结构调整——责权划分、职责描述和人员配置——人力资源管理制度体系的系统构建——制度实施——组织秩序和效能的全新确立。

1. 明确战略定位、清晰业务关系

（1）股份公司的总体战略定位：依靠区域和资源优势，立足云南，成为一个提供综合性旅游服务的旅游产业控股集团公司。

（2）索道业务的战略定位：索道业务应在现有的垄断资源优势的基础上，充分预测各种可能的风险，通过统一管理、营销突破和业务组合创新，保证安全运营，并实现稳定增长，成为集团公司稳定的现金流来源、公司的品牌窗口和人才蓄水池。

(3）三家索道公司之间的关系定位：两种备选方案，一种是增加三家索道公司经营管理方面的独立性，使三家索道公司在市场上公平竞争，公司总部则根据三家索道公司的发展情况决定内部的资源倾斜。另一种方案则是强势整合索道业务，实现三家索道公司的统一化管理，强化三家索道公司之间的资源共享(比如统一营销)和总体利润最大化(比如游客向利润高的索道分流)。丽江旅游在比较了两种方案的优缺点之后几乎毫不犹豫地选择了第二种方案。

(4）古城酒店项目公司的战略定位：通过一期酒店项目的高质高效执行，锻炼和打造出一个团队，使之成为股份公司未来拓展所有新项目的主体。另外是历练和培养出一支能够承接未来的酒店管理业务的员工队伍。

2. 基于战略导向的组织结构调整

(1）股份公司总体的结构调整。

1）根据股份公司的战略定位——旅游产业投资控股集团公司，确定未来理想的组织结构(见图 11-3)。

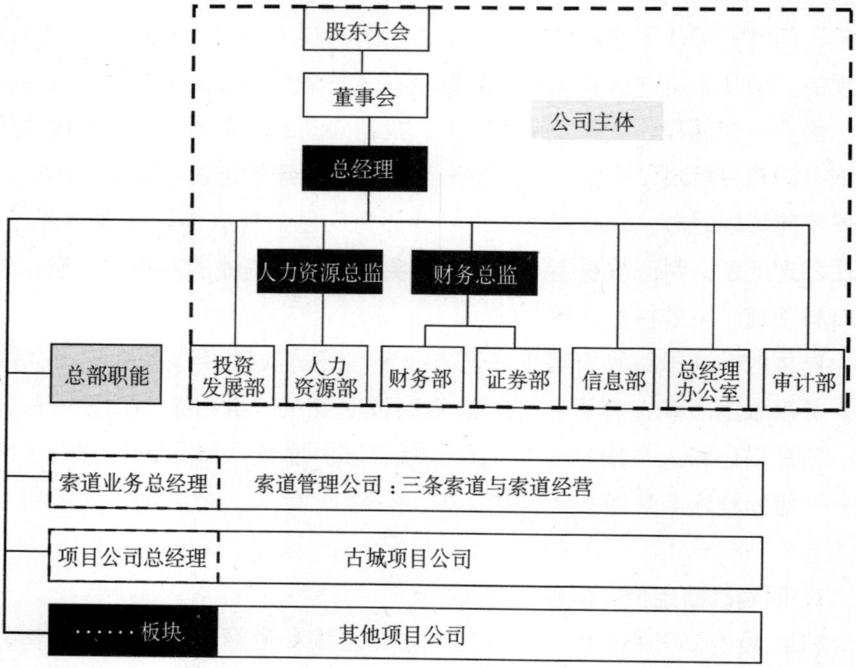

图 11-3　丽江玉龙旅游股份公司未来理想的组织结构

2）根据股份公司的结构现状以及管理现状，确定面向理想方案的过渡方案。

3）过渡方案(见图11-4)中需要重点考虑不同职能层级的逐步发育问题、现有业务板块的结构设置问题，以及它们各自与总部的管控关系问题。

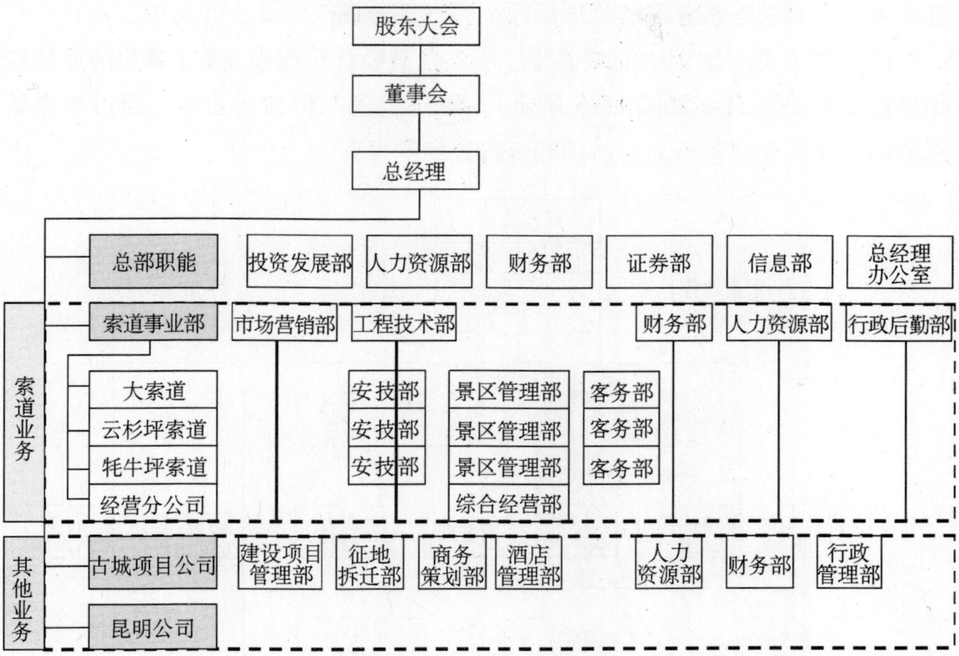

图11-4　结构设计的过渡方案

4）不同职能层级的功能发育：股份公司本部作为集团化公司的总部，需要承担起产业集团公司各下属企业的管理职能，建立集团化的管控体系，建立下属公司之间的竞争或合作规则，根据管控关系的差异，明确总部和下属公司的管理权限，实现集团对下属公司的有效管理，促进集团内部的资源共享和效率最大化。

基于这样的总部职能定位，目前的丽江旅游股份公司本部职能部门还有比较大的差距，目前的本部职能强项在于管理索道业务。因此，在过渡方案中，关于总部和索道业务两个层级的管理职能作过渡安排如下：股份公司本部目前的职能部门基本上全部正式转变为即将成立的索道经营管理事业部的管理部门，集中精力完成三家索道公司业务和管理的整合。

适应未来集团化管理的战略要求，逐步发育新型的总部职能部门，逐步补充岗位人员。操作策略上，先在集团层面成立一个董事会办公室，先把一些急迫的工作做起来，之后根据轻重缓急逐渐分离出相应的职能部门。总部职能管理人员的补充，一方面来源于索道业务和古城项目公司管理人员，现有管理人员能力提升后可根据情况调往总部。另一方面来源于外部市场人才的供应。因丽江地区内人才短缺，公司在适当的时候可以考虑总部搬迁到省会城市的方式解决人才供应问题。

以前三家索道公司的后勤管理人员，根据能力的差异和各自专长，一部分进入索道经营管理事业部的管理部门，另一部分调往索道一线岗位工作。

（2）索道业务的组织结构调整。成立索道经营管理事业部（调整前后的结构设计分别如图 11-5 和图 11-6 所示），统一管理三个索道业务，通过索道管理的统一化实现经营行为的协同和运行效率的提升。

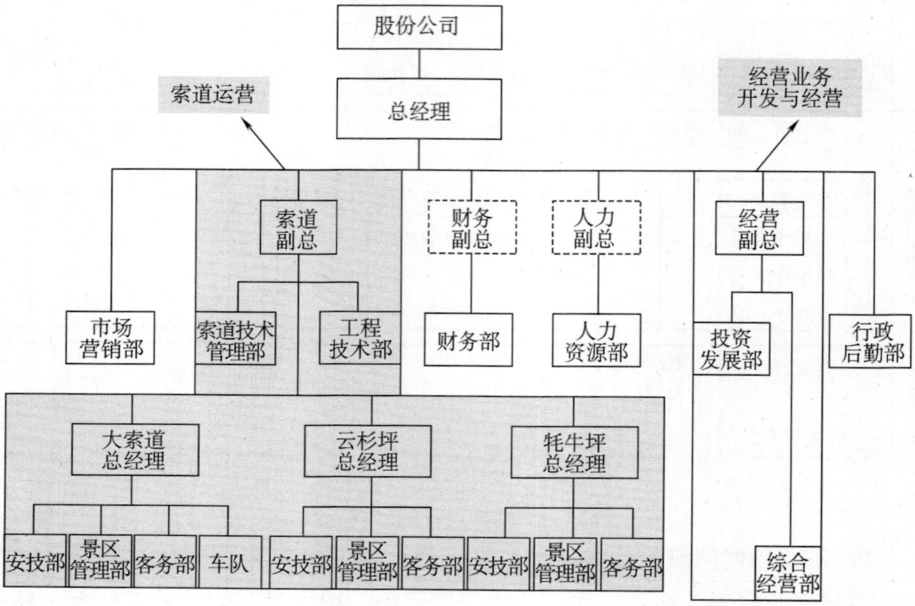

图 11-5　调整前索道经营管理事业部的结构设计

索道业务是公司的核心业务和大本营，是目前阶段现金流的唯一来源。因此，至少在当前阶段，索道依然是整个股份公司经营管理的重心，从管控关系上来讲，它与公司总部的关系最为密切，应设计为运营型的管控模式。其结构设计的主要思路为：对三个索道业务实行统一管理，统一营销、统一人力资源政策、统一财务管理、统一后勤服务，但在财务结算上，依然按三个主体分开测算，发生的费用根据主体占用资源的情况进行分配。通过统一管理来实现三家索道公司业务的资源共享和经营协同，提升运营效率，避免恶性竞争，增强整体盈利能力，扩大品牌影响。经过沟通，这一举措得到了云杉坪索道和牦牛坪索道其他小股东的积极支持。

股份公司本部职能部门转变为索道经营管理事业部管理部门，集中精力，深入索道一线，为索道业务提供统一化、专业化的管理服务。

一律取消三家索道公司的管理服务职能，各个索道的核心职能是做好游客运送和服务工作。

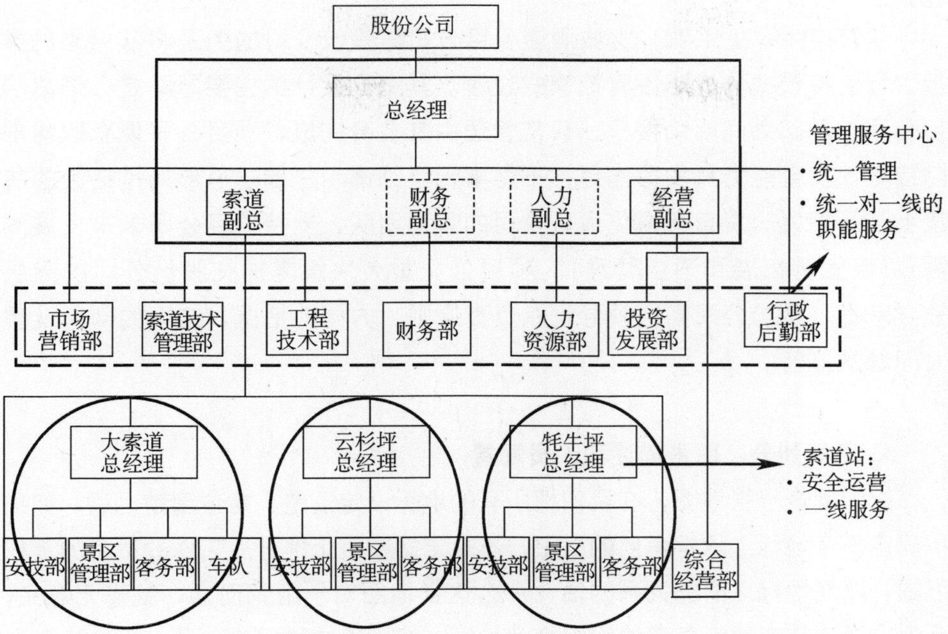

图 11-6　调整后索道经营管理事业部的结构设计

通过构建三家索道公司共同的管理和服务平台，提升索道业务的管理水平，增强员工满意度，实现索道业务服务水平的标准化和不断提升，奠定长期稳定发展的基础。

（3）古城酒店项目公司的组织结构设计（见图 11-7）。强化经营管理的独立性，逐步实现自主管理。根据股份公司对古城酒店业务的战略定位和团队打造要求，酒店项目公司的关键在于通过增强自身的独立性，增加对外部市场反映的灵活性，提升决策效率，尽快高效地完成项目建设，加速团队成员的

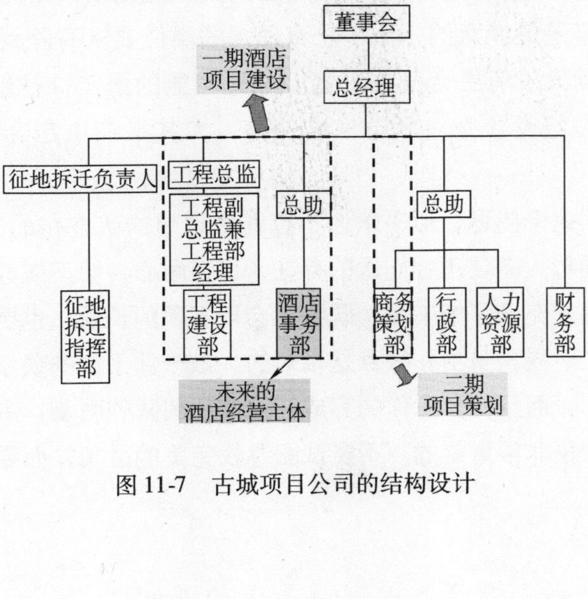

图 11-7　古城项目公司的结构设计

第十一章

成长。

从管控关系上来看，古城酒店项目公司与股份公司的关系将从原来的类运营型管控模式向战略性管控模式过渡。其结构设计的主要思路是：酒店项目公司与总部之间明确授权，日常管理由其自身完成，项目公司现有职能部门应尽快发育能力和发挥作用，不得事无巨细请示总部。总部只是在大的决策上进行把关。发育和强化项目公司的管理团队，支持项目公司未来发展的需要(新业务拓展和酒店管理)。项目公司重大决策需提交股份公司的高层领导审批，股份公司高层领导重点负责原则、方向的把握，结果的判断及重大问题的监督。

3. 责权划分、职责描述和人员配置

组织就像一张地图，在我们把所有的地标设定清楚、定位清楚之后，如果不确定每个地标上承担角色的员工，不规定站在每个地标上工作的员工的责权范围，以及地标之间的关系的话，那么这张地图对于组织而言，就毫无意义，因为它尚未转变成为真实的组织秩序。所以在组织结构明确之后，人员配置和责权清晰就成为主要问题。为此，和君咨询作了大规模的访谈，以确保我们对各块业务的核心流程、原有结构下各个部门的职责组成、部门之间的关系等有充分的了解。结构的最后形成除了体现战略的要求之外，结构中部门的组成包括部门内部岗位的组成，也体现了业务流程、管理效率、专业职能分工、协作与控制点设置的需要。而在结构最终确定之后，我们基本上也同时完成了新的结构下的部门职责描述、岗位职责描述和责权划分工作。

结构和权责从逻辑上合理和清晰化以后，企业就进入了基于结构的人员配置工作阶段。这项工作往往会让企业遇到用人过程中最常见的难题。现有的员工似乎总不是最满意的，似乎总离理想的岗位要求有差距。但如果不用的话，一时之间又没有更合适的人选。长处明显的员工往往缺点也很明显。这些问题的存在经常让企业领导非常头痛，尤其是在决定高层人员配置的时候。

然而，关于这个问题，似乎永远不存在最理想的状态和最佳的解决方案。一方面企业的领导人需要正视问题的存在，保持耐心，给下属成长的时间和空间；另一方面必须充分了解下属，既要学会用下属的长项，也要善于用下属的缺点，因为很多时候，长项和缺点是相对的，做一件工作的缺点也许就是做另一件工作的长项。而且许多工作的完成往往需要团队的力量，人员之间的优势互补和能力配合是非常重要的。不要试图寻找完美的员工，而要努力建设尽可能高效的团队。

基于这样的用人理念和原则，从股份公司的高管分工明确开始，到业务板块的高管人员任命，到部门负责人的任命，再到普通岗位员工的调整，丽江旅游完成了人员配置和权责清晰化的工作。

4. 人力资源管理制度体系的系统构建——组织秩序的建立

如果从一个常规的、强调人力资源功能技术改进的项目角度来看，迄今为止，似乎这个项目涉及的人力资源管理的内容太少，不太像一个人力资源管理项目。但这恰恰是一个通过人力资源管理的系统提升打通企业内部管理、提升企业整体内部管理效率的综合性人力资源项目与小型的功能改进型人力资源项目的不同之处。和君咨询理念反复强调的是，组织是一个系统，管理问题大多都是系统问题。这种理解很像中医对病症的理解。如果不从疏通系统经络开始，仅仅从局部的病症缓解出发，往往很难有真正的效果。

因此，尽管这个项目自始至终都是人力资源管理系统提升的项目，而我们的切入点也是从人力资源管理所出现的各种问题出发，最终提交给企业的文本主体也是人力资源管理的制度设计文件，但过程中对于企业问题的系统诊断，对于战略—结构—管控—权责的系统梳理，是人力资源各项功能模块制度设计所必不可少的前提条件。出台人力资源方面的政策和措施，最大的危险就是不去检视战略—组织—管控—权责体系方面的状况而直奔人力资源管理的各种功能模块（招聘、考核、薪酬、培训等）。那样是达不到预期效果的。

在本案例中，从最初的访谈开始，在人力资源相关问题的发现和确认过程中，和君咨询师就同时在脑子里盘算着相应的人力资源制度设计方法、相应的工具和技术的应用方式。在组织结构设计和职责描述的过程中，我们也同时开始了人力资源各项功能模块的制度设计。总体而言，人力资源管理制度设计的核心原则包括以下内容：

强化新结构下岗位的责任和权限，员工的报酬由其所承担岗位职责的大小、对企业贡献的大小决定。

增强员工对报酬中浮动部分的认识，浮动收入与员工的工作表现、员工所在部门的绩效以及企业的总体绩效挂钩，增强员工的企业责任感。

在保证由岗位级别、部门职能差异所决定的常规秩序之外，通过各种职业通道的组合设计，实现员工依据能力的纵向或横向流动，从而实现员工的职业发展和激励。

通过招聘渠道的拓宽、招聘工具技术的应用，提升外部人才引进的成功率，同时开始推进培训工作，加强对内部人员的培养。

注重人力资源各项功能模块制度的组合设计，保证模块之间的互相匹配和促进，比如薪酬设计与绩效奖金的关联、薪酬设计与职业通道的匹配、绩效考核与培训需求诊断的结合等。

（1）薪酬管理制度设计中的关键点。按照新的组织结构和岗位职责，评估岗位，建立岗位级别体系。把原本差别很大的索道岗位报酬统一纳入新的级别体系中，实现索道岗位之间横向比较的公平性。

根据索道岗位所在工作环境（主要是海拔）、劳动强度的差异，在统一的薪酬和福利补贴结构下，设置不同的标准，体现同样岗位内部因环境不同所带来的差异。

古城酒店项目公司与索道业务之间的差别比较大，在薪酬设计中淡化两块业务员工之间的比较，酒店项目公司的薪酬结构和薪酬级别独立于索道管理事业部单独设计。在报酬水平确定时，强调与外部同类企业之间竞争力的比较。

根据索道经营管理事业部和古城酒店项目公司业务和员工工作性质的差异，索道员工的薪酬结构相对复杂，组成项目比较多，体现各种补贴的因素，增强员工在恶劣环境下工作的报酬感、稳定感和安全感。而酒店项目公司的薪酬结构则相对简化，一方面便于管理，另一方面强化激励。

确定人工成本测算方法，让公司高层随时掌握人工成本的增减情况和其引发的原因。

（2）绩效管理制度设计中的关键点。索道经营管理事业部在考核设计中最核心的思路是，改变原来一线服务员工与所在索道效益直接挂钩的做法，而根据职责的划分，索道游客量的多少、索道总体业绩指标的实现主要与负责市场推广的市场营销部挂钩。索道一线员工的奖金收入除了与公司总体的效益相关之外，主要与自身的工作表现（是否符合公司对于服务标准的要求）、工作强度的大小挂钩。

强调考核的落地实施，建立各岗位明确的考核指标，指标的设计基本上采取从公司到部门再到员工层层分解的方式，同时明确岗位的考核责任。

通过包括强制排序、督察小组临时抽查、270°评估、360°评估等多种考核方法的组合运用，保证考核结果的准确性。

为了推动索道一线服务水平的不断提高，增加索道一线的考核频率（每月一次），侧重针对服务要求的行为指标考核，同时为保证激励效果，一线员工根据考核结果每月发月奖，连续表现不好的员工，除扣发月奖之外，还将会采取降级或辞退处理。

索道一线临时工与正式工之间工作要求相同、待遇却很悬殊的状况一直是一线员工抱怨比较多的问题，不利于员工之间的团结和协作。为此，我们根据岗位设计和职责要求，与长期负责一线现场管理、熟悉索道运营流程和各岗位工作内容的管理人员反复沟通和讨论，确定岗位人员编制，基于保证服务水平稳定性的考虑，尽量不用临时工。由于特殊情况而存在的少数临时工，也被纳入月度考核的范围，并根据考核结果决定其去留，以及与正式工置换的机会。

古城项目公司成立之后，员工的奖金一直是和股份公司本部员工一起在索道业务的最终利润中分配。这种方式不仅不够合理，而且也无法起到激励的作用。因此，对于项目公司的绩效管理方案而言，最大的改变在于将古城项目公司的考核和奖金发放与索道经营管理实业部分开。由于项目公司目前还处于酒店项目的建设期，尚无盈利。因此，在项目建成之前，项目公司的考核周期与项目的进度和核心节点保持一致，建设期的员工奖金、工资和福利所构成的人工成本总额记入项目总的投资成本预算。项目公司总体的奖金由股份公司领导依据项目进度、项目质量、成本控制、费用节约等因素确定。之后，再依据项目公司内部各部门、各岗位表现的差异，在公司内部层层分解。

（3）招聘管理制度设计中的关键点。建立基于新结构下岗位职责要求的招聘标准，设计针对不同招聘标准的测评工具和方法。

规范招聘流程，明确招聘过程中的权责划分，规定清晰的用人权限。

根据岗位级别和类别的差异，设计多种招聘渠道。

设计人头测算方法和流程，规范用人程序，控制人员进出。

需要指出的是，招聘工具的使用、测评方法的灵活选择和应用，以及最终对于应聘者能力的判断，往往需要大量的经验积累。单纯地告诉客户各种工具和方法，短期内很难提升招聘工作的效率。因此，在项目周期内，我们尽量参与客户公司组织的每一次招聘，在具体的工作中，帮助客户人力资源管理人员提升对招聘测评工具的应用水平，培训客户管理人员的面试技巧。

（4）培训管理制度设计中的关键点。为丽江旅游设计一套完整的培训管理制度手册，改变这项工作一直以来几乎空白的局面。核心内容包括：培训费用预算方法的规定，培训需求诊断方法的选择和操作流程，培训方式的选择标准。同时还在管理手册中设计了针对不同岗位的培训内容，规定了培训效果评估的流程和方法等。

与招聘工作一样，由于客户公司在培训工作中的基础比较薄弱，以往的经验很少，因此，尽管我们提供了完整的培训管理方案，但距离客户公司培训工作的真正改进还有很大差距。因此，在项目的开展过程中，项目组亲自示范，带领客户公司的相关人员，在诊断培训需求的基础上，设计培训内容，组织了一次高管人员的培训项目，取得了很好的效果。在之后的辅导期内，继续协助客户公司组织了几次针对性的培训，并就这方面工作的开展一直保持不间断的辅导。

（5）职业发展管理制度设计中的关键点。在新的结构和岗位用人原则的基础上，我们为客户公司设计了适用于各类岗位人员发展的职业通道，包括管理岗位晋升通道、技术职称晋升通道、轮岗通道（包括不同海拔高度工作环境之间的轮换、统一工作环境下非技术岗位之间的轮换、山上工作和城里同类工作之间的轮换）、晋级调薪通道、跨职能竞聘通道和退养通道等。确保任何一个岗位的员工只要努力，在企业都能找到适合自己发展的职业通道。

通过规定每一个职业通道适合的岗位群、通道中每一次晋级所要达到的标准，标准的评估流程和方式，通道中每一个阶梯所对应的报酬待遇的改变等，保证职业通道管理的规范化，真正起到激励员工发展的作用。

通过不同职业通道之间交接点的设计，实现通道之间的互通，确保员工发展的灵活性，同时为培养综合性的人才提供保障。

5. 人员培养与企业文化建设

由于企业内部管理的改进往往需要一个过程，而企业对于改革方案的消化也需要一个循序渐进的过程，因此，尽管根据项目本身的要求，我们为客户提供了一整套方案，但这些方案的完全推行和被消化，往往很难在项目周期内完全实现。

为了保证方案的逐步落实推行，一方面我们为客户提供了持续的辅导，另一方面客户公司管理人员能力的提升也刻不容缓。因此，除了项目期间我们所提供的培训以外，我们也建议丽江旅游在今后的几年内，陆续送公司核心的骨干人员到学习资源集中的核心城市参加专门的培训项目，提升业务或管理能力，目前公司已经接受了我们的建议。

另外我们还认识到，公司许多管理问题的出现，一方面是因为内部管理制度、规则方面的不清楚、不合理，另一方面也与公司长期以来形成的文化氛围有关。公司的文化基因中有利于企业发展、利于管理的方面（比如员工比较敬业、忠诚等），也有不利于企业发展和内部管理的方面（比如员工进取心不足、过分强调人情因素等）。因此，从利于公司长期发展的角度出发，除了制度建设和管理强化以外，企业文化建设也应该提上日程。关于这一点，我们也为客户公司提出了建议，客户公司目前也已经开始作这方面的努力了。

四、实施：人力资源管理咨询效果的关键

和君咨询的服务理念是：不仅提供咨询报告，而且还协助实施。这一点对人力资源咨询项目而言，尤为重要。人力资源系统改进的项目与营销、融资等

类项目不同，在短期内很难看到效果。人力资源管理系统的发育本身需要一个过程，客户方面人员的人力资源管理水平的提升和经验的积累也需要一个过程，这就决定了人力资源项目的实施辅导很重要。很多时候，辅导期的工作难度和挑战并不亚于项目中的方案设计。是否拥有丰富的实施经验，是否能够基于方案本身灵活地调整实施方法，能否为客户提供持续的实施辅导，是咨询能力强弱的重要体现。

本案例中，实施进程如下：经过几轮调整，2006 年底完成了组织结构的调整和人事任命安排。新的薪酬方案则在 2006 年 9 月份开始陆续执行，绩效管理方案于 11 月份开始推行。2006 年底，和君咨询师协助丽江旅游完成了基于新方案的年度考核和奖金分配方案测算。薪酬和绩效管理方案也在执行过程中，作了一些细节调整。新的组织结构和人事调整在经历了将近一年的运转之后，基本上还算顺畅，各部门的工作陆续开始有了显著的进展和成效，管理效率有了显著提升，员工满意度和工作积极性有了显著提高。根据公司在 2007 年 7 月份刚刚完成的调查报告显示，绝大多数的管理人员都对本次改革给予了高度认可，对企业的发展有了更大的信心。许多管理人员纷纷表示在过去一年里得到了很大的锻炼和提升。其他的人力资源工作（包括招聘、培训和职业发展管理）还没有完全推行起来，其主要原因是由于公司人力资源管理人员在过去的一年里把绝大部分精力都放在了薪酬和绩效管理方案的推行上。和君项目组一直与丽江旅游保持着良好沟通，密切关注方案的实施进度，目前在薪酬和绩效管理工作基本稳定的情况下，正协助客户公司陆续把其他工作开展起来。

如果一个企业运转顺畅，发展比较顺利，我们很难说是因为内部管理直接带来的，因为管理改进所带来的效果往往是相对长期、非直接和隐性的。但可以确定的是，如果一个企业内部管理不顺畅的话，其发展一定是很难持续的。

五、思考与启示

(1) 基于战略的系统思维，应该是解决企业管理问题的基本立场。本案例中，客户委托的是人力资源管理咨询，但项目的展开，从问题识别、分析诊断到解决方案，并没有直接切入到人力资源管理的各个功能模块和环节上去，而是始终都遵循着一条逻辑主线：战略定位明确——组织结构调整——责权划分、职责描述和人员配置——人力资源管理制度体系的系统构建——制度实施——组织秩序和效能的全新建立。正是这样一套系统思维的确立，确保了后续的人力资源方案设计变成为客户向集团化管理升级的水到渠成的结果，从而对客户走向未来具有了战略性的意义。而在操作策略上的过渡方案安排，则保证了现实操作的可行性和平稳性。如果不是基于战略的系统思维指导下的管理改进，那只能会是“头痛医头、脚痛医脚”的治标不治本的行为，对企业的长治久安没有根本性的意义。

（2）集团化管理任重道远，耐心很重要。中国企业中存在着一个普遍现象：组织能力的发育滞后于业务规模的增长，人力资源队伍跟不上企业前进的步伐。当企业在业务规模的驱动下走向集团化或者类集团化管理时，原来的管理部门和人员往往不能及时完成从单一业务管理到集团化管理的角色转变和能力升级，引发总部职能弱化和缺失。这是导致企业整体效率低下、矛盾激化、风险隐患增多、发展步伐迟缓的关键因素。对此，我们不可能通过收缩业务规模、停顿事业发展来适应组织能力和人力资源的现状，我们只能通过变革组织和提升队伍来适应企业发展的新形势，把发育组织能力和提升人才队伍进行到底。需要清楚的是，机会可能随时来临，但组织能力的发育、管理水平的提高、人才队伍的成长却不是一朝一夕能够实现的。在这个问题上，很多中国企业都还任重道远，耐心变得特别重要。

总之，企业组织能力的发育和管理效率的提升是一个需要基于战略、长期投入、精耕细作的系统工程。如果我们把基业常青的百年企业比作是一件经得起岁月沧桑的传世艺术品，那么这件艺术品的造就，一定离不开一代又一代的企业领袖和他们的管理团队长年累月不辞辛劳、永不懈怠的管理雕琢。

对所有这样的雕琢大师或普通劳动者，我们始终怀抱敬意。

复习与思考：

（1）战略人力资源管理系统提升与人力资源管理功能改进的关键差异是什么？面对一个咨询项目，如何判断其属于前者还是后者？

（2）请阐述战略、结构、管控、岗位、职能与人力资源管理功能模块系统之间的关系。

嘉宾点评：

梁钧平（北京大学光华管理学院博士生导师、教授，人力资源管理系主任）：

人力资源管理可以做得很技术（比如素质测评、KPI、薪酬设计等），也可以做得很战略。这个案例文如其名，是“基于战略的人力资源管理”的一次实践探索，很有启发意义。看得出来，这样的管理努力对企业的意义肯定不止于人力资源方面，还在于整个组织系统方面。所有功能模块都必须在系统不失灵的前提下才能起作用，基于战略的人力资源管理作为一种思维方式和解决之道，其要义恐怕就在这里。

第十二章

集团化管理中的人力资源体系：DH和TY房地产集团

案例主体词：人力资源·房地产企业·集团化

和君咨询案例系列之：

DH 和 TY 房地产集团人力资源管理

韩铁林　撰写于 2007 年夏

20 年来，中国房地产行业的发展呈现两大特点：一是增长速度快，二是民营化进程加速。国有房地产企业数量在全行业企业数量中所占比重由 1998 年的 39.9% 下降到 2003 年的 12.3%，集体企业由 22.7% 下降到 5.5%，民营及股份制企业由 37.4% 上升到 81.8%（见图 12-1）。民营经济在房地产行业迅速崛起，并逐渐成为房地产投资增长的主要动力。民营企业以机制灵活、反应迅速、数量庞大等特点涌入房地产行业，加剧了整个行业的竞争程度。优秀的企业在竞争中不断突破瓶颈，迈向更高级形态。在优秀的民营房地产企业的这个组织成长、嬗变的过程中，人力资源管理一直是企业成长过程中纠缠不息的重要命题。

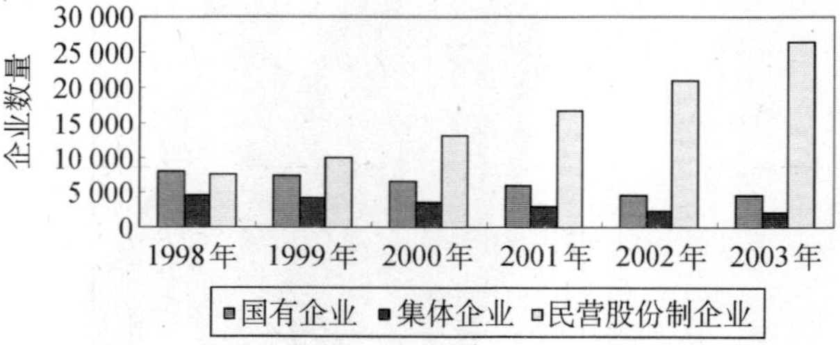

数据来自《中国房地产 2004 年发展蓝皮书》

图 12-1　中国各类企业数量在 1998 ~ 2003 年间的变化图

如何删繁就简，打造一个简单、实用的人力资源体系？如何处理能人的空降和元老的安抚？如何吸引和保留住战略性员工？如何为员工提供职业发展通道，如何规划员工流动率？如何选择薪酬政策，建立什么样的薪酬制度？如何建立考核评价机制，有效识别优秀人力资源，促进人才成长和动态优化？如何进行母子公司或经营单位的业绩管控和绩效考核？如何设置母子公司人力资源管控界面？如何使人力资源体系响应竞争环境的变化？……

这些问题，也许你曾经苦苦思索，也许正在深困其扰，也许无可回避而即将面对，那么请跟随我们走进真实案例，一起剖析集团化过程中该如何选择人力资源策略、建立人力资源管理体系，并揭示选择背后的思考逻辑。

一、DH 房地产案例解读

1. 初识 DH

2006 年 3 月的一天下午，春光明媚，几缕斜阳透过和君公司会议室的大玻璃窗，安静地泻在会议桌上。慕名而来的 DH 房地产公司人力资源总监冯先生，正在向和君的咨询师介绍 DH 地产的概况：

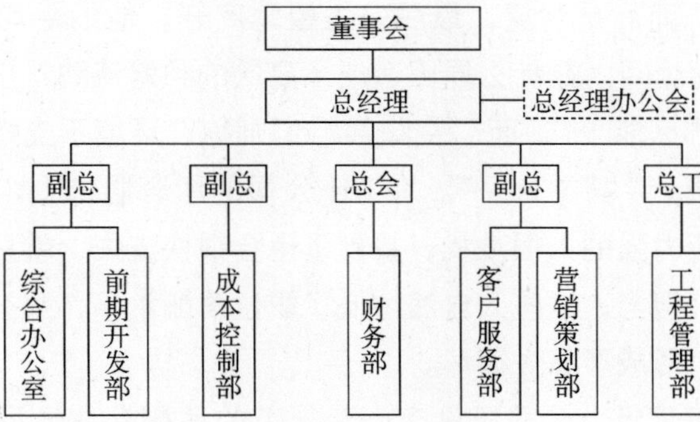

图 12-2　DH 地产公司的组织结构图

“DH 地产是一家民营企业，成立于 20 世纪 90 年代中期，注册资本几千万元，主要开发建设某大社区占地 100 多公顷的绿化隔离带地区，有总建筑面积达 100 万平方米的住宅社区、学校、超市、娱乐等配套项目。经过多年的开发运作，已相继完成了 5 个住宅项目的开发和销售，目前在建项目 1 个。公司正式员工数十人，大专以上学历的占 85%，中级以上职称的占 45%，职工平均年龄 36 岁。

公司目前的业务发展势头很好，有两个项目在半年左右的时间就有望启动，并且还有几个项目在初期运作。面对即将到来的多项目运行，DH 地产公司必须进行组织结构的调整，并解决当前以及组织变革所带来的人力资源问题……”

咨询师一边听着冯先生的介绍，一边翻看着冯先生带来的 DH 地产公司宣传册。这本精美册子的第一页，印着公司的组织结构图（见图 12-2）。

从冯先生的介绍，咨询师了解到 DH 地产公司尽管发展了很多年，但到目前为止还是规模较小的地产开发公司，面对业务快速扩张，亟须进行全面的组织改造和管理提升。

2. 走进 DH

和君咨询顺利地与 DH 公司签订服务协议，项目组如期进驻 DH 公司，展开了紧张有序地访谈、调研工作。第二周周末是项目组召开内部例会的时间，本次例会的任务是把两周来的调研信息进行梳理，总结出 DH 公司存在的典型问题，会议得出的基本判断和结论有以下几点：

（1）“空降兵”无法“着陆”，关键人才流失严重。DH 公司是一个非常重视学习的公司，提出在每一个系统树立一个学习标杆：“财务学万科，工程学中海，营销学珠江。”所以通过猎头公司高薪聘请来自标杆企业的高级管理人员，但这些空降兵们的命运却基本相同，一般都会经历一个蜜月期（长则三个月，短则两周），而后是观望，最后是失望地离开，他们平均在职时间不超过 1 年，最短的两个月。是什么原因造成了高层的频繁流动？按照老板的说法是“没我想象的那么能干”，而“空降兵”们则称“环境不支持”。

（2）符岗率低，“以次充好”。在 DH 公司的所有职位上，这几乎是一个普遍现象。由于能力强的人很难找，找到了也会很快流失，就只能在职位上配置能力稍低的人来担当，这些人自然拉低了职位薪酬水平，那么就更难在市场上找到合适的人，形成了恶性循环。

（3）薪酬满意度低。公司还没有一套规范的薪酬标准体系，员工薪酬是“谈”出来的，造成了“会哭的孩子有奶喝”，老实巴交的“老黄牛”却得不到加薪的机会，内部存在严重的不公平现象，员工对薪酬满意度很低。

（4）员工组织认同度不高。员工普遍缺少组织认同感，“打工”心态浓重蔓延，因为员工不知道企业的发展目标是什么、企业的未来与自己的职业生涯发展有什么联系，所以把工作看成是“朝九晚五，当和尚撞钟”，每到下午 5 点钟下班时，你会发现在短短的几分钟之内，职场里的所有员工会消失得无影无踪，极少会看到主动留下来加班的员工。

（5）工作积极性下降，劳动率低。从调查问卷和访谈结果可以看出，员工的工作热情和斗志没有被释放出来，缺乏主动性，上级推一把，员工就动一步，上级不追查，员工就自我放松，整个公司只看到老板每天愁眉苦脸，员工却怡然自得。

这些问题的梳理，只是让咨询师对客户当前存在的问题有了基本了解。就像仅仅把握了病人的病症，离找到问题的本质和开出有效的处方还差得很远。

我们认为理解人力资源体系有三个视角，面对一家公司，不同的视角会给出不同的判断和解决思路：一是从专业的视角理解人力资源管理，核心是人力资源管理的功能模块和操作技术；二是从业务的视角理解人力资源管理，核心是业务经理如何与人力资源部门密切配合，对本部门员工进行管理；三是从企业家团队的视角理解人力资源管理，核心是人力资源管理的运行机制以及与战略、竞争方式、组织等环境要素的动态响应（见图 12-3）。

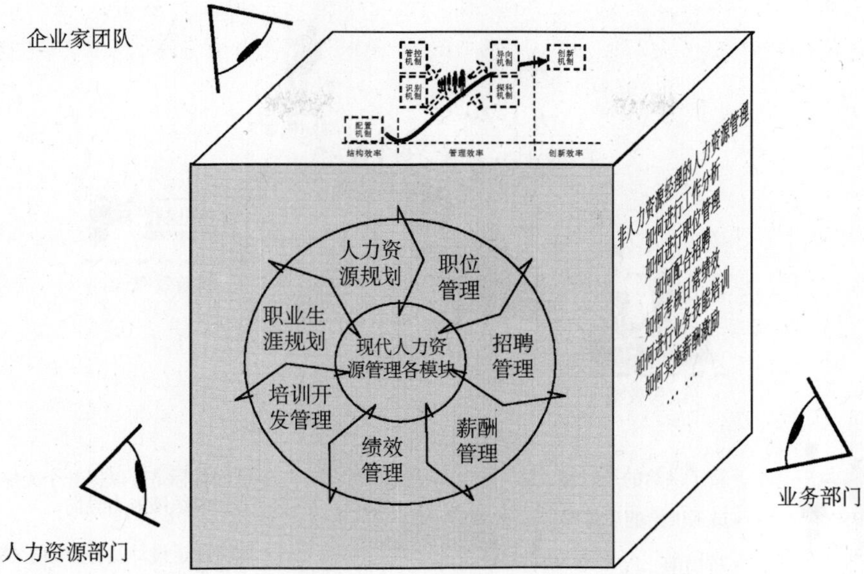

图 12-3　从三个视角理解人力资源体系

对于专业视角和业务视角，大家都非常熟悉，并且形成了讨论人力资源管理问题的习惯性思维。而我们则是在战略视角下来理解人力资源体系的。

战略视角下人力资源管理的核心命题是解决三大效率问题。一是结构效率，指如何保障将合适的人配置在合适的职位上；二是作业效率，指如何保障任职者发挥充分价值；三是创新效率，指如何保障人力资源体系响应环境的变化。我们认为，结构效率优先于作业效率，“与我们同行的人比我们去哪里更重要”；创新效率则贯穿人力资源管理全过程。三大效率是由六大机制的互动运行来实现的(见图 12-4)：

结构效率解决人岗适配问题，包括两个方面：一是如何找到合适的人，二是如何使现有人员与岗位达到匹配。

作业效率通过导向机制、动力机制、提升机制和管控机制实现。导向机制是确立组织对员工的期望，比如组织的价值主张、工作/行为标准、经营目标等。动力机制是通过考核和薪酬策略激发任职者的工作热情，发挥最大价值，同时识别出不符合职位要求的人，进行淘汰或调岗。提升机制在于有针对性、分阶段地提升员工素质，开辟职业发展通道，使员工素质能力满足业务持续发展的要求。管控机制随着组织规模的成长日益凸显其重要性，它解决两个方面的问题：一是人力资源体系内部管控要点在不同管理层级的设置，二是人力资源管控与业务管控的协调。

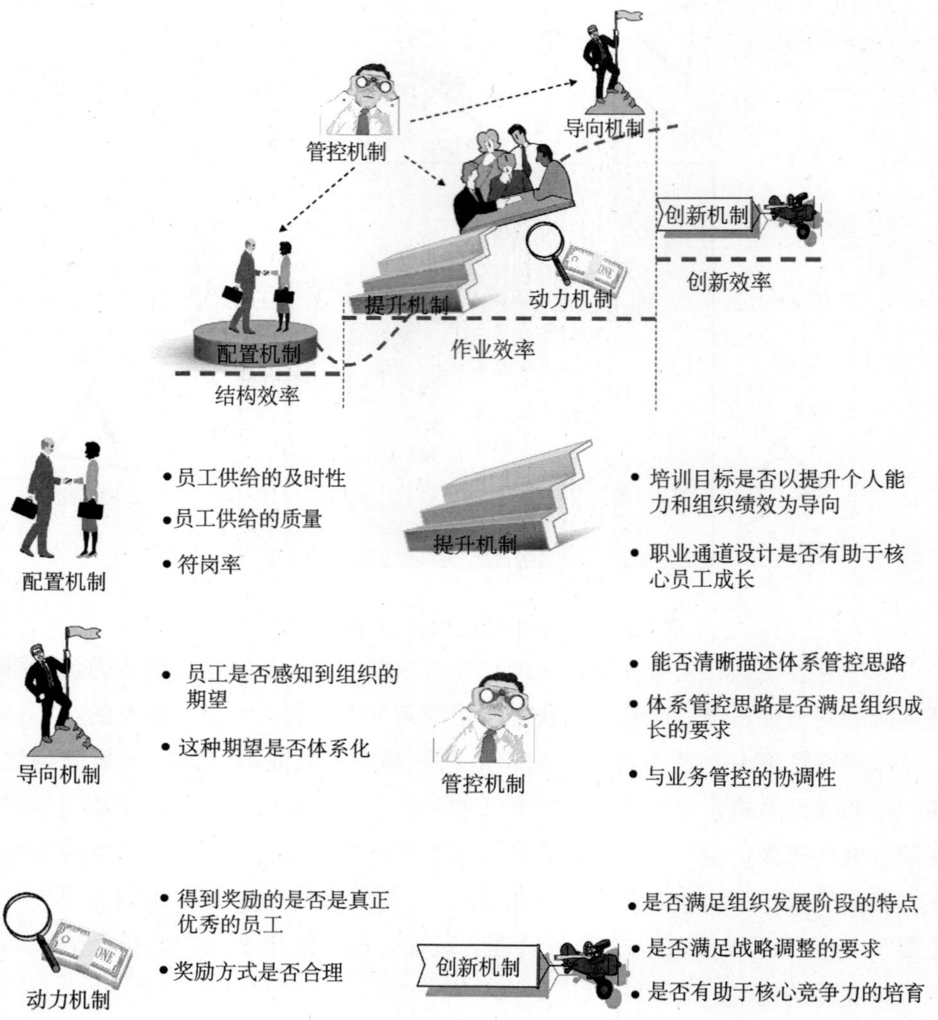

图 12-4　三大效率与六大机制的关联

创新效率解决人力资源体系与战略调整、行业竞争特点、组织发展阶段、企业家团队风格等的适应性问题。创新机制是一个动态过程，体现了人力资源体系本身对环境变化的响应能力。

三种视角代表着对人力资源管理的三种不同的理解，三者之间不仅仅是视角的不同，更是深度的不同。前两个视角在日常管理中讨论的比较多，大多数咨询公司在为客户提供人力资源咨询服务时，也更多地着眼于专业视角，关注作业效率的改良，健全人力资源的功能模块和操作技术，而忽略结构效率改造。我们认为，战略视角下的人力资源管理体系，更能够揭示其运行本质，把握体系建设的关键命脉，解决组织发展过程中困扰企业家团队的核心问题。

我们判断一家企业的人力资源管理水平，是从 15 个维度来展开的。

从创新机制上来看，一家企业的人力资源策略选择，要与组织发展阶段、战略调整方向、核心竞争力培育相结合。尽管不同的企业其发展战略和核心竞争力千差万别，但组织演化却遵循着一定的规律。对民营房地产企业组织演化规律进行总结，有助于我们把握每一个发展阶段的特点。

我们认为民营房地产企业的组织演化将经历三大阶段，分别为项目运行阶段、集团化阶段和规模扩张阶段(见图 12-5)。

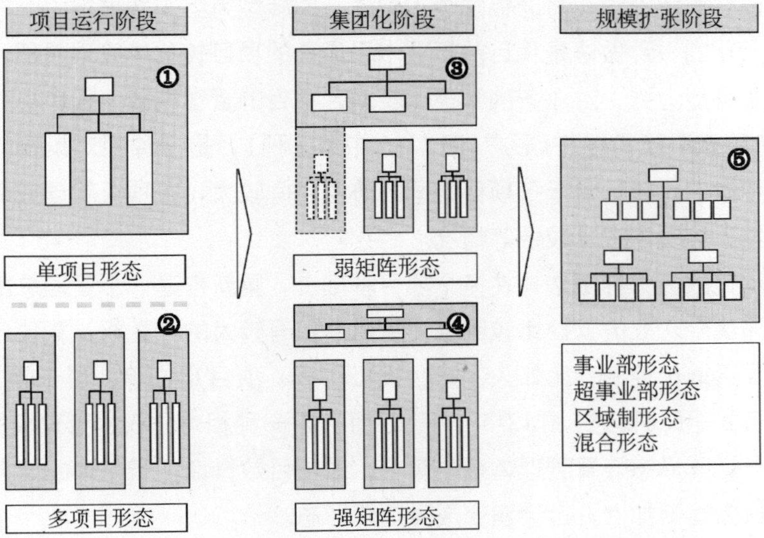

图 12-5　民营房地产企业组织演化的三大阶段

(1) 项目运行阶段：本阶段的房地产企业多以项目公司的形式存在，有两种组织形态，分别为单项目形态(图 12-5 中第①种)和多项目形态(图 12-5 中第②种)。

形成单项目形态有两种可能：一是刚刚进入房地产行业，目前是开发的第一个项目；二是项目采取滚动开发模式，基本上是运作完成一个项目，再开发下一个项目，比如大家熟悉的 SOHO 中国，在 CBD 做大盘滚动开发，基本上属于这种类型。

在单项目形态下，多采用直线职能制，机构简单，人员精简，职责界面模糊，老板实行直接管控，基本无授权，人员流动频繁。

那么，多项目形态又是如何出现的呢？民营房地产企业发展初期多是机会性投资，很少能做到通过产业分析进行战略性投资，哪里有资源或良好的人脉关系，就在哪里拿项目。结果往往是围绕着多个资源核心形成多个相互独立的项目。

多项目形态其实是多个单项目的机械叠加，每个项目的特征与上述的单项目形态基本一致，但项目之间协同性不强，只有老板或几个核心人物在各项目之间流动办公，并充当救火队角色。随着项目增多或跨区域发展，老板日感疲惫、应接不暇。

（2）集团化阶段：随着项目的增多，老板管理幅度达到了极限，项目之间的管理协同和资源共享等问题日益突出，各项目的管控也成为老板头疼的大事，组织必然要走上集团化的道路。集团化是通过在多项目基础上，成立管理总部，设立职能部门，将老板的个人管理行为转型为组织管理行为。

集团化的一种做法是将目前管理水平最高的项目转化成管理总部，其职能部门的业务能力强，对业务的管控比较深，项目的管理权限一般较小，属于弱矩阵（又称做职能式矩阵）形态（图 12-5 中第③种），是一种相对集权的管理模式。这种做法比较适合于各项目之间的协同空间较大，各项目管理成熟度差别较大，集中化管理成本较低等情况。

集团化的另一种做法是在多个项目基础上，重新搭建一个管理总部，其职能部门深度介入业务管控比较困难，所以项目有较大的自主权，管理总部主要对关键要素进行控制，比如人、财、投资决策、项目定位等，属于强矩阵（又称做项目式矩阵）形态（图 12-5 中第④种），是一种相对分权的管理模式。

当弱矩阵形态随着管理体系的健全，或项目数量增多所带来的压力，对项目的授权会逐渐加大，也会演变成强矩阵形态。

（3）规模扩张阶段：当房地产企业规模日益扩大时，矩阵式的两级管理架构难以满足扩张的要求，必须分层落实利润责任主体，一般会按照产品或区域建立事业部、区域公司、超事业部或混合结构。例如，万通地产按照产品线成立了住宅建设事业部、商用物业事业部、定制服务事业部、土地经营事业部等，属于典型的事业部形态；再如，万科地产的组织结构属于事业部制的变种，就是在总决策者与各事业部间增加一个管理层次，所以它属于矩形超事业部制的混合结构。

在规模扩张阶段，跨产品线或跨区域管理的文化融合、事业部的战略协同、管控模式的选择、授权体系的深化等成为管理的核心。

各阶段的组织形态有一定的演进关系，但也可以跨越式发展。例如，有的单项目公司的未来项目储备很多，可能直接过渡到集团化管理架构；再如，有的企业在其他行业做得很成功，有雄厚的资本实力和成熟的管理基础，那么当它进入房地产行业后，也可能会快速搭建集团化管理架构。

基于上述对人力资源体系和组织演化规律的理解，我们得以由表及里、由浅入深、从现象到本质，挖掘出 DH 公司组织变革和管理提升的解决之道。

3. 分析诊断

在战略视角下，按照人力资源管理三大效率六大机制的基本逻辑，对DH公司存在的管理现象进行深入剖析和阐释。

（1）项目周期的不同阶段，人才需求重点不同，并且单项目无法实现人才内部消化吸收，造成员工高流动率。

（2）在成长性上说服力不强，内部制度基础薄弱，很难吸引高端人才，即使引进“空降兵”，也难以着陆；同时造成内部员工缺乏组织认同，归属感较差。

（3）不关注员工的培育和成长，也是员工缺乏归属感的原因之一。

（4）职责不清，能者多劳，跨职责现象突出，高职低用，导致符岗率较低。

（5）实行谈判工资制，没有规范的薪酬标准体系，导致随意性强，内部不公平现象严重，薪酬满意度低。

（6）工作缺乏计划性，工作目标不明确，绩效考评靠老板个人的主观判断，奖励和处罚随意性强，员工工作价值得不到公平、公正地认可，积极性不高。

（7）老板直接管控，公司管理只分两个层次，就是老板和员工，中高层管理人员缺乏成就感。

面对这样的分析，专业视角下的思考方向通常是着眼于降低流动率、完善培训体系、开辟职业发展通道、进行科学的职位评价、建立量化的考核指标、充分授权等方面，给出一套全面的解决方案。

而和君咨询认为，这种分析仅仅是揭开了“良药处方”的一角，必须将这种认识放到企业的真实坐标系中，判断哪些是由行业特点决定的，哪些是由成长模式决定的，哪些是由组织形态决定的，我们如何选择人力资源策略才能满足DH公司的发展要求。

例如，流动率问题，对于房地产企业，流动率一直居各行业之首，2004年《房地产建筑行业中高级人才现状分析报告》关于行业人才流动的状况显示房地产人才流动率以60%高居榜首。高流动率的形成固然有人才供给不足、大量小型房地产公司涌现等原因，但房地产项目周期的运作特点也是一个重要原因，尤其像DH公司这样的企业。在项目前期对前期人员、规划设计人员需求较大，而后期对营销管理、项目管理、工程技术等人才需求较大。一般到了项目施工阶段，前期人才和规划人才需求下降，如果是DH这样的单项目公司，这些人才通常会流失。所以，DH的核心人才流动率高不是一个企业的问题，而是项目运作特点所决定的。

再如，符岗率问题，职责界定不清晰，这是大多数小公司所具有的特征，小公司人员少，计划性不强，很多应急性事情与本职位关联度不大。如果强调职责界定的清晰性，好多职责边缘的事情就没人愿意做了，无疑会降低组织运行效率。所以，职责边界的交叉和模糊，在一定程度上提高了组织的弹性。我们必须认识到这种特点，并且尊重这种特点。

还有，考核体系问题，单项目形态的房地产企业的基本特点是规模较小，信息链短，上级了解每一个下级，甚至老板了解每一个员工，并且管理基础薄弱，信息收集和处理能力弱，所以考核指标更侧重于定性评价。这是在单项目阶段比较有效的考核模式。相反，如果我们设计一套完善的量化考核指标，就像给一个小孩子裁制了一套西服，虽然款式很棒，但没有合适的场合，结果放在衣柜里就成了摆设。这就是为什么好多咨询方案被束之高阁的原因。

所以，和君咨询师还需要对DH公司的发展战略、组织阶段、核心竞争力等要素进行分析，寻找人力资源策略调整的方向，下面详细介绍一下基于组织阶段作出的判断。

DH公司目前处于单项目形态。由于公司新项目陆续开发，需要实现由单项目形态向矩阵式的转化，管理总部的管理人员通常来自原来的项目公司，业务能力很强，这种情况下的管理总部往往对项目公司的业务管控比较深，从而形成弱矩阵形态。

DH公司的组织形态的转化，对人力资源管理也提出了新的要求，主要体现在配置、动力和管控等几个方面。

（1）配置方面：需要引进具有集团化管理经验的高端人才；组织规模扩张，多项目运行的标准化要求，需要开展系统的工作分析和职级规划；提高招聘技术和能力，以满足集团化架构下的核心职位空缺。

（2）动力方面：在工作分析的基础上，建立个人考核指标，完善个人考核体系；内部职位和员工数量的增加，需要从原来关注外部公平转化为更加关注内部公平；需要重点解决"空降兵"的"着陆"问题。

（3）管控方面：增强人力资源信息收集和处理能力。

4. 解决思路

分析诊断之后，项目组提出了三步走的解决思路：澄清发展战略——构建集团化组织结构——人力资源体系改造。

（1）发展战略。项目组与DH公司高层经过多次研讨，最终明确了DH公司的发展战略：充分发挥地域优势，扩大本地市场份额，把本地市场作为集团发展的根据地，夯实核心实力及对外扩张的基本能力。

坚持京津区域聚焦的战略原则，积极寻求区域内的项目机会，采用竞标、项目合作、兼并收购、战略联盟等方式获取土地资源和项目资源。近期项目开发坚持"短平快"的策略，缩短开发周期，降低开发风险，迅速完成管理能力和企业实力的积累。

（2）组织调整。DH 公司的区域战略是聚焦京津地区，这就决定了地域比较集中，使建立强总部的管控模式成为可能，并且通过总部的深度管控，不断增强项目运作的经验和能力，有利于培养人才，建立“蓄水池”，及时为新项目输出人才。再结合组织演化特点、DH 公司的业务规模、管理基础等因素，将组织结构进行调整。

从图 12-6 可以看出，管理总部除了在人、财方面有强控制力之外，在业务方面(如成本、工程等)管控力度也很大。

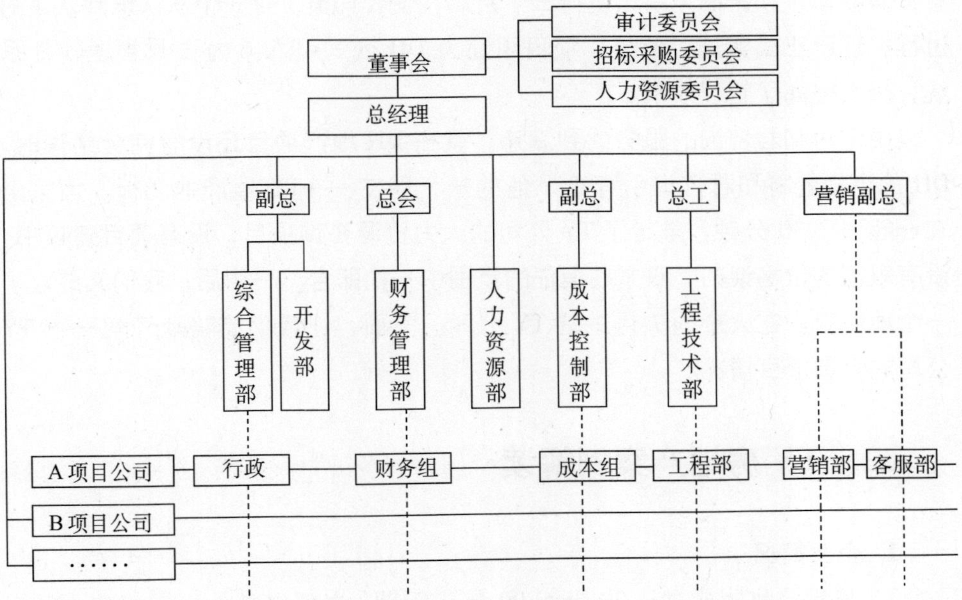

图 12-6　组织结构调整图

（3）人力资源策略选择。

1）在梳理战略、描绘未来成长空间的同时，改善内部制度环境，提高对高端集团化管理人才的吸引力和“着陆”成功率。

2）系统地开展工作分析，明确职位职责，进行职级规划。

3）提高公司目标管理水平，完善公司经营计划体系，建立业绩管控机制。

4）为了保障集团化管理框架的建设和新业务发展需要，提高招聘实施能力、人才甄选技术，选择优秀人才。

5）建立分层、分类的个人考核体系，对员工个人价值作出及时、公正的评价。

6）进行系统的薪酬等级规划，强调内部公平性，明确薪酬调整规则。

7）建立人力资源信息系统，提高管控效率。

基于上述思路，经过多层次、多方面的沟通、调整，最终形成如下报告：《DH地产组织优化报告》、《DH地产部门职责定位及业务界面》、《DH地产职位说明书》、《DH地产项目公司考核制度》、《DH地产个人考核制度》、《DH地产个人考核指标库》和《DH地产人力资源管控流程汇编》。

5. 项目效果

咨询项目结束后，项目组进行了跟踪辅导，协助DH公司在三个月内完成了组织架构的调整；协助客户制定经营计划，目标分解，层层签订目标责任书；考核体系和薪酬体系试运行三个月后，使公司员工有一个从认识到认可的过程，现已正式实施。此外，项目组还为DH公司引入人力资源管理软件系统，极大提高了管理效率。

由于对和君咨询的服务感到满意，就在DH地产项目还没有完全结束时，DH的老板就将和君咨询引荐给了他的一个朋友——TY地产的老板。大家坐在一起谈了30分钟，敲定了TY公司的人力资源咨询项目，没有项目建议书，没有艰苦的价格谈判，双方在信任的氛围中一拍即合。一周后，我们又成立了一个项目组，在火热的7月进驻TY公司。下面，让我们简略地了解一下TY公司的咨询项目情况。

二、TY房地产案例解读

1. 企业简况

TY房地产集团成立于20世纪90年代后期，老板做其他生意起家，然后转入房地产开发，在唐山开发第一个项目，而后业务拓展到保定、青岛等二、三线城市。项目类型主要为当地高档住宅。目前集团名下有8家项目公司，注册地在不同的城市。其中有5家项目公司的项目处于在建阶段。TY公司的组织结构如图12-7所示。

2. 问题梳理

项目组经过两周的调研和访谈，梳理了TY公司当前存在的问题，主要表现在以下几个方面：

（1）各地项目公司独立性强，人力资源共享和交流程度低。

（2）各地项目公司以当地人为主，员工流动率高。

（3）员工对公司整体发展缺乏了解，信息墙现象突出。

（4）各地员工积极性不高。

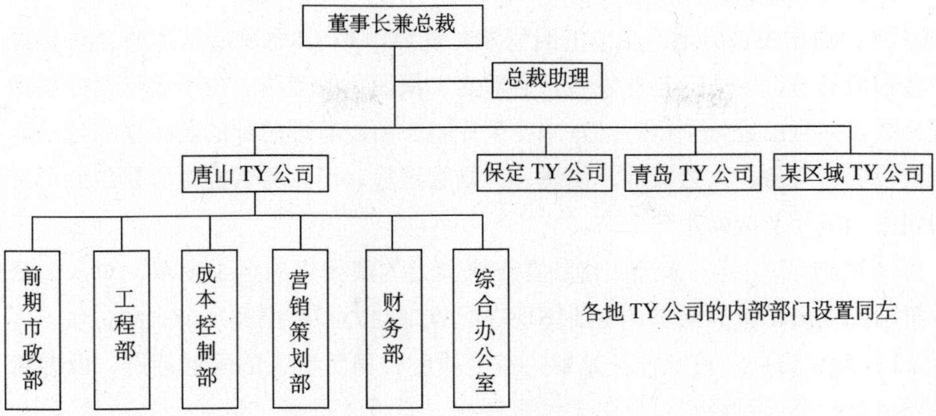

图12-7　TY公司组织结构图

（5）TY公司的项目地域跨度非常大，各地方的人才供给、薪酬水平、市场环境、经济发展水平不同，导致人力资源政策不一。

（6）老板管理幅度达到极限，扮演消防队员角色，四处救火，已经显露失控迹象。

3. 分析诊断

基于对战略视角下的人力资源管理和房地产企业组织化演进规律的深刻理解，对TY公司存在的管理现象作出了如下判断：

（1）TY公司的管理现状在很大程度上是由于地域跨度所带来的。房地产本身的地域性很强，并且TY公司总部功能缺位，架构虚置，没有交流机制和共享平台，使项目公司在人力资源上的协同度很低。

（2）项目周期的不同阶段对人才需求重点不同，而各地项目公司之间缺乏交流机制，无法平抑人才需求波动，降低了公司整体对人才的消化吸收能力，导致员工流动率很高。

（3）在信息沟通方面，缺乏正式的沟通渠道，在项目公司与"管理总部"之间或各项目公司之间，就像存在一堵厚厚的信息墙，把大家的信息和眼光局限在自己能辐射到的方寸之内。此外，员工不了解公司的整体发展情况，很难与组织发展达成心理契约，内部薪酬考核体系不健全，不能给予员工公开、公平、公正的价值评价和价值分配，员工积极性未能得到充分挖掘和发挥。

（4）TY公司名义上是集团公司，实际上管理总部只有老板和一个助理，各区域项目公司的管理依靠老板流动办公。随着项目公司的增多，老板的管理幅度达到极限，不进行真正意义上的集团化，将老板的个人管控转化为组织管控，必然会导致管理失控。

（5）根据民营房地产企业的组织演化规律，TY 公司目前从本质上讲是处于多项目形态，为适应企业发展，必然走上集团化的道路。由于各项目公司地域分散，并且已经分别运行，基本构架完整，所以管理总部的管控重点应是新项目投资、财务、人力资源、信息、计划管理等，而业务管控重心要放到项目公司里，从而形成强矩阵形态。

（6）TY 公司从名义集团化到真正意义上的集团化的组织变革，对人力资源管理也提出了新的要求，主要体现在配置、动力和管控等几个方面。

1）配置方面：首要任务是解决各地项目公司负责人的配置问题，以前各地项目都设有项目经理，但由于没有授权，老板才是真正意义上的项目经理，导致名义上的项目经理能力一直未能得到锻炼和培育。而集团化管理强调经营责任主体的落实，不解决项目公司负责人的有效配置，集团化的管理架构将成为“空中楼阁”。

2）动力方面：落实项目公司的责任主体，重点建立各地公司的组织考核体系。另外还需要重点解决各地公司创业元老与“空降兵”的融合问题。

3）管控方面：明确管理总部与项目公司在招聘、考核、薪酬和异动等方面的管理界面，给予项目公司适当授权。增强人力资源信息收集和处理能力。

4. 解决思路

项目组协助 TY 公司对发展战略进行了梳理，根据战略要求和 TY 公司的现状特点，搭建集团化管理架构，明确人力资源策略，改造人力资源体系。

（1）发展战略。专注于发展中城市，以超前的人性化设计、最大限度满足业主需求的物业管理，营造人文、健康、绿色环保的生活环境，成为当地城市的亮点，树立品牌形象，不断积累实力，逐步向一线城市发展，最终成为全国领先的房地产企业。

（2）组织调整。TY 的战略定位是在有发展潜力的二、三线城市，开发高档住宅和商业地产，引领当地消费趋势，促进经济发展。其目标区域和产品结构决定了 TY 公司的管理重心下移，给予项目公司更多的授权，总部作为投资中心、财务中心、文化中心和资源协调中心对全公司的核心要素进行有效配置。TY 公司调整后的组织结构如图 12-8 所示。

TY 公司管理总部在人、财方面对项目公司采取直线管理，但对项目公司有一定授权；在业务方面（比如成本、工程等）管控力度较小，总部以目标管理为主。

（3）人力资源策略选择。

1）重点解决各地项目公司负责人的有效配置问题，加大招聘和选拔力度。

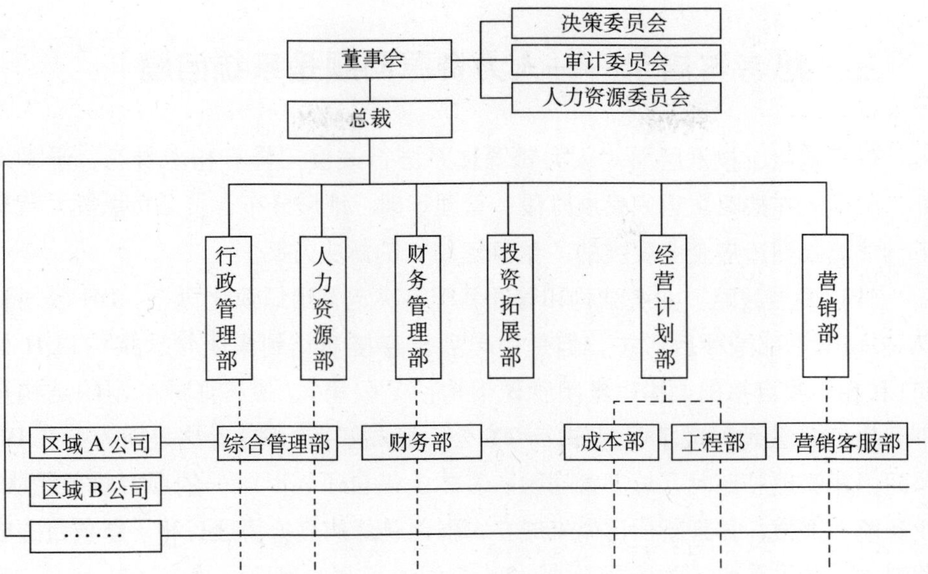

图 12-8　调整后的组织结构图

2）建立核心人才梯队，开辟职业通道，加强项目公司之间的交流。

3）提高经营计划水平，完善目标管理体系。

4）逐级完善考核体系，首先建立项目公司的组织考核体系。

5）建立以团队为基础的薪酬政策，消化“空降兵”带来的人事摩擦。

6）人力资源采取直线管理，各地项目公司中层以上员工的管理权限划归总部。

7）总部在基本人力资源政策的框架下，基于地域特点辅导各地公司制定实施细则。

8）建立人力资源信息系统，总部掌握各地人力资源的实时数据。

5. 项目效果

在后期跟踪服务阶段，TY 公司接受我们的建议，分步骤地进行了组织调整。第一阶段，先引进或提拔各地项目公司负责人；第二阶段，进行管理总部建设，各部门人员逐步到位，在建设过程中，各地管理模式维持不变；第三阶段，总部职能部门和管理体系框架基本具备之后，根据各地公司管理基础和负责人的责任担当能力，逐步纳入集团化管理。

各地公司的组织考核体系的运行增强了总部的控制能力；强调以团队为基础的薪酬思路有效化解了新老员工的融合矛盾；核心人才梯队建设提高了员工的积极性；各项目之间的核心人才的交流打破了原有的信息墙，提高了人力资源的共享和协同。

三、思考与启示——人力资源问题是系统问题

仅在功能、技术层面对人力资源体系进行改良无异于朽木雕花，于事无补，必须放在战略、组织发展阶段、管理基础、地域分布、员工特点等大背景下，才能找到适应企业发展的“量身定制”的解决方案。

（1）发展战略、业务结构和管理基础等决定着组织演化形态。DH 公司和 TY 公司当初都是项目形态，但是由单项目直接演化到集团管理架构（DH 公司）和在多项目基础上构建集团管理架构（TY 公司），最终形成的组织结构是不同的（DH 公司形成了弱矩阵，而 TY 公司形成了强矩阵）。这是因为：在 DH 公司组建管理总部时，总部管理团队基本上来自于当时唯一的项目管理团队，业务能力很强，并且新项目尚未成立，强化总部的业务管理有利于新项目的成功启动，所以采取了弱矩阵形式；TY 公司的多个项目已经稳定运行，有一定的管理基础，并且区域跨度非常大，弱化总部的业务管控力度、采取强矩阵形式有利于提高各地公司的积极性，是一条比较可行的解决途径。

（2）发展战略、组织结构和员工特点等决定着人力资源策略的选择。DH 公司和 TY 公司都处在集团化阶段，但所采取的人力资源策略却有很大的不同。

比如薪酬策略：对 DH 公司来讲，因为薪酬体系非常薄弱，员工薪酬完全基于外部市场水平，随着组织的扩张，职位数量和层级增多，必须对职级、薪级进行系统梳理，由关注外部公平转变为关注内部公平。此外，为了解决“空降兵”的“着陆”问题，一要明确企业的战略目标和发展前景，二要改造内部制度环境，提高“着陆”成功率。而对 TY 公司来讲，各地公司虽然薪酬水平差异较大，但薪酬结构相对完善，有一定的管理基础，它的“空降兵”将主要承担各地项目公司负责人的角色，所以需要建立基于团队的薪酬政策（比如项目效益共享计划等），以削弱“元老”与“空降兵”的矛盾。

再如考核体系建设：对 DH 公司来讲，尽管考核基础基本空白，但目前只有一个项目，人员规模较少，容易建立针对个人的考核体系；而对 TY 公司来讲，目前在建项目已有 5 个，在空白基础上，建立针对个人的考核体系将是一个比较复杂的系统，推行起来比较困难，所以要分步实施，第一阶段先建立针对各地项目公司的组织考核体系，待有效运行之后，再落实到个人考核层面。

由此可见，任何企业的人力资源问题都是企业管理体系整体运行的结果和表象，缺乏对战略、组织、流程、运营和文化等管理领域的透彻理解和融会贯通，仅仅着眼于问题本身、就事论事，即使引进最先进的技术和工具，也无法找到有效的解决方案。

复习与思考：

（1）中国房地产企业组织演变的基本路线有哪些？

（2）影响房地产公司（集团）组织架构的因素分别是什么？各自的影响是什么？

（3）如何从战略视角去理解人力资源管理体系？

（4）战略视角的人力资源管理体系与人力资源管理功能之间的联系，如何通过这种关联让新人力资源管理体系落地并循序渐进地实施？

嘉宾点评：

张桂平（苏宁环球地产集团董事长）：

企业管理的真相是：发展越快的企业，其问题越多，对管理的要求及其迫切性也越大；没有前途的企业，其问题很少，甚至只有一个问题，那就是没有前途。这几年，中国的房地产企业发展很快，从项目公司向集团化过渡是很多房地产企业的共通问题，在此过程中面临着很多的管理挑战。本案例解剖了DH和TY两个房地产企业在集团化进程中的管理挑战及其解决方案，很有启发意义。做生意成功了，并不意味着做组织也能成功；做项目成功了，并不意味着做集团也能成功。这一点对很多中国企业来说，都需要保持警醒。

第十三章
运营体系建设与管理升级：金太阳

案例主题词：运营体系·组织转型

和君咨询案例系列之：

金太阳运营体系建设与管理升级

李国华　撰写于2007年夏

723万、950万和1 010万这三个数字分别是2005、2006和2007年全国普通高校招生的报名人数。据教育部预测，从2007年到2010年，我国高考报名人数将进入一个持续的高峰期。在此期间，每年的高考人数都将超过千万。在网络上，键入"2005高考人数"百度一下，首映眼帘的是"广东2005年高考报名人数创新高"、"开县2005年高考上线人数首次突破4 000人"、"2005年全国高考人数净增110万，农村考生首超城镇"、"山东济南高考生38 837人，创历年报考人数之最"；键入"2006高考人数"，还是"湖北2006年高考人数将创新高，预测考生54万人"、"2006年山东高考人数创新高"、"福建2006年高考报考人数首次突破25万人"、"江苏2006年高考人数将创新高，预计多于5万人"；继续键入"2007高考人数"，仍是"湖南2007年高考报名人数接近52万"、"甘肃2007年高考人数增2.4万"、"高考提醒：上榜考生最好别复读，2007年高考人数将再创新高"……

全国高考人数屡创新高，全国高校计划招生人数也屡创历史纪录，高考市场像熟透了的柿子，红得让人垂涎欲滴。教辅类图书成为中国图书出版产业利润最重要的来源。一家公司通过各种手段获得教辅图书、试卷"准生证"，就犹如已经听到了清点钞票的"哗哗"声。在利润的驱使下，教辅图书花样百出，令家长和学生眼花缭乱。例如，试卷就有模拟卷、单元卷、测试卷、联考卷、冲刺卷和汇编卷等种类；教辅图书种类更多，《基础练习》、《黄冈密卷》和《课堂达标》等。在新课标、分省命题等教育改革的趋势下，新的教辅图书层出不穷，而且市场升温迅速。据不完全统计，目前市场上针对小学和初中九年义务教育阶段的教辅图书多达一万余种，仅高中阶段就有8 000种之多。

在超额利润的驱使下，教育出版社抱着书号这一"金饽饽"，民营策划公司也群雄突起依附在这一出版资源上，在教辅市场争抢这一杯羹。古谚"秀才饿死不卖书"早已过时，秀才们纷纷打破桎梏，以商业的眼光打量书本，因而成就了一批商界弄潮儿。比较突出的代表有志鸿集团、金太阳教育、安徽经纶、江苏可一、金星书业和优化设计等。

但由于教辅图书制作方便、技术含金量很低，它的低端产品（如练习册测试卷之类）甚至不具备图书的属性，市场上粗制滥造之作比比皆是，使得教辅图书的同质化一直是人们诟病的话题。近年来，教辅书业从“一费制”、“反商业贿赂”、“教材编写、选用地方化”到政府严治“高定价、低折扣”，加上新华改革后的强势崛起，使得教辅书业竞争愈发激烈，一些策划发行教辅图书的民营公司走进“严寒的冬天”，徘徊在十字路口。一部分民营公司勇于探索，谋求规范化运作和管理升级，本案例讲述的江西金太阳教育研究有限公司就是其中之一。

一、背景和问题表象：销售码洋增势良好下的各自郁闷

作为一家集教育研究、出版发行于一体的大型基础教育研究和教辅资料出版发行企业，金太阳的特点有两个：一是老师办企业。公司创始人陈东旭原是江西省新余一中的物理老师，1995 年看到了集全国优秀老师编写教辅材料的商机，与其他几名老师及年轻人一起，开创了金太阳教育事业。二是拳头产品优势。首家组织具有全国性影响的高三全国大联考，参考学校与学生人数由最初的 800 余所 30 多万人，增加到 2005 年的 7 000 余所 280 多万人，规模仅次于教育部组织的全国高考，有“第二高考”之誉。

金太阳的产品为教辅试卷和教辅图书。教辅试卷如《全国大联考卷》和《全国百所名校示范卷 · 单元测试卷》等；教辅图书如《学习的艺术》、《高考任我行》和《金太阳考案》等。

这也意味着金太阳的重心在两端，即前端的营销和后端的研发。研发方面，金太阳广为延揽全国知名教师，现研发中心已有专职资深研究员 50 名（含硕士研究生 10 名），另聘有 5 000 余名常年特邀作者。可以说，书卷编撰能力之雄厚，在同行业首屈一指。

那么，营销呢？从表面上看，金太阳的销售码洋增势良好，试卷类产品稳居行业领导地位。问题是：早从 2004 届（2003 年 6 月至 2004 年 5 月）起，金太阳就开始扩充营销队伍，同时对区域进行拆分，但营销人员大幅增加，销量并没有同比增长，相反，费用大幅增加。因此，老总很郁闷，认为最大的问题是营销，营销中心发不上力，形同虚设，仍然是单兵作战状态；营销总监也很郁闷，战略调整后，指挥体系、参谋体系、后勤体系和空中支援等一系列问题都摆上了桌面，下一步该如何走？营销人员也很郁闷，公司的区域调整、政策指令经常变来变去，涉及自身的利益怎么办？

在金太阳老总聆听了和君咨询师杨建平的一堂课后，和君咨询应邀介

入，为金太阳企业从策略体系到运营体系提供营销整体服务。本案例阐述的仅是运营体系的发育。该项目是营销策略实战研究项目后续单的第二个项目。

二、营销诊断：结合企业所处阶段和产业环境的系统梳理

对问题的梳理及对营销的诊断，必须结合企业所处的历史阶段和产业大环境来进行，这是和君深度营销咨询团队的系统诊断方法。这样，随着问题一点点归核，撇去浮云，才能识得庐山真面目。

1. 结合企业所处历史阶段进行梳理

对于金太阳来说，其企业 10 年的历史大致可以划分为三个阶段：

（1）1995 ~ 1996 年为创业阶段，主要以产品取胜，系统性、质量高、时机好。

（2）1997 ~ 1999 年为战略转换阶段，看准了高三市场，尤其是试卷市场，以产品的高质量取胜。

（3）2000 ~ 2005 年为营销摸索阶段，从电话营销到经营渠道，从集中办公到分省办公。

2. 结合教辅产业大环境进行梳理

纵观教辅产业的历史发展演变，从“教材即意味着一切”的萌芽期到“教辅读物初步对接市场”的发展期，再到“教辅产业化”的成熟前期，有一条竞争主线掩藏于内，即教辅产业由于市场的细分化需求越来越旺盛，在市场份额越来越大的同时，竞争品牌蹚水其中，产品需求市场化、渠道争夺激烈化、价格水平向下化、推广手段复杂化，导致教辅厂商的舒服日子一去不复返了。相应地，营销组织也要随分省命题等市场需求进行转型。

基于上述两点认识以及对企业相关人员的访谈，项目组为金太阳企业把的脉为：2006 年至今，金太阳处于营销转型阶段，需要从单一的电话营销向全方位营销转变。其症结是营销系统失效的问题。前期的增速放缓，是由于金太阳内部管理中，客户管理、计划管理、预算管理、信息化管理、人员激励和流程协调等内部资源重组性问题都随着管理规模的扩大而凸显出来，表现之一就是市场竞争环境变化而营销无创新。

3. 营销组织问题诊断

系统问题必须系统解决。和君咨询对其营销组织的结构化诊断就是：业务功能缺失，管控体系乏力，系统效率低下。金太阳原营销组织架构如图 13-1 所示。

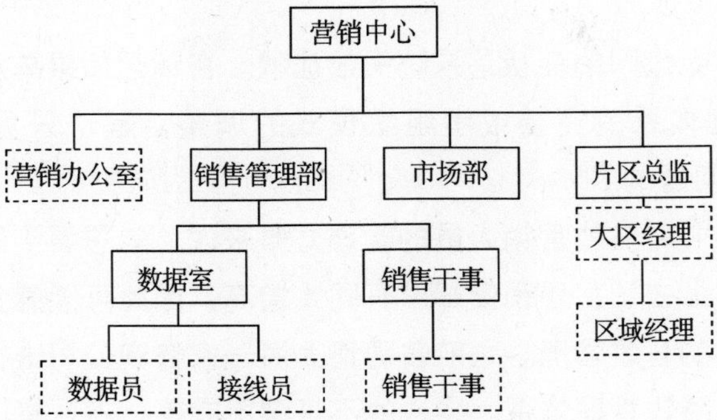

图 13-1　金太阳原营销组织架构图

（1）业务功能缺失：①市场规划方面，缺乏清晰的规划指导和培训体系，对市场一线的省级经理以及区域经理难以提供强有力的知识体系支持；②营销计划方面，未形成相应的指导性计划以及细分性的计划指导，轻重缓急难以区分；③营销策略方面，产品本地化的竞争需求下，营销中心对全国市场进行一刀切的营销策略已经难以为继；④品牌建设方面，营销中心的策略系统尚未发育起来；⑤产品策划方面，有效市场需求滞留在业务人员或客户层次；⑥客户系统开发与服务方面，掠夺性的客户开发方式下，未能形成有效的后续服务。

（2）管控体系乏力：①管控体系功能不足，随意性较强，表现为销售片区作为管理单元却无资源、省级平台作为管理平台却缺少空间；②绩效管理的手段失效，难以牵引业务规范，表现为营销中心总监以一人之力直线管理到营销中心业务员，只能使一线管理趋于放任；③企业要求被置若罔闻，进而导致企业资源无从积累，表现为没有形成强有力的奖惩机制，没有打通员工的晋升通道以及退出机制，业务人员以软对抗代替合作。

（3）系统效率低下：①个人得不到组织协同，表现为营销中心人力资源难以形成合力，处于单兵作战状态，难以形成有组织的销售行为；②新功能难以发育，由于产品开发、市场推广、组织架构与功能设计以及考核、薪酬等系统功能的欠缺，导致流程归口不明晰，衔接不畅，系统效率较为低下；③决策慢、扯皮多，以命令而非基于流程的决策机制，由于组织中人员之间的职责划分界限不清晰，导致部门之间、岗位之间的扯皮现象，决策迟缓。

由此可见，金太阳虽然成立 10 年有余，表面上看已经是公司化运作了，但其运营体系尚未充分发育起来，还没有走上责权明晰、导向明确的正确道路。

三、解决思路：从系统失效转变为系统有效

如前所述，金太阳的症状是系统失效症状。咨询师如果单从某一个方面着手，如绩效管理体系的完善或者组织模式的调整，是“只见树木、不见森林”，解决不了问题的。

就以营销中心对驻外营销人员的管理方面来说，老总看到的是营销人员增多，费用一下子上去了，但销量却没有同比增高，因此可能感觉存在的最大问题是对驻外人员的有效管理。之前曾聘请上海一家咨询公司进行诊断，该公司为金太阳导入了绩效管理体系。导入的不可谓不完善、不认真。事实上，就在我们为其提供咨询时，提起绩效管理这一话题，金太阳的营销总监还津津乐道地提起该咨询机构的细致，“仅模拟绩效面谈就搞了不下五场”。

但是，最终效果如何呢？我们看到的是，驻点营销人员由于没有有效的管控体系，一线管理趋于放任。现行的从业务人员的薪酬中提取300元进行绩效考核的简单方式，由于对业务人员的实际薪酬难以造成实质性影响，不仅未能起到正面的鼓励优秀的赶超作用，反而使业务人员心生“就是不让我们多拿钱”的心理怨言。不仅给营销中心形成已经有绩效手段进行管理的错觉，而且还无形中阻止了其他管控措施的到位。

和君咨询要的是“协助客户完成系统思考”，给予的是钻头，而不是打好的孔。要让金太阳从系统失效转变为系统有效，不是给客户“空降”一套理论体系或方法就能解决的事。因此，运营体系的发育不是咨询师坐在办公室里憋出来的，而是在营销策略体系的基础上得出来的。通过前期对金太阳营销策略实战研究的项目，把握了企业的大势，本项目思路便水到渠成。下面将分别从策略层面和运营层面进行阐述。

1. 策略层面

（1）策略层面仍需解决的问题：基于市场的需求，研发何种产品？产品以何种营销模式、营销渠道到达终端？调配何种资源，达成产品销售？产品的盈利空间有多大，卖点在哪里，如何满足客户需求，产品生命周期多长，作为策略产品还是盈利产品？产品的推出时机、配合的推广手段、投入产出分析、营销动作的配合如何？预计的盈亏平衡点及可能的利润贡献如何？

（2）解决的关键主线：发育出完善的产品经理职能，以年度产品推广

计划和推广预算为手段，保证依不同产品及不同产品的成长阶段拟定不同的产品销售和推广策略，并在方案通过后，按实际执行情况严格考核产品经理。

（3）需达成的功能：对产品的调研、立项、研发、推广方式、责任体系、达成时间和最终效果负全责；对公司的战略发展方向提供建议；整合营销和市场资源；对公司整体营销目标的实现起到责任传递、方案细化以及执行指导的中枢功能；负责对市场相关产品信息的收集、分析以及提供建议。

2. 运营层面

运营层面从目标责任体系、计划预算体系、考核薪酬体系、人力资源体系四大方面进行功能发育。定组织模式（含人事解决方案），以落实目标责任，并发育功能；设计计划与预算管理体系，以保证公司目标的实现过程可控；设计考核激励体系，以进行过程的管理与调控。

（1）目标责任体系包含两部分内容。一是公司层面的目标责任体系。前提是测算清楚现有的管理成本、运营成本和营销成本，以此为出发点，结合公司总体营销发展战略，决策下一年的利润和销量需求。通过该前提，可确定年度营销指标，再将年度营销指标分解到区域和产品。为了落实营销指标，将公司层面管理架构中的市场部、产品经理、销售管理部、销售支持部以及营销总监各自承担的责任、权利、义务划分清晰。在此岗位职责清晰的前提下，规定各自所应享有的收益权。然后再确定每个岗位的考核指标，确定公司层面的内部管理流程和授权体系。二是区域层面的目标责任体系。也包含区域负责人和业务人员两部分内容，分别包括了所扛指标的确定，该人员的责、权、义务及应得的利益，对其的筛选、晋升和淘汰机制如何等。

（2）计划预算体系的核心内容有设置多少区域、每个区域配合多少营销资源、为配合产品销售使用什么样的政策导向、完成何种推广活动、投入资金等。计划体系包括年度营销计划和年度推广计划，该两项计划均由公司下达至区域，区域分别完成自己区域内的年度计划；预算体系包括年度营销预算和年度推广预算，该两项预算均由公司下达与区域自报相结合，最终落实预算。

（3）考核激励体系包括经理及业务人员的淘汰机制，公司内部营销岗位的考核方案，对区域经理、业务人员、推广人员及社会资源的考核激励方案。

（4）人力资源体系包括确定公司战略及营销目标，核定平均人员的流动率，制订全年的招聘计划、人员全年的培训计划、全年的人员储备计划、推行销售人员的末位淘汰制等。

四、方案实施：天下大事莫作于细

1. 定组织

针对金太阳营销中心组织架构的前述缺陷，唯有将其设计为定位清晰、功能健全、管控有力、系统效率高的营销平台，才能对金太阳企业起到应有的业绩支撑作用。因此，通过营销中心的功能划分来牵引营销人力资源的正确搭配，从而释放营销组织的效能，是金太阳企业营销中心迫在眉睫的事情。

在这一逻辑下，在总部层面上，金太阳营销中心人力资源规划改革的路径为：将营销中心分为策略系统、支持系统和执行系统三种系统职能，从而实现企业营销各链条紧密咬合、效率提升与管理有效的目的；在区域平台层面上，从新课标、分省命题的背景下看，以省为单元的销售组织应对是金太阳现阶段的较佳选择。

对于金太阳来说，这一营销组织架构设计是具有颠覆意义的。

（1）营销中心的定位和“边界”。

1）营销中心和公司的责权边界区分清晰。营销中心定位为模拟利润中心，即新的营销中心作为金太阳公司的模拟利润中心定位和运行。营销中心实行模拟股份制，按照股份进行年度模拟利润分红；公司对营销中心实行绩效考核，以决定营销中心负责人的任命。这一定位的内涵可表述为：营销中心承担企业发展（行业地位增强）、企业利润有序增加（按照2006年度的利润为基数）的责任，拥有产品决策权及价格决定权，通过营销功能的发挥及销售过程管理，实现销售目标。金太阳现营销组织架构如图13-2所示。

以前是什么样的呢？老总认为自己企业流失的人才出去创业，增速都比自己好，因此对营销中心心怀不满；营销中心总监却感觉自己将营销业务做到现在这个地步，回报却不明晰。双方各有一肚子苦衷，但是抹不开同学、同乡、患难与共的战友这层情面，就都压抑下去。和君这次营销组织的调整，其实也是理顺高层关系的过程。

2）营销中心和省级平台的责权边界区分清晰。省级平台定位为经营管理单元，即将原各大区发育为省级经营平台，定位于经营管理单元，模拟利润中心。省级营销平台拥有年度经营预算范围内的资源调配权、政策制定权、人事权；营销中心对省办事处主任实行月考核、季度奖惩的绩效管理制度，以营销中心人事权的使用保证绩效的实现。

以前的大区是怎样的呢？从业务层面讲，区域人员一切行为都要从个人投入产出、收益风险角度考虑，甚至为了吃费用，出现“五角星式费用报销”

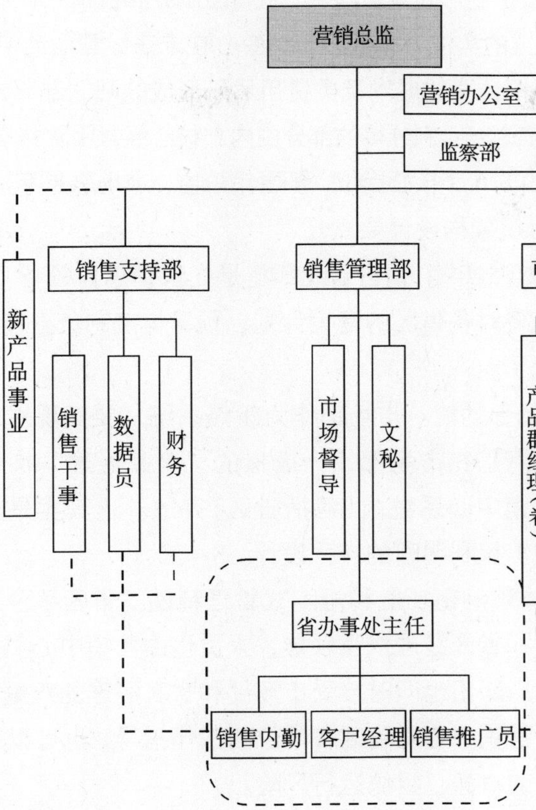

图 13-2　金太阳现营销组织架构图

的情况(即不按拜访路线的经济性，专门挑远的地方往返出差，多报费用)；从管理层面讲，区域人员的能力体系提升受制于动力机制，关键的销售资源属于个体拥有，因此销售管理缺乏整体发力点，大区间需要更高层面的协调才能应对客户体系(教育)或者销售资源(新华书店系统、经销商系统)的布局。

(2) 项目所需繁复计算。边界划分清楚了，模拟利润中心需要的内部结算还需要大量的决算工作。

1) 营销中心定位落实所需计算。营销中心作为模拟利润中心后，公司将以一个产品价格和营销中心进行内部结算。这需要计算这几年公司在营销方面的投入，以确定具体的结算价格，因此确定 2008 届营销中心的费用预算。

因此，要计算 2005、2006 和 2007 届有关营销各种费用支出情况，重点以 2006 和 2007 届公司对营销中心的费用投入作为未来营销中心经营成本(各种费用)的核算基础，并依此推算出公司和营销中心有关的内部结算价格，而营销中心未来的经营成本将由自身承担。

2) 未来营销中心的责、权、利落实所需计算。营销中心将享有充分的经营权，公司将按内部模拟股份制形式对营销中心进行激励并和营销中心分享利益。计算方法为：以2007届完成的实洋为基数，营销中心在未来经营活动中创造的新增价值部分（营销中心支付掉公司的成本及类费用后所形成的利润部分）和公司按一定比例分享。营销中心按这一比例分得的部分由内部核心经营团队共享，这个核心经营团队包含营销中心内的6个核心岗位，即营销总监、市场总监等。

（3）营销中心的组织架构设计要点。

1）将销售管理部做“实”。销售管理部将是在营销总监领导下的执行层，设销售总监。销售总监将对各省区的营销计划、预算与控制负直接责任。这样就将营销总监摆脱出来了。

2）发育、强化市场部功能。市场部作为策略系统，要实现对各省区全面的策略支持。最大的亮点是在市场部设一虚拟的“产品经理”岗位。这一岗位不设固定人员，向营销中心系统内（包括省区）开放。这其实是产品创新的组织设计、机制设计和责权利明晰的流程设计。

3）省区平台架构体现制衡功能和矩阵式管理精髓。省区平台架构中，销售内勤接受营销管理部和省区经理双重领导，人员也由营销中心委派，与省办事处主任相互制衡；推广队伍也同时接受市场部和省区经理的双重领导。这种矩阵管理，有效实现了营销中心对省区各岗位的工作指导，也可以有效防范省区经理权力过大而导致的财务、组织运行风险。

4）研发和市场相结合体现在研发部和市场部中产品推广老师的关系上。市场部推广经理组织并管理一支产品推广老师队伍，代表营销中心向产品研发部提出讲课教师工作需求（如需要多少人次的研发部门的老师下到市场一线）。这支队伍要从产品研发部选拔。

2. 定人事

营销中心实施全员竞聘制，坚持原有岗位平移的原则，尽量避免震荡。

人力资源规划的三个相关重点问题如下：

（1）各部门长视工作饱满度，兼任部门内某一管理岗位。防止冗员，新增岗位，优先从内部竞聘。

（2）省区经理岗位实行资格制和竞聘制，有资格的才可以竞聘，这才起到蓄水池的作用。

（3）以前区域经理（新组织架构为客户经理）的几条出路：一部分成为未来组织中的客户经理，一部分业绩或工作态度极差的辞退，一部分转为销售内勤，一部分转为销售推广队伍，一部分可成为公司一新产品的销售队伍（以电话直销为主）。

3. 定政策

刚到金太阳的时候，不止有一名大区经理向咨询师抱怨：搞不懂金太阳的销售政策，算薪资的时候还要引入基数，该基数的计算居然需要开三次根号，繁复无比，感觉公司搞这么复杂的公式就是想让营销人员拿不到钱。

（1）过往政策梳理。销售政策犹如方向盘，指引着营销人员努力的方向。项目组首先对金太阳从2004届到2007届的过往销售政策进行了梳理。

梳理发现：2004届时，金太阳开始扩充营销队伍，设立大区经理这一管理层级，政策主要特点是大区收入与所辖大区总收入挂钩，销售增量导向明显。但不足也很明显：区域差异明显、销售人员收入差距较大。2005届时，为解决2004届政策的不足，将大区从具体业务中退出，大区经理负责经销商的开发，同时增加了业务人员的固定收入，降低了提成比例，但大区对各区域的指导力不大，动力较小。到2006届，考虑到区域的不平衡，对销售人员的提成比例拆分出一个变量，以此来调整。再到2007届，进一步引入了基数制度，用基数来调整区域的差异。

这样就明白了前面业务人员的抱怨。营销总监所做的盘子越来越大，真是煞费苦心。平衡各大区的收入，借基数来作为调节杠杆。

但是，这样的平衡可能也是最大的不平衡。回到原点，确定金太阳的政策导向到底是什么，是利润导向还是增量导向？对于书和卷，公司的预期是否要区别对待？政策是否要体现差异？新的模式如何在销售政策中的价格政策、费用政策、提成政策、销售区域划分等得到体现？……

（2）销售政策确定。经过仔细研究与多次讨论，2008届销售政策将分为营销中心和公司、营销中心和省级两个方面。对于营销中心和公司，确立分产品的底价、任务数；对于省级办事处，确立固定费用、分产品的底价（可以二次做政策。细项为使用方法，包括备用金、报销）、费用空间（可以自己做主根据情况使用。细项：三个月滚动计提）、支持（公司提供的支持，包括样品、推广费、礼品、教师巡回计划、赠品）和提成（分产品的提成率）。

该销售政策是带着2008年产品策略的。金太阳以试卷起家，试卷产品在同行业中处于领导地位，因此营销人员依据惯性，都会拣好销的试卷去销售。但试卷是成熟产品，增长空间相对于书来说比较小，为了给金太阳探索出一条有效且高增长的营销模式，咨询师确立了将在试卷类产品基本持平、图书类产品大胆尝试上量的指导方针。

（3）销售政策的模拟试算。金太阳的每个产品都将有销售政策。但营销中心或公司都担心自己亏了，下面对能否保持系统良性运转和收益过程脉络是否能清晰可见两个问题简略模拟试算一下。

把产品分出图书和试卷，假定2007届的试卷销售码洋为8 600万元，图书销售码洋为3 000万元，将变动费用(运费和提成)摊销入试卷中，共摊了860万元，书则是600万元，营销中心整体固定费用(工资和房租、差旅等)是860万元。假定平均底价是0.41折，销售是0.43折，码洋是2亿元，折算出的变动费用率是0.043，营销中心上缴公司的收入是8 600万元减860万元，公司实际在试卷上收到的则是0.038 7。另外，书的平均底价是0.28折，销售折扣是0.30折。书的变动费用率是0.06，牵扯到库存等(如库存率是5%)，实际公司从书上收到的折扣率是0.24。其中，常规试卷的销售是最可预测的。将860万元的固定成本摊到常规试卷上，即公司与营销中心在试卷上的平均折扣是0.344，书上平均是0.24。这样，公司从账务上是清楚的，而且账倒算过来也是平的。但在实际中还会有不可预测的、临时追加的费用。

2008届常规试卷类基本维持或保平，想要在图书上寻求突破。这里前提有两个，一是公司不亏本，二是大规模上量。就是说以试卷养住营销中心，而把书销售上量。固定费用不变，不能再增长，包括工资总额也一刀切死，使常规试卷价格不变。这样，常规试卷按0.344折与公司折算，如果营销中心能完成2亿元销量的话，就会实现良性运转，同时实现骨干人员的增加及冗员的锐减。对于书类产品，则要每一类单独核算。以前公司给出的折扣可能不少，但却没有用好，或者是某些区域尚不够，因此没有形成销量突破。现在，一轮书、考案、PK高考及高一高二书、二轮书等每一种都要单独核定其定价及销售模式。而营销人员现在缺乏的就是对市场准确判断的能力，因此做大区经理的年终述职，就是想把市场都搞清楚。因此，营销中心要体现出精细化管理、一省一策。通过绩效管理把试卷尽量做上去。

4. 定制度、流程

金太阳的运营体系要成功发育起来，摆脱过往的老师办企业的弊端，实现真正的公司化治理，需要从目标责任体系、计划预算体系、绩效管理体系和薪酬激励体系四个方面，系统确立相关制度和流程。

(1) 省办事处薪酬制度。对省办事处主任一步到位，实行模拟股份制。营销中心将按一定比例与省办事处主任分享剩余价值。通过月考季评的方式，待三个月的考核、评定后，通过省办事处主任人事的任免，对省办事处经营业绩进行过程管控。其余由于销售业绩难以支撑人力或容量较小的省份，划分为大区，作为业务管理单元存在，实行年薪制(包括基本工资+以往区域销售业绩的提成)。

这一薪酬体系实质上也是一部授权体系。省办事处可以通过底价的二次费用制定权、提成的二次费用制定权、费用的二次制定权拿到全部收益。公司审核其销售计划、方案，并在过程中监控其执行情况，如果不能完成，则中途下课。因此，能力强的省办事处主任，通过人的调节、资源的合理使用等，一定会有空间。例如，山东如果有人去做，把绝大多数业务员砍掉，将教委体系利用好，利用电话和文员做好销售，发展一批外围经销商，就足够了。但是，计划和方案要透明化，同时把预算放进去。这样，岗位的价值有了，执行力也起来了。

（2）绩效管理制度。规范绩效管理体系，例如对业务员的工资进行全面考核。没有考核工资、基本工资，要求其干几个指标，如果不做可以不给工资，即工资是与其做的动作挂钩的，只要完成动作，就会有工资，而提成是和其结果挂钩的。

（3）预算管理制度。预算是链接战略与绩效考核的桥梁。在金太阳导入预算管理，成立预算管理委员会，规定预算调整的条件等，实行自上而下与自下而上，双向沟通，促进预算目标的合理化与可执行性；以客户为预算工作基石，预算细化至客户、月份、单品，从而到系列、品类的总体性客户预算。

其他包括营销计划、客户管理制度等不再一一枚举。

五、实施与结果：战略、组织、管理层面的业务模式全新突破

金太阳运营体系发育的项目从 2006 年 12 月开始，到 2007 年 4 月结束，短短的几个月时间内，在同客户高层紧密沟通的情况下，不但完成了运营体系的发育及改造，扶助金太阳实现了公司化治理，更重要的是做到了“协助客户完成系统思考”。

整个项目几乎是咨询师带着客户完成的，客户因对前景以及实施路径的效果看不清而思路显保守，处事谨小慎微且抠细节，这是人之常情，正因为如此，每次决策都少不了大量的讲解与说服工作。

虽然免不了磕磕绊绊，但和君咨询的专业服务能力还是令客户折服的。2006 年 12 月 27 日是金太阳的 10 岁生日，庆典现场，金太阳总裁陈东旭在对全国嘉宾的激情洋溢的讲话中，特别提到“2006 年巨资引进外脑，与中国最具实力的咨询公司之一——北京和君咨询精诚合作，酝酿业务模式的全新突破”。事实上，10 年庆典，经过运营体系的正确化、正规化，也正是金太阳“更上一层楼”的新开始。

该项目应特别记住以下三个日期：

（1）2007 年 1 月 29 日，金太阳总裁陈东旭、营销中心总监王军宇、总裁助理刘伟诚听取了和君项目组杨建平老师对营销体系建设的全面讲解。

（2）2007年2月10日，大区经理述职会召开。

（3）2007年3月7～8日，营销中心省办事处主任竞聘会召开。

选取两次会议召开、一次项目汇报的时间，是有其特别意义的。

第一个日期，杨建平的这次汇报从资产盘点现状及分析、营销组织定性质定激励方式、组织结构及设计逻辑及主要工作流程、薪酬体系与考核办法、销售政策制定五大方面入手，对营销体系进行了全面梳理，如水银泻地，向客户高层系统展示项目思路的同时，也展示了逻辑结构的美感。这次讲解为金太阳整个营销运营体系定了基调、定了方向，因而显示出其重要性。

第二、三个日期之所以被抽取出来，是因为如前所述，当客户长时间习惯于错误的管理方式时，往往会对真正的系统解决方案心存疑虑，每往前走一步，会问10个以上的“为什么”，有的“为什么”可能是伪命题，但却考验着咨询师的系统思维能力和辨别力。以前盼着责权利明晰、好干一番事业，现在责权利明晰了，尤其是前期政策导向性不清晰、组织功能残缺，受到了全盘的拨乱反正，面对这般颠覆性的变革，对其思维的冲击是可以想见的。因此，他们会要求咨询师将全部细节都展示给自己，并全部理解后，才好迈出第一步。所以，项目推动得较为辛苦。例如，大区经理述职会本来拟定和竞聘会一起开的，但客户基于对细微问题诸如销售内勤的职责尚未落实、省办事处主任岗位职责尚未碰完、预算管理尚未完成等，有一项尚未完成就不敢迈出实质性的一步。而这两次会议的召开，虽然滞后了，但也可以说，标志着对金太阳项目的推动有了实质性的突破。

从项目整体效果上看，这次变革，是一次在战略上铺设和谐、舒心、富裕的金太阳“世外桃源”之路的变革，是一次在组织上明晰营销团队责权利、释放营销人员活力的变革，也是一次在管理上适度放权、权责并重的变革。

通过运营体系的发育，发育出了各部门的应有功能设置。首先，发育省级平台的业务系统职能，强化了省区经理的责权利，赋予在许可范围内的资金使用、调配权以及人事任免权。其次，发育市场部的策略职能，实施产品经理制，产品平台向省级平台以及客户开放，强化适销对路产品向金太阳的聚拢作用。再次，发育销售管理部的执行职能，设置市场督导岗位进行市场巡视，检查、监督各省区市场贯彻公司营销策略和行政管理等方面的实施。最后，发育了营销支持部的行政、人事、后勤、数据、财务、流程档案等支持系统职能。

通过营销重心下移，以解决营销人员的动力机制问题，通过明晰责权利来释放营销体系的活力和生机。按照“谁代表市场，谁拥有权利；谁配置资源，谁承担责任”的原则进行授权，新的组织强化了各大区经理的责权利，使这一岗位成为经营岗而非管理岗，大区经理拥有年度经营预算范围内的资源调配权、政策制定权和人事权。营销中心对省经理实行月考核、季度奖惩的绩效管理制度，以营销中心人事权的使用保证绩效的实现。这样，给一线人员以充分授权，使其负有所在区域的经营职能，谁干得多、干得好，自然得到的收益也多，而且会拥有更大的权利，彻底激发了营销人员做事的动力和活力，反之亦然。

复习与思考：

（1）如何解读组织架构图，组织架构的调整对企业意味着什么？

（2）运营体系的发育，其实是发育哪几种能力？

（3）如果你为一个客户的运营体系定盘子，你会怎么做？

嘉宾点评：

黄铁鹰（北京大学光华管理学院教授，香港华创置业前总经理）：

很多企业都意识到要“抓管理”，但往往没耐心，也不得法。管理是个慢变量，谁也不能指望手起刀落地处理管理问题然后企业一夜之间就变好了。本案例展示了一个高速成长但又问题丛生的企业是如何通过“抓管理”来建设运营体系，最终从系统失灵走向系统效率的过程。案例写得条分缕析、耐心细致，对真想“抓管理”的企业有很好的借鉴意义。

第十四章
企业文化建设：三环化工

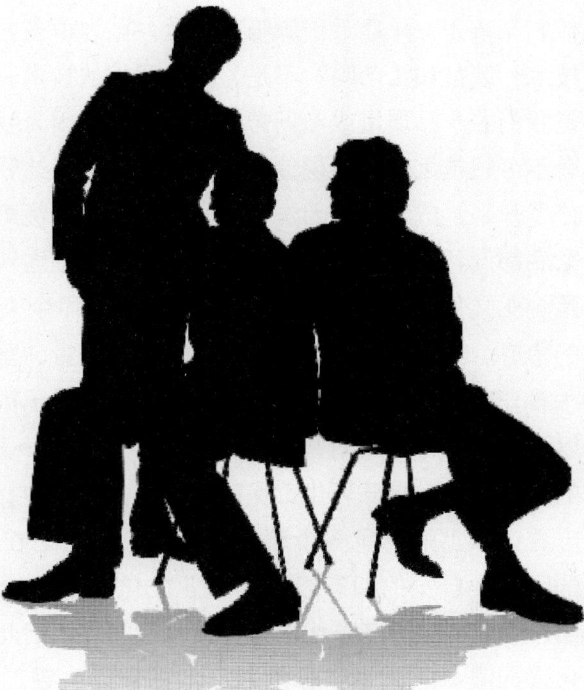

案例主题词：企业文化建设·系统思维

和君咨询案例系列之：

三环化工企业文化咨询

课题组　撰写于2005年底

如果你是一个企业领袖，你会怎样思考你的企业文化的意义呢？

云南三环化工坐落在万山丛中的山沟里的一个磷肥生产企业，2 000多名员工，十几亿元的销售收入，2亿~3亿元的利润，虽然产销规模不算最大，却有着行业领袖一般的业界地位和影响力，对中国磷肥市场的定价有着风向标一般的话语权，是世界头号磷肥工业巨头——美国嘉吉集团(Cargil)最为心仪的中国合作伙伴。2003年开始，三环化工的董事长吕庆胜一直在想：什么是我们三环化工的核心竞争力？是靠近矿源吗？不是，因为很多同行企业都靠近矿源。是我们的技术、装备和工艺吗？不是，因为我们的技术、装备和工艺没有什么特别的。是我们的产品质量或市场营销吗？不是，因为我们的产品质量和市场营销并没有不可超越之处。那是什么呢，是什么东西让我们三环化工与其他磷肥企业区分了开来，成为别人无法模仿和超越的竞争优势呢？对三环化工的一切人事和家底都洞若观火、知根知底的董事长吕庆胜逐项盘点下来，得出这样的结论：是企业文化(而不是别的什么)成就了公司今天的光景，支撑着三环化工明天的希望。当矿源供应、技术设备、产品质量、营销方式……一个个地被竞争对手看齐或超越之后，只有三环人身上的那股子精神和作风，那种长相厮守相濡以沫风雨同舟形成的共通情感，那种像空气一般弥漫在2 000多名三环人中间的企业文化，是三环化工保持生命活力的火种。

这个结论标志着认识上达到了一个新的高度。三环化工在一如既往地抓供、研、产、销的同时，自觉的和有组织的企业文化建设开始提上日程。而且，还要把文化当作企业的核心竞争优势来打造。和君咨询因此受聘，为三环化工提供企业文化咨询服务。这是和君咨询从三环化工中签下的第二个咨询项目。

和君咨询小组履行该企业文化项目前后历时达一年之久，提供的服务，仅文字内容就达几十万字之多。我们无法在一个案例的篇幅内全面展示这项咨询服务的整个过程和全部内容，下面仅从7个方面展示此项咨询的部分内容及其背后的思考，虽有挂一漏万的可能，但还是希望对企业人和咨询师理解企业文化的意义、从事企业文化建设工作，能够有着系统思维意义上的帮助。

多年来，和君咨询师洽谈或履行的企业文化咨询项目已经超过150个，中国电信、浙江移动、白沙集团、浙江华立集团、中国银行、交通银行、中国邮电器材集团、新奥燃气、奇正藏药、陕鼓集团、新疆石油管理局、山东省地矿局、三星集团(中国)等，一系列国有或民营企业集团都是和君咨询的企业文化客户。企业总是个性化存在的，它的企业文化或它所需要的企业文化，也总是个性化的。但如何理解企业文化、如何建设企业文化，却有着共性和普适的东西。本案例所反映的关于企业文化的思考和认识，在某种意义上说，是和君咨询所有企业文化咨询经历的共同结晶。

一、解决“1号问题”：建立企业文化建设的系统思维

如果你问一个企业，它的成长历史、发展战略、采购体制、技术路线、成本控制、质量检测、薪酬体系、营销策略、客户服务和财务政策等是什么或怎么样，总有明白人向你如数家珍般地从容对答。如果你问这个企业的企业文化是什么或怎么样，有什么特点，将来准备往哪个方向发展、怎样建设，恐怕就很难找到一个能一以贯之地真正说明白事儿的人了。关于企业文化，中国企业的普遍状况就是这样。什么是企业文化？咱们这个企业的文化是什么？怎样抓企业文化建设？为什么要这样抓？即便是那些深明企业文化的意义、从事企业文化工作的人甚至“专家”，在谈论企业文化的时候，也往往是只见树木、不见森林，公说公有理、婆说婆有理。

确立不起来清晰的理念，建立不起来系统的企业文化思维和工作内容体系，是中国大多数企业在启动企业文化建设时候遇到的第一个问题或难题，我们不妨称之为企业文化建设中的“1号问题”。这个问题如果不突破，负责这块工作的同志会很迷茫、很困惑甚至会是两眼一抹黑，实际工作不知道干些什么，从哪里着手，如何展开，去向哪里，结果会怎样，如何报告工作和作出交代的。模拟一下角色：此时，你被任命为主持三环化工的企业文化工作，你会怎么干呢？你如何说服上下前后左右的同事响应和支持你这样干呢？

和君咨询第一阶段的工作就是从下列三个方面为三环化工的企业文化建设解决“1号问题”。

(1) 确立企业文化建设的理念和目标。企业文化建设有三重境界：第一重境界是确立价值主张，美化企业形象；第二重境界是提升组织效能，强健竞争力量；第三重境界是建设精神家园，安顿心灵归宿。这三重境界是企业文化建设的目标进阶。换句话说，企业文化建设的最浅层次是：提出一套“说法”

以面对员工、公众和社会，同时要做必要的企业形象美化工作(比如 CIS 等)。第二个层次是：把企业文化落到实处，转化为员工的精神作风和队伍的战斗力，而不是仅仅停留在说法和形象上。企业文化建设的最深层次是：在终极价值上以人为本，使员工在这份事业和这个人群中找到精神家园、实现心灵归宿。

企业文化与战略执行的关系(见图 14-1)为：上下同欲者胜，而只有企业文化可使企业做到“上下同欲”，利益则不能。

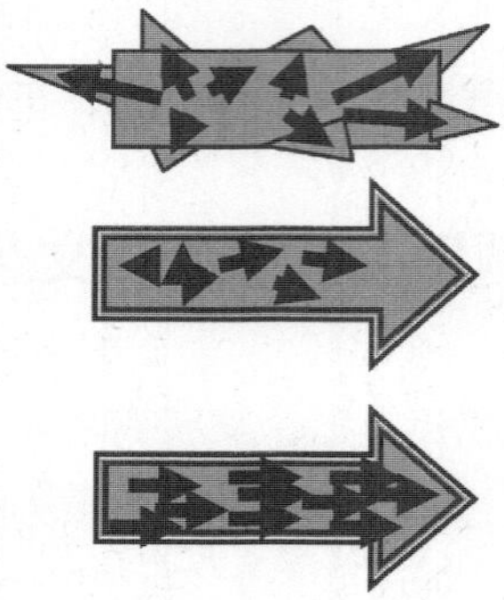

图 14-1 企业文化与战略执行的关系示意图

资料贴士：

语 录

张承志：饱暖或餍足是不够的，富裕或财富是不够的——确实还存在这样的问题：在活下去的同时，怎样做才能保住生的尊严和意义；微渺的流水日子，怎样过才算有过生的高贵。……(这)依然是一个精神的，关于人的气质的话题。……是的，就是它，它比经济大势、比是非成败更影响着我们的未来。

朱光潜：多少轰轰烈烈的英雄和美人都过去了，多少轰轰烈烈的成功和失败也都过去了，只有文化精神(艺术作品)真正是不朽的。

王明夫：企业文化究竟有多大作用？无用之用乃为大用。你的企业，在经济利益高度充裕之后，或许在将来某一天，必须以强劲而灿烂的企业文化为突破，点燃全体成员的一种新热情，照亮事业的一种新前景。

(2) 清晰企业文化建设的逻辑。“先造人，后造物；先造就人，后造就企业”是企业文化建设的基本逻辑，意思是说：追求远大理想的企业，首先必须形塑一群有品质的人，然后才能造就有品质的事业。在这一基本理解下，三环化工企业文化建设的工作逻辑渐行清晰：①从原生态的云磷文化中总结和提炼出优良的文化传统，使其清晰化、系统化和成文化；②基于当前和未来的新形势、新要求，设计和导入适应未来发展需要的新文化(新的价值观、理念、信念、作风和行为要求)；③建立一套企业文化运行体系和机制，通过这套体系和机制的运行把优良的文化传统和新型的文化要求贯彻落实到组织和员工的日常行为中去，实现对三环人的形塑，最终造就伟大的事业和伟大的集体。

(3) 明确企业文化建设的工作体系，即解决企业文化建设从哪些方面着手、做些什么、怎样做、如何保障效果的问题。大体说来，企业文化工作体系包括三大模块：企业文化内容体系、企业文化运行体系和企业文化监测评价体系。和君咨询围绕这三大模块对企业文化建设的工作体系进行了详细、系统的设计，把整个企业文化建设的各种细分内容构建成为一个理念统一、逻辑贯通、层次分明的工作线路图。

(注：企业文化的功能包括内部整合和外部适应两大部分。文化的精神层、制度层和行为层反映了内部整合的功能，而社会层反映了外部适应的功能(见图14-2)。在不同的层次中，企业文化又可以细分为多个维度，以反映文化的全貌。)

通过上述工作，三环化工的企业文化建设工作变得理念清晰、目标明确、工作内容纲举目张、工作步骤有条不紊了。同时，三环化工的相关工作人员对企业文化的理解和认识也实现了一次很好的深化和系统化，为后续的企业文化建设铺垫了思想基础和干部准备。

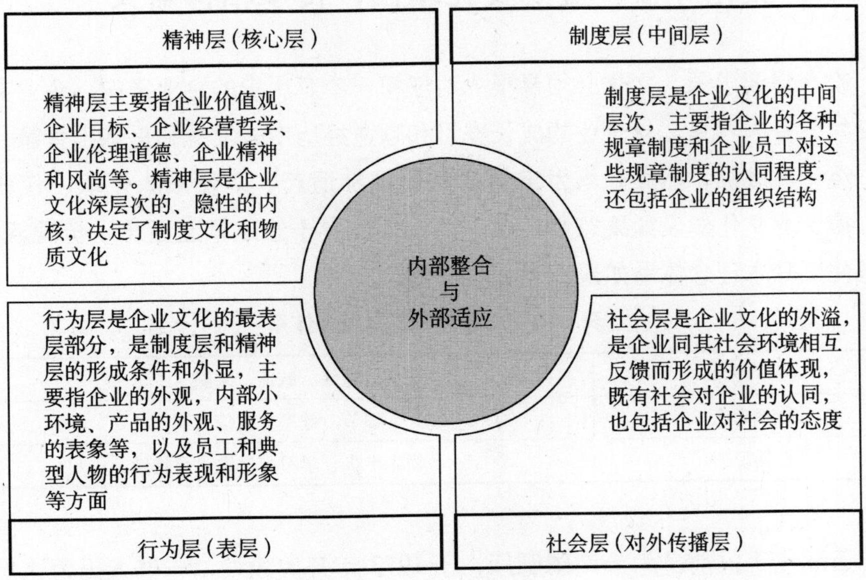

图14-2　企业文化的四个层次

我们注意到，很多公司搞企业文化建设都存在措施没章法、做事没头绪的现象，想起一出是一出，东一榔头西一棒槌，领导关心啥就重点热闹啥，企业文化建设一直没能转化成为一种润物无声、滴水穿石的企业常态和持续功夫。这种现象，究其原因，就是对企业文化的性质和意义没有真正的理解和认识，没有建立起关于企业文化建设的系统思维和工作体系。鉴于此，和君咨询在三环化工文化咨询中，把系统思维和工作体系的构建和导入，当做了“1 号问题”来对待。企业文化的结构犹如睡莲，显见的行为表现只是浅浅地浮在水面上，真正决定这些文化表征的是水面下的态度、标准、理念、价值观和假设系统(见图 14-3)。

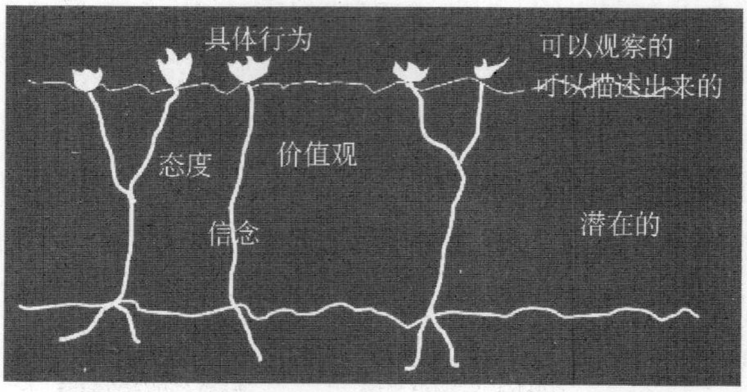

图 14-3　企业文化建设“1 号问题”解决框架：企业文化睡莲图

二、文化寻根：提炼文化基因，传承精神薪火

饮水需要思源，文化必须寻根。对任何一个有历史的企业来说，企业文化建设的必备内容是，从企业的成长岁月和顺逆经历中去发掘和提炼出智慧和意志、经验与教训，然后升华为宝贵的文化精神遗产，以资后人记取、代代相传。搞企业文化建设如果忽略了这一点，那无异于修建祠堂遗忘了梳理族谱。三环化工基本理念体系如表 14-1 所示。

表 14-1　三环化工基本理念体系

经营理念	稳健、诚信、共赢
管理理念	细节、效率、诚信自律
发展理念	领先半步、学习、进取、可持续

三环化工的前身为云南磷肥厂，于 1973 年开始建设，一群人因为这份事业而“圈”在同一个山沟里风雨同舟了 30 几年，一代接一代的云磷人求生存、谋发展，爱恨悲欢交织，是非恩怨纠缠，热血与汗水同流，成功与失败相

伴，在新千年的新世纪终于迎来了企业崛起的曙光。这样的一个企业，这样的一群人，会有什么样的生命意志和精神情感，足以成为文化之根、精神薪火呢?

你知道红旗渠的故事吗？那可真是一曲劳动者谱写的英雄主义赞歌。从云南磷肥厂到三环化工，就类似于红旗渠的故事，几十年的历史，一条曲折多艰的路，走过很多很多的人，发生过太多的故事和情感。面对这条路，面对这些故事、情感和人，我们怎样解读，怎样悟识，怎样从中呼唤出意义、拥抱到价值、融入进境界，然后用这样的解读、悟识、意义、价值和境界来感召后人、照亮前程呢?

在吕庆胜董事长、宋应宁书记和三环化工文化工作小组的指导和启迪下，和君咨询最终对三环化工的文化根脉和精神薪火作出了如此浓缩的解读和悟识："勤+情"的意志精神，厚土的文化品格，结晶成了三环化工的核心价值观——天道酬勤，天道酬情。和君咨询怀着对三环事业的憧憬和对三环人的敬意，以灵感和哲思，对三环化工的文化精神作出了如下阐述：

"顺应天道、得合人心"是我们的基本生存哲学。我们对这一生存哲学与三环事业之间的关系秉持这样的理解：顺应天道者方可谓大智，得合人心者方可谓大德，非大智者无以成大德，非大德者无以成大智，非大智大德者无以成大事业。三环化工要坚持行走在顺应天道、得合人心的大方向上，持平常心、干大事业。

在此过程中，"勤"是劳动精神的旗帜，"情"是人本精神的火把，我们把"天道酬勤"和"天道酬情"当做是我们求生存、谋发展的大指引。

天道酬勤：没有耕耘就没有收获，有一分耕耘就会有一分收获，这是我们的一个基本信念。在这一信念下，我们崇尚劳动精神，做企业讲究勤勤恳恳、艰苦奋斗，做三环人讲究兢兢业业、吃苦耐劳。投机取巧是我们反对的，不劳而获是我们鄙夷的，好吃懒做是我们不能容忍的，非分所得是我们受之有愧的。

我们认定，只有诚实劳动才是走向成功和获得报偿的正道，而钻空子、遇侥幸、撞大运的一切企图都是有害无益的非分之想。我们不迷信一夜暴富的神话，也不追求瞬间窜高的奇迹，反而是把它们当做不详的预兆和需要提高警惕的信号。

勤劳黄金本，功到自然成。我们把勤劳当做是我们基本的谋生态度，把勤奋当做是我们获得成功的本原，我们既通过勤奋来明确正确的目标，发现正确的路径，找到正确的方法，也讲究在正确目标、路径和方法的前提下脚踏实地、埋头苦干，防止蛮干、傻干。我们坚信天道酬勤，唯"勤"，可以聚财，可以成才，可以恒远绵长，可以传承后人。

天道酬情：“情”是春风化雨，可以滋润万事万物，给事业带来涵养和生机，为生活带来美好和意义，这是我们的又一个基本信念。在这一信念下，我们崇尚人本精神，继承和扬弃中国传统的情义文化，做企业讲究以情义实现结缘汇势、同舟共济。做三环人讲究对企业有归属之情，对他人和社会有关爱之情，对工作和生活有热爱之情。

古圣贤的箴言铭记于心、付诸于行：己所不欲，勿施于人；己欲立而立人，己欲达而达人。我们讲究设身处地为他人着想，通过发自内心地尊重人、关心人、帮助人、成全人、维护人和利益人来温暖人、凝聚人、感化人、激励人、成就人和升华人，最终实现上下同欲、左右协力，人心齐、泰山移，让三环人在追求事业的同时也感受到人情的温暖、合作的快乐、集体的归属和生活的美好。我们坚信，这是把三环事业做强做大的动力源泉和必由之路，也是我们为什么值得为三环事业风雨兼程无怨无悔的意义所在。

情贵真诚，发乎由衷，表之自然，我们反对一切虚情假意、矫情伪饰、作秀做场。我们把对人不刻薄、不亏欠、不冷漠当做我们为人处世的人情底线，而把宽厚待人、热心助人、有恩于人当做我们工作和生活的一项讲究。

我们依照“法—理—情”的顺序，致力于通过点点滴滴的关爱、设身处地的着想、真心诚意的情义来把三环化工建设成为全体三环人温暖的大家庭，坚决反对以势利心机假情义之名称兄道弟、拉帮结伙，也坚决反对置法、理和公共利益于不顾，一味地徇私情，做“老好人”。

我们坚信天道酬情，“情”者，可以化敌对为友好，化对抗为协作，化冷硬为温润，化贫瘠为富饶，化衰败为生机，化荒寒为旺盛，最终让三环化工的事业土壤和事业生态日益得到人情的滋润和涵养，让人性的光辉普照三环人的事业，让人情的温暖美好三环人的生活。

忤逆天道者，行而不远；不合人情者，局促难成。我们把劳动精神和人本精神当做是顺天道、合人情的根基和本原。“勤”如大地耕耘，“情”乃春风化雨，三环人秉持“勤＋情”的文化精神，以辛勤劳动加上人本情义，其景象将如春风化雨滋润大地沐泽万物，三环事业必将因此而生机蓬勃、欣欣向荣。我们坚信，三环化工的这种事业景象，是天道对“勤”的酬报，亦是天道对“情”的犒赏。

三环文化品格：崇尚厚土品格，倡行厚土文化。

土居五行之尊，质朴无华，沉稳宽厚，博大包容，消融污浊，自我肥沃，在不事声张和戒除浮华之中蕴含着真正的实力和无限的能量，承载众生，生养万物，化腐朽为生机，转枯败为繁盛，春华秋实，生生不息。

这些就是厚土的品格，我们崇尚这些品格，并引以为三环化工企业文化品性的象征。质朴而戒浮华，内敛而戒张扬，沉稳而戒浮躁，宽厚而戒刻薄，以真正的实力和不竭的能量造就丰收的大地、蓬勃的生机。

从图 14-4 和图 14-5 中，我们分别可以看出媒体、社会对三环文化的认可。

三环文化的优良传统：诚信自律

三环化工第一个“诚信自律”班组诞生。1 月 30 日上午，在公司创建“诚信自律”班组活动领导小组会议上，同意授予机电车间发供电班“诚信自律”班组称号。在 3 月 3 日召开的党建和思想政治工作会议上，党委书记、董事长吕庆胜为获得第一个“诚信自律”班组称号的机电车间供发电班颁发了匾牌。

图 14-4 《中国经营报》关于三环诚信自律文化的报道

公司工会荣获全国“模范职工之家”光荣称号

4月25日上午9点，中华全国总工会成立80周年庆祝大会在人民大会堂三楼小礼堂召开。大会表彰了全国工会系统先进单位、先进个人、工会工作三十年的老同志；表彰了荣获全国“模范职工之家”和“模范职工小家”的单位。

云南三环化工有限公司工会获得“模范职工之家”光荣称号。公司工会主席宋应宁代表三环化工工会接受全总的表彰。

图 14-5 社会对三环文化的认可

三、建立理想：明确使命追求，确立愿景目标

心有鲲鹏遨天地，功名气节合自成。伟大的理想是伟大事业和伟大组织的魂魄；使命、愿景和目标是企业决策的方向、前进的旗帜，是感召和协调组织成员行动、激发大家生命热情和工作意义的号角。

如果你认为确立理想是一件很简单的事情，那只能证明你是一个内涵浅薄、头脑简单的人。任何真正的理想，都是“识时务者为俊杰”的产物，是远见卓识与浩然之气的结晶。登泰山之高方能小鲁小天下，非高瞻远瞩、胸襟磅礴者，多流于蝇营鼠辈、名利之徒，怎么能指望他们勾画出大气象、树立起大理想呢？

历史证明，凡是成就大事业者，都是理想集团，而非利益集团。三环化工，中国磷肥工业的前锋厂商，身处磷矿资源富集的云南腹地，面临已经逼近到家门口的国际产业竞争，适逢中国经济腾飞和大国崛起的流金岁月，面向未来，该确立什么样的理想呢？或者说，追求什么样的理想才能无愧于这个时代，无愧于产业强企、产业强省、产业强国的期盼呢？

历史上三环化工既定的目标皆已实现，多少成就俱成往事。现在和将来，用什么样的理想和目标来感召全体三环人走向事业的新时期呢？三环化工迫切需要对自己新时期的使命、愿景和目标作出清晰的定位和系统的表达。这是三环企业文化建设中的树魂立魄工程，和君咨询师深思熟虑而又满怀激情地对此作出了如下阐述：

三环化工的使命追求：为客户创造价值，为股东创造回报，为员工提供事业家园，为社会带来和谐发展。

三环化工深明经商谋利的本质和商业生存的法则，我们必须敏感于商业利益，擅长于商业较量，正大光明地追求金钱利润。然而我们需要时刻谨记，金钱利润不是我们的最后目的。企业需要依赖金钱利润而生存，为了金钱利润而经营，但是我们不是为了金钱利润而生存。我们把金钱利润当做是企业生存的基本要求，而不是我们生存的意义。我们经商以谋利，但不以谋利为使命。

为客户创造价值：我们通过提供性价比优良的产品和服务来满足客户的需要，通过不断地创造品质更高、效果更好的产品和服务来成就客户的事业，促进客户的生活变得更美好。我们把为客户创造价值当做我们获取商业利润的依据和前提，只把能够为客户创造价值的产品和服务提供给客户。我们重视各种商业策略和技巧的运用，但坚决反对罔顾客户的利益而以奸诈诡谲、巧取豪夺、极尽盘剥为能事。

为股东创造回报：我们视股东为企业的生身父母，把确保股东资产安全、为股东创造资本回报当做自己的天职。我们尽力避免不能增加股东价值的企业规模扩张。我们秉持现代股东价值理念，不以产品利润最大化作为企业经营的目标，而以企业价值最大化作为企业经营的目标，并为实现这一经营目标转型而主动扬弃传统的产品经营思维，持续提升我们的经营境界。

为员工提供事业家园：员工是决定企业兴旺发达的第一要素。我们不仅设身处地、真心诚意地为员工着想，为他们创造工作岗位，努力改善他们的工作条件，增加他们的收入，改善他们的福利；更重视员工的事业心、自我实现和生命意志的自由洋溢。我们致力于为所有这些东西的实现创造条件，让企业成长壮大的进程变成为全体员工在职在岗施展才华和追求事业的生命交响，在这个事业交响之中我们风雨同舟、和衷共济，感受生命的平凡与伟大、艰难与辉煌。

为社会带来和谐发展：企业依赖自然和社会而存在。我们时刻谨记，企业的成就是大自然提供资源与环境、全社会提供供应与需求的综合造化。所以，我们敬畏大自然，感恩全社会，把善待环境、报答社会当做我们的基本道义。我们讲究多奉献少索取，多创造少毁灭，多合作少冲突，以感恩之心与商业伙伴、用户、政府、社区、公众和环境相生互惠、和谐共进，为社会的和谐发展作出贡献。

我们追求商业利润，但反对唯利是图。我们从客户、股东、员工和社会四个方面担当自己的责任、作出自己的贡献，并把商业利润当做是履行责任、作出贡献的自然报偿。大道之行，生机勃勃。我们坚信，持之以恒地为客户创造价值、为股东创造回报、为员工提供事业家园、为社会带来和谐发展，最终将为我们带来财源涌流、基业长青。

三环化工的愿景目标：成为中国最大的世界级磷化工企业集团。

我们的经营方向集中在磷化工产业上，首先以做强做大磷肥产业为战略重点，然后选择时机向磷化工产业的其他产品领域扩展，最后发展成为一个综合性的世界级磷化工企业集团。在此目标达成之前，三环化工决不进入磷化工之外的其他产业领域。

从当前的产业散乱走向未来的产业集中，最终形成寡头垄断的产业格局，是中国磷化工产业的必然趋势。在这一趋势下，不大不足以致强，不强不足以成大，只有大且强者才能得以生存。我们致力于成为国内产业集中趋势的领导者和未来磷化工产业格局中的最强最大者。

在今天这样一个全球化时代，国际产业竞争是决定我们命运的一股强劲力量。我们必须致力于打造自己的国际竞争力，稳固自己在国内市场的地位，同时准备条件进入国际市场，以获得更大的生存空间。为此，我们需要致力于发展成为一家具备国际竞争力的世界级企业集团。

身处大浪淘沙、产业集中的时代洪流之中，面临国际产业竞争的大势，我们时刻谨记：“成为中国最强最大的世界级磷化工企业集团”不仅是我们心向往之的宏伟理想，更是我们确保生存安全的基本要求。

资料贴士：

司歌“三环之歌”

这里是一片热土，时刻把我们召唤
这里是大山的脊梁，托起磷化工的希望

红土地涌动着热流成就的风采，云磷魂大写着历史铸就的精神
三环化工，勤勉执著、团结奉献
走过岁月，走过沧桑
脚步坚定，无比自豪

四、明确企业成长思维：产业、组织和人

采购成本控制得好、研发保持一定量的投入、产品质量优良、营销工作做得也不错，按部就班地围绕“供—研—产—销”的程序就这样经营下去，这个企业是否就行了呢，是否就能保持成长和赢得未来呢？答案是否定的。仅限于“供—研—产—销”的概念，仅限于把磷肥“产品”做好，这样的“厂商”思维远不能适应产业变迁和现代竞争的新形势、新方式。

我们需要从“产品”思维中跳出来，站到“产业”的高度上来看待厂商的命运走向。下面叙述的是两个产业变迁史的例子。

100 年前的北美，大约在 1880 ~ 1920 年期间，工业化浪潮来临，铁路、汽车、石油、化工、钢铁、烟草、金属等一系列重型产业兴起，市场前景十分诱人，各路英雄蜂拥而至建厂占位，于是产业结构的整体格局很快就形成了低水平低起点重复建设，厂商林立，恶性竞争，价格战硝烟四起，市场秩序混乱，行业内厂商普遍经不起行业周期的波动，一旦行业进入景气低谷，厂商大面积亏损，直接危及银行信贷资金安全的特征。行业内厂商生存维艰、一筹莫展。以钢铁业为例，当时美国有钢铁厂商近千家，谁都缺乏规模经济，彼此杀价竞争，行业整体陷入无序和困难之中。金融家 J. P 摩根出于自身银行资金安全的考虑，奋起自救，挥舞金融杠杆推动美国钢铁产业大重组。他要求美国各家钢铁厂商进行行业性的合并，组建垄断性的美国钢铁公司。谁不服从，就给谁停贷、向谁收贷，以放松或收紧银根的方式迫使一家家钢铁厂商接受 J. P 摩根的重组方案。J. P 摩根收购行业龙头企业——卡内基钢铁公司，然后一步步吞并掉近 800 家中小型钢铁企业，最后成就了著名的美国钢铁公司，资产达到 15 亿美元，是世界上第一家资产超过 10 亿美元的公司，最终控制了美国钢产量的 70%。于是，整个北美的绝大部分钢铁市场供养一家钢铁公司（美国钢铁），规模经济凸显，足够的盈利确保研发投入，作为行业市场的主要拥有者也愿意对产业的长远前景负责，由此领导美国钢铁产业升级换代和进入秩序状态。同时，洛克菲勒推动 40 多家石油公司组建托拉斯，形成著名的美孚石油公司；杜兰特驱动 200 多家汽车企业大重组，合并成著名的通用汽车，然后与福特汽车形成二分天下的格局……这一轮的北美产业重组浪潮几乎波及所有的

工业部门，钢铁、金属原料、石油、汽车、烟草、化工、电气等行业尤为激烈。产业过度竞争的格局被彻底改变，规模经济性得以实现。100家最大的公司总规模扩大了34倍，控制了全国40%以上的工业资本；许多传奇般的公司开始崭露头角，如杜邦公司、通用电气公司、标准石油公司、美国钢铁、美国烟草、通用汽车和美国铁路等。正是这一轮的产业重组和升级，使得美国的现代大工业迅速崛起，彻底拉开了跟欧洲工业的竞争力落差。从此，美国成为遥遥领先的世界头号强国。就在这个意义上，产业史上有了那句著名的说法："哥伦布发现新大陆，但是J. P摩根重组了新大陆。"

这是血腥与伟大交织的一场轰轰烈烈的"产业重组"历史风云，也是产业变迁的一幅意味深长的路线图。这幅产业变迁路线图，可以简单提炼为：从厂商林立的产业分散开始，经历血与火的并购整合、产业重组阶段，最后走向寡头垄断格局的产业集中。在这一演变过程中，产业内的大多数厂商，不是被挤垮就是被兼并，能够笑到最后的只有少数几家。在这一产业变迁的规律下，厂商的命运不是像我们所直观看到的那样决定于产品的成本与质量，而是在更深的层次上和更广的背景下决定于产业变迁的大势。像GE这样的美国大公司，经历了百年产业变迁史的反复淘洗，最后得出了自己在经营上的基本理念和信条：如果做不到行业前三强，就集体下岗，彻底退出该行业。

中国家电产业的30年变迁，对我们思考厂商的命运走向也是意味深长的。20世纪80年代的短缺经济时期，彩电、冰箱等家电产品供不应求，凭票供应，家电厂商生产多少就能卖多少，利润丰厚。于是，全国各地到处上生产线、扩产能，家电厂商如雨后春笋般地成立，几年时间内就遍布大江南北每一个市场区域，谁能造出产品，谁就能挣到利润。在这个阶段，家电业的竞争表现为"产能竞争"。随着重复引进、重复建设的全面展开，中国家电业的产能短缺很快就进入了产能饱和阶段，紧接着就出现严重的产能过剩现象。与此相对应的是，家电厂商之间的竞争一步步走向白热化，在产品高度同质化的背景下竞争焦点转向了价格，价格的背后是成本，成本的背后是规模。于是，家电业的竞争就从"产能竞争"转向了"规模竞争"。在这一轮竞争中，有了行业洗牌意识和产业整合思维的家电厂商率先上了工业规模，比如长虹、康佳、海尔、熊猫、TCL等，这些家电厂商存活下来了，而大多数只知道生产"产品"而不去关心产业趋势的家电厂商纷纷倒下，或者被挤垮或者被兼并了。工业规模上来之后，分销能力就变得突出了。于是，同样有着工业规模的家电厂商，竞争焦点出现了下一步的位移：从制造规模的较量转向了对分销渠道的争夺。此时，有着郑百文这样的规模批发商（渠道商）的长虹再次在竞争中领先，而海尔、TCL等厂商则通过自建渠道、发育大规模分销能力来支撑大规模制造。

于是，中国家电业的竞争就从“规模竞争”走向了“渠道竞争”。如今，国美、苏宁这样的终端连锁大卖场崛起，替代了郑百文那样的渠道商和TCL那样的自销体系，“终端为王”彻底改变了中国家电业的竞争格局，家电业的王者再也不是松下、飞利浦、长虹、康佳、TCL这样的工业巨头了，而是国美、苏宁这样的商业领袖。制造产品的家电厂商的命运已经被捏在了国美、苏宁的手上，就像众多制造厂商的命运都捏在了沃尔玛、家乐福的手上一样。国美、苏宁等商家占领了家电产业价值链的最高端，在这些商家一路春风的同时，康佳、长虹、TCL等制造产品的厂商命运却是每况愈下、前景堪忧。

中国家电业巨头的盈利水平和命运走向，不仅仅取决于生产同类产品的厂商之间的竞争，而是在更深刻和更致命的意义上决定于从上游原材料和元器件生产到下游成品销售终端的整个产业价值链的演变趋势。中国家电厂商的命运变迁给了我们什么样的启示呢？第一，聚焦于“产品”的工厂型企业终将被挤压到产业价值链的低端位置，利润薄，命运受制于人。第二，现代产业竞争已经超越了产品竞争的层次，转向了产业价值链竞争。在价值链竞争时代，竞争制胜的基本战略取向有两条：要么能够构建起一条有效率的、完整的产业价值链，要么能够在产业价值链的某一个环节里确立起不可替代的竞争优势。而真正的产业大家，总是致力于前者取向的。

中国的磷肥工业目前处在“类摩根时代”：重复建设、厂商林立，2005年全国累计磷肥厂商1 100多家，在工业制造环节普遍缺乏规模经济，产品同质化程度十分严重。在上游磷矿生产环节，“滥采乱挖、采富弃贫、大矿小采、高矿低用”的现象非常严重，资源利用率很低，浪费严重。中国磷肥产业价值链离真正有效率和具备国际竞争力的差距还非常大。云南省作为磷肥产业最具竞争优势的一个省份，形势与全国一样。在工业制造环节，形成了以五家主要磷肥厂商为主角众多小工厂为配角的“5 + N”同质化竞争局面，大家竞相上产能、扩规模、拼价格。在上游磷矿资源环节，一盘散沙、滥挖乱采。一句话，中国的磷肥工业呈现出“散、乱、差、弱”的整体格局，产业集中度非常低，生产力布局很不合理。而进入中国磷肥市场来参与竞争的国际竞争者却是美国的磷肥产业巨头嘉吉集团(Cargill)。美国的磷肥产业早已完成了整合，长期以来形成了嘉吉和IMC两家寡头“二分天下”的格局。就在2005年，进一步的产业整合行动发生了。嘉吉与IMC合并，形成美国磷肥产业的独家垄断巨头，全球磷肥工业的霸主。嘉吉集团的CEO于2005年访问中国，在北京见完温家宝总理后，直接飞赴磷矿资源富集、磷肥产业具备竞争优势的云南，考察和探讨如何进入云南磷肥工业的问题。三环化工在与嘉吉的合资经营取得巨大收获的同时，也深感中国磷肥工业与国际水平的差距。可以肯定，在竞争和开放的背景下，中国1 000多家磷肥厂商并存的局面不可能长久，产业整合和产业集中是产业升级的必由之路和必然方向。问题是，放眼未来的10~20年，在这场势在必行的产业集中过程中，谁整合谁，谁挤垮谁，谁被整合，谁被挤垮，需要具备什么样的经营理念和成长思维的企业才可能实现从“磷肥厂商”到“产业领袖”的跨越，而笑到最后呢？

在与三环人相处的过程中，和君咨询发现，三环人的理念、眼界、作风、思维方式和知识结构都有着深刻的“工厂”烙印，很多干部和员工习惯以产品为中心的思维模式思考问题。在他们的理解中，企业成长的核心概念可以归结为：做好产品，扩大产能。而企业的整个组织体系也是以“产品”的生产和销售为中心建立起来的职能制体系。对大多数三环干部和员工来说，他们的产业思维、资本运作思维、公司治理思维、组织变革思维、价值链竞争思维、全球化竞争思维等，还处在思想认识上尚未完全觉醒、知识结构上尚未完成准备的鸿蒙阶段。这是三环化工走向未来、从一个工厂型企业升级为一个产业领袖型公司的最大阻力和障碍。换句话说，如果三环化工的干部队伍不能在企业成长思维和发展理念上完成一次文化变革，那么这个企业要实现从工厂型企业向产业领袖型的世界级磷化工企业集团的跨越，将是一个沉重而艰难的任务，甚至是一个“不可能完成的任务”。在认识上先知先觉、在战略上雄心勃勃的吕庆胜董事长对此深怀忧患、倍感沉重。于是，围绕企业成长思维的升级换代而实现系统的思想建设和观念变革，成为三环化工企业文化建设(还不如说是企业文化变革)的主体内容之一。

作为一个独立第三方的咨询机构，和君咨询以第三只眼睛看到了三环化工未来成长所面临的文化挑战。这场文化挑战首先表现为发展理念和企业成长思维上的思想老化和认识滞后。“云磷文化”有着优良的企业文化传统和精神，这些优良的文化传统和精神不仅成就了三环化工的今日辉煌，而且也是三环化工走向未来最可宝贵的精神财富和力量源泉，值得永远地继承并发扬光大。这是三环化工赖以成长为参天大树的“根”。但是，全体三环人都需要清醒地意识到，时代发展到今天，仅仅凭借云磷文化传统和三环现有的文化基因，已经不足以支撑三环化工走向更高的境界和更大的发展了。一如“红旗渠”精神永远值得骄傲和发扬，但今天仅凭“红旗渠”精神再也开不出第二条红旗渠了。走向未来，三环化工除了继承和发扬传统文化之外，还需要补充哪些新的文化基因呢？还需要从哪些方面、朝什么方向升级三环化工的企业成长思维和发展理念呢？怎样对此完成系统思考、并作出经得起考问和检验的清晰阐述呢？

在这些问题上，和君咨询表现出了其作为中国本土第一流专业机构的底蕴厚度和思想高度。和君咨询分别从产业、组织和人三个层面协助三环化工完成了关于成长思维和发展理念的系统思考，并进行了该企业有史以来第一次清晰和完整的表述——浓墨重彩地把产业、组织和人三个维度的成长思维写进了《三环企业文化法典》。

以产业维度的思考和表述为例，文如下。

第十一条　基于产业而非基于产品的成长思维

三环化工秉持基于产业而非基于产品的成长思维。我们不止步于成为一个优秀的磷肥产品制造商，而是致力于做强做大云南的而后是中国的磷肥产业来做强做大自己的企业。为此，我们需要全球视野的产业远见、肩负民族产业责任的担当意识，而且还需要敢作敢为、勇往直前的大无畏气概。

识时务者为俊杰。结构变迁、价值链整合和国际竞争是中国磷肥产业的三大时务，中国磷肥厂商的希望与危机、机遇与挑战概源出于此。我们务必在这三大时务上形成自己的远见卓识，然后找准自己的位置、担当自己的责任、明确自己的任务，坚毅而沉稳地迈出我们前进的步伐，义无反顾。

第十二条　把领导产业结构变迁当做未来阶段的主要成长方式

结构变迁是影响云南和中国磷肥产业及磷肥厂商命运的首要因素。“厂商林立、各自为战、小乱差弱、产业分散”的省内和国内磷肥产业格局不能整体走向未来，我们需要通过竞争来淘汰弱小，通过结盟来实现强强联合，通过并购来促进产业重组，以最终实现产业集中、造就产业强势。我们把驱动和领导省内和国内的磷肥产业结构变迁当做自己最现实的成长方式。

第十三条　把产业价值链整合当做长期竞争战略的主线内容

价值链整合是改进产业效率、提升云南和中国磷肥产业竞争力的最重要途径。上游矿产资源产权割据、乱开滥采，中游制造厂商小乱差弱，下游分销渠道和营销终端一盘散沙的产业价值链现状，是云南和中国磷肥产业缺乏国际竞争力的核心症结。

三环化工深明价值链竞争的趋势与道理，努力创造条件进入价值链竞争的经营境界，即我们不是仅仅凭借优良的产品去跟竞争对手展开竞争，而是要凭借一条更有效率的价值链去跟竞争对手展开竞争。我们始终不忘以产品制造环节上的绝对竞争优势作为自己的大本营，但我们不能止步于这个大本营。我们需要高度重视通过战略结盟、合资、并购、应用先进信息技术促进上下游一体化等方式，致力于建立一条完整高效、链上厂商合力共赢的产业价值链。我们把产业价值链整合当做自己长期竞争战略的主线内容。

第十四条　通过参与国际竞争与合作来强健自身竞争力，获取国际成长空间

国际同业竞争是关系云南和中国磷肥产业整体命运的全新力量。三环化工随时跟踪、严密审度竞争态势，学会跟国际巨头打交道，高度重视跟国际同业巨头形成战略结盟关系，化竞争为合作，深入学习它们的长处和优势，阶段性地借助它们的力量，最终壮大我们自己的竞争力，在扩大和巩固国内市场份额的同时伺机进入东南亚和南亚市场，最后确立国际竞争地位。积极参与国际竞争与合作是我们强健自身竞争力、获取国际市场空间的必由之路。

产业维度的企业成长思维和发展理念，寥寥三四条，区区千个字，其"微言大义"实乃深者读深、浅者读浅。那么，另外两个维度(组织和人)呢?限于篇幅，在此不便展开，其详细行文见和君公司数据库中存档的《三环企业文化法典》。

我们需要深刻领会的是，产业、组织和人是共同构成企业成长思维的有机整体。如果说底蕴的厚度决定事业的高度，那么一个企业，关于产业、组织和人的理解与认识是决定这个企业成长高度的最重要底蕴。可以肯定地说，在和君咨询的参与下，三环化工关于企业成长和事业发展中产业、组织和人的系统思考，代表着中国磷肥产业界的最高认识水平。

五、编撰企业文化故事集

想想看，在一个孩子或一个民族鸿蒙初开的童年时代，是什么最先形塑了这个孩子或这个民族的价值观、信念、情感方式和行为倾向呢？答案是"故事"。

尧舜禅让、大禹治水、孔子周游、孟母三迁、南橘北枳、东施效颦、邯郸学步、三顾茅庐、封神演义、西游取经、牛郎织女、梁祝化蝶、昭君出塞、竹林七贤、魏徵诤谏、岳母刺字、四郎探母、千里走单骑、杯酒释兵权、乾隆下江南、戊戌七君子等一个个故事，从上一辈讲给下一辈，从你讲给我我又讲给他，延续下来、铺延开去，于是听着相同故事长大的人们有着趋同和共通的价值观、信念、习惯预期、情感方式和行为取向。这群人就形成了一个"共同体"，小则一个村落、公社，大则一个民族、社会，他们会相互亲近、认可、关心、照应、诉说、捍卫，必要之时、情势所至，他们甚至会舍私为公、舍己为人。我们不能想象，中国人如果心中没有这些共同的故事，十几亿人口凭什么能凝聚和团结成一个"民族"，又怎样完成"中国人"的身份认同及和谐地生活在同一个社会。

故事是文化的载体，是文化的表达式，是一群有着共同文化的人的情感纽带。台湾作家、台北市文化局局长龙应台女士讲述的一段“四郎探母”的看戏故事，在帮助我们理解“故事与文化”的关系上，可谓是浅显易懂又耐人寻味。

任何图表和统计都可能有欺骗性，任何学说都可能被推翻，这些学者以现代性作为衡量文化价值的标准，是否偏颇，是一个可以辩论的问题，但是韦伯和被韦伯所影响的学者们显然都希望为文化的重要找出一个科学的甚至可以量化的方法，来解释文化的重要。经济学家、社会学家、人类学家可能找得出100个方式来回答“文化为什么重要”这个问题，但是我愿意从一场戏说起。

有一天台北市演出“四郎探母”，我特别带了85岁的父亲去听。从小听他唱“我好比笼中鸟，有翅难展；我好比虎离山，受了孤单；我好比浅水龙，困在了沙滩……”老人想必会很喜欢。

遥远的10世纪，宋朝汉人和辽国胡人在荒凉的战场上连年交战。杨四郎家人一一壮烈阵亡，自己被敌人俘虏，娶了聪慧善良的铁镜公主，在异域苟活15年，日夜思念母亲。悲剧的高潮就在四郎深夜潜回宋国探望老母的片刻。卡在“汉贼不两立”的政治斗争之间，在爱情和亲情无法两全之间，在个人处境和国家利益严重冲突之间，四郎跪在地上对母亲痛哭失声：“千拜万拜，赎不过儿的罪来……”

我突然觉得身边的父亲有点异样，侧脸看他，发现他已老泪纵横，泣不成声。

父亲16岁那年，在湖南衡山乡下，挑了两个空竹篓到市场去，准备帮母亲买菜。路上碰见国民党政府招兵，这16岁的少年放下竹篓就跟着去了。此后在战争的炮火声中辗转流离，在两岸的斗争对峙中仓皇度日，70年岁月如江水漂月，一生不曾再见到那来不及道别的母亲。

他的眼泪一直流。我紧握着他的手。

然后我发现，流泪的不只他。斜出去前一两排一位白发老人也在拭泪，隔座陪伴的中年儿子递过纸巾后，将一只手环抱着老人瘦弱的肩膀。

谢幕以后，人们纷纷站起来，我才发现，四周多是中年儿女陪伴而来的老人家，有的拄着拐杖，有的坐着轮椅。他们不说话，因为眼里还有泪光。

中年的儿女们彼此不识，但是在眼光接触的时候，沉默中仿佛已经交换了一组密码。是曲终人散的时候了，人们正要散走四方，但是在那个当下，在那一个空间，这些互不相识的人是一个温情脉脉、关系紧密的群体。

在那以后，我陪父亲去听过好几次“四郎探母”，每一次都像是一场灵魂的洗涤、感情的疗伤、社区的礼拜。

从“四郎探母”，我如醍醐灌顶似地发觉，是的，我懂了为什么“伊底帕斯”能在星空下演2 000年仍让人震撼，为什么“李尔王”能在400年后仍让人感动。

文化，或者说，艺术，做了什么呢？

它使孤独的个人为自己说不出的痛苦找到了名字和定义。少小离家老大不回的老兵们从四郎的命运里认出了自己不可言喻的处境，认出了处境中的残酷和荒谬。而且，四郎的语言——“千拜万拜，赎不过儿的罪来”为他们拔出了深深扎进肉里无法拔出的自责和痛苦。文化洗了他们的灵魂，疗了他们的伤口。

它使孤立的个人打开了深锁着自己的门，走出去，找到同类。他们发现，自己的经验不是孤立的而是共同的、集体的经验，自己痛苦和喜悦是可以与人分享的痛苦和喜悦。孤立的个人因而产生了归属感。

它使零散、疏离的各个小撮团体找到联结而转型成精神相通、忧戚与共的社群。“四郎”把本来封锁孤立的经验变成共同的经验，塑成公共的记忆，从而增进了相互的理解，凝聚了社会的文化认同。白发苍苍的老兵、若有所感的中年儿女原本是不属于这段历史的外人，在经验过“四郎”之后，已经变成一个拥有共同情感而彼此体谅的社会。

至此，在企业文化建设中，故事之所以重要的原因就不言而喻了。和君咨询把编写企业文化故事集当做是企业文化建设中不可或缺的基础工程来对待。此项任务的竣工，标志着三环化工30几年企业历史的文化积淀有了一部生动、鲜活的故事化文本。就像中华民族不能没有《史记》和《三国》里的故事一样，三环化工也缺不了《三环文化故事集》(见图14-6)。

图14-6 《三环文化故事集》

而通过这个故事集的编撰，把识别、选取和撰写企业文化故事的理念、角度、方式方法和技能技巧，复制和内生到三环化工的企业文化工作人员身上，恐怕是这项咨询工作对三环化工的企业文化建设有着更长远意义的事情。

三环化工合唱团成立于1995年10月，由普通员工组成，荣获中国合唱节第二名，中国国际合唱节比赛铜奖(见图 14-7)。三环化工合唱团的故事总是感人至深、令人动容的。《三环企业文化法典》写道："合唱团是在三环文化土壤里原生出来、美丽绽放的一朵艺术奇葩，我们不仅仅为其所达到的艺术水准和审美境界而自豪，更是把三环化工合唱团当做是一面精神旗帜。合唱团是团结与协同精神的化身，是'把小我化入大我'的奉献精神的浓缩，是'争创一流、追求境界'精神的集中体现，是三环人精神情操与生活品位的艺术代言。"

图 14-7　三环化工合唱团：企业文化的一面精神旗帜

六、创作企业文化法典

在企业的芸芸众生中，各有各的活法，并不是每一个企业都有必要立一个企业文化大纲(或者说是企业文化法典)的。但是，像三环化工这种把企业文化当做自己的核心竞争优势来打造的、雄心勃勃的公司，就真的很有必要制定一部纲领性和全局性的"企业文化法典"了。就像建国不能没有《宪法》(基本法)一样，打造企业文化核心竞争力，也不能没有一部"企业文化法典"。

在和君咨询的理解中，一部好的企业文化大纲(或者说是企业文化法典)的基本要求应该是：①在体系上，它是企业文化建设的基本法，覆盖了企业文化的主要领域，为企业文化的各个主要方面统一了立场、明确了口径，形成了企业文化建设的系统思维，在企业文化建设中起到纲举目张的作用，在企业经营和管理中起到理念指导和精神旗帜的作用。②在具体内容上，它应该条款适中和适用；观点和持论正确，义理阐释充分，从观点持论和义理阐释都经得起时间的检验；行文富有感染力，能够激发情感和美感；其中有许多观点和表述能被行业内引为“境界”甚至为社会所津津乐道。③在社会影响上，它的认识水平和思想境界优于行业内其他企业甚至优于社会范围内著名企业的同类文本，能够引发广泛的阅读、讨论、传抄和录印。

和君咨询正是在上述理解的基础上，精神庄严、文采飞扬地创作了《三环企业文化法典》(见图14-8)。这部企业文化法典，从体系结构到观点持论，从义理阐释到行文感染力，从认识水平到思想境界，各方面综合考量，都堪称是中国企业文化同类作品中的里程碑式的杰作。可以肯定地说，中国的任何一家磷肥厂商，如果想超越“磷肥厂商”的水平而最终走向“磷化工产业领袖”的地位，都很难超越这部《三环企业文化法典》所指明的方向、理念、路径和境界。正如一位三环化工高管所说的那样，这部企业文化法典足以照亮中国有志向磷肥企业的未来；前面的路一定还会漫长而曲折，而这部企业文化法典的思想和境界足以成为中国磷肥工业未来走向的一本预言书、一盏指路明灯。

图14-8 《三环企业文化法典》

七、设计企业文化的运行机制，推动企业文化的落地生根

企业文化建设最忌讳仅仅停留在“嘴上说、墙上贴、会上喊、纸上写”，不能落到实处，不能转化为组织和员工的态度、作风、行为和生活。企业文化建设的关键是看我们能不能建立起来一套常态化的企业文化运行机制。和君咨询深知这一环节的关键意义，把为三环化工设计常态化的企业文化运行体系当做是整个文化咨询项目的重要内容。限于篇幅，在此不便展开叙述。

八、小结与感悟

本案例的写作没能反映三环化工企业文化咨询项目的全部内容，而是仅仅选取了 7 个方面来“折射”我们对一个具体企业的文化建设的理解与探索。

我们深知，本案例讲到的内容远不能涵盖企业文化建设的丰富内容和生动实践。和君咨询在经历大量的、各种类型客户的企业文化实践之后感悟到，当前阶段中国有很多在商业经营上取得了成功的企业，在走向未来的过程中，面临一系列文化命题，比如说：

（1）企业历史的厘清和解读：过程、经验、教训、理念、作风、传统和境界的升华。

（2）通过思想建设实现“统一认识、心理契约、上下同欲”：使命、愿景和目标（未来图景及其路径）描述及其三大论证（事实、逻辑和价值论证）。

（3）从使命、愿景和目标中演绎出逻辑贯通的基本政策和制度体系（基本经营政策、组织政策和人力资源政策等）。

（4）从使命愿景、基本政策和制度体系中演绎出各层各级成员的行为准则和作风要求（单位、部门、干部和员工）。

（5）演绎出企业形象和企业环境。

（6）建立干部和员工培训体系：什么样的培训内容体系？什么样的培训机制？

（7）文化活动、文化仪式和文化空气的制造与运行。

（8）企业文化的一些专题处理，例如：①商业过程的精神升华问题；②员工富裕之后的精神家园和工作动力问题；③并购、合资与战略结盟中的文化冲突及整合问题；④对利益相关者（比如竞争者、供应商、经销商或用户）的文化“感染”及文化同化问题；⑤国际化进程中的文化融合和文化冲突处理问题；⑥“老人”的文化扬弃和“新人”的文化同化问题；⑦与国际一流同业的文化差异比较问题；⑧“党工群”工作与企业文化工作的关系问题。

对这些文化命题，知之者必心忧，不知者谓何求。企业文化究竟有多大作用？无用之用乃为大用。历史上靠市场机会或艰苦奋斗取得了商业成功的企业，在走向未来的过程中，迟早都要面临“文化”问题。可以肯定地说，就是对待这些文化命题的不同态度和不同处理，在更深层次的意义上决定了一个企业为什么值得继续走下去，究竟能走多远。

在履行三环化工文化咨询项目的过程中，我们的两点感悟再次凸显。

（1）道行有多高，事业有多大；企业文化是一种道行，深浅自悟。从更直观和更务实的意义去看，企业是一堆机器设备，是一条制造产品或提供服务的生产线，是一条投入产出的流程，是一种商业，是一份生意……所有这些关于企业的理解都是对的，但仅此理解又远远不够。除此之外，企业还是一群人得以安身立命、赖以求生存谋发展的生命方式。如何让一群人团结成为一个和谐协同、精神焕发、和衷共济的共同体，让一群人的生命创造力美丽绽放，让一群人的生命“意义感”充沛丰盈，这不是机器设备问题，不是产品服务问题，不是投入产出问题，不是商业生意问题，不是工资奖金问题，而是地地道道、彻彻底底的文化问题。文化问题必须用“文化”去解决。我们需要循着文化的方向、依照文化的方式来找到如何使生命感到有意义、让事业长久兴旺的终极答案。可以肯定，关于企业文化的理解，对企业文化的态度，是企业家境界高低的一道标志性的分水岭。三环化工吕庆胜董事长、宋应宁书记等，一个土生土长的云南企业家团队，无意间站到了这条分水岭的境界高处。经营了一辈子商业的松下幸之助，以其商业上的巨大成就成为“东方经营之神”，而到晚年的时候他却说：企业是一种宗教事业。关于企业与文化的关系，这真是一种最高悟识。其中的深长意味，想做大事业的企业家们都应咀嚼再三。

根据《基业长青》作者柯林斯对高瞻远瞩型企业的观察，那些最成功的企业往往都拥有“教派般的企业文化”。企业文化作为文化的一种，它与宗教之间存在着一定程度上的联系（见图 14-9）。企业家往往也会想如何通过企业文化的作用，在企业中构筑一种精神上的信仰，使员工对企业形成一种高忠诚、高凝聚力的精神境界，而宗教的力量正是这种希望的典型代表。

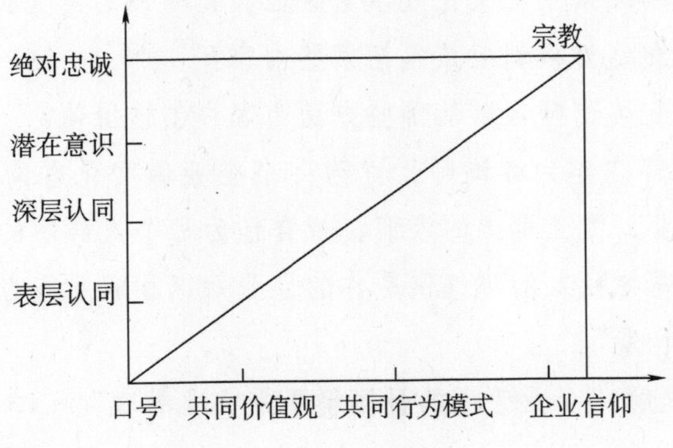

图 14-9　企业文化与宗教的关系

（2）作为咨询师，你为一个企业做文化咨询，你需要爱上那个企业、那份事业，爱上那里的人们，视自己为那个人群中的一分子、那份事业的责任人，你需要投入的不仅仅是你的专业知识和职业能力，还需要投入理想、激情、真诚和爱。和君咨询师在为三环化工做企业文化的过程中，不单充满了协助三环化工实现产业强企、产业强省、产业强国梦想的理想热情和胸襟气象，而且还与三环人结下了深情厚谊。云南高原上空的一轮明月，清辉洒在三环职工生活区的露天烧烤摊上。炉火、啤酒、云南小吃、山沟里三环厂区的夜色和远处朦胧的青山轮廓。和君咨询师忙碌的一天收工了，开始融入到烧烤摊边的宵夜时光。在这样的极其生活化的场景中，和君咨询师的感受是，这个厂区亲如老家，这里的人们俨然像是同村共屋的原乡人。前后历时春夏秋冬四个季节的三环文化咨询项目，让和君咨询师就这样自然无痕地融入到了三环人的工作、生活和人情之中。

复习与思考：

（1）怎样理解“先造人、后造物”？怎样理解柳传志说的“入模子”？怎样理解松下幸之助说的“企业是一种宗教事业”？

（2）如果你在一个企业里任职主管企业文化工作，你将建立什么样的企业文化工作内容体系，从哪些方面抓企业文化建设？

（3）如果你是一个企业文化咨询师，面对一个企业客户，你将如何帮助客户建立关于企业文化建设的系统思维？

（4）怎样理解企业成长思维中的产业、组织和人？为什么说产业、组织和人三者不可或缺共同构成了企业成长思维的有机整体？

（5）一部好的企业文化大纲或文化法典的基本要求是什么？

（6）怎样理解编撰企业文化故事对企业文化建设的意义？

（7）企业文化运行机制应该包括哪些内容？

（8）企业文化咨询师可以从哪些方面为客户创造价值？

（9）怎样理解“作为咨询师，你为一个企业做文化咨询，你需要爱上那个企业、那份事业，爱上那里的人们，视自己为那个人群中的一分子、那份事业的责任人，你需要投入的不仅仅是你的专业知识和职业能力，还需要投入理想、激情、真诚和爱”？

（10）怎样理解“企业管理的最高境界是文化管理”？

嘉宾点评：

王忠明（国务院国资委发展研究中心主任）：

道行有多高，事业有多大。企业文化是一种道行，深浅自悟。这个案例展示了一个以文化为核心竞争力的国有企业是如何思考和实践它的企业文化建设的，让我们看到了企业文化这种容易“务虚”的命题是如何在优秀的国有企业中做实的。

季克良(贵州茅台酒集团董事长):

三环化工将企业文化理解成企业的核心竞争力，这本身就是做企业达到了一定境界的标志，而它能提出以“天道酬情”为核心的价值观，更是一种颇具东方文化特色的、让人感到很温暖的文化品位。得人心者得天下，我相信，秉持这种价值观和文化品位的企业，是能够凝聚人心、做成事业的。

第十五章

企业品牌建设：形神兼备的历程

案例主题词：企业形象设计·品牌建设·形神兼备

和君咨询案例系列之：

形神兼备的企业品牌形象设计

郑越文　撰写于2007年夏

企业文化咨询正在崛起成为和君咨询的一个有竞争力的产品，企业品牌建设也正在成为和君咨询一项独具特色的服务。笔者牵头的企业形象建设(为企业提供CIS服务)是企业文化咨询的内容模块之一，也是企业品牌建设的重要组成部分。本文选取我们完成的几宗案例来阐述我们对企业品牌形象设计的理解、探索和职业追求，希望有一斑窥豹的效果。

本案例涉及的客户有：

世佳地产：济南市房产管理局法人单位，山东最受信赖的专业化房地产企业。

山东省地矿局：中国地矿系统的标杆企业，山东省厅级单位，员工队伍14 000人，其探明的黄金储量占全国的1/4，创造潜在经济价值约10万亿元。

陕鼓集团：中国盈利能力最强、规模位居行业前列的鼓风机制造企业，年经营收入30亿元，利润数亿元。中国品牌百强企业，品牌价值98.36亿元。

秦冶集团：50年历史，沉淀其为钢铁冶金大型成套设备制造供应商。多项产品国内一流，享誉国际。

中国邮电器材集团：国务院国有资产监督管理委员会管理的中央大型企业集团，中国最大的手机分销商，最大的通信工程建设企业，年销售收入数百亿元。

医大时代：北京大学的一个经营实体，也是中国远程教育的标杆企业，其美誉度堪与世界最知名的远程教育机构——英国开放大学媲美。

在为以上这些优秀的中国企业塑造品牌形象的过程中，我们深刻感悟到：形神兼备是企业品牌形象建设的至高境界。

“形”与“神”是中国哲学领域一对不可分割的命题，起源于道家的“器”、“道”关系论。“器”有形，而“道”无形，故“道法自然”，将自然万物以及人类自身融入一个“形”与“神”的范畴之中。“形”与“神”的辩证关系涉及人类生活的各个方面，就像鲁迅先生的散文一样，随手拈来，生发开去，把深刻的哲理寓于浅浅的笔端，时而轻描淡写，时而情感激扬，运思落笔似不经心，但仔细斟酌，却字字珠玑，文思缜密，环扣主旨。这真是“形散而神不散”。

人、事、物是这样，企业又何尝不是这样？企业形象与企业文化取法一道，浑然天成，方可形神兼备，相得益彰，缔造一流的品牌形象。

然而，受思维习惯、客观环境制约，当前中国大多数企业都难以认识到这一点。例如，国人爱跟风、凑热闹，许多事情还未真正明白，但因已不再“流行”，便也会草草收场，CIS（MI、BI、VI）就是如此。CIS在中国是最早将文化理念、行为规范和视觉形象三者融为一体的企业形象理论体系，然而，自20世纪90年代初传入中国后，仅被国人学得一点皮毛，便逐渐将其打入“冷宫”，且不管它在欧美、日韩帮助多少企业成就世界霸主的梦想。怎么会这样呢？究其根源，是中国没有一家能融会贯通东西方文化、深谙经营管理之道，能为中国本土企业量身定做、系统打造CIS的权威专业机构等。于是，时间久了，CIS仅保留下了VI部分，“CIS等同于VI”也在企业家们的意识中渐渐固化下来。从此，“贬值的CIS”被下放到设计、广告公司，实在是让人感到心酸。笔者曾经在文化、设计、广告、策划等领域工作过，见证了这段历史，也因此而深感困顿。近几年，企业文化悄然兴起，为理论体系带来新鲜血液，让笔者眼前一亮。我想，国人应该把握这次机会，将企业文化和企业形象放入同一维度思考，树立系统塑造企业品牌的观念。

一、世佳地产项目

若干年前，笔者结识了解浩然博士，与他一起合作“世佳地产”项目，他负责文化理念的提炼和宣贯，我负责视觉形象的设计和实施，才第一次感受到企业文化的魅力，如同拨云见日般一扫乾坤，万川归海般豁然开朗。也终于明白，系统的CIS之所以不能在中国扎根发芽，只因解浩然博士这样的企业文化践行者没有走到我们这个圈子中来，我们企业形象缔造者也没有跳入他们的阵营中去，结果造成了一种脱节。隐约间，感到自己“罪孽深重”，有一种使命、责任在召唤。

在此项目中，笔者深刻领悟企业愿景、使命、价值观的真谛，不断揣摩经营理念、管理理念之间的关系，结合区域文化、行业特色，打造出能充分展现世佳地产理念、风采的企业形象体系。

由于企业形象的塑造涉及企业的方方面面，本文仅从标识入手，简单展示，大家便可见微知著。世佳地产标识（见图15-1）中四个高度递增的长方形分别代表“尊重、和谐、挑战、超越”的理念，同时象征由近及远的四栋楼字，对应其主体业务——房地产开发，并寓意逐年攀高的经营业绩。七个色块的有机组合，在空白区域形成“世”字，既反映了企业名称又揭示了迈入新世纪、踏上新征程的文化内涵。标识采用绿色作为主色调，一方面展示世佳地产的“绿色”开发，另一方面隐喻企业的基业长青。为企业命名“世佳”，取“世家”之意，暗含了公司骄人的背景和历史；取英文名称“SEAGULL”与中文名称相互呼应，也因此确立了“海鸥”这一形象载体。

图 15-1　世佳地产标识

世佳地产，一个形神兼备、文化和艺术相互融合的品牌终于诞生了，心中自然感慨万千：文化和艺术是一对孪生姐妹，在当今纷纷扰扰的社会环境中，居然还有这样一项能贯通文化和艺术的工作，实在是一方净土、一片圣域。从此，笔者为后半生明确了唯一的方向，也深感平生能从事如此高雅的工作，实为大幸中之大幸。

和君是中国本土规模最大、实力最强的综合性管理咨询公司，能够系统解决企业战略、组织管控、人力资源、企业文化、市场营销、资本运作、公司治理等方面的问题。但是，如果企业的品牌形象出了问题，和君又有谁能担起这个重任呢？后来在解浩然博士的感召之下，笔者有幸加入和君，尽自己绵薄之力来填充这片空白。我坚信，和君是一个大舞台，能够实现以企业文化和企业形象系统打造、最终具备有别于任何一家咨询公司而形神兼备全面塑造企业品牌的能力。

二、山东省地矿局项目

为山东地矿系统梳理文化和形象，是加盟和君的第一个项目，咨询师和设计师合作默契，为了追求极致，我们踏遍了山东的山山水水。我们开始了对一个成立于 1958 年，省政府直属，职工近 14 000 人的正厅级单位进行了科学、系统的调研。大家经常奋战到凌晨两三点，碰撞思想、杂交知识，不仅让客户满意，更希望超越自己。项目中期，“山东地矿”内部相关创作人员共设计标识336款，与我们同台竞技，场面蔚为壮观。一方面我们要点评出优秀方案的亮点和不足，使其心悦诚服；另一方面又要创作出高于所有方案水准的作品，充分展现自己的实力。这给我们的专业素养带来极大的考验。我们顶着巨大的压力，几经波折，最终，实力证明一切，该项目历时半年，我们用理性分析、感性创意而打造的最后方案，得到了山东地矿人的一致认可，将其品牌形象表现得淋漓尽致。

山东地矿标识(见图15-2和图15-3)整体为“开启地球资源之门”的造型，取材于万物之母——地球，突出了行业特色，体现了全球配置资源的理念和国际化战略，蕴含了山东地矿“保障资源环境，服务和谐社会”的使命。

图15-2　山东地矿标识

图15-3　标有山东地矿标识的各种物品

色调由蓝和绿构成，蓝色代表科技，绿色代表生态环保，展现了山东地矿一方面依托先进的科学技术，发现和利用地球资源；另一方面树立“大地质”科学地球观，提高资源综合效益，促进人与自然和谐发展，构建人类绿色家园。开启的地球资源之“门”形似阿拉伯数字“1”，体现了山东地矿“见红旗就扛，见第一就争”的拼搏创优精神和全力打造一流省局、争当地矿行业典范的宏伟志向与愿景。

山东地矿文化和形象的系统梳理，充分表现了中国地矿行业第一品牌的形象，山东省地矿局被树立为全国地矿系统的典范和标杆。在省委宣传部召开的新闻发布会上，笔者和解浩然博士做了项目汇报，得到了山东省委的充分肯定。山东地矿项目再一次证明了形神兼备系统打造的必然选择。

三、陕鼓集团项目

在陕鼓集团项目上，我们相对完备的理论体系和工具得到了充分应用。陕鼓集团置身骊山之半、兵马俑东侧，山势逶迤，树木葱茏，宛如一匹蓄势待发的骏马。每当夕阳西下，陕鼓集团辉映在金色的晚霞之中，景色格外绮丽，为企业孕育了神韵，也为企业文化和形象的凝练浸染上浓厚的基色。我们按照系统流程，理性挖掘陕鼓深层次的地域文化、行业特色以及企业现有文化成因。应用企业形象定位、设计、传播、管理这一完整的SCIS模型，经过两个月的辛勤努力，对透平行业、企业战略、企业文化、物质环境、标杆企业等方面详尽分析，完成了《陕鼓形象定位报告》(以下简称《报告》)。在陕鼓市场定位、产品定位的基础上，旗帜鲜明地确立了行业领域的形象定位：陕鼓集团是立足透平机械行业提供系统解决方案的集成商和服务商；社会层面的形象定位：以品质为魂，打造世界一流透平强企，以服务为本，领跑中国装备制造工业。同时，《报告》确定了标识的设计方向，为VI系统打下了坚实基础，也明确指出了陕鼓品牌形象方面的不足，为下一步的系统完善埋下伏笔。

《报告》如同灯塔，为陕鼓集团指明了方向，为陕鼓集团从“产品经营到品牌经营的转变”奠定了基础，一个完全国际化的陕鼓集团呈现于世人面前。

陕鼓集团标识(见图15-4和图15-5)中“ShaanGu”在蓝、红两种颜色的比衬下熠熠生辉，极具时代特色，蓝色代表了陕鼓争当产业先锋的决心，红色代表了陕鼓为客户精诚服务的热心；长方造型组合暗含了陕鼓是透平机械行业提供系统解决方案的集成商和服务商；“ShaanGu”为英文命名，表明陕鼓开始大力拓展国际市场，打造全球品牌的雄心壮志。

图 15-4　陕鼓集团标识

图 15-5　标有陕鼓集团标识的各种物品

陕鼓项目做得好坏与否，业内的评价和行动是最好的答案。秦冶集团到陕鼓考察后，看到一个全新的陕鼓蔚然屹立，不由大加赞赏和君实力，执意要我们再造秦冶。

历史只能代表过去，现在不能证明未来。同事陈志强一针见血地指出：“你们团队的运作模式已经基本定型，未来发展的关键主要是看复制能力了。”于是我和团队成员反思：团队能否做大做强，取决于我们能否将工作理念和方法传承下去。

四、秦冶集团项目

秦冶项目时间紧、任务重、要求高，但经过我们团队的不懈努力，让一切都在控制范围之内，游刃有余。一个半月后，夏风狂吻人面的那个海滨之夜，双方针对我们所做的系列提案，相互探讨，反复磋商，最后终于确定了品牌中文名称秦冶、英文名称“Qinye”以及秦冶未来国际化发展的形象定位。

秦冶标识（见图15-6和图15-7）设计主体使用“Qinye”，体现了公司的国际化视野，为未来全球化发展明确了方向；字母“i”上的三角形代表秦冶以科技为核心的高品质服务；标识的字体创作结合了外圆内方的设计理念，体现了秦冶对内科学管理，对外积极融入社会、回报社会的经营理念；红色体现了冶金的行业特色，视觉冲击力强，给人留下深刻持久的印象。

图15-6　秦冶集团标识

通常情况下，设计或广告公司在给企业规范了VI系统后，只留下一堆复杂的设计方案，便潇洒走人。企业也只能寻找多家公司逐个实施，这家做画册，那家拍广告，再找一家布置展会……结果造成在没有统一、专业指导的情况下，实施混乱，不仅对品牌形象产生负面影响，还会造成经济方面的损失。

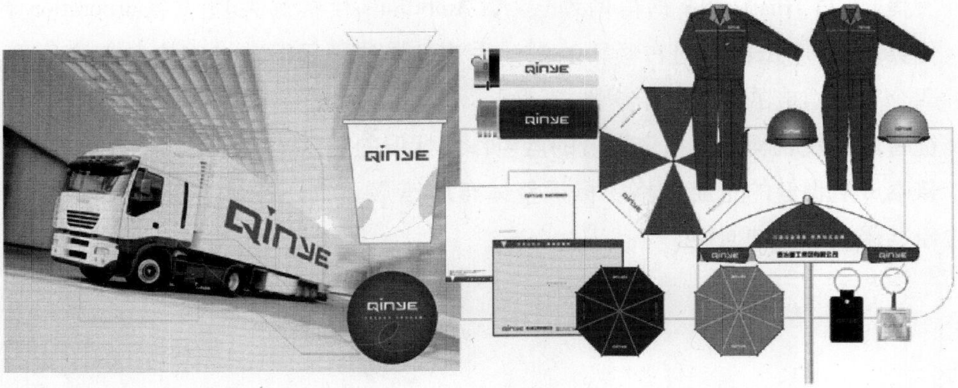

图 15-7　标有秦冶标识的各种物品

出于对企业的负责，我们签下秦冶的常年顾问项目，一方面是协助郝继涛博士主导的企业文化落地实施；另一方面是为企业减少不必要的开支。总之，笔者称之为“扶上马，再送一程”。

后来，我们又承揽了秦冶集团画册设计、多媒体制作、产品宣传设计、网站规划、宣传片拍摄、展厅布置、礼品开发、主题雕塑创作等一系列子项目。这样，我们的业务范畴不但横向贯穿文化、形象，并纵向渗透企业工作生活的方方面面。“Qinye” 品牌形象在不远的将来必然卓尔不凡。

五、中国邮电器材集团项目

我们为中邮器材做的品牌规划，包括《品牌视觉识别规划》、《品牌组合架构规划》、《品牌核心价值规划》、《品牌传播策略规划》、《上市公关活动策划》、《品牌管理组织规划》六个报告。其中，《品牌视觉识别规划》是项目的核心点，为即将上市的子公司——中邮普泰进行了全新的形象包装。

品牌命名意义重大，例如，美孚石油曾动用 7 000 多人、耗资 1 亿美元给自己取了一个满意的新名字。中邮普泰的品牌中英文命名及标识设计，又是《品牌视觉识别规划》中的亮点。经过前期调研、分析，我们认为“邮电”、“器材”等用词已经不再适合其“成为通信电子产品销售和服务领域具有国际竞争力的企业”的定位。于是，我们将公司品牌名称确定为“普泰”，省去“中邮”，既显得简明大气，又朗朗上口。根据本土品牌国际化的命名原则，确定其英文名称为“PTAC”，发音与中文“普泰”相一致，实乃天作之合，耐人寻味。

普泰标识（见图 15-8 和图 15-9）中的“PTAC”分别代表：P（Perfect 追求

完美)、T(Trustworthy 博得信赖)、A(Ambitious 目标远大)、C(Corporation 合作共赢),字母稍微向右倾斜的设计手法,强调了普泰前进的方向与速度感。四个字母组成的单词易于识别与记忆,利于上市公司品牌的广泛传播。采用象征智慧和代表科技、通信领域的蓝色作为标识的主色调,稳重大气,凸显中邮普泰成熟稳健的企业风格。标识整体布局错落有致,表现了企业国际化、创新、现代的精神面貌。

a) b)

图 15-8　普泰标识

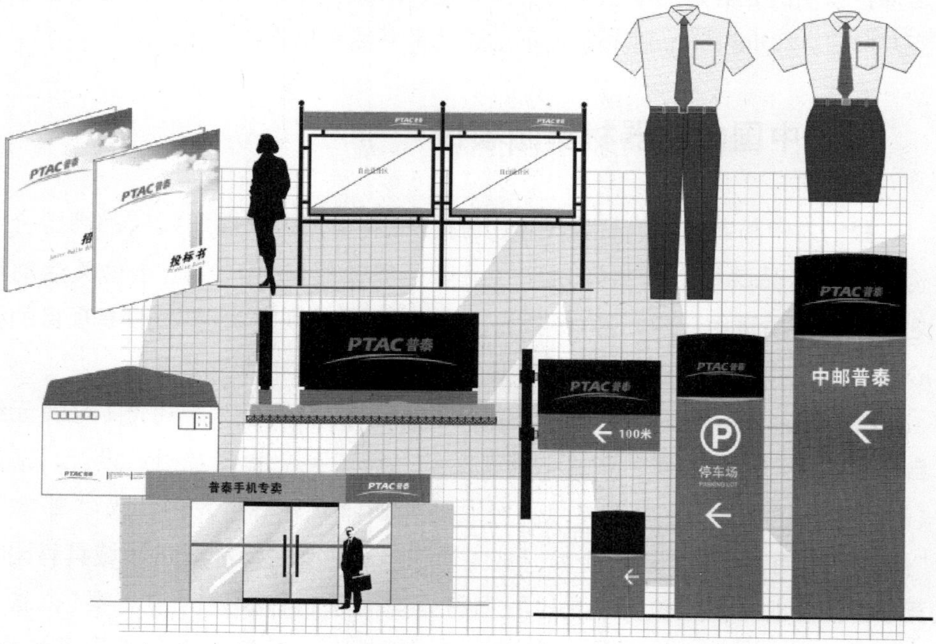

图 15-9　标有普泰标识的各种物品

六、医大时代项目

品牌分为企业品牌和产品品牌，企业品牌是产品品牌的最终归宿。企业文化与企业形象融合升华到一定阶段，自然演进为企业品牌。

“医大时代”项目证明了这一点，一个被笔者称之为“理想主义者的胜利”的系统工程。诚如梁启超先生所言：凡任天下大事者，不可不先破成败之见。办事者，立于不败之地者也；不办事者，立于全败之地者也。苟通乎此理，知无所谓成，则无希冀心；知无所谓败，则无恐怖心。无希冀心，无恐怖心，然后尽吾职分之所当为，行吾良知所不能自已，奋其身以入于世界中，磊磊落落，独往独来，大丈夫之志也，大丈夫之行也。

笔者也从医大时代感受到“成败”、“做事”的哲理寓意，遂将其确定为“医大时代”的晨颂词，旨在倡导大家尽职尽责、认真做事。

一般来讲，企业在度过创业期后，需要不断沉淀和升华，才能达到质的飞跃。这个期间，企业需要对内梳理文化、对外传播形象。“医大时代”就是有着这样综合需求的企业，于是，我们拥有了从企业文化建设到品牌形象规划通贯实施的机会。

医大时代是北京大学医学网络教育学院的经营实体，也是中国远程教育的中流砥柱，其美誉度堪于世界最知名的远程教育机构英国开放大学相媲美。

在项目组对医大时代企业文化的梳理过程中，发现其原有的“海文化”很难适用于他们这个横跨医学、教育两大领域的企业。我们依据其未来发展需要，充分结合行业特征，提出了新的文化品格——阳光文化。

阳光，传递光明，充溢温暖满人间，正如医大时代传授知识，播种希望，爱心洒遍神州大地；阳光，恩泽生灵，孕育世界多姿多彩，恰如医大时代呵护人类健康，让五湖四海生机盎然，一派欣欣向荣；阳光，圣洁明净，引励万物以为上，一如医大时代上下同欲，公平与公正齐飞，乐观共进取显志；阳光，默默奉献，致远永恒，诚如医大时代务实为先，相伴你我终生，严谨至善，成就盛事家园。

医大时代秉持严谨务实的工作作风，更需要乐观向上的进取精神，“让阳光文化照亮我们的心灵，我们的事业，我们的家园……”这一文化品格不仅渗透到了员工心灵深处，我们项目组的人也深受感染，比以往更阳光、更灿烂了。

我们确立了医大时代“为卫生从业人员提供最权威的医学教育，为社会大众提供最专业的健康知识”这一根本使命，旨在让人人确立正确的健康意识，成就品质生活。这一使命充分体现了医大时代不可或缺的社会价值，为其开辟广阔的市场空间指明了方向，也为未来参与公益事业埋下伏笔。

愿景是对企业未来发展景象的描述，我们切合医大时代实际，确立了“缔造中国医学继续教育第一品牌”的愿景。为实现这一愿景，我们继续提炼了“品质为魂，服务至善”的核心价值观；产业思维、共创多赢的经营理念；高效、协作、执行不折不扣，目标明确、责任到人、考核有据的管理理念……让医大时代管理体系全面系统升级，以全新的视野，坚定的信念，扬帆新征。

企业文化重在内部员工思想意识的统一，品牌形象重在企业风采的对外展现。医大时代内部的文化系统梳理为外部的品牌形象传播奠定了坚实的基础。基于市场竞争格局，我们确定了医大时代品牌形象行业以及社会层面的定位：作为中国医学继续教育服务提供商，医大时代致力于提供一流的医学资源和服务，全面展现行业领导者形象；让医学教育的阳光恩泽神州大地，让人人具备正确的健康意识。

反映品牌核心价值的部分经典内容如下：

理性价值：提高北京大学医学部的美誉度，提高医大时代资源提供者的知名度，提升第三方服务机构服务品味和服务价值，增进医大时代员工的职业荣耀感，扩大医大时代教学中心招生规模。

感性价值：“从头开始的机会”，医大时代帮助一部分学习者重塑知识结构，树立改变命运的信心；“归属的需要”，医大时代使学习者成为北京大学医学部医学知识分子群体中一员，提升自身竞争力，实现感情归属上的需要；“我比你出色”，医大时代提供的医学教育使学习者通过学习，提升医学素养，实现自我满足和社会尊重的需要；“渴望成为最成功的人”，医大时代使学习者享受高等教育，提升在医学行业的职业竞争力，实现个人理想、抱负，满足人类需求的最高层次自我实现的需要。

品牌个性：严谨专注，医大时代无论是从教学内容还是教学服务上，层层把关，以一流的标准严格要求自己，做事谨慎，一丝不苟；医大时代在七年的风风雨雨中，虽然一路艰辛，但始终一心一意，朝着不变的方向前行。

进而，我们打造了医大时代品牌核心价值标识语、品牌视觉识别、品牌组合架构、品牌传播规划、品牌管理机制等。令医大时代沐浴圣光的洗礼，一扫医学继续教育界的陈年暮色，以崭新的姿态向世人全面展现行业引领者风范。

医大时代标识（见图 15-10、图 15-11 和图 15-12）从公司战略、文化入手，在其“TIME”系列阵营中缔造 MED 品牌，直接与国际接轨。“MED”是“Medical”的简写，也是“Medical Education Distance”的缩写，“MEDTIME”即“医大时代”，中英文名称的和谐统一奠定了未来品牌传播的基础。标识整体造型疏密相间、缓急有致，充满韵律美感，在简单描述其他字母的同时，重点刻画字母“D”：首先映入眼帘的是一个巧妙内嵌的“十”字，代表医学，表达了医大时代的行业属性；数根白色线条描绘出“十”字向前飞速运动的轨迹，象征医大时代突飞猛进的发展态势；橙色代表激情和乐观，寓意医大时代永续的创业动力，以及阳光、向上的文化品格。此标识采用国际化的深灰色和蓝绿色，沉稳、严谨，品质感十足，象征医大时代品质为魂、服务至善的价值观。

图 15-10　医大时代的标识

图 15-11　标有医大时代标识的衣帽

直到今天，为医大时代的服务还在继续，我们还在写宣传片脚本、填词、谱曲等。笔者坚信，只要我们一路相伴，相互融合、共同探索，一个形神兼备的品牌形象必将日渐清晰、卓立于世。

如果说这是一个企业文化项目，那么它应该是一个极具特色的文化项目；如果说这是一个品牌建设项目，那么它应该是一个极为传神的品牌项目；如果说这是一个 CIS 项目，那么它肯定是一个高度凝练 MI、BI，全面提升 VI 品味，在中国为数不多的 CIS 项目。想到这里，我们已经没有必要清晰界定医大

图 15-12　标有医大时代标识的各种物品

时代究竟属于哪类项目了，因为它就是一件融合文化与艺术、贯穿理想与现实的完美之作。

曾有人问我，品牌是什么？我看着他手中的百事可乐说，大家喝百事可乐要的是小贝的帅、周杰伦的酷，喝的是一种体育青春、一种明星时尚，感受的是美国的自由和民主，因此，从根本上来讲，喝的是美国文化。所以说，品牌如莲，而文化是水面下看不见的根，企业只有借文化之根，吸收营养，以管理为茎，贯通输送，才能孕育美丽的品牌之花，成就长青基业。

和君倡导知识的杂交，而品牌恰似一门多学科交叉的学问，唯有形神兼备才能彰显其传神魅力。希望和君同仁精诚合作，一起唤醒社会大环境，让和君的企业文化项目异彩纷呈、掷地有声；让和君的品牌建设项目独具特色、竞显风流。

激烈的市场竞争要求企业自身必须塑造差异化品牌，然而，和企业投入大量资金、精力相对应的，往往却是事与愿违的结果。殊不知，品牌如莲。企业不能将全部心思都专注于水面上看得见的美丽花朵，还要关心决定这个花朵盛开还是枯萎的水面下那看不见的根与茎。“根”，就是为企业提供生命基础和无限养分的战略与文化；“茎”，则是决定企业组织效能的管理体系。企业品牌建设的实质(见图 15-13)是对企业形象、管理体系、战略与文化的总体整合。

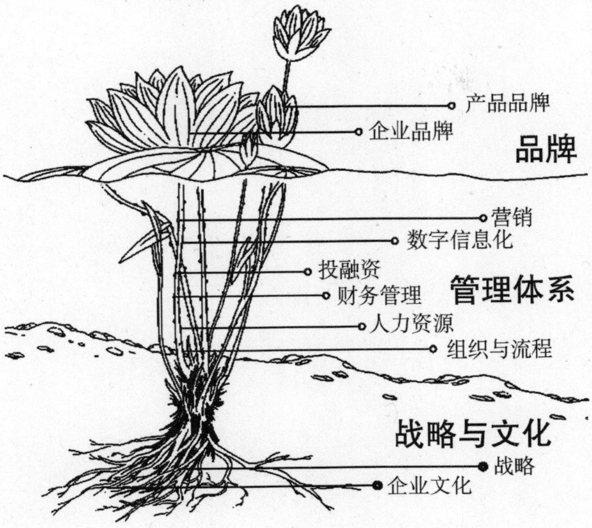

图 15-13　企业品牌建设的实质

复习与思考：

(1) 如何才能让“形神兼备的品牌建设”融入到企业管理经营中去？

(2) 怎样理解“品牌分为企业品牌和产品品牌，企业品牌是产品品牌的最终归宿”？

(3) 你是否经历过“企业文化、品牌规划和 CIS”由一家机构系统建设的案例？能否感受其深远意义？

(4) 你是否已经认识到：品牌建设是一个系统工程，“广告营销”不过是其中的一个环节？

(5) 怎样理解笔者提出的“品牌如莲”观点？

嘉宾点评：

钟虹光(江中药业集团董事长)：

一个有品位的企业，也应该像一个有品位的女子一样，秀外慧中。慧中自不必言，秀外也很重要。本案例以鲜活的实践显示了真正出色的企业形象设计应该如何帮助企业慧其中、秀其外。

第十六章

组织设计与管控：荣富集团

案例主题词：组织管控·新手上路

和君咨询案例系列之：

荣富集团组织管控

刘志强　撰写于2007年夏

题记：我已经在和君咨询做过不少项目了，但当我提笔来撰写案例的时候，我第一个想写的还是我从清华大学MBA毕业、加盟到和君咨询后的第一项目。我们在马路上经常会看到“新手上路”的车辆，司机的驾驶技术和经验肯定不咋的，但这种车辆的礼让性、守纪性和行驶安全性都特别好，因为司机谨慎、认真、负责和投入。这个案例就属于是这种情形的新手上路之作。

一、序幕

2005年11月底一个寒冷冬夜的凌晨4点，火车到达了内蒙古B市，我和孝立兄弟开始了和君咨询生涯的第一个项目：荣富实业集团。我们两个哆嗦着开玩笑：荣富，荣华富贵，名字不错。

早上7点，起床洗漱吃饭，8点到达荣富开始谈项目。一路上脑子里想着战略和人力资源需要怎么谈——因为来之前，项目介绍人告诉我们，这个企业可能需要做战略，但最可能的估计是做人力资源。

在我们把咨询涉及的主要内容和方向作完简要介绍以后，董事长黄朝南的一句话把我们给砸蒙了：“我们需要的是做全部！”……做全部25万元，这老板肯定是疯了……我俩迅速稳住神，告诉对方没有这种做法，事有轻重缓急，得一项一项来，并表示愿意作个简要的诊断后再定方向。在初步了解情况后，我们提出目前最迫切的需要是做两个项目：集团产权重组和集团组织管控。

由于孝立脑子好用，而我比较有耐心，很快我们就分工了：他负责集团产权重组，我负责集团组织管控。工作便顺理成章地开始了。集团产权重组部分暂且按下不表，我就说说荣富集团组织管控的内容吧。

二、乱象

在荣富集团会议室里，摆满了各种各样的奖牌和荣誉证书：“2004年中国成长企业100强”，“全国首批520家重合同守信用企业”，“B市先进龙头企业”，以及各种国家、自治区以及B市的荣誉称号。荣富集团下辖12个分子公司，总资产8亿多元，业务范围涉及城市集中供热、农产品加工、地产开发及建筑、机械制造加工等领域，每年总体保持30%的增长速度。

然而，阳光灿烂之下却隐藏着乱象。

集团董事长兼总裁黄朝南多年劳累过度，身体欠佳，每天只能工作两三个小时，凭借自己以往的威信维系着整个企业的运转。

代理总裁每天早上6点半开始办公，直到晚上10点，排队等办事的人从二楼排到一楼。而几乎所有的人对他的评价都是“一声叹息”。

集团高管们显然不买代理总裁的账，不时猜测着黄朝南的身体状况。相互之间说话都察言观色，极其谨慎，各怀心事的样子。各分子公司老总更是士气低落，抱怨不断，许多早已去意萌生。

集团从高管到最底层的办事人员，每人都一脸菜色，从早忙到晚，从来没有周六和周日，除了春节，没有任何国家法定节假日，加班是常态，且从来没有加班费一说。员工充满怨言，人员流动频繁，集团办公室主任不堪重负，在一年之内换了两个，不知道新上任的办公室主任能干多久。

任何人到公司都没人过问。经常有莫名其妙的人闯进董事长办公室，劈头盖脸就是一句：“啊，××怎么不在这里?”或者是用眼睛的余光冷冷地看上一会儿，然后，转身摔门而去。

公司文件里没有组织结构图，没有任何详细可执行的制度和程序，没有任何一个人能清楚地介绍公司的整体情况。从我们梳理复原的产权结构图(见图16-1)中，就能感觉到其中的混乱程度。

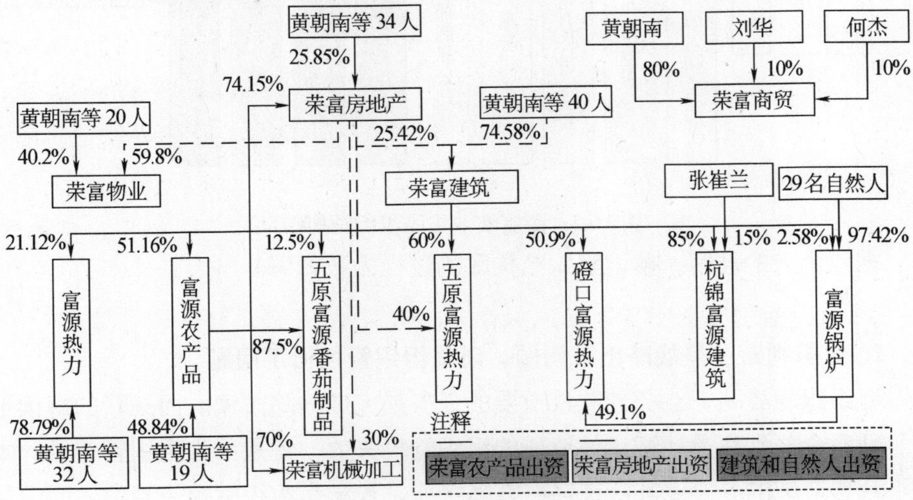

图16-1　荣富实业集团产权结构图

三、滴水见海

在组织管控项目的诊断调研工作中有一套严格的程序，而其中最直接也是最能反应状况的莫过于组织结构图，对组织结构图的解读直接反映着咨询师对管理理解的程度和功底。如同滴水见海，通过对组织结构图的正确解读和判断，几乎可以了解一个企业组织管控的大部分问题。

然而，在荣富，我们却找不到这张图。

通过访谈，我们根据实情复原了荣富实业集团组织结构图(见图16-2)。

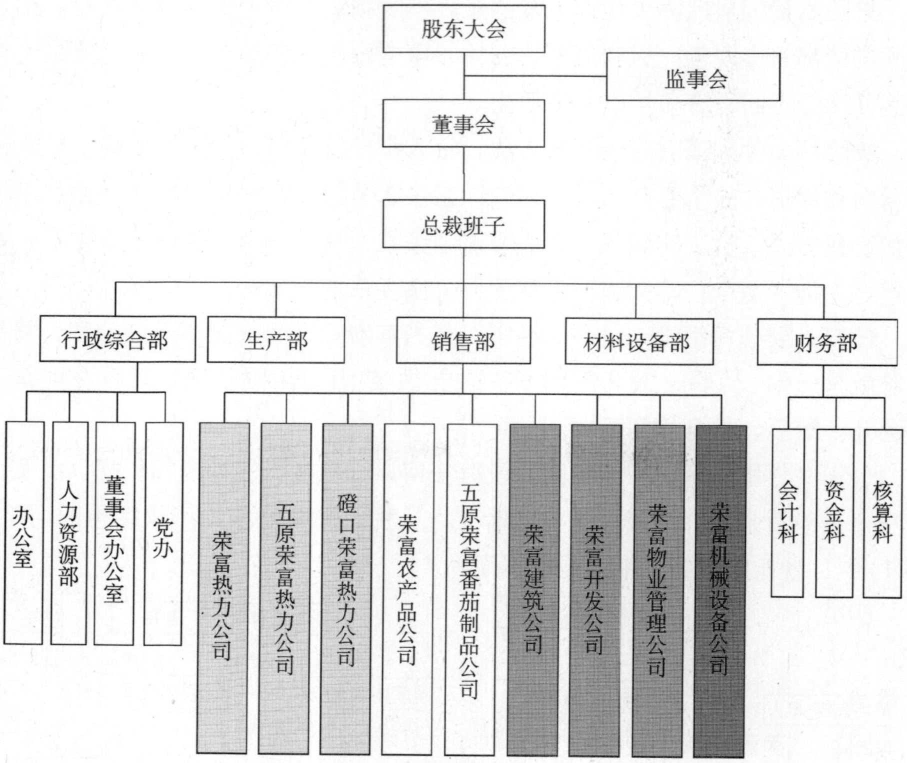

图16-2 荣富实业集团组织结构图

据我个人的理解，解读组织结构图的过程大致如下。

1. 业务判断：是战略出了问题，还是组织管控出了问题

组织跟随战略，业务判断最重要的任务是完成战略解读。而战略的解读是为了判断企业到底是战略错位造成的组织管控失效，还是因为组织管控设计本身不合理造成的企业混乱。往往有许多企业，表象是组织管控不到位，而深层次原因其实是由战略错位造成的。

初次看到荣富的业务版图，很自然地让我们想到“小国民经济型”的企业：集中供热、农产品加工、房地产、机械加工。业务之间基本没什么关系，而且几乎所有业务的经营情况都十分良好。城市集中供热在整个盟区处于绝对垄断地位，是集团的传统主业；农产品业务主要为番茄酱生产，直销国外，供不应求，盈利非常丰厚，是集团的主要盈利来源和未来看好的重点发展业务，同时，农产品板块正准备上甜菜制糖业务；房地产方面，B 市最好的楼盘和多幢标志性建筑都是荣富开发建造的，盈利也很好。

我们的第一反应：这是一个“地头蛇”类型的企业，通吃当地所有资源。然而，很快，有两个有趣的现象让我们认为这个判断站不住脚。

（1）整个盟区的暖费价格为 1.6 元/m^2。多年为全国最低暖费价格，更远低于整个内蒙地区的平均暖费价格。虽然这和当地经济发展水平有关系，但如此的低价仍然让人吃惊。众所周知，地方暖费价格的高低在国家政策的大前提下，更多取决于地方政府部门的“态度”。如果是地头蛇类型的企业，我们很难想象关系到荣富集团主业盈亏的供暖费价格会如此之低。

（2）荣富是整个盟区的税收贡献大户，财务工作十分规范，且历来有当年账款当年结清的习惯。但当地税务局的人却三天两头到公司查账，给公司财务造成许多不必要的重复工作。公司甚至为此安排了几个专人负责对接和处理。众所周知，如果是地头蛇类型的企业，税务部门显然是不会这么“关照”荣富的。

加上当地还有两个非常厉害的企业，一是河套酒业集团，二是鄂尔多斯集团，都不比荣富差。由此可见，荣富和当地政府的关系显然远没到那种能通吃所有资源的地步，说不定还很糟糕呢。

那么，既然不是地头蛇类型的企业，难道是盲目的多元化？就算是多元化，什么是集团未来最主要的业务呢？对这个问题的解答，将决定着荣富未来的战略发展方向，也决定着组织管控的类型和重心。

根据集团董事长黄朝南的说法，供热是集团的传统业务，是事业基础，当然不会放弃。房地产是看情况而定，有项目有地块就做，没有就算了，意思是房地产是个“横财型”业务，有就发一笔，没有也不指望。而番茄酱生产将成为集团未来主要的业务发展重心，理由是：最适合番茄生长的地方就是北纬35°~48°这一狭窄区域，而全球最适合番茄生长的地方就是中国的河套平原黄河“几”字弯顶上的这一小块地方，所以，荣富集团生产的番茄酱其实是世界品质最好的番茄酱产品。荣富产品直销国外，盈利非常丰厚且供不应求。另外，新疆的屯河和新中基等巨头也开始打算向河套地区进行产业转移和扩张。这一切都说明了这块天然资源的价值。

黄朝南董事长否认了多元化的说法，原因非常有意思。

番茄酱的集中加工生产期在每年的4～8月，甜菜在8～10月，而10月到次年4月是集中供热的生产期，几块业务正好都在一个大厂区内，正好实现一套人马、三块业务轮流转的状况，人力资源的运用是最合理的。所以，绝不是盲目的多元化（而是经济学上所说的范围经济，只是黄朝南不知道这个名词）。

至此，我们基本认为荣富虽然没有明确的关于战略的说法，但其关于战略的大想法没有错误。我们建议：以集中供热为基础金牛型业务，夯实其区域垄断的地位（很难做其他区域的扩张），做好政府公关，伺机寻求提价机会，为番茄酱业务作资金支持；重点发展番茄酱生产这一重点成长型业务，进行局部区域资源抢占和垄断；积极谋求上市机会，打通资本融通渠道，为番茄酱产业的扩张打造资本平台。至于其他业务，甜菜制糖最好不要涉及（相比蔗糖的低成本，甜菜制糖注定没有事业空间），可将甜菜厂房作为番茄酱扩产的储备用地；房地产可以伺机而定，有好项目就做一把，没有就算了；机械加工没什么贡献，内化为供热的一个部门，或者直接砍掉。业务分析如图16-3所示。

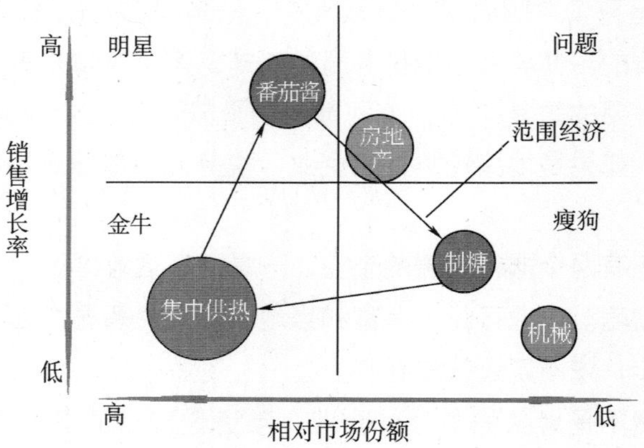

图16-3　荣富实业集团业务分析图

董事长黄朝南有两点坚决不同意我们的意见：一是坚决不搞资本运作，认为“我们是老老实实做实业的，那东西是不务正业，会害死企业”；二是坚决要上甜菜制糖，理由是“国企改制时，人家把价值2个多亿元的资产以不到3 000万元的价格转让给我了，是希望我能把这块做起来，所以我得对人家有个交代”。（很遗憾，我和孝立兄弟刚出道，黄朝南董事长还不敢相信两个“毛头孩子”的眼睛。而如今，在短短不到一年半的时间里，整个盟区潮水般涌进了50多家番茄酱生产加工企业，其中包括大名鼎鼎的屯河和新中基等，而且已经多次试图并购荣富集团的番茄酱生产业务。这两个坚决反对，无异于为荣富的未来发展埋下了两个隐患。）

对于组织管控项目来说，完成了荣富的战略解读，最重要的是排除了战略出问题的可能，同时明确了集团业务的重心和各业务间的关系。这是完成关于组织管控体系建设思考的前提和基础。

2. 类型判断：是经营型、战略型，还是金融型？合适吗

迄今为止，关于集团管控类型的判断几乎超不出图 16-4 的范围。

从逻辑上，图 16-4 包含了一个企业的成长历程。一般说来，企业总是从单产品发展到多产品，从一个局部市场开始，逐渐扩张到邻近区域、全省、全国乃至全球的。所以，从经营型到战略型再到金融型，实际上涵盖了一个企业发展过程中各个阶段的典型状态。

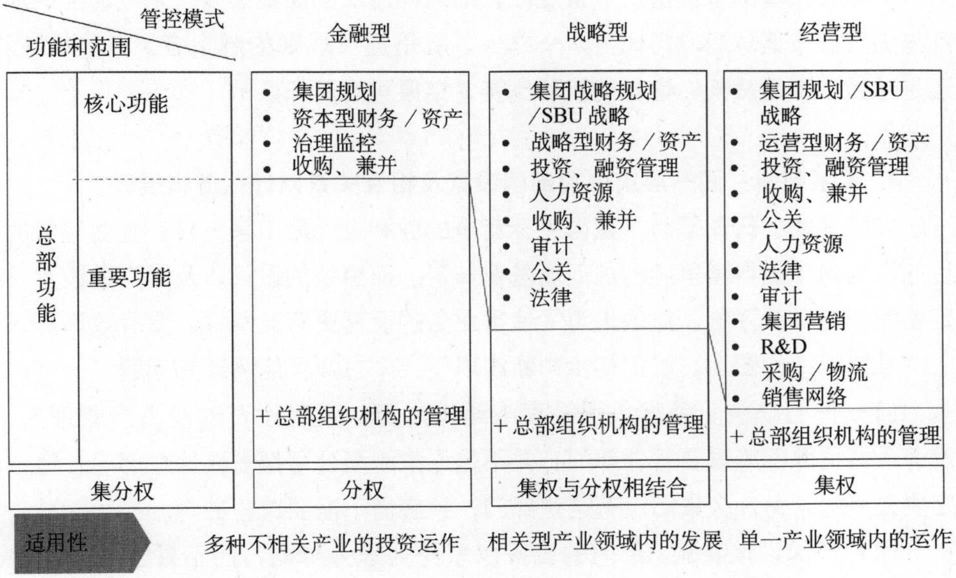

图 16-4　荣富实业集团管控图

从荣富集团组织结构图上，我们看到集团总部有农产品的销售部、有供热的材料设备部等涉及子公司重要经营内容的部门设置，显然，集团目前是以经营型管控模式为主（虽然荣富自己并没有什么明确的类型区分，但如果能以这样的结构性思维去进行观察，往往会事半功倍）。

3. 层次判断：决策层、管理层、经营层清晰吗，完善吗

在企业很小的时候是不需要什么组织结构的，或者说即使有，也很简单。一个部门或岗位承担着多项职责和功能，从决策到管理再到执行几乎都由同样的人完成，而这往往是合理的，也是必要的。但随着企业规模的扩张、人员的增多，将要求组织不断强化分工与协作。从集团管控的层次上，要求有清晰的决策层、管理层和经营层的分工。

对管控层次的判断可以结合组织结构图，通过了解主要部门领导的工作职责和范围而确定。

例如，荣富集团组织结构图上是没有总裁的，而是以总裁班子代替着决策功能。根据集团组织结构图，我们很容易就发现集团实际的运行中以总裁班子以上部分为决策层，同时，以总裁班子加上集团总部部门为管理层，以各分子公司为经营层。简单说来，就是班子成员不仅负责集团和分子公司的决策，同时还负责集团总部的管理事务，进而还负责分子公司的具体经营业务。也就是说，同一个人既是决策者，又是管理者，还是经营者。

显然，荣富的管控层次非常混乱，而管控层次的混乱必将带来经营上的混乱与失效。以篮球运动打比方，一群人，既是篮球规则的制定者，又是教练，还是球员，更是裁判，这样的篮球比赛，结果可想而知。

4. 关系判断：同一层次中的部门设置及相互关系以什么逻辑展开

如同动物的行动是为了赢得生存竞争的胜利进而活下来一样，企业经营的目的也是为了赢得竞争胜利进而能基业长青。而组织的设计以及部门的设置一定是围绕业务展开的，目的是为了使得业务的运营更有竞争性、更有效率。

从组织结构图上，我们初步判断在以下几个方面可能会存在问题：

（1）部门缺失。荣富集团没有战略发展部、没有投资部及资产管理部、没有人力资源部等重要管理部门。并不是说集团型公司都需要这些部门，但一定要去追问，为什么集团没有这些部门，到底需不需要这些部门。

（2）部门设置混乱。部门的设置以事务处理为导向，而不是围绕业务本身的轻重缓急，更不是围绕战略竞争的需要展开。例如，销售部管理着分子公司农产品的产品出口，材料设备部管理着供热和农产品以及房地产的生产设备、原材料资源，这些部门都不是围绕某业务的完成链条展开的，而是为了处理事务方便而展开的。

（3）重复设置。办公室和董事会办公室不仅重复设置，董事会办公室的位置也显然不恰当。

……

通过以上判断，并带着相关问题进行具体的访谈和资料研究，荣富集团组织管控的主要问题便了然于胸了。

四、追根溯源

古语云："天下之道，常变而已矣。"又说："睽而知其类，异而知其通。"都是为了说明一个道理：一个优秀的咨询师不仅应该是能找出问题的人，更应该是能从纷繁复杂的表象中一针见血地指出关键所在和根源所在的人。只有这样，才能"持常应变"。

包政教授曾总结出中国大多数企业所面临的两大问题：一是没有进入战略实施状态，二是没有进入组织管理状态。以此判断企业，往往一击而中。

在包教授相关案例的启发下，我们认为荣富集团陷入如此乱象的最核心根源就是：企业将求生存阶段的个人化感性管理方式带到了求发展阶段，未能及时调整并发育出发展阶段所需要的职能化理性管理模式。

仔细研究荣富集团所面临的管理问题，我们发现这些问题的实质是：荣富集团虽然已由"求生存"为目标的创业阶段进入了以"求发展"为目标的发展阶段，但管理模式却依然是创业阶段所形成的个人化的感性管理模式，而没有及时转变为发展阶段所要求的职能化的理性管理模式。

所谓个人化的感性管理模式，就是指建立在创业者个人权威基础上的管理模式，它强调的是集中决策和灵活。所谓职能化的理性管理模式，就是指建立在原则、制度等理性权威基础上的管理模式，它强调的是授权和规则。

那么，为什么企业发展了，却不能顺利实现从感性管理向理性管理的转变呢？一般情况下，深层次的原因是创业时期所形成的企业行为方式的惯性。

创业初期，企业面临着巨大的生存压力，遇到任何事情都必须尽快作出决策，而且不能出任何差错。所以，此时的企业只能靠创业者个人的眼光和胆识果断地行事，企业的命运实际上是系在创业者个人身上。

在这种情况下，创业者最需要的是那种拼命工作、不计报酬、忠诚老实的追随者。在这种情况下，没有等级观念，没有制度约束，也没有特别的激励，企业就像一个和睦的大家庭，每个人都自觉地去完成需要做的工作。

在这种情况下，一切都围绕着创业者转，一切由创业者说了算，创业者就是最高标准、就是绝对真理。

这种以高度的集中决策和灵活为特征的感性管理模式在创业时期是正常的，而且是必需的，是创业之所以能够成功的必要条件。但久而久之，这种管理模式便成为企业行为方式的习惯。

随着企业规模的不断扩大，如果企业的这种行为方式不能及时改变，它就会变成企业进一步发展的障碍。

这种障碍的集中体现就是：创业者集中决策和灵活应变的惯性造成企业中高层经营管理者对创业者的过分依赖和自主决策意识的弱化，而这种依赖和弱化又导致了创业者不能放心授权，反过来加剧了创业者更加集中决策的倾向。

最后结果是造成敢于主动决策和承担责任者越来越少，管理越来越不力，效率越来越低下；而且企业的价值评价也不以能力和贡献为导向，而以资历和忠诚为标准，导致优秀人才不能脱颖而出，难以形成职业化的核心管理团队或企业家群体。整个经营管理责任主体落空，荣富集团所有的管理问题便由此产生了。如图 16-5 所示。

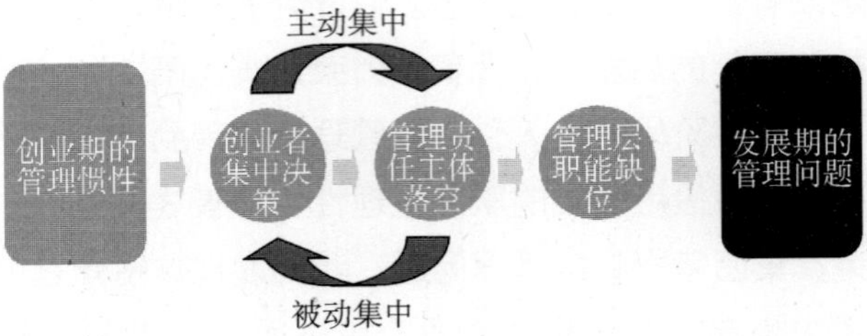

图 16-5　荣富集团管理问题根源探究

五、解决之道

明确了问题的根源所在，解决之道也就自然在其中了。

简单来说，在明确集团管控类型的前提下，将决策层、管理层和经营层分开，做到“高层做势，中层做实，基层做事”，明确各级各部门经营管理者的责任，使他们真正成为战略经营和战略管理的责任主体，独立承担起为公司战略目标的实现作贡献的责任，并以此获得相应的报酬和待遇。

另外，尽快开放责权体系，改变原来以资历和忠诚为标准的评价体系，根据能力和贡献，从内部选拔和从外部引进一批优秀人才进入经营管理的相关岗位，真正建立一个有战略经营头脑和战略管理能力的职业经理人团队或企业家群体。(这部分更多涉及人力资源内容，暂略。)

于是，荣富集团组织管控体系构建的步骤就顺理成章了。

1. 明确集团定位

(1) 管控模式定位。荣富集团不能选择经营型管控模式，道理不再赘述。同样，荣富集团也不能选择金融型管控模式。简单说来，金融型是以并购重组为资本增值的核心逻辑，比如复星集团，以前的德隆等。荣富显然还不具有这样的资源和实力。

我们最终认为荣富集团选择战略型管控模式是合理的。

（2）集团功能定位。荣富集团的功能定位有四个：战略管理中心、运营监控中心、牵引动力中心、资源服务中心。各功能定位详见表16-1。

表16-1　荣富实业集团功能定位表

功　能	功能描述	功能实现的思路
战略管理中心	制定政策和战略，规划集团产业发展体系，牵引实业发展	（1）建立专门的战略研究部门来支持战略决策 （2）强化对下属企业的战略性投资、集团及下属企业资本运作项目的统筹安排和管理
运营监控中心	一方面，集团要进行资产管理，对资产的存量、增量、配置、收益进行管理；另一方面，集团为推进产业发展，对集团所属企业的整体运行情况、结构性的信息以及重大事项进行监督、指导、控制	（1）明确界定集团公司要对下属严格控制与管理的范围，如下属企业自觉进行汇报和请示 （2）成立专门机构来管理下属企业的经营计划、经营成果、预算及决算、资产状况等经营上的重大事项 （3）建立内审机构，对下属企业财务状况进行审计 （4）对不同类型的企业进行分层分类监管 （5）在时机成熟的情况下，引入全面预算管理体系，以期实现监控和放权的最有效平衡
牵引动力中心	集团公司要成为所属企业发展的动力助推器，通过观念引导、人事激活、利益激活、权力激活推动所属企业的不断壮大	（1）集团公司首先要制定下属公司经营者的激励考核方案 （2）在保证有效监控的情况下，逐步放权，激发下属企业的活力
资源服务中心	集团通过组织资源共享、服务、协调等方面来支持下属企业	（1）资源共享：建立共享信息平台，建立共享人力资源平台，如集中招聘、统一培训、共享专家系统 （2）进行内部资源调剂：如组织内部信贷，组织营销渠道嫁接

2. 完善治理结构

荣富集团治理结构的引入应以产权的整合及清晰界定为前提。经过方案设计和比对，选择了通过以自然人股东在成员企业中的股权加现金出资注册荣富实业集团有限公司，然后由集团公司出面收购（或者协议划转）成员企业的法人股，最后实现对所有子公司100%控股的方式，最终实现了荣富集团产权的整合和梳理。为治理结构的完善扫除了障碍。

（1）集团公司层面。严格依照中华人民共和国公司法的规定建立并实际运行“三会”——股东会、董事会、监事会。

（2）集团公司对子公司。对于具有法人资格的子公司的独立经营地位和独特经营个性，给予充分的尊重；通过相应的管理制度，保障子公司有独立的法人财产，享有法人财产权。建立对子公司经营班子的激励与考核体系。

通过建立“子公司董事会”汇报制度，建立起集团公司董事会对“子公司董事会”决策的影响能力。同时，事实上形成“集团公司董事会”——“子公司董事会”——“子公司经营班子”的三级经营决策体制。

通过“子公司董事会”授权集团职能部门的方式，实现“集团职能部门”对子公司相关领域的管理权力。事实上形成：“集团职能部门”——“子公司经营班子”——“子公司职能部门”的三级职能管理体制。

3. 调整组织结构

图16-6就是荣富集团组织结构的调整目标。

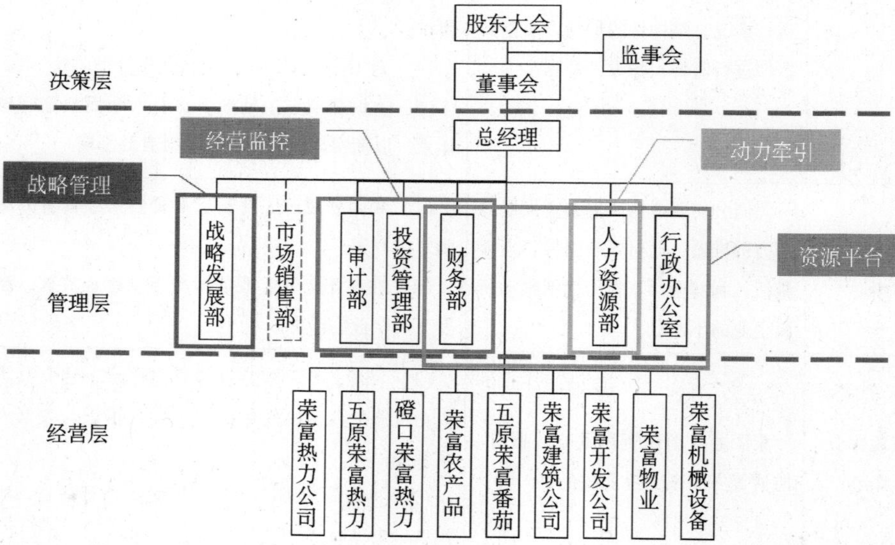

图16-6　调整后的荣富实业集团组织结构图

我们对每一个部门进行了详细的细化结构设置，并对其主要功能及相互关系进行了清晰定位，以此形成从集团到子公司非常清晰的三个层次：决策层、管理层和经营层。（详细内容见和君咨询数据库《富源实业集团管理控制体系调整方案》。）

（1）决策层。此层负责“做势”，主要负责关系荣富集团未来生存与发展的长期、重大战略目标及动作的思考、制定与决策，是整个荣富事业王国的最高决策及权力机构。

（2）管理层。此层负责“做实”，主要从集团层面进行基于整体公司战略的目标分解、资源调配、运营监控及服务支持。

（3）经营层。此层负责“做事”，根据集团战略要求，在本业务领域内完成具体经营目标及任务，主要负责具体的经营性实务工作。

4. 落实岗位职责

在组织结构设计完成后，我们对荣富集团所涉及的19个主要部门岗位职责进行了包含“相互关系”、“工作职责”、“工作权限”、“主要工作内容”、“关键业绩指标”和“技能与经验要求”六个方面在内的细化描述，使得每个岗位都实现职责清晰、有章可循、有法可依，每个岗位的员工都十分清楚自己的目标是什么、“跑道”在哪里。

这里需要指出的是，岗位职责描述必须建立在对战略和业务详细了解的基础上，而不是照搬其他类似公司的资料；另外，岗位职责需要和组织结构图反复印证调整。

5. 强化管理流程

关键管理流程的构建有利于大中型企业运营效率的提升。为此，我们针对荣富集团的实际运行需要，从4个主要方面进行了15个关键流程的设计与描述（见图16-7）。这4个方面为：战略管理、投资管理、财务管理和人力资源管理。

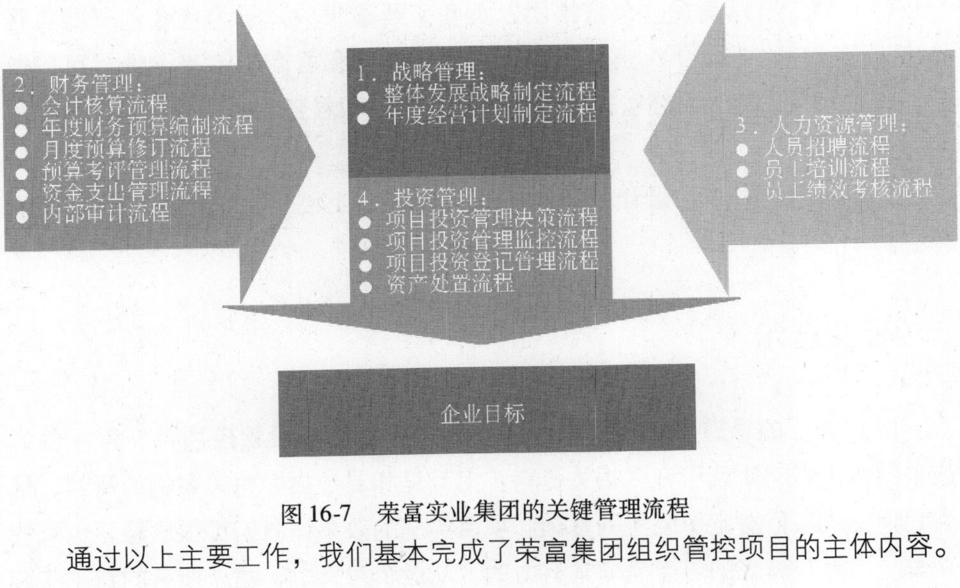

图16-7　荣富实业集团的关键管理流程

通过以上主要工作，我们基本完成了荣富集团组织管控项目的主体内容。

六、结局

2006 年 1 月，我们完成了荣富集团项目。客户比较满意，但将信将疑，说是“需要实践证明”。估计是我们在项目过程中反复引用管理大师德鲁克的一句话的缘故：“管理不是科学，也不是艺术，而是实践。”（另外一句经常引用的话是：“管理的关键不在于知，而在于行。”）

2007 年 5 月，我和孝立兄弟回访了荣富集团，景象好得出乎我们的意料。

（1）在甜菜制糖新厂上马投入 6 000 多万元且亏损 2 000 万元的情况下，荣富集团总资产由 8 亿多元增加到 11 亿多元，仍然保持着 30% 的增长速度。

（2）集团公司股权结构调整完成，组织管控架构调整基本到位。

（3）集团公司人员锐减了一半，仅留下了两个元老，主要是为了完成新旧管理层的平稳过渡。董事长黄朝南目前每年出去休假一个月，所有高管和员工们周六周日休息，按国家法定节假日休息。集团财总兼总助张总（元老之一）告诉我们：“现在就是一两周不到公司，也出不了什么事。”整个集团公司总部大楼静悄悄的，员工们居然能在休息时间打打台球和乒乓球。这让我立刻想起德鲁克的一句话：“真正管理良好的公司，是平静甚至乏味的。”

（4）作为智慧、能力和超高强度劳动的报酬，高管薪酬非常可观，每人均有配车，还加上股权价值。而下属分子公司管理层的激励也非常到位和有效，工作积极性空前高涨。整个集团呈现出上下奋发、积极进取的景象。

（5）客户非常满意。荣富集团以黄朝南董事长的儿子为代表的一群年轻接班人已经开始全面介入业务管理，并表示要到和君商学院来深造。可以断定，该公司以后每当面临管理问题和发展难题，和君咨询必将成为其最为信赖的咨询对象。

在所有的结局中，最让我欣慰的是，客户从上到下，都把我们当朋友看待了。

七、启示

（1）真正的思想是有力的。这是我们第一次做组织管控项目。为了做好这个项目，查阅研读了许多相关资料，尤其是和君数据库相关案例的研读，这为我们完成项目奠定了坚实的基础。项目实施的效果让我们都很欣慰，也有些兴奋。因为，真正的思想是非常有力的。从这个意义上，建议所有的新手应该多泡泡公司的数据库，多听听王明夫、包政以及程绍珊等老师的课。

（2）咨询项目需要综合管理功底。一个组织管控项目，却涉及战略、并购重组、公司治理、人力资源、营销以及公司法、税法等方面，如果没有综合扎实的知识功底和经验，很难做好管控项目。同理，做其他项目也是这个道理。

（3）战略很重要。2006年做项目的时候，提醒客户要关注战略，并强调番茄酱业务应该尽快抢占资源。

（4）咨询师一定要站稳自己的专业立场。在我们的组织管控的初步方案里，集团总部部门设置是没有材料设备部和销售部的。董事长黄朝南专门追问这个设计，认为不合理，材料和销售集团不能放。我们据理力争，例如销售，集团要给分子公司下销售及利润指标，同时又自己进行价格制定，这显然是矛盾的。在实在无法说服黄总的情况下，我们在咨询报告里坚持了我们的专业立场，但同时也给对方一个台阶，美其名曰：让实践来检验。一年多的实践证明，我们是对的，最终赢得了客户的尊敬。

（5）事有轻重先后。《大学》上说："物有本末，事有始终，知所先后，则近道矣。"无论做任何项目都应该时刻追问：什么是轻重（主次）？什么是先后（因果）？这样久而久之，我们就会形成自己有效的逻辑思维方式，更重要的是能透过纷繁复杂的"变"，知道隐含其中的那个"常"。例如，前面所说的"管理责任主体落空"等，就是因为中国大多数企业都不像西方企业经历了漫长的工业革命的洗礼已经趋向成熟，而是还处于从生存期向发展期转型的阶段，而这就是这个阶段企业的共性和根源问题。

（6）做人做事要负责任。这是我和孝立兄弟做的第一个项目，初出茅庐，除了有点清华读MBA的知识底子，其他啥也不懂，全凭一股劲儿，每天从清晨忙到深夜，也没觉得辛苦。好多东西都是第一次弄，两个人整天讨论甚至争论，只有一个想法，就是要把项目做好，对得起人家付给我们的25万元咨询费。估计这也是为什么现在能和客户做朋友的原因吧。

（7）情义无价。现在回想起来，有两个夜晚很难忘记，一是2005年平安夜，我和孝立兄弟在公司办公室赶荣富的诊断报告，直到凌晨3点（第二天中午就要乘火车去荣富汇报），办公司里就我们两个人，边干活，边开玩笑。从办公室出来打车回通州，路上听见鞭炮声，才想起是平安夜，给孝立发了个短信，孝立回了短信："两个傻子走到一块了，不容易。"另外一个夜晚是在荣富，元旦夜，到处放鞭炮，我们两个独自在空荡荡的公司办公室里边哆嗦，边干活。晚上11点多从办公室出来，零下十几度，冷得发抖，孝立看我一眼，笑了笑，开口骂："妈的，过年也没人请我们吃饭。"咨询队伍的成长估计应该在苦难中进行，只有这样，才能练出一支铁打的队伍，队员之间才能有战斗友情。

案例总有写完的时候，如同项目总有结束的时候，然而思考和感受却似乎永远没有结束。非常幸运能和一帮有志向、有着理想主义精神的年轻人一起奋斗并生活在和君这个大家庭里。感谢所有的新老和君人！

复习与思考：

(1) 如何理解组织管控对企业成长的意义——想想看，是什么样的组织结构和管理流程居然能支撑像通用汽车那样的“巨无霸”公司正常运转，并继续提供成长张力？

(2) 组织管控项目的“思考纲目”是什么？思考起点和归依是什么？

(3) 组织管控和战略的关系是什么？如何理解“战略决定组织”？如何通过组织结构图分析，迅速判断是战略出了问题还是组织管控出了问题？

(4) 结合荣富集团案例，深入理解什么是业务判断、类型判断、层次判断和关系判断。其背后的逻辑是什么？各自的要害在哪里？集团组织管控体系的构建应该如何进行？通常有哪些内容和步骤？从哪里切入？如何系统展开？

(5) 为什么说荣富集团“缺肾”？什么是战略实施状态和组织管理状态？荣富集团陷入管理乱象的核心根源是什么？

(6) 通过荣富集团案例，说说什么是“地头蛇型”企业？这类企业的优势和局限在哪里？成功走向未来的关键在哪里？什么是“范围经济”？如何理解“我们赢得了局部战斗，却输掉了战争的全局”？

(7) 如何理解“物有本末，事有始终，知所先后，则近道矣”？什么是“知类”和“知要”？如何“触变知常”，并“持常应变”？

(8) 作为一个新人，在专业知识和实操经验都还有所欠缺的情况下，如何展开咨询工作并为客户提供真正有价值的咨询服务？其中，最重要的品质和能力是什么？

嘉宾点评：

王金玉(福田汽车股份有限公司总经理)：

中国有很多企业是凭借个人能力和市场机会做起来的，一旦做大了之后，凭借个人权威和能力就很难保证企业的运行安全与效率了，继续往前走，就面临两大问题：一是如何进入战略实施状态；二是如何进入组织管理状态，使个人化管控让渡给组织管控。本案例展示了这样的一个企业怎样通过分析问题成因、设计组织结构及流程、实施管理变革从而一步步进入组织管理状态的故事，情景真实、逻辑清晰、措施得当。对从事企业实务工作的经理们来说，读一个这样的鲜活案例，比读干巴巴的理论书籍更有启发意义。

第十七章

商业模式设计与私募融资：灵顿中子刀

案例主题词：商业模式设计·引进战略投资者

和君咨询案例系列之：

灵顿中子刀商业模式设计与私募融资

课题组　撰写于2007年夏

一、项目背景

1. 关于中子刀

以物理射线治疗癌症的技术和设备早已有之，例如常用的X刀、伽玛刀和激光刀，分别用X射线、伽玛射线和激光射线将癌细胞杀死。

中子刀是以中子射线将癌细胞杀死的一种治癌新技术和新设备，被称为“21世纪的放疗技术”，其治疗原理和方式与X刀、伽玛刀和激光刀类同。中子技术属于核技术的范畴，中子刀的治疗效果是：迄今为止(2000年，该项目进行时)能把晚期癌症根治的唯一技术和设备，成为人类肿瘤医疗领域的全新突破，在世界肿瘤医疗界居于前卫地位。但是，它有适应症，并不是所有的癌症都能治疗，例如肝癌脑癌就不行，中子刀主要适应腔道性癌症，例如食道癌、阴道癌、直肠癌、鼻咽癌等。

中子刀作为最先进的肿瘤治疗设备之一，其主要特点是：①尖端科技含量，它将核物理、放射生物学、肿瘤放射学、电气、自动化、机械、计算机等多种高新技术集于一身；②治疗无创伤无痛苦，易于成为患者和家属的首选；③疗效显著，对其适应症能够代表人类治癌的最佳疗效；④综合治疗费用比传统治疗方法低(中子刀治疗无须住院，无须陪护，无须药物)。

2. 关于灵顿公司

深圳灵顿公司是中子刀的技术发明人和所有人。公司创业以来，一直围绕中子刀的研发、完善、生产和临床试验而运营，一路艰难困厄、艰苦卓绝。在和君咨询接洽该项目的时候，除中子刀项目外，灵顿公司没有其他业务和经营，公司基本情况如下：

(1) 中子刀技术在国内和世界肿瘤医疗界和科技界已经名声大噪，其技术前卫性和治疗前景逐步得到业界承认。

（2）技术已经实现了产品化，第一台中子刀已经制成并投入到了重庆301医院临床试用，试用的治疗效果良好，病例积累已经开始进行中。

（3）灵顿公司正在向国家有关监管部门申请中子刀的生产许可证，但尚未最后取得生产许可证。据灵顿方面称，最终取得生产许可证是确定无疑的，只是时间迟早的问题。

（4）中子刀作为高科技产品，一旦进入正常的生产经营，则产品利润率奇高。据测算，中子刀的销售价格将在X万元/台（出于商业敏感，真实数据在此隐去），而生产成本则是Y万元/台——单台生产的情况下。如果批量生产，则生产成本还有很大的下降空间。

（5）公司财务非常困难。没有正常的经营活动，没有现金流，最后到了连必要的差旅费和申报生产许可证的申报费用都支付困难。到过年的时候，没有钱给员工发工资，就请大家到大排档吃顿饭。一开始就上来几瓶二锅头，老板自己先干掉一瓶，喝醉了钻到桌子下面。员工只好纷纷离去："老板又喝醉了，年前工资别指望了。"

二、简略诊断和关键命题识别

从管理的视角看，灵顿公司的状况是：一项技术、一个产品、一个老板和少量"临时"员工。因为没有正常的经营活动和财务条件，公司还谈不上组织建制和研产销功能分化问题。中子刀从技术发明到最终的商品化，已经走到了"最后一公里"。但因为资金断流、财务枯竭，就在这"最后一公里"的路途上，已经陷入了研发、生产和营销准备上的停顿，随时都可能夭折。

这样一个企业的这样一个阶段，所有组织概念意义上的所谓"管理"问题，都不存在。中子刀技术的完善以及产品的制造和营销准备，迫切需要资金投入。这个公司当前唯一的命题是：如何融来资金以支持中子刀走完"最后一公里"。这是决定灵顿公司生死存亡的核心问题。其他的事情，都留待"最后一公里"走完之后才有必要提起。

三、融资可行性论证及尝试

灵顿公司历史上的投入及其资金来源情况不详，按下不表。眼下面临的问题是：中子刀这样一个治疗前景看好、利润率奇高的高科技产品，如何融到后续资金，以最终实现灵顿公司的生存与发展？于是，和君咨询工作小组对各种融资方式展开了可行性论证，银行信贷、商业信用、融资租赁、风险投资等融资方式，一个一个地论证过来，结论都是：条件不具备，此路不通。

最后我们聚焦到了引进股权投资者的研究。如前所述，这一产品的利润率奇高，理应对股权投资者有吸引力。但当我们深入分析的时候却发现，这一产品的产销规模与利润率之间存在一个“背反”相关性。当中子刀产销规模过大、投放市场过多的时候，适应症患者病源将被过分分流，那么购置中子刀的医院或医疗设备租赁机构将没有足够的患者病源以支撑其合适的盈利水平。举例来说，假设太原市场只在一个医院里投放一台中子刀，那么太原及其附近地区的适应症患者都将聚焦到这个医院里，从而这台中子刀将为医院带来很好的盈利。如果太原市场有很多医院购置了中子刀，那么适应症患者将被严重分流，于是购置中子刀的所有医院都将可能盈利不足。在此情形下，作为采购方的医院或租赁公司必将倒逼作为厂商的灵顿公司降低其产品销售价格，由此将降低中子刀的产品利润率。在这一“背反”相关性的作用下，投放到医疗市场的中子刀越多，市场的购买动力就越弱，中子刀的售价就会越低。如果要维持高利润率的产品售价，则适度的产销规模控制是必要的而且也是必然的。假如全国市场仅能容纳 X 台中子刀，每台中子刀利润 Y 万元，那么生产和销售中子刀的利基总量也就是：X 台 ×Y 万元/台 = Z 万元。一旦这样一个产销规模完成，那么灵顿公司作为一家医疗器械制造厂商，其后续经营将面临终止。研发中子刀之外的下一个产品吗？那是遥远得目前还无从谈起的话题。

据此分析，初步的结论是：第一，中子刀这一产品虽然利润率可以做到很高，但基于产品之产销差价的总体利基规模有限；第二，就算中子刀做成功了，灵顿公司的持续经营能力也依然还是个问号。这在融资方面的意味是：灵顿公司作为一个医疗器械生产厂商，虽然有着高科技企业的概念，但对股权投资者的吸引力不大。

那么，转机应该从哪里突破呢？

四、商业模式的新设计和新描述

灵顿公司及其中子刀，如果把它的商业模式抽象出来，那么可以描述为：在医疗器械行业，研发有科技含量、高附加值的产品，然后生产，然后销售，最后赚取产品的利润。这种商业模式的理想景象是：公司具备产品研发和创新的核心能力，能够可持续地推出新产品，产品的目标市场定位和性价比有竞争力，由此确保公司的盈利水平和可持续发展。

如以上分析所显示的那样，鉴于灵顿公司的现实情况，这种以“厂商”定位的商业模式，对投资者没有吸引力。有没有可能基于灵顿公司的现实情况，设计出对投资者更有吸引力的商业模式呢？

和君咨询就在这个问题上作出了起死回生的逆转性贡献。

1. 分析所依据的逻辑

和君咨询对中子刀治癌的医疗服务商业前景进行了分析。分析依如下逻辑依次展开。

（1）市场总量分析。适应症病人数量、治疗率、可接受的价格。

（2）竞争分析。竞争对手是谁，怎样分布的，能分流多少总量。

（3）营业预测。中子刀治疗可望收入规模。

（4）成本分析。运营成本的结构分析和数量分析。

（5）利基测算。中子刀治疗的利基规模多大（收入规模—成本）。

（6）资金测算。依据利基和合理的资本收益率倒推出合理的资本投入量。

2. 新设计的商业模式要点

在上述分析的基础上，和君咨询对中子刀的商业模式作出了全新设计和全新描述。新设计的商业模式的要点如下。

（1）从医疗器械制造厂商到医疗服务提供商的转型，放弃销售中子刀的做法，转而建立灵顿肿瘤治疗中心。灵顿公司研发和生产中子刀，但不售卖中子刀，不把中子刀当做出厂产品卖断给医院或租赁公司，而是将中子刀投放到医院里去，与各地医院“合资”或合作建立和经营“灵顿肿瘤治疗中心”，灵顿公司投入设备和技术，医院投入场地、配套设施和接诊条件，共同建成灵顿肿瘤治疗中心，然后对外营业，接诊接治肿瘤病人，通过向体检者和患者收取检查和诊治费用实现营业收入。

每一个肿瘤治疗中心皆以合同的方式明确灵顿与医院的合作关系及双方的责权利。治疗中心以模拟公司的方式治理、运营和独立核算，然后依据双方约定的比例分利。中心的管理、运营和财务则由灵顿公司主导（见图17-1）。

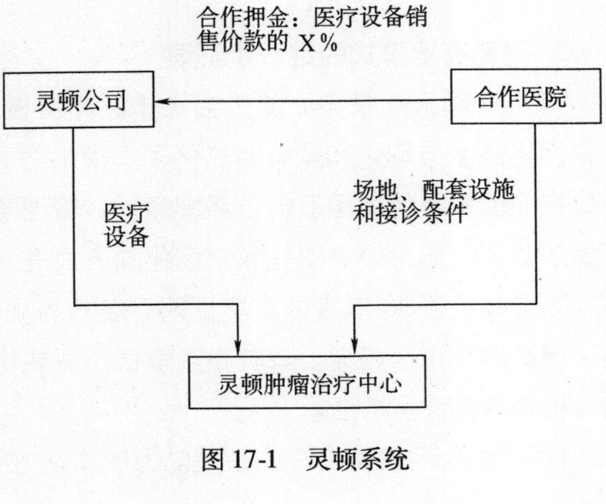

图 17-1　灵顿系统

（2）灵顿肿瘤治疗中心形成“区域合理布局、经营连锁效应”。肿瘤治疗中心的建设布点，根据靠近病源的原则来进行。例如，山西长治为我国食管癌高发区域，于是就在长治寻找合作医院建立长治灵顿肿瘤治疗中心；针对东北地区则在哈尔滨率先建立中心；新疆则在乌鲁木齐率先建立中心；浙江则在杭州建立中心等，最后形成基本上能够覆盖全国病源的合理布局。所有中心统一以“灵顿”品牌命名，经营由灵顿公司主导，形成网络化管理和连锁经营效应。

（3）在条件成熟的时候，引入租赁等金融手段，强化各地“灵顿肿瘤治疗中心”的技术装备。除了投入自产的中子刀外，还借助租赁公司的资金介入，购买投入其他诊疗设备比如伽玛刀、诺利刀、核磁共振、CT、PET、X刀等。一流的诊疗设备吸引好医生，然后吸引周边地区的病源流入，最终使得“中心”成为辐射区域病源的肿瘤治疗知名品牌。

（4）在上述实体的肿瘤治疗连锁体系的基础上，建设一个肿瘤治疗的专业门户网站。在网站建设的思路上，和君咨询提出系列建议。第一，以人才统战的方式网罗中国乃至世界的治癌专家和知名医生，尤其是那些权威专家，让他们在网站上开设专家门诊和提供网上咨询，借助他们的号召力迅速汇聚人气。第二，把网站建成癌症知识及其医疗的百科全书和万事通，让有需要了解癌疗知识和信息的人们第一反应就是登陆该网站，就像人们碰上生词的第一反应是找字典一样。第三，把网站建设成为癌症病人和家属的精神家园。和君咨询人员赴美国实地调研显示，癌症病人1/3是真正癌症死的，1/3是治疗方案损耗生命力而死的，1/3是因为精神紧张或崩溃而“吓”死的。所以，癌症病人和家属迫切需要精神治疗和精神家园。通过一系列努力，最终把网站建设成为一个具备权威性和影响力的专业门户，使其具备如下功能：聚合全国乃至世界一流的癌症治疗专家开展网上专家门诊和约诊、专家网络会诊、网络远程治疗、癌症医疗动态、癌症病例档案数据库、癌症科普及咨询、患者及家属心理疏导和精神关怀、导医等。

3. 对新商业模式的进一步解读

（1）中国医疗服务业的机会大于医疗器械制造业。中国的医疗器械制造业，已经高度市场化和竞争白热化了。相比之下，中国医疗服务行业却整体上还处在旧的事业体制里运行，经营意识、管理意识、服务意识和竞争意识都很淡薄。此时，如果以产业化和市场化的方式进入医疗服务业，是一次很好的机会。改革开放近30年来的事实证明，各行各业中，凡是体制上率先突破的企业，都赢得了市场机会。与其在竞争日益白热化的医疗器械制造业中拼杀，不如寻机转入医疗服务业。

（2）对“万杰模式”的超越。万杰医院在相对偏僻的淄博创办，其基本做法是：建一家医院，购买各种先进的肿瘤治疗设备，以挖角或顾问的方式聘请一批知名的肿瘤医生，然后就大做广告，确立起肿瘤治疗专业医院的品牌知名度。以“设备＋广告”的方式，吸引全国各地的癌症患者前来治疗。万杰医院借此模式迅速崛起，一度成为中国民营肿瘤专业医院的第一品牌，经营形势红火，几年之内就成为上市公司。万杰医院的成功折射出中国肿瘤治疗市场上的巨大商机。

但是万杰医院模式的最大问题是：医院远离病源，全国各地的患者辗转跋涉远赴淄博，极大地增加费用负担和路途劳顿。而灵顿模式，以各地肿瘤治疗中心的连锁经营为核心内容，一旦建成，将会是对万杰模式的彻底超越和淘汰。一是灵顿模式把“医院”送到了患者家门口，最大限度地靠近了病源，在对病源的渗透和招引方面大大超越了万杰模式。二是灵顿模式是“挂靠”在了各地的合作医院里面，不必自己进行大规模的医院固定资产投建，省去了投资和折旧。三是灵顿模式的连锁经营模式，将产生巨大的规模效应和品牌辐射效应。通过与各地医院合作的方式，以灵顿为品牌的一个覆盖全国的肿瘤治疗网络逐渐成形，随着市场份额、品牌和业界地位的上升，商业合作条件将会日益取得“最惠”待遇。就像沃尔玛的连锁商业模式成功地超越了传统的单体百货公司模式那样，灵顿肿瘤治疗中心“网络”的形成，代表着肿瘤治疗业的方向和趋势。可以期待，灵顿开创的这种商业模式有着强大的生命力和广阔前景。如果资金投入能够适时跟进，连锁网络式的灵顿肿瘤治疗中心可望发展成为中国肿瘤治疗业中的“沃尔玛”，而作为单体医院的万杰模式迟早将被替代。

灵顿肿瘤治疗中心以先进的装备优势拉动病源流入，是对“万杰医院”等早期成功模式的复制。同时，灵顿肿瘤治疗中心作为一个靠近病源、覆盖全国的肿瘤治疗网络，是对单体医院模式的全新超越。这是灵顿中心作为一种先行商业模式的真正生命力和广阔前景所在。

（3）灵顿肿瘤治疗中心作为一个靠近病源、覆盖全国的肿瘤治疗网络，以先行的装备优势拉动区域病源流入，快速确立品牌、占领区域市场，不但迅速形成可观的营业收入，同时还迅速占领病源，最后形成对病源终端的占领。灵顿公司对癌症病源终端的占领积累到一定程度后，将形成巨大的战略价值和衍生新的盈利模式。举例来说，病例和诊疗方案大量积累之后形成的数据库将成为所有医药厂商从事疗癌产品研发的必备基础；经手大量病例的经验积累也是肿瘤治疗专家队伍最后形成的必备条件；当灵顿网络占领的病源终端足够规模之后，所有相关产品的医药和保健服务商都将对灵顿网络产生依赖。所有这些因素，都将极大地促进灵顿公司商业最惠地位的稳固、砍价能力的提升，也为灵顿衍生全新商业模式准备了核心能力。例如，通过嫁接或进入肿瘤医药产品而取得产品销售利润等。

（4）专业门户网站的前景及其与实体网络的良性互动。在实体的灵顿肿瘤治疗中心网络基础上架设一个肿瘤治疗的门户网站，使得灵顿公司具备新经济的全新发展空间，最后形成以各地“灵顿中心”为载体的实体网络与以互联网为基础的虚拟网络相得益彰、相生互动的一个肿瘤治疗网络体系。可以期待，这一网络体系的最后建成，将拥有巨大的商业价值，同时也将大大地造福于人类健康事业。该专业门户网站一旦建成为权威性并形成大众影响，则将价值连城。一方面，它是各种有关癌症产品（药、器械、医疗服务等）的最佳广告媒体；另一方面，它又能够有效地推广灵顿癌症治疗中心，最大限度地争取病源流向灵顿治疗体系。

新商业模式的明确和描述，使得灵顿公司的投资价值陡然变靓和招眼，融资事宜因此而露出曙光。

五、商业模式的实施策略和操作要点

出于商业敏感的考虑，本部分内容在此省略。

六、融资方案设计：股权融资及其风险—收益特征安排

基于上述商业模式及其操作策略，和君咨询进行了融资方案的设计。该融资方案中值得提及的要点有以下几个：

（1）出资人的盈利模式定位。如果对灵顿公司进行股权投资，那么出资人的盈利模式无非有两种：

1）分享经营收益的盈利模式，即出资人通过分享灵顿经营的财务净利润而实现投资盈利。这一盈利模式取决于灵顿公司的财务状况和自由现金流。

2）资本增值的盈利模式，即出资人通过灵顿公司股权的升值而实现投资盈利。后一种盈利模式即灵顿股权升值的模式，不仅仅决定于灵顿公司的财务状况和自由现金流，而且还受诸多“价值”因素的影响。影响灵顿股权价值的“价值”因素包括但不限于：品牌、商誉、行业内的地位、产业资源的占有情况、所在产业的盈利能力和成长性、衍生其他盈利模式的潜在能力、企业的成长空间等。

很显然，对灵顿的股权投资者来说，资本增值应该是更有吸引力和更容易

看得见的盈利模式。

（2）交易结构和作价基准的安排。存量股权转让还是直接增资扩股？股权比例如何安排？公司如何估值，存量股权如何作价？投资金额多少为宜？出资进度怎样安排？等等。

（3）新股东投资安全性和收益性的保障条款特别设计。以董事长唐雪飞为首的灵顿创业股东暨管理层股东向新股东签约保证：

1）如果新股东进入后有退出需要，三年后（以新股东出资到账日起算），管理层将根据新股东的要求，部分或全部回购新股东的股权，该等股权回购的作价必须确保让新股东的年投资收益率不低于10%。

2）管理层股东保证新股东的年投资收益率或增值率不低于10%，在低于10%的情形下，管理层股东所持有股权的收益或增值部分归属新股东，以补足新股东的年增值率达到10%的水平。

3）如果公司经营三年没能达到新股东的上述增值率指标，或管理层股东不能履行上述两个承诺，新股东有权全面接管灵顿公司，并根据需要主持灵顿公司的股权拍卖（含拍卖管理层股东所持的股权）或主持公司资产处理，股权拍卖或资产处理所得价款优先用于保证新股东的投资本金收回和10%收益率的实现。若有剩余，管理层股东才可获得剩余索偿。但新股东对公司资产的处理，需要遵守三条原则：①必须以市场公平价格处理公司资产；②收回投资不得损害公司债权人的利益；③新股东处理公司资产的最大量值不得超过其投资额。

在上述保障条款的安排下，对股权投资者的风险底线进行特别提示：在整体拍卖股权的情况下，当且仅当增资后的灵顿股权的拍卖值小于新股东的投资额的时候，或者在拍卖公司资产的情况下，当且仅当灵顿公司的净资产（现有净资产+增资后形成的新净资产）的市场变现值小于新股东的投资额的时候，新股东的投资本金安全才出现风险。

（4）三个专项分析和测算：①为什么说灵顿公司未来三年的现金流足以支持出资人的投资收益（灵顿未来三年的现金流量分析）？②为什么说灵顿的资产变现值足以保证出资人的资金安全：灵顿公司的资产抵押能力分析（灵顿公司的资产变现值分析）？③为什么说灵顿公司的股权价值足以保证出资人的资金安全：灵顿公司的股权抵押能力分析（灵顿公司的股权价值分析）？

（5）建议出资人选择的融资方式。出资人通过收购灵顿公司存量股权的方式或者通过直接增资的方式成为灵顿公司的权重股东，然后以权重股东身份为灵顿公司提供贷款担保。这样，出资人可以较少的自有资金成为灵顿公司的权重股东，然后通过担保的方式撬动银行（或其他放款人）的资金支持灵顿公司的发展。这种方式，出资人实际需要投入的自有资金不多，但却可能博取灵顿公司的产业战略价值和未来成长空间所带来的灵顿股权巨大升值。

七、融资效果及其后续经营结果

上述商业模式的产业空间巨大，商业前景看好，具体的实施策略和操作要点切实可行，股权增值前景可观。融资方案的设计充分考虑到了投资方的投资安全和风险规避，在有着“对赌”性质的交易结构中，经营者或者说是管理层的责任和风险远大于投资方。经营者敢于把身家性命搭进来一起“对赌”的格局，表明了经营者对经营前景的信心和底气，由此也极大地增强了出资人的投资信心和决心。于是，在灵顿公司路演洽谈的五家投资方中，最后形成了三家争抢投资的局面。灵顿公司经权衡后选择了其中的一家，成功签约股权融资5 000万元人民币。

可以说，本次股权融资的成功，是灵顿公司起死回生的一次里程碑。融资成功后，灵顿公司开始与各地医院合作建立灵顿肿瘤治疗中心。自那之后的几年来，灵顿公司已经在广州、杭州、哈尔滨、长治、北京、河北、新疆、重庆等各地建立起了十几个“灵顿肿瘤治疗中心”，计划未来几年依据合理布局的要求发展到30几个中心。灵顿肿瘤治疗中心以先行的装备优势拉动区域病源流入，快速确立品牌，占领区域市场，迅速形成可观营业收入，同时新中心的逐个建立也拉动各方合作款的流入，从而维持了一个良好的公司现金流。一个覆盖全国的灵顿肿瘤治疗网络渐成雏形，市场份额、品牌和业界地位骤升，商业合作条件日益取得最惠待遇。

当前，灵顿公司面临着第二轮的融资需求。融资用途主要用于两方面：①现有中心的签约设备尚未配齐，需要资金购买或自制承诺投入的设备；②继续布点，以先行优势尽快占领区域市场，早日形成全国性网络。

对灵顿公司来说，未来的挑战一点也不比以前少。运作的规范化和管理体系的发育，是未来挑战的最大来源。我们祝福它一路走好。

八、思考与启示

高新技术产品的研发、生产和市场推广，无不需要资金投入。资金上的捉襟见肘一直都是困扰民营创新型技术企业生存和发展的大问题。中子刀私募融资案例，给了我们什么样的启示呢？

（1）高新技术企业的融资运作，需要克服“技术钟爱”情结或是“产品偏执”情结。不要陷到技术和产品里面去就技术谈技术、就项目谈项目，而要有产业眼光和商业意识，需要跳出技术和产品，学会识别战略生长要素，以务实的态度依据“成本—收益”和风险规避法则去设计合适的商业模式。只有这样，才能建立起撬动资本市场的那个“阿基米德支点”，启动现实的融资过程。资本市场通行的是商业法则，它不会为“技术”本身而埋单，资本市场也未必要求企业眼下就能实现多少利润，但资本市场青睐产业空间和成长预期。一个能占领未来产业空间的企业战略和一个能现实地启动成长过程的商业模式，比先进的技术本身更能唤起资本的兴趣。往企业发展的长远看，一项技术，融资再成功，筹来再多的钱，如果配之以一个失察的企业战略和错误的商业模式，那么该项技术连同这个企业也必将行而不远。从这个意义上说，技术很重要，融资很重要，但企业战略和商业模式比技术和融资更重要。所以，在高新技术企业的融资实践中，运作的重心应该放在商业模式和发展战略上，而不能一味地钟情于技术或产品，孤芳自赏。

(2) 在企业融资中，管理咨询公司可以扮演重要的角色，发挥重要的作用。在本次融资案中，中子刀技术只是灵顿公司的战略生长要素，是灵顿公司商业模式的起点。出资人所投资的，实际上并不是中子刀技术或产品，而是由中子刀技术衍生出来的灵顿产业战略和商业模式。从这个意义上说，是产业战略选择和商业模式设计促进了中子刀融资案的最后成功。而产业战略策划和商业模式设计，从来都不是投资银行的专长。这是否意味着，有着这方面专长的管理咨询机构，可能在未来的企业融资实践中成为一支活跃的力量，以其职业优势侵蚀公司融资这一投资银行业的世袭领地；或者意味着，历史以来一直是投资银行业一统天下的公司融资领域，将可能走向投资银行业与管理咨询业的某种融合呢？管理咨询业在公司战略定位和商业模式设计方面拥有非常职业的技术与能力。试想，如果制定一个有感召力的公司战略和商业模式，就能吸引资本跟进，那么管理咨询业协助企业实现融资还有什么难处呢？

复习与思考：

(1) 商业模式设计需要考虑哪些关键要素？先进技术转化为领先商业模式的主要障碍有哪些？

(2) 股权融资方案设计需要考虑哪些关键要素？在不损害融资方利益的前提下，如何尽可能降低战略投资者的投资风险？

(3) 你是否听说或了解过高科技企业的战略融资问题？请给出一个具体

的案例，并结合该案例说明灵顿中子刀案例给了你哪些有益的启示?

嘉宾点评：

朱敏(美国硅谷著名华人创业家和风险投资家,赛伯乐(中国)投资有限公司董事长，美国NEA基金董事)：

从一项技术发明(或一个产品)到一个可行的商业模式之间，转换距离有可能就隔一层窗户纸，也有可能还相距十万八千里。无论远近，这个转换都是攸关生死的。从技术产品到商业模式，这个案例展示了一个灵光乍现、攸关生死的转换过程。

在创新企业的融资问题上，一个能占领未来产业空间的企业战略和一个能现实地启动成长过程的商业模式，比先进的技术本身更能唤起资本的兴趣。

第十八章

国际财团的中国投资策略：高盛

案例主题词：私募股权投资·产业分析·中国投资策略

和君咨询案例系列之：

高盛私募股权投资顾问

课题组　撰写于2007年夏

一、项目背景与由来

高盛（Goldman Sachs）在私募股权（Private Equity，简称PE，又称“直接投资”）投资方面累计全球管理的基金规模有数百亿美元，其在中国的PE投资活动已经有十几个年头了。公共资料显示，典型的投资案例包括玉柴动力、中国网通、平安保险、中芯国际、分众传媒、无锡尚德、深圳迈瑞、工商银行等，高盛在这些案例中多数实现了可观的投资增值。例如，高盛对平安保险和对分众传媒的投资都增值了20倍，对无锡尚德的投资增值了10倍等。当然，高盛也有不怎么成功甚至是失败的PE投资案例。

对高盛这样的顶级国际财团来说，资金来源从来就不是问题，但如何在中国找到更多、更好的PE投资项目并为项目企业提供更好的增值服务，则一直是高盛PE业务追求的目标。和君咨询这样的本土专业机构，对中国的商业环境和资本市场有着深刻的理解和认识，信息来源多，客户覆盖面广，对企业的管理咨询服务能力较全面。因而，针对中国环境下的投资，和君咨询可以为高盛这样的PE机构提供有价值的咨询服务，包括行业研究、项目导入、企业调研、项目评估、投后管理咨询等。

经过几个月的接触和探讨，高盛与和君咨询于2005年5月正式签订协议，委托和君咨询为高盛在中国的私募股权投资业务提供咨询服务，和君咨询把自己在中国环境下长期积累的专业能力、经验、品牌、信誉、客户关系和商业信息资源贡献给高盛在中国的PE投资事业。

和君咨询为高盛提供的具体服务内容包括：

（1）和君咨询根据对中国商务环境及资本市场的理解，为高盛在中国大陆的直接投资提供总体的策略建议。

（2）为高盛提供项目信息和投资机会，主动寻找或推荐具体的投资项目和投资机会，并就推荐的项目或机会进行深入调研、投资方案设计、引见被投资方的决策人、商务谈判、促成投资成交等。

(3) 就高盛指定的投资项目进行项目调查、项目评价、引见被投资方的决策人、设计投资思路和方案、协调高盛与被投资人(如被投资方的所有者、管理层、员工、专家、顾问)之间的关系、进行商务谈判、促成投资成交等。

(4) 就高盛指定的行业进行产业调查、行业分析、投资机会和投资风险评价、价值评估，并协助筛选投资目标。

(5) 就高盛已投资或拟投资的目标企业提出结构优化和绩效改进的专业建议，跟进投后管理咨询。

二、PE的中国投资策略研究报告

1. 和君咨询对中国PE行业总体形式的理解

和君咨询首先对中国PE行业的总体形势作出了自己的分析和判断，这个形势是从下列几个方面来理解的：

(1) PE投资的生存方式。

①游牧式投资，即PE机构就像游牧民族逐水草而居一样地逐项目而生存，在全国范围内到处找项目，碰上一个是一个，碰不上的就算了。很少有PE机构形成了地毯式、有系统的深耕作风。②傻瓜式投资，这里的“傻瓜”之说无任何贬义，就像“傻瓜相机”的说法一样，指的是简单易学、容易操作。PE投资的商业模式简单明了、操作已经完全实现了标准化和流程化，所以容易复制。这使PE机构这几年在中国雨后春笋般地冒出来，并形成了高度同质化竞争的局面。③收割式投资，即PE投资者多半是投资那些创业风险期已过、公司进入了稳定成长期、并在不久的将来能够IPO的企业，企业一上市，PE就套现走人。除了驱动目标企业上市之外，很少PE机构能对目标企业的长期战略和经营管理提供实质性的帮助。三番五次下来，PE作为“收割者”的形象，在中国民众心目中日益凸显：人家辛苦种地，等快要收成的时候，PE来了，搭上一把，收割后走人。

(2) PE行业的供求与竞争。上述生存方式所引发的直接结果是，中国的PE行业鱼龙混杂，竞争激烈，供求关系失衡，钱多项目少。数据显示，在中国活动的PE机构数量及其累计基金规模的增长趋势相当强劲。从20世纪90年代中期开始，外资各大品牌公司(华平、凯雷、新桥、黑石、J. P摩根、摩根士丹利、高盛、软银、淡马锡、新政投、KKR、HENDERSON等)纷纷进入中国，国内PE机构雨后春笋般地冒出(自从2006年A股转势之后，券商的直接投资业务和民营资本的进入，是中国PE资金增长的主要力量)。中国本土尚未产生绝对领先的 PE 品牌。无论中资 PE 还是外资 PE，无论是大型 PE 还是中小型 PE，由于大家的投资理念和选项标准高度趋同，所以大家在寻找项目时候瞄准的方向和目标是相同的，结果你看中的项目，我也看中了，他也看中了，往往形成十几家甚至几十家 PE 基金共同争夺一个项目的竞争局面。在 PE 资金快速增长和选项标准高度趋同的双重力量作用下，符合投资标准的项目就显得短缺。换句话说，PE 行业是个卖方市场（项目方拥有更多选择权和砍价权的市场）。和君咨询预测，这种卖方市场格局在中短期内不会逆转，只会强化。

（3）PE 行业的公众形象。总体上不是太正面，但也还没有到"四面楚歌"的地步。PE 机构在多数民众心目中是一个"收割者"形象，从业人员学历光鲜、精明过人、收入丰厚，对目标企业，只关心财务数据和上市运作，钱来钱去，不关心消费者的福利，不关心产业和企业的长期发展，投资的短期化倾向明显，不关心企业的长远前途。国际 PE 机构，更容易涉及民族工业保护、国际产业竞争、协助境内资产外移等敏感问题，容易被误解为国际产业竞争中代表外资竞争者利益的卧底者、搭桥者和潜伏者。

（4）PE 行业的出口转向。截至 2005 年，中国本土股市一直还处在令人绝望的熊市之中，所以那个时候很少有人考虑从 A 股市场上退出的问题。BVI 或红筹模式一直是 PE 投资的基本退出方向。和君咨询则在 2005 年就向高盛强调，对中国大陆的 PE 项目来说，BVI 或红筹股是一种衰退的模式，瞄准 A 股市场的选项理念、操作模式和退出方式，是中国大陆 PE 投资的主流方向。为此，对中国资本市场的深刻理解，将成为未来 PE 选项的关键成功要素。

2. 和君咨询关于 PE 投资的策略建议

针对中国 PE 行业的上述形势，和君咨询从下列五个方面提出了策略建议：市场开发策略、选项策略、增值服务策略、退出策略和商业风格及公共关系策略。

（1）市场开发策略。①从行业部委（或行业协会）的"条条"和省地市区域的"块块"两条线索对中国的投资项目进行地毯式的项目信息收集、整理、重点企业调查、关键人物接洽、人脉关系疏通，建立相应的项目数据库和项目搜寻雷达网，由此形成在中国投资选项和到国外募集基金的核心竞争力。②行业和区域软资源整合，即通过整合行业或区域内外的各方面资源（包括政府主管部门、行业协会、研究机构、有关金融机构、新闻媒体、各类相关人士），完成行业软资源的高度整合，实现在行业内外人脉、业界信息、政府政策、公共形象等的优势，支持 PE 机构在中国的业务发展。③与信誉好、历史久的本土中介机构（咨询公司、律师、会计师、评估所等）建立战略合作伙伴关系，对它们的历史客户进行开发。④相继召集各种会议和沙龙，推广 PE 的投资理念和为目标企业提供的资金安排和增值服务。例如，和君咨询具备足够的号召力召集中国本土的明星证券分析师开会，举行行业高峰会和区域高峰会等。

所有这些市场开发策略的提出，都是为了改变游牧式的生存方式，建立起稳定的、可持续的、有系统的项目来源。

（2）选项策略。除了 PE 机构长期习惯了的选项标准外，在中国商务环境下，以下的选项思路和策略将为 PE 基金带来预想不到的效果：①从发现黑马到培植黑马，即不仅仅是去发现一个现成的“好”项目，而是重视对项目的孵化、培植和扶持，伴随项目企业一起成长，深化与目标企业的关系。当现成的好项目被竞争抬价而成本高企的时候，孵化和培植项目的成本或许更值得去投入。②在结构变迁和重组中发现投资机会或构造投资主体，而不是在既定的结构下寻找好企业、好项目。任何商业模式和盈利模式，都是在一定的产业结构下有效的。中国经济的一个最大特点是：各行各业，计划经济体制下形成的旧结构正在一步步瓦解，而基于市场经济体制的新结构正在一步形成，现阶段的产业结构大都具有“过渡性”和“变迁中”的特点。这意味着，现有结构下的好企业和好项目（或差企业和差项目），未必就是未来结构下的好企业和好项目（或差企业和差项目）。③资源控制型投资，例如，土地储备、卖场地点、码头港口、水利、矿产、景观、传统工艺、牌照和许可证等，不一而足。④绩效释放型投资，不要怕亏损企业。收购然后转制、激励、对赌。⑤围绕产业价值链进行投资，通过再造产业来实现投资收益与安全。

所有这些选项策略都是为了避开同质化竞争和傻瓜式投资的旋涡，开辟自己的蓝海战略。

（3）增值服务策略。①在公司治理中扮演积极的、专业的角色，有理有节地协助目标企业转变机制、改善激励、促进效率。②结盟一批中国本土专业机构，为已投资或拟投资的企业提供管理咨询或投资银行服务（包括发展战略、公司治理、股权激励、组织流程、市场营销、人力资源、资本规划、并购重组、财务顾问、上市辅导等），通过协助目标企业解决经营和管理问题来增强目标企业的认同感，促进企业成长和价值提升，尽早实现投资回报。③协助目标企业实现与国际同业的合作，在其走向国际化的过程提供指导与帮助。

强化投后管理和增值服务是 PE 机构改变“收割者”形象、提高项目成交率的必由之路，应该当做 PE 机构的核心竞争优势来发育。

（4）退出策略。①IPO 退出，即要从 BVI 或红筹模式转向瞄准 A 股市场退出。主要原因有两个：一是政策趋势，限制海外上市，防止资本外迁是必然的政策走向；二是市场趋势，未来十几年中国资本市场将成为全球最繁荣的市场，是上升市，比较而言，其他市场是衰退市。A股市场的公司特点、估值水平、市场特性、监管方式和投资者偏好，与华尔街和香港市场比较，大异其趣。由此将引发PE的投资理念和选项标准发生重要改变。②并购退出，要特别注意中国并购市场的买主类型及其打法(篇幅所限,此略)。

(5) 商业风格及公关策略。①要尽量本土化，与客户打成一片，而不是西装革履、高高在上、洋里洋气。②要深入到中国的商业基层和小地方去，而不是浮艳于"大地方"。③在队伍建设和用人上，重要的不在于是否用"中国人"，而是要用懂中国的明白人。④在公共关系上，要强调与目标企业的和谐共赢关系，突出价值驱动者和培植者的形象，淡化收割者形象。避免敌意收购和矛盾公开化，低调处理与目标企业的意见分歧。讲究社会责任，讲究环境保护，积极参与中国本土的社会公益事业。尽量回避公众媒体，尽量回避在敏感的国际政治和国际关系问题上表态。

和君咨询强调指出，傻瓜式的Pre-IPO投资简单、易复制，所以同质化竞争激烈。绕开同质化竞争，必须依靠投资理念和策略的转型和升级，这是走向投资蓝海的必由之路。那么，朝着什么方向转型和升级呢？从长远看，一个立足于在中国做长做久的大型PE机构，在投资理念和策略上应该朝着两个方向转型和升级：第一，从基于项目的投资向基于产业的投资转型；第二，从收割者向Value-Driver(价值驱动者、培植者和服务者)转型。

PE投资如果保持着游牧式、傻瓜式和收割式投资的特点，将不利于这个行业树立起一个正面形象。而能率先朝着上述两个转型的方向努力的PE机构，将能够确立起全新的品牌形象和社会公信，在更深刻的意义上为目标企业创造价值、为中国产业升级和效率改进作出贡献。用中国人的语言来说，这才是PE机构走正道、立正业的"王道"。

三、行业研究：医药、物流、机场等

根据高盛方面的指定要求，和君咨询先后为高盛开展了几个中国产业研究：医药、物流、机场等，搜集了大量的产业数据，分析了产业的整体状况、增长动力、竞争格局、业态趋势和商业模式，对产业内的众多企业进行了扫描，提交了系统的产业研究报告和行业投资策略建议，提出了值得进一步调研的重点企业。

1. 举例一：中国医药产业研究要点

Overview of the pharmaceutical sector in China

-Historical growth rate

-Projected growth rate

-Understanding of the value-chain(value attributed to manufacturing, distribution and retail)

-Geographical differentiation

-Growth drivers

-Regulatory changes(esp. splitting of hospital and drug sales, and pricing policies imposed on government)

-Customer behavior and changes

-Overview of competitive landscape

-Key local players and their relative strengths and weaknesses

-Degree of concentration

-Foreign players

-Market share overview

-Barriers to entry and competitive advantages

-Pricing trend

Specifics:

-The antibiotics market(players, pricing, ompetitive dynamics etc.)

-The raw material drug market(players, pricing, competitive dynamics etc.)

-The traditional Chinese Medicine market(players, pricing, competitive dynamics etc.)

-The retail market

-The wholesale market

Company specifics: In-depth discussion on Harbin Pharmaceuticals.

2. 举例二：中国机场行业投资策略建议

和君咨询提交的《中国机场行业研究报告》系统地分析了中国机场行业的整体结构、增长动力、经营状况、发展趋势、竞争特点、投资机会、风险因素、机场企业的关键成功要素、主要机场公司的竞争优势比较等，在此基础上，对中国机场行业的投资策略提出如下建议：

（1）把机场行业当做大型 PE 基金的重点投资行业之一。①中国机场业总体上呈可持续增长态势，具有盈利模式清晰明了、收益波动性小、现金流稳定、区域垄断、范围经济显著等特点。在中国经济持续增长的大背景下，机场资产将会如城镇土地、商业物业、酒店产权、码头、自然景观等资产一样，步入长期升值的趋势。②中国机场业已经进入了全面的结构性变迁时期，强势企业（如首都机场集团、海航集团、哥本哈根机场集团、汉莎航空集团等）开始了对各地机场的并购，区域整合也在各地展开（如云南省内10家机场重组成立云南机场集团）。在此形势下，大型PE基金面临着“历史性”的投资机遇。③机场行业的资本需求量大，能够容纳足够大的资本规模，有效地排除了中小型PE基金的参与竞争，适合大型PE基金的要求，所以机场行业可以成为大型PE基金避开竞争的天然领地。

（2）大胆收购国家股法人股或增资入股，投资具有良好盈利能力或重要战略地位的“明星机场”。①具有全国枢纽地位的机场（如首都机场、深圳机场、上海机场、白云机场）。②具有独特资源优势的机场（如基于旅游市场的昆明机场）。③在将来的机场并购浪潮中占据重要战略地位、对优化航空网络布局具有不可替代作用的机场（如区域中心沈阳、青岛、西安、成都等）。

（3）以“区域机场控股”的思路投资。典型的情况是云南省的机场行业。由于云南旅游市场的繁荣，云南省的航空业是全国内陆省份中经营状况最好的。省内有昆明、丽江、大理、西双版纳等10家机场，各自独立经营，没有协同效应，客流和物流的开发利用很不充分，经营状况良莠不齐。如果把云南省内的各家重点机场重组起来成立“云南机场控股”，统一资源配置、统一客流导向、统一机场商业、统一运营模式、统一管理措施、统一机场广告、统一市场营销、统一进行临空经济开发等，可望全面改善云南机场行业的总体盈利水平。大型PE基金以入股这个“云南机场控股”而投资于云南地方机场。

（4）以“中国机场控股”的思路投资。例如，在全国范围内物色多家机场公司进行投资，形成“中国机场控股”基金概念，然后进行境内外上市、境内外转让给产业投资者、通过证券化或信托化卖给普通投资者等。

（5）以“基于临空经济的投资组合”的思路投资。例如，一揽子投资于机场及其相关的保税区、物流仓储区、高科技园区、临空港房地产、临空港办公园区、空港商业、机场广告、机场高速公路等。

（6）以“改制与管理提升、绩效释放”的思路投资。低价进入那些体制和管理落后的中小型机场甚至是亏损机场，然后促进改制、重组资产、提升管理、释放效率，最后实现业绩改善和股权升值。

（7）以“与巨人同行”的思路投资。将资金提供给行业领导者和整合者（比如国内的首都机场集团、海航集团，国际上的哥本哈根机场集团或欧洲汉莎航空集团等)，驱动它们以并购重组为手段推行全国范围的机场行业整合，做大做强。

(8) 以投资地方机场为条件获取其他商业最惠条件。不少城市为吸引资金加快发展速度、促进基础设施建设，出台系列优惠政策鼓励资金投入机场、港口等行业。商业最惠条件包括税务优惠、基础设施相关的商业开发特权、同一个地方政府管辖范围内的其他好项目等。

(9) 在退出机制方面，除 IPO 方式之外，产业战略投资者的并购将是一种渐趋活跃的 PE 退出方式。在后一种方式中，潜在的买方力量来自于下列五类公司：强势机场集团(如首都机场)、强势航空公司(如国航、海航)、民营新进入者(如春秋、奥凯)、国际机场集团(如哥本哈根机场)和国际航空公司(如汉莎航空)。

两年后的今天重阅上述产业研究结论，我们依然保持着十足的信心。任何试图对中国机场行业进行投资的手笔，在商业思路和投资策略上都很难超出和君咨询的上述建议，或者说，很难在上述商业思路和投资策略之外玩出什么新鲜的花样。今天，人民币升值、地产和股市繁荣、贸易顺差折射出中国产品竞争力、经济持续高增长，中国的大国崛起和经济腾飞形势已然明朗化。大量的境外资金试图抢购人民币资产，机场资产何尝不是一个上好的投资选择呢？如果更有魄力和远见一些，把上述投资策略综合运用，对中国机场行业进行综合性、立体化、垄断性式的投资，我们相信，不单能够协助中国改善基础设施建设、促进机场运营效率、促进航空业和区域经济发展，而且作为投资方在商业收益上也必将笑到最后。

(特别说明:我们深知 PE 基金的选项标准和商业模式与资产配置型基金的选项标准和商业模式大有差异,在此项行业研究中,我们主要是基于行业投资机会来讨论"中国的机会",较少考虑 VC&PE 基金在商业模式、操作特点和选项标准方面的特性。)

四、目标企业推荐建议和商务洽谈安排

在 2005 年的服务周期内，和君咨询先后为高盛或推荐或安排会谈了十几个值得考察和进入投资评估的目标企业：华宇物流、远成物流、中国外运(物流)、福田发动机、大众交通、强生控股、统一润滑油、诺士达(七彩云南)、新东方(教育)、天音通信、大学书店连锁(高教出版社)、旭阳焦炭、三环化工(磷肥)、风神轮胎、北生药业、紫竹药业、科伦药业、老百姓大药房连锁、云南机场集团、格力电器等。

两年后的今天看来，这些企业的发展形势和股权增值情况有力地证明了和君咨询的推荐建议是眼光对路、判断合理的。其中，从推荐时候起到现在写作本案例时(两年左右时间周期)，一些项目的股权增值情况如下：大众交通的股权增值了5倍；天音控股的股权增值了12倍；风神轮胎的股权增值了3倍；新东方的股权增值了3倍；格力电器的股权增值了5倍；旭阳焦炭在香港挂牌上市(红筹模式,预计增值4倍)；华宇物流被世界物流巨头TNT收购；统一润滑油被壳牌石油并购。

和君咨询推荐或安排会谈的上述项目，大多是和君咨询的客户，少数是根据高盛的要求或提示而安排会谈的。

下面以两个例子来作一下示范。

1. 项目推荐示范之一

此部分详细内容见表18-1。

表18-1　华宇物流项目推荐表

目标企业名称		华宇物流	
所属行业		物流——以汽车零担业务为主的公路运输	
项目缘起		和君咨询为中国外运集团做战略咨询，协助它推行对中国物流行业的整合战略。华宇是中国外运心仪的整合对象。和君咨询代表中国外运对华宇进行了深入的尽职调查和合作洽谈，因而与华宇管理层相知相熟、沟通顺畅。和君咨询初步征询华宇董事长的意见，他表示愿意深入探讨引进高盛作为战略投资者的事宜	
企业概况	业务概况	主营业务	公路运输业务
		覆盖区域	除西藏、台湾之外的全国所有区域
	行业地位	市场份额	市场份额达×%
		行业排名	排名第一
	财务	主营业务收入	2000～2005年，主营收入概况，年均增长率
		利润	2000～2005年利润情况，主营业务利润率，年均增长率
		现金流	过去三年现金流情况，详情见附表(此处限于篇幅,未列出)
		未来增长趋势	预计未来三年的主业收入和利润增长趋势，详情见附表(此处限于篇幅,未列出)
	股权状况	股权结构	私人股权，详情面告
		股东组成	详情面告
	其他		

（续）

行业简况	规模与市场分布	产业规模	公路运输业务总体规模×万元
		市场分布	主要市场分布概况为×
		增长趋势	未来增长趋势为×
	竞争	企业数量	全国共有×家汽车零担类企业
		区域分布	主要分布在×区域
		行业集中度	前十家占全部市场份额的×%
		主要竞争者	业内主要竞争对手有×
	盈利情况	总体利基规模	中国国内公路运输总体利基为×万元
		行业毛利率	汽车零担业的行业平均毛利率为×%
	其他		
推荐理由	团队	经营团队精明、实干、作风过硬，Track Record 良好，行业经验丰富，执行力强	
	财务状况	财务质地优良，利润可观，现金流好，具备上市条件	
	行业地位	行业地位领先，具备竞争优势（具体竞争优势，详情面叙），未来三年增长趋势可期	
	其他	行业概念好，国内外物流巨头都有整合的需要，通过并购实现退出的机会较多；如果 IPO，行业估值溢价水平也可望有不俗表现	
风险因素	公司治理和组织体系	私营企业，土法运作，公司治理和财务管理上规范性不够，账务复杂和混乱，管理风格比较个人化，公司的规范化和组织化建设任务重、难度大。DD 中要特别注意财务陷阱。投资后，公司治理和管理沟通方面容易产生摩擦，间接影响经营动机和投资安全	
	其他		
商务安排		和君咨询可根据高盛的时间要求，随时安排华宇董事长见面	
补充信息		华宇公司网站：www.huayu.com，相关行业网站：××××	
联系方式		和君咨询×××，TEL：×××	

2. 项目推荐示范之二

上海出租车上市公司并购动议

（内部讨论草案，待完善）

（1）上海出租车行业对战略投资者具备行业整合价值

出租汽车行业属特许经营行业，其经营具有一定垄断性，出租汽车的扩容受到了严格控制，国家交通部已明文规定出租汽车的扩容必须经当地人大通过。上海市政府从 1995 年开始限制出租汽车牌照的发放，从 1997 年八运会期间发放了 500 张牌照之后没有再发放新的出租汽车牌照，2003 年 2 月上海市人大正式通过决议在今后一段时期内停止发放新的出租汽车牌照。

出租汽车公司的利润比较稳定，其主营业务利润率高达40%以上，上海市每辆出租汽车的日均营收约为600元，且均为现金收入，是典型的现金牛业务。而且上海是中国经济最发达和国际化程度最高的城市之一，人口超过2 000万，商务流动人口不断递增，其出租车行业的发展前景十分诱人。

目前，上海市共有出租汽车4万余辆(见表18-2)，主要有大众、强生、巴士、锦江、农工商、蓝色联盟和法兰红7大品牌及公司，该7家公司拥有了上海市70%以上的出租汽车，年营运额超过百亿元。其中，大众、强生和巴士的出租车业务目前主要分布在相应的三家上市公司中，它们分别是大众交通(600611)、强生控股(600622)和巴士股份(600741)。

表18-2　上海主要出租汽车公司出租汽车量汇总表

各主要出租汽车公司	出租汽车总量/辆	占全市份额
大众	7 108	15%
强生	6 681	14%
巴士	4 262	9%
锦江	3 980	8%
农工商	2 701	6%
蓝色联盟	品牌联盟	
法兰红	品牌联盟	

在《外商投资产业指导目录》中，交通运输行业介于鼓励类和限制类之间，从上海市出租汽车管理处了解的情况看，在实际操作中从不禁止外资控股，甚至独资运营出租汽车公司，具体的实例有北京的银建(新加坡合资)、上海的城市齐爱(新加坡合资)、永山(日本独资)等。因而，在单个出租汽车企业兼并、部分省市乃至区域内部出租汽车行业整合，外资可以介入。所以，对一个有着战略眼光和资金实力的收购方来讲，上海出租车行业孕育的机会和价值无疑是相当大的。

(2) 收购标的介绍

大众交通(600611)是目前中国出租汽车行业中规模最大的骨干企业，拥有出租汽车15 800余辆，其中上海市区7 108辆，汽车租赁业务营运车辆1 300余辆，公交营运车辆达4 048辆，营运线路461条，居上海公交营运企业第二位，占上海市总线路的37.59%。另外，大众交通持有巴士股份4.3%的股份，为第三大股东(见表18-3)。

表 18-3　大众交通股本结构

股东名称	持股数/万股	占总股数	股本性质
上海大众科技创业(集团)股份有限公司	14 000.00	23.38%	法人股
上海国泰君安证券股份有限公司	11 357.82	18.97%	国有法人股
流通 A 股股东	14 232.34	23.8%	
流通 B 股股东	20 280.00	33.9%	

强生控股(600662)目前拥有出租车 6 600 余辆，另有 1 000 余辆出租车在强生集团，公交营运车辆数量 1 070 辆，营运线路 151 条，其中 105 条为长途线路，公交车放在强生公共汽车有限公司中(强生控股占 30%，强生集团占 70%)。另外，强生集团持有巴士股份 4.16% 的股份(见表 18-4)。

表 18-4　强生控股股本结构(2003-12-31)

股东名称	持股数/万股	占总股数	股本性质
上海强生集团有限公司	10 158.60	32.87%	国有股
中融国际信托投资有限公司	2 595.78	8.40%	社会法人股
上海陆家嘴金融贸易区开发股份有限公司	1 352.54	4.38%	国有股
流通 A 股股东	16 536.96	53.5%	

(3) 目前存在极好的购并机会

国泰君安目前持有大众交通法人股 11 357.82 万股，占总股本 18.97%，是大众交通的第二大股东，与第一大股东(大众科创 23.38%)的持股比例仅相差 4.41%。受证监会要求券商清理长期投资增强资产流动性的压力，国泰君安持有的这部分股权急于变现，这为战略投资者通过协议受让股权以及二级市场收购 B 股，控制上市公司提供了一个极好的机会。

强生控股第一大股东强生集团持有 10 158.6 万股份(2004 年 6 月送股之前)，占总股本 32.87%。第二大股东中融信托持有 2 595.78 万股，占 8.4%，属于财务投资人，中融信托据此发行了三年期的法人股信托计划，约定三年内寻找战略投资方退出。强生控股 2003 年 10 月发布公告称第一大股东将所持 12.87% 的公司股份转让给香港国中控股有限公司，但经过调查此次转让已经失败，不过据此可以看出第一大股东持有的部分股权有转让意向，这部分股权若加上中融信托持有的 8.4%，刚好达到 21.27%，超过原控股股东强生集团剩余 20% 的持股比例。同时，上海强生集团的股东上海闵虹有股权转让意愿，强生集团的股东为：职工持股会占 35% 股权，上海交通投资(集团)有限公司占 25% 股权，上海闵虹(集团)有限公司占 20% 股权，上海现代建筑设计(集团)有限公司占20%股权。通过以上持股情况分析可以看出，通过收购中融信托或强生集团持有的法人股控制上市公司存在相当大的可能性，或者直接通过收购强生集团控制上市公司也存在可能性。

（4）战略投资者作为收购方的盈利模式

1）大众、强生两家出租汽车公司的资产质地好，利润稳定，其主营业务利润率高达40%以上，是典型的现金牛业务。股本收益率和股本增值率可观。战略投资者长期持有该等公司股权，收益稳定，风险较小。

2）法人股将迟早流通，一旦流通，投资者将获得可观的资本市场升水。目前是战略投资者收购质地优良上市公司法人股的好时机。基于公司净值作价收购大众、强生公司的法人股控股权，是难得的机会。

3）收购大众、强生两家公司后将占领上海出租车行业市场的30%左右市场份额，成为龙头企业，由此具备了进一步整合上海和周边地区出租车行业的条件。一经完成行业整合，则公司的控股权将对相关产业资本极富吸引力。届时可相机将控股权溢价转让给产业资本。近年来，苏格兰啤酒公司收购重庆啤酒的法人股、柯达收购乐凯的法人股、AB公司收购哈啤的法人股，出价都超过了这些公司的二级市场流通股价格。

例如，汽车制造和出租车行业是上下游关系，若汽车制造公司成功收购大众、强生公司，则意味着在中国经济最发达的省市控制23 000余辆出租汽车、5 000余辆公交车的更新，按平均4年更新一次，对汽车厂商来讲，无疑获得了一个巨大而持久的行业汽车消费市场。汽车厂商若能进一步据此整合上海及周边江浙地区的出租车市场，同时完成国内合资汽车厂(包括轿车和客车)的布局，则在国内就会塑造一条极富竞争力的产业链，进而把国内其他车厂远远抛在后面。

出租车行业本身就是一个垄断行业，进入壁垒很高，该市场的领导者会有相当大的发言权，战略投资者控股大众和强生后，必然成为上海市出租车行业的绝对领导者，很容易获得超额垄断利润。同时，还可以利用规模优势，降低管理成本和燃油采购成本，使得每辆车的盈利进一步提高。

4）战略投资者收购完毕大众、强生控股权之后，可以进一步推行行业整合战略，然后构建一个全新的中国出租车投资控股主体，然后到赴A股或海外上市，从而实现套现。

（5）资金概算：以大众交通为例(此略)

如今，出于公司内部培训的需要撰写本案例，再次面对华宇物流和大众交通的当年推荐材料，不禁有些感慨。从当年推荐时候到现在，华宇物流的业务保持着持续的增长，网络覆盖和市场份额持续扩大。2007 年 3 月，世界物流巨头 TNT 以超过 10 亿元（人民币）的巨资收购了华宇物流，成为华宇股东。TNT 全球 CEO 彼得·巴克（Peter Bakker）先生说："收购华宇对 TNT 来说是一个重大的里程碑。这项收购将为我们提供一个庞大的陆运网络，从而帮助我们在中国打造一个世界一流的递送网络。此项举措符合 TNT 全球专注于网络这一战略。同时，它也帮助我们把中国同亚洲陆运网络连为一体。"TNT 大中国区董事总经理迈克·德瑞克（Michael Drake）先生则说："华宇在中国是公认的运输行业的领跑者，我们对完成华宇收购感到高兴。它强化了我们在中国的竞争力，使我们可以通过一个更强大的递送网络，更好地服务客户，实现增长。"有坊间传闻说，如果华宇再等一年，就不是 10 几亿元，而应该是 20 几亿元了。华宇股权的增值，俨然势不可挡。而大众交通和强生控股，出租车业务收入稳定增长，A 股和 B 股价格从项目推荐时候到现在，涨升了 4~6 倍。如果当初以推荐方案和价格收购了大众交通的法人股和 B 股，那么截至当前的市价算，该份投资年均投资收益率超过 200%（考虑了股改送股因素）。当然我们也清楚，这样的增值主要得益于中国的经济大势和股市周期，并非全在于和君咨询的慧眼识珠。

和君咨询人毕竟是在中国商业的原生态里摸爬滚打了十几年，底子厚、人脉多、找项目和选项目的方向感好。和君咨询每年履行 100 多个咨询项目，客户类型覆盖中国的各个行业、各个区域、各类企业，其中不乏值得投资的目标企业。和君咨询师深入了解这些行业和企业的内情，在咨询服务的过程中与这些企业相知相熟，甚至结下深情厚谊，深得这些企业的信任。因此，和君人张口说出或信手拈来的项目，都是"好"项目。而为投资方安排目标项目的老板见面，对和君咨询来说，更是方便如家常事务。在这个问题上，我们注意到，近年来雨后春笋般冒出来的大量 PE 机构，却在满世界找项目，折腾大半年，往往是连门路都没找对。项目来源依靠私人关系或大众媒体的信息，捕风捉影，随机谈，碰运气，没有稳定、靠谱的项目来源渠道，更没有在研究行业和建立项目搜索的"雷达"功能方面展开立足于长远的系统努力。从这个意义上说，和君咨询这样的专业公司，可以为 PE 机构提供很有价值的中介服务。

五、思考与启示

（1）国外 VC&PE 基金的投资理念和选项标准是基于国外经济和商业环境的，中国的大量投资机会和项目不能进入这些 PE 基金的 COVER 范围。这对买方来说，是错失机会；对卖方来说，是融资难。由此可以延伸出来的结论是：①进入中国的国外 PE 机构，如果想在竞争中胜出，或者准备完成中国化，或者准备在很多“好项目”的选择中 OUT。②中国大量地存在着国外 PE 机构的资金覆盖不到的投资盲区。这些盲区，对在品牌和资金实力上无法与国际大牌 PE 较量的中小 PE 机构来说，就是最应该进入的蓝海。

（2）在与国际 VC&PE 机构的较量中，中国本土的 VC&PE 机构自有竞争优势。首先是理念和标准因素，外资 PE 的理念和标准不全然适合中国企业，中国本土的 PE 机构更容易发育出一套中国式的理念、标准和流程，发育出一套中国打法和功夫（如和君咨询客户潮宏基的 Pre-IPO 融资案例）。其次是政策和心态因素，中国企业以 BVI 或红筹模式走出去越来越难，国家经济安全问题日益突出（如凯雷并购徐工案的一波三折和沸沸扬扬），境外的资本涌入也将越来越敏感（如国际地产基金的进入将涉嫌冲击政府对房地产的宏观调控政策，南孚电池案例和达能娃哈哈冲突警醒了国人对外资巨头的敏感态度）。再次是资本市场因素，A 股市场的 10 年繁荣已成大势所趋，比较而言，境外市场是一个衰退市。因此，PE 投资从 A 股市场退出必成主流。中国本土投资机构对 A 股市场的特性、估值和风格有更好的认识和理解，在这方面熟悉境外市场退出机制的国际 PE 机构没有优势。最后是资金供给因素，中国境内资本供应和流动性过剩，富裕阶层的理财需求激增，针对境内资金和理财需求的基金募集是大势所趋，中国本土 PE 机构对本土资金方有更深的认识和理解。换句话说，率先树立了品牌影响力和公信力的本土 PE 机构，将在未来 10 年面临大机会。

（3）和君咨询作为规模最大、客户最多、专业服务能力最全面的本土管理咨询公司，在 VC&PE 基金的项目调查、投前评估和投后管理方面，可以大有作为。业界知名的 PE 机构——Cathy Xu 创办的今日资本拟投资一个物流企业，闻知和君咨询对中国物流产业素有研究，便委托和君咨询对该目标企业进行评估，和君咨询对物流行业和目标企业的理解和判断，在很短的时间内就得到了今日资本及目标企业双方的一致服气。是为和君咨询参与投前评估的一例。著名的英国 HENDERSON 基金公司（同时在伦敦和澳大利亚交易所挂牌的上市公司，累计管理基金规模超过 1 000 亿元英镑）多年前投资了深圳的台资小家电企业艾美特，因为和君咨询对美的电器的咨询服务效果良好（艾美特与美的的产品和目标市场是一致的），于是 HENDERSON 基金以股东身份将和君咨询导入艾美特公司。和君咨询为艾美特提供了从营销突破、股权激励到组织流程建设的系列化管理咨询服务，深得艾美特的赞誉，是为和君咨询参与投后管理的又一例。当前，VC&PE 投资界的情况是，各家机构的投资理念、操作模式甚至行事风格都高度雷同，表现出同质化竞争，有限的项目成了一窝蜂地争夺的对象。在此形势下，资金不再是竞争的优势，能够更好地为目标企业提供增值服务的 VC&PE 机构，可望变得更有竞争力。和君咨询“管理咨询 + 投资银行”的本土化经验和专业能力，可以协助 VE&PE 机构为目标企业提供很好的增值服务。

复习与思考：

（1）本案例中述及的 PE 投资两大转型和五大策略是什么，你怎样理解？

（2）在国际 VC&PE 机构的较量中，中国本土的 VC&PE 机构有哪些竞争优势，应该向国际机构学习些什么？

（3）从本案例述及的中国机场投资策略中，你能琢磨出关于中国产业和中国投资的什么道理？

（4）和君咨询能够为 VC&PE 机构提供哪些服务，建立怎样的合作关系？这些服务和合作是否可以成为和君咨询的业务发展方向之一？

嘉宾点评：

郭广昌（复星集团董事局主席）：

这个案例所描述的 VC&PE 机构生存方式、业务市场上的供求关系和竞争态势，以及 VC&PE 在中国商务环境下的投资策略，值得国内和国际投资机构用心去体会。尤其是对于那些还不够深入理解中国商务环境的投资机构，本案例给出的分析和建议很有启迪意义。

第十九章
地方政府产业发展规划：北京市工业促进局

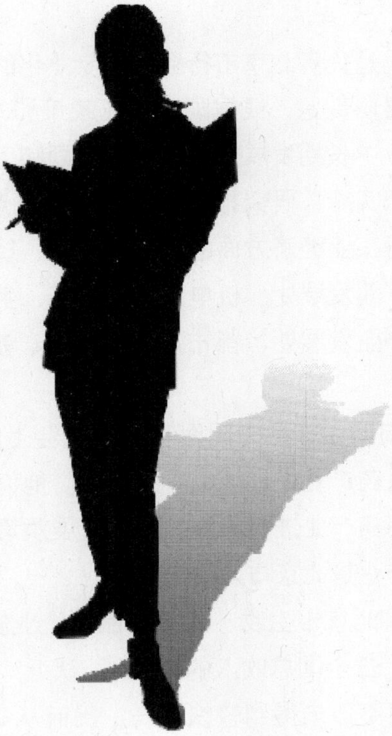

案例主题词：生物制药·发展战略·区域产业

和君咨询案例系列之：

北京生物制药产业发展战略研究

李文明　撰写于2007年夏

为政府提供咨询服务是和君咨询的重要服务方向之一。我们的服务重点是：区域经济规划、产业布局和产业发展战略研究、产业政策建议、开发区发展规划等。本案例讲述的就是这样一个为政府提供咨询服务的项目，客户是北京市工业促进局，研究主题是北京生物制药产业发展战略。

一、项目背景

北京市工业促进局是负责北京市行业性、专业化的工业产业促进工作的市政府直属机构。其主要职责是：根据国家产业政策和本市国民经济发展规划，研究拟订本市工业产业中长期发展规划、年度计划和工业布局调整规划、工业结构调整方案，并组织实施；研究拟订促进本市工业产业发展的政策、措施，并组织实施；研究拟订工业经济方面的地方性法规、规章草案等。北京市工业促进局下设电子信息产业发展处、机电产业发展处、生物工程和医药产业发展处、汽车及交通设备产业发展处、都市产业发展处、基础产业发展处等13个处室。

2006年，和君咨询的专家在中国医药发展峰会上的演讲引起了北京市工业促进局生物工程和医药产业发展处领导的共鸣。他们会后与我们联系，委托和君咨询对北京生物制药产业进行研究并提出发展对策。

生物工程与医药产业是北京市六大支柱产业之一，生物制药产业则是其中的前沿领域。2006年，北京市生物、生化制品制造业实现产品销售收入为19亿元，同比增长12%，占全国总收入的4.3%。从近年来的增长情况来看，北京市生物制药产业规模不但未得到较快增长，反而从2004年以来，在全国所占比重呈快速下降趋势(见图19-1)。

这样的业绩显然与北京所拥有的丰富的产业资源(如雄厚的科研力量、丰富的人才储备以及较好的产业基础)极不相称。

面对这样的状况，站在北京市工业促进局的角度，该如何才能更好地促进

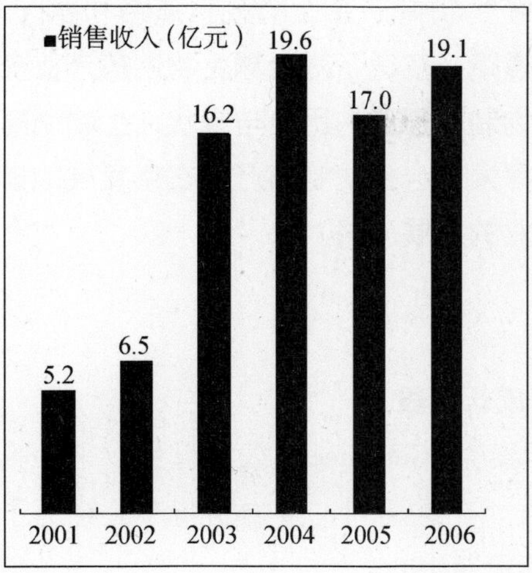

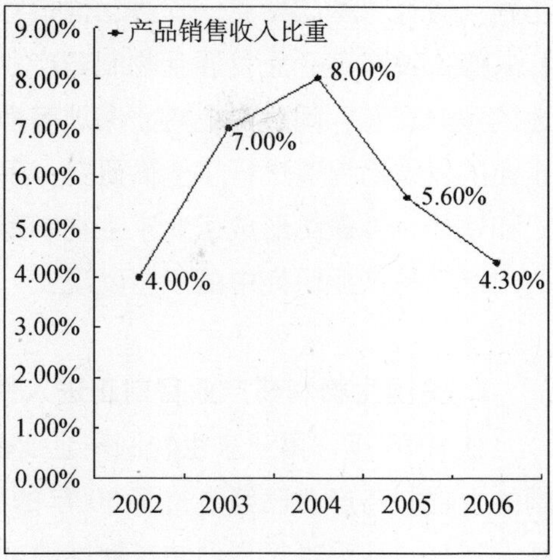

数据来源：国家统计局，北京和君医药产业研究中心

图 19-1　北京市生物制药产业销售收入及在全国的比例

北京市生物制药产业的发展呢？

二、项目设计及问题识别

带着这样的问题，我们接受了北京市工业促进局的委托，组建了课题研究小组，制订了详细的工作计划和调研提纲。

随后，项目组通过查阅资料、征询专家意见、走访生物制药企业等手段，深入研究北京生物制药产业的发展历程和状况，认真探究了北京市发展生物制药产业的各种优势和不足。

（1）优势：北京拥有坚实的生物医药研发基础，相关的科研院所比较集中；具有产业所需的人才储备以及良好的地理位置和发展环境。

（2）劣势：北京的生物制药企业规模较小，产品品种少，创新水平不高；研发项目产业化能力不足；缺少创业的群体和氛围；融资渠道单一，发展资金缺乏等。

现状研究清楚之后，两个问题随之提出：北京能否把生物制药产业作为重点产业来扶持？如果能，该如何扶持？

三、产业研究的发现

为了回答这两个问题，项目组将视野扩展到国家和全球的产业背景下，研究了美国、日本、英国、德国、法国、印度、古巴等国家的生物制药产业发展历程；研究了基因泰克、安进、健赞等主流生物制药企业的成长道路和罗氏、礼来等传统医药企业发展生物制药产业的道路，获得了对全球生物制药产业变迁的深刻理解；同时对上海、深圳等地生物制药产业的历史与现状、生物制药企业的发展历程等进行了全面研究；不断探索适合生物制药产业在京发展的模式和途径，并最终形成了北京生物制药产业的发展战略。

以下是产业研究中的一些发现：

1. 美国生物制药产业目前正进入快速成长阶段

从 1976 年，第一家生物制药企业基因泰克（Genentech）公司诞生以来，美国的生物制药产业已经走过了 30 年的历程。在这期间，生物制药产业经历了从无到有，从艰难起步到快速发展的过程（见图 19-2）。

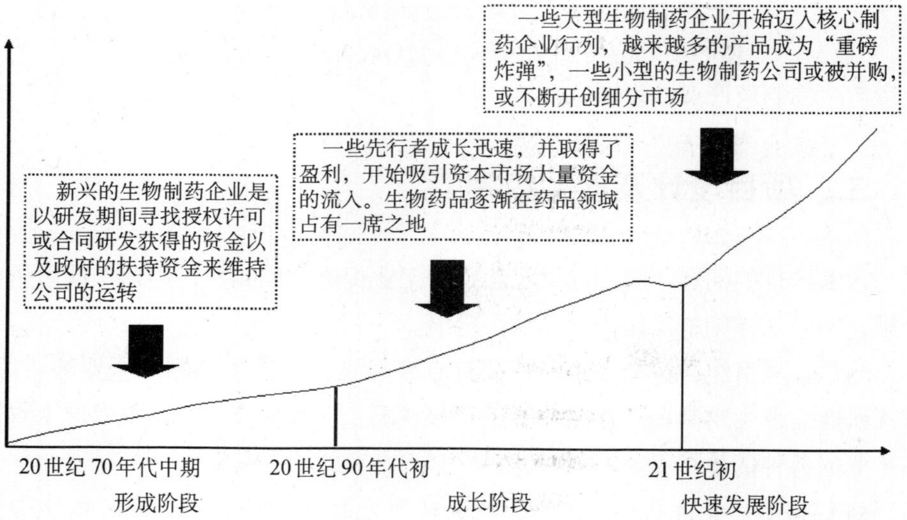

数据来源：北京和君医药产业研究中心

图 19-2　美国生物制药产业发展历程

生物制药作为生物技术应用最多的领域，已经在美国得到了迅猛发展。面对这样的情形，我国能否熟视无睹？

2. 我国生物制药走过了一条从完全仿制到有所创新的发展之路

从 1989 年深圳科兴生物公司成立至今，中国生物制药产业经历了 17 年的发展历程。在这期间，中国的生物制药产业走过了一条从完全仿制到有所创新的发展之路（见图 19-3）。

我国的生物制药产业处于成长阶段，还存在很多问题，如研发能力弱，产业化程度不足等，北京也是如此。这些问题能否制约中国生物制药产业的发展？

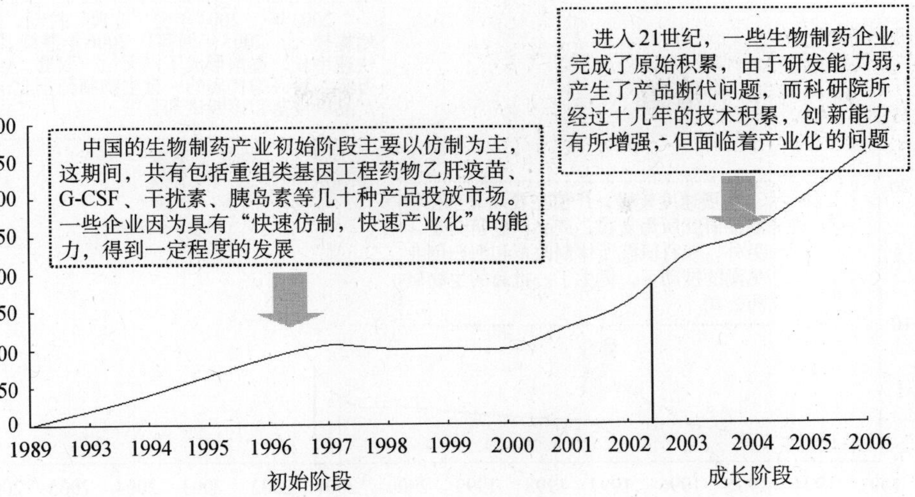

数据来源：国家统计局，北京和君医药产业研究中心

图 19-3　中国生物制药产业发展历程

3. 北京生物制药产业发展开始进入成长期

20 世纪 90 年代为北京生物制药产业发展的初始阶段。这一时期，北京生物制药产业发展速度较慢，主要以北京生物制品研究所为支撑，产品以疫苗为主。虽然，在京科研单位研发了不少生物新药，但大多数在外省市进行产业化。

进入 21 世纪以来，北京生物制药产业发展开始进入成长期，突出特点是多家公司在海内外融资上市，逐渐形成了以天坛生物、科兴生物、中生北控、双鹭药业为代表的一批生物制药企业，涌现出了一批知名品牌(见图 19-4)。

当项目组梳理完国内外生物制药产业的发展历程后，生物制药产业发展的方向和趋势逐渐明朗。

生物制药产业将在国际竞争中扮演越来越重要的角色。近年来，全球生物制药产业销售额增长率在 15%~33% 之间，远高于全球经济增长率和全球药品市场增长率。在全球药品市场所占的比重由 10 年前的 4% 增长到 10% 以上。预计未来生物制药产业仍将保持快速增长态势，同时，伴随着生物新技术的不断涌现，生物制药产业必将成为新的经济增长点。

生物制药产业的集中化发展趋势和分层化发展趋势并存。自从生物制药产业诞生开始就伴随着频繁的并购和重组，据雷曼兄弟公司最新报告，未来几年全球生物技术行业必然发生一场大变动，现有的生物技术公司数量将在并购大潮中减少一半。另外，由于生物技术药物在临床的广泛应用，必将催生大量的以特定领域为目标的专业化生物制药公司。

进入 21 世纪以来，安进(Amgen)、基因泰克(Genentech)等公司已经迈进核

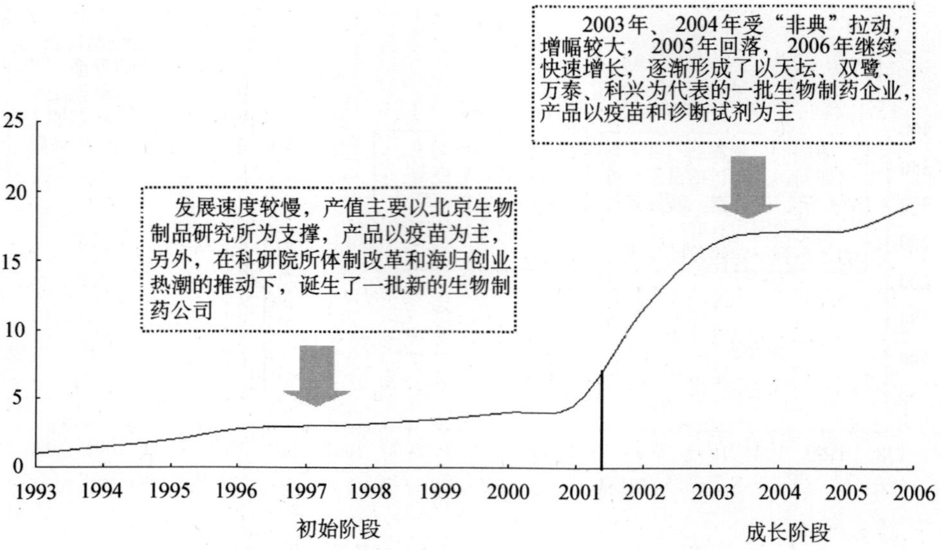

数据来源：国家统计局，北京和君医药产业研究中心

图 19-4 北京市生物制药产业发展历程

心制药企业的行列，它们不仅具有强大的研发能力和巨大的研发投入，同时也在行业内掀起一波又一波的并购巨浪。随着生物制药产业的快速发展，预计未来几年生物制药公司在制药业所占的比例会越来越大。另外，从生物制药一诞生就给予热切关注的核心制药公司，也会不断加大对生物制药领域的投入力度。

在这样的趋势和背景下，作为国家的首都，尽管产业基础较为薄弱，还存在很多制约因素，但如果想担负起科技兴国的重任，就一定要抢占这个制高点。

四、发展思路及发展举措的提出

回答完第一个问题后，项目组开始对先进国家和地区的生物制药产业、领先的生物制药企业和产品等进行了深入的研究，并对上海、深圳的生物制药产业进行了对标分析，最终提出了如下发展思路：抓住全球生物制药产业快速发展的历史性机遇，积极营造创业环境，吸引专业人才，合理配置资源，增强产业竞争力，突出重点，扶植一批生物制药各细分领域的龙头企业，培育一批科技含量高、市场占有率高和产品质量高的生物制药品种，使北京市生物制药成为全国生物制药产业的领头羊，并成为国际上具有重要影响力的生物制药产业集群。

同时，在此基础上项目组还提出了一系列的发展举措，得到了北京市工业促进局的高度认同，以下仅列举其中的几条。

（1）资本吸引资产。在政府资金投入有限的情况下，通过设立生物制药产业基金的形式引导社会资金的进入，扶持产业的发展。即由政府拿出一部分资金，同时再募集一部分社会资金，成立生物制药产业基金，并选择专业的运营团队来运作。通过这种方式，可以在北京形成一个庞大的产业资金池，以此来吸引京外优势生物制药资产进入北京，形成以资金培育资产，以资产吸引资金的良性循环，扩大北京的生物制药产业规模。

（2）京津互动。抓住中央大力发展天津渤海新区建设的有利时机，促进京津互动，共同构建京津生物医药产业集群。倡导起草京津生物制药产业发展战略，对各自资源、能力进行盘点，对两地生物制药类产业园进行统一规划；成立京津生物制药产业联合会，定期举办各种技术交流活动，充分发挥两地的互补优势；定期在京津召开生物制药产业投融资论坛，营造投融资氛围，吸引风险投资投向京津地区，吸引外省市的生物制药企业进驻京津地区。

（3）IT与BT的充分融合。北京拥有国内著名的IT产业园区——中关村，如果能借助IT产业的优势，营造生物信息化环境，必将大大推动北京生物制药产业的发展速度，建议重点投资生物信息基础建设，引导IT企业发展生物资讯技术，使之广泛应用到生物制药领域，并继续投资发展生物芯片领域，促进IT与BT的充分融合。

至此，该项目发展规划部分基本确定，项目组又根据客户的日常工作内容，将发展战略分解成具体的可操作的行动方案。另外，利用和君咨询在医药行业和资本市场的资源和能力，积极配合客户开展了旨在提高北京生物制药企业融资能力的“北京医药企业家沙龙”活动；多次推荐那些关注医药行业的VC/PE机构投资北京的医药企业；多次协助客户开展招商引资工作等。这些后续工作有力地推动了发展规划的顺利实施。

五、思考与启示

此项目虽然只是一个常见的区域产业规划项目，然而，在这次项目中闪现出来的一些思想火花以及得到的一些启示，我认为还是非常值得和大家分享的。

1. 和君原创思想ECIRM模型在生物制药产业中的运用

在这次项目中，我们成功地使用了和君原创思想ECIRM模型，并进行了改进和发展。

不同的生物制药公司，其成功路径虽然不同，但其成功要素却有相同之处，即都离不开企业家、技术、资本和管理这四个要素，它们构成了生物制药企业成功不可或缺的四个纬度（见图19-5）。一个持续的致力于这四个要素的均衡发育和发展并能做到四者功能耦合和系统协同的企业，有望最终获得成功

（见图 19-5）。

（1）企业家。生物制药企业的成功，第一个决定性因素就是主持这个企业经营的企业家是否具备足够的素质、知识和能力。正如安进公司的成功离不开戈登·宾德，生物基因公司的成功离不开詹姆斯·文森特一样，企业家在这些公司的成长中发挥了决定性的作用。

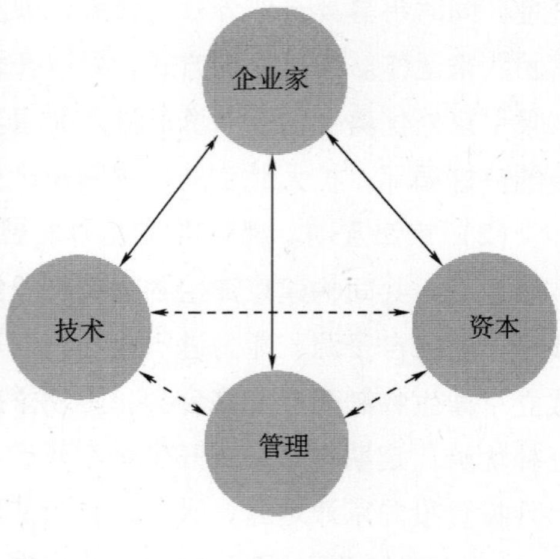

资料来源：北京和君医药产业研究中心

图 19-5 生物制药企业成功要素模型

对于生物制药企业的企业家应该具备的能力和素质问题，我们研究的结果是，除了要具有雄心壮志、胆识、决断力、号召力、统驭力和体力外，还必须具备卓越的经营管理能力和资本运作能力。这也是生物制药产业高投入、高风险、高收益、周期长、管理基础薄弱的特点所决定的。例如，安进公司的戈登·宾德和健赞公司的亨利·特默尔不仅具有成熟行业成功的管理经验，同时还是“金融奇才”，在将产品推向市场期间，既能满足研究人员的资本需求，又能使投资者镇定自若。

（2）技术。生物制药产业是一种知识密集、技术含量高、多学科高度综合互相渗透的新兴产业。以基因工程药物为例，上游技术（即工程菌的构建）涉及目的基因的合成、纯化及测序，基因的克隆及导入，工程菌的培养及筛选；下游技术涉及目标蛋白的纯化及工艺放大，产品质量的检测及保证。在这样的产业里，研发队伍和知识产权是生物制药企业最重要的产业资源。

安进公司的重组人红细胞生成素（EPO）和重组粒细胞集落刺激因子（G-CSF）的成功研制并获得专利保护，为该公司的成功奠定了坚实的基础。而研发同样产品的遗传学研究所因输掉了专利诉讼官司而被美国家用产品公司并购。这表明能否拥有或培育出具有知识产权和市场需求的新药产品或新技术，将是生物制药企业立足的根本。

（3）资本。生物制药企业创业初期和维持其成长需要大量的资本支持。一个典型的生物制药企业在其设立的头两年需要 100 万～200 万美元的资本投入，在其后两年需要 500 万～1 000 万美元的资本投入。此后，资本需求取决于公司的发展重点和战略，但一般也需要上亿美元的资本以支持其成长和药物开发。传统上，开发一种主要的新药需耗资 1 亿～4 亿美元，且这项新成果的投资回收也许要花上 10～20 年时间。因此，这种特点决定了客观上要求有各式各样的融资手段来满足生物制药企业对资本的大量需求。

因此，一个生物制药企业，是否具有资本信誉、是否擅长资本运作，也是企业必备的成功要素之一。安进公司创建时由风险投资商和另两家主要投资公司共同筹集1 900万美元作为启动资本。由于一直没有产品上市，公司先后于1983、1986、1987年三次通过公开发行股票筹集资本以维持公司的生存。正是由于资本的源源不断地注入，才使得安进公司研制出新产品，一举成就了生物制药产业的霸主地位。

（4）管理。当资本和技术被企业家聚合到一个企业之后，如何保证企业组织在运营上的效率就成为企业经营中的致命问题。生物制药是一个新型产业，由于和传统制药企业有着较大的不同，因此没有成熟的管理模式可以借鉴，只能通过在发展中不断地根据企业自身的能力和外部环境的变化改善管理，提高运营效率，从而立于不败之地。

生物基因公司建立初期，拥有重组DNA核心技术，通过许可授权默克公司和史克公司使用干扰素的免疫系统蛋白质获得资本，同时获得先灵的投资，使公司成为α-干扰素领域的领导者。然而接下来由于经营不善，企业面临困境。由詹姆斯·文森特担任CEO后，通过出售不良业务，改善研产销各个环节的运营效率，最终走出困境，取得了成功。

综上所述，企业家、技术、资本和管理是生物制药企业成功不可或缺的四个要素。从过程来看，成功生物制药企业的成长历程，无不是优选企业家、获取资本和技术、改善管理，形成自己的一体化能力的过程。在这个过程中，任何一个要素短缺或滞后，都将导致企业成长的停顿和失败。

2. 关于制定区域产业发展战略的一些体会

近年来，随着国内经济发展不平衡的特征越来越明显，区域产业的发展问题渐成热点，几乎各个省市都在思考区域产业的发展问题。生物医药行业是朝阳产业，尤其受到青睐，很多地方政府将生物医药产业作为重点产业甚或支柱产业。基本上都制订了各自区域的生物医药产业发展规划。我们在项目中，翻阅了很多省市的生物医药产业规划，发现很多规划经常陷入一些误区，或盲目跟风，你有我有全都有；或流于形式，千篇一律；或偏重热点追踪，不顾及自身资源和能力等。为了避免陷入这些误区，和君咨询项目小组倾注了大量的心力，几乎穷尽了关于生物制药产业相关的所有资料，对中外生物制药产业的发展历程和竞争格局进行了系统的梳理，掌握了生物制药产业发展的基本规律。最终提出了发展思路和举措。同时，又针对战略规划中“有目标，无路径”的误区，帮助客户提出了许多切实可行的操作方法，并予以辅导实施，取得了良好的效果。

复习与思考：

(1) 怎样理解我国生物制药产业的发展历程以及所处阶段？与发达国家生物制药产业相比，有哪些共同点和差异点？

(2) 在生物制药企业的成长过程中，如何做到企业家、技术、管理和资本四个关键要素的有效互动？

(3) 影响区域产业发展的关键因素都有哪些？政府应当扮演什么样的角色，发挥什么样的作用，来促进区域产业的发展？

(4) 你怎样理解产业研究在区域产业发展规划中的重要性？

嘉宾点评：

郭云沛(《中国医药报》副总编辑，中国医药质量协会副会长)：

本案例回答了这样的问题：生物医药产业能否发展成为北京市的重点产业或支柱产业？如果能，该如何扶持，该出台什么样的政策？

近年来，生物医药很热，很多地方政府将生物医药产业作为重点产业来定位，纷纷制定了各自区域的生物医药产业发展规划。但很多规划经常陷入一些误区，或盲目跟风，你有我有全都有；或流于形式，千篇一律；或偏重热点追踪，不顾及自身资源和能力等。本案例几乎穷尽了关于生物制药产业相关的所有资料，对中外生物制药产业的发展历程和竞争格局进行了系统的梳理，掌握了生物制药产业发展的基本规律。最终提出了发展思路和举措，同时根据委托方——北京市工业促进局的日常工作内容，将发展战略分解成具体的可操作的行动方案。

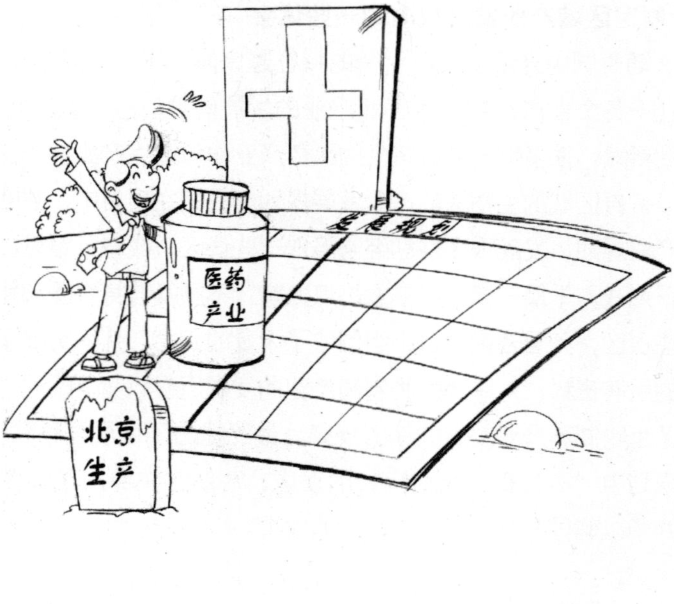

第二十章
组织发育与管理改进：某建材商场

案例主题词：组织发育·管理科普·商业种群

和君咨询案例系列之：

某建材商场管理咨询

强帅，撰写于2007年夏

题记：谨以此文献给那些挣扎着走在前行路上的企业和企业家们，也献给那些默默地帮助企业和企业家努力改善管理状态的咨询师们。

和君咨询发明了“商业原生态”、“商业种群”、“学术写生”等很有认识论意义的话语系统，并且倡导咨询师们沉潜到中国商业原生态的第一线去，接近我们这个国家这个时代的各类商业种群，观察、感受和体验它们的生存状态和欢乐痛苦，为它们提供能够解决问题的专业帮助，然后从它们的命运变迁中发现思想的源泉、找到学术的归宿。

本案例显然谈不上是“学术写生”，只是讲述了中国商业原生态中的某商业种群里的一个普通故事。对从事咨询职业或商学研究的人来说，经历这种故事是幸遇的。或者说，对一个咨询师或管理学者来说，这种故事都应该去经历一些。否则，职业生涯中就会欠缺一种眼界、一种见识、一种对时代的感悟力。因为得益于这一类故事，我们能够从不同的侧面去认识我们身边或精彩纷呈、或枯燥无味的商业社会，去理解某一类人的生存意志、品质以及他们或欢歌或挣扎的生意与生活，同时，反思作为咨询师的我们在其中的生存之道。它就像一个三棱镜一样折射出当今中国社会的世间百态，告诉我们真实的商业世界。因此，这个故事值得每一个咨询师或管理学者去品味和把玩。

本案例旨在反映一种原生的商业生态和管理状态，但我们又必须为客户讳。为此，我们尽量原汁原味地白描出真实的情况，而把客户名称和人物姓名都隐去了，时间和地点也在必要的时候作了“虚拟”处理。经过反复斟酌，这样处理之后不会对客户产生负面影响。

一、背景

时间回溯到1994年华中某省会城市。

一个上学只上到小学三年级的农民，从16岁开始创业，已经18年了。这18年间，他带着四个兄弟姐妹倒过皮鞋、卖过小吃，总共做过28种生意，有

11 次亏得只能“喝稀饭了”。但就在这一年，他敏感地发现，所在的城市有很多人需要小五金件但是不方便购买。就像古老的故事中诉说的那样，因为这个发现，从此打开了这位农民一生中一扇永远不可能再关上的门。他从倒卖五金件开始，慢慢地摆摊经营家居装修需要的建材(如洁具、窗帘、瓷砖、玻璃、地板等)。过了几年，他发现倒卖建材远没有出租摊位的收入来得稳定。于是，他连租带买，“圈”了一片地，一开始盖的是很简陋的“棚区”，或者叫“铁皮房”，出租给卖建材的经销商或厂家使用，通过收取房租获利。因为行动早，逐渐在当地有了影响力。到今天，已经形成了占地 1 200 亩的“事业范围”、经营超过 12 种建材子类、覆盖高中低档次、当地排名前三的“建材城”(见图 20-1)。

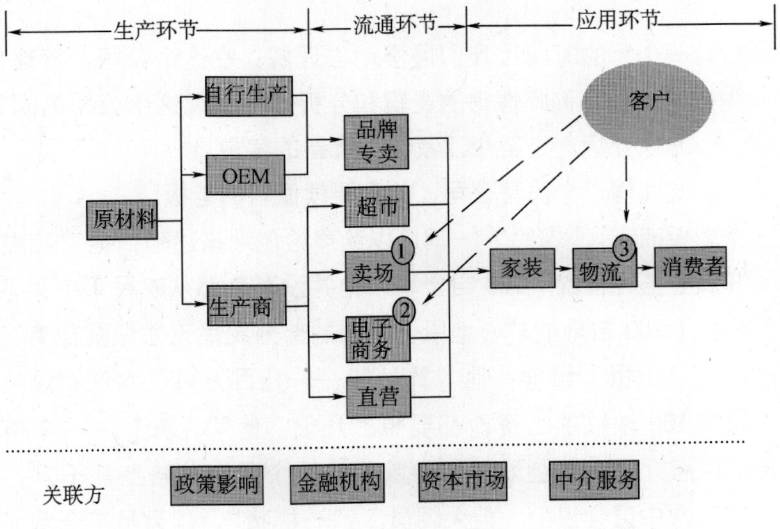

图 20-1　建材行业价值链

像很多企业一样，这个公司在生意上顺风顺水、呼风唤雨，可是在内部管理上，却是稀里哗啦、一地鸡毛。老板是一个土生土长的农民，没有什么知识。这些年下来，虽然积累了可观的财富，但是在公司管理方面，却是始终没有找到门道。在接触和君之前的两年，每年员工的流失率都接近 80%，公司主要是靠“家里人”把控核心环节才不致散乱，老板气得骂员工是“一群猪”。老板当然知道这种局面必须改变，他也做过两年之内用九任总经理的尝试，但是始终没有解决问题，而且，情况好像还越来越糟。触目惊心的现状天天折磨着老板，他每天要抽掉三包烟来完成公司的决策。不知什么机缘巧合，老板竟然知道了天底下还有“专门帮老板怎么管理公司出主意”的咨询行当，于是就指派一个员工找这种公司考察。这个员工就在一个管理类的网站上“广发英雄帖”，请“天下英雄”赴客户所在地洽谈咨询合作之事。于是，我们之间有了联系。

初步的电话沟通后，我们基本知道了是基础管理的问题。应客户之邀，贾总一行三人专程拜访了客户。沟通时，老板是“故意”迟到了的，只坐在后排听。当听到贾总讲“老板天天都在救火”，“累得半死”，是因为“没有组织管控”，“企业内部没有建立公理”，“老板看事没有走过眼，但是看人却总是不准”，“没有遇到真佛”等，没几分钟，老板就坐在了前排开始倒苦水，从此贾总他们就基本没有再发言。沟通结束的时候，老板表示“一定要请和君这几位老师来”。于是，贾总挂帅，我们就开始了半年的合作。

二、发现问题

进场后有一个月的时间让我们慢慢地去理解：在这个公司，管理是什么？（以下，我先刻意不以咨询师惯常的逻辑和分析方法展现这个公司的问题，希望能用另外一个方式介绍这个至今让我记忆犹新的客户。）

我认为，要读懂一个民营公司，首先要读懂它的老板。

就这个老板而言，“农民”一词足以绘声绘色地描述他：他“狡黠”——现在公司开展业务经营的1 200亩土地，他并没有全部从农民手中买下来，他的做法是只买1 200亩地的核心地段，剩余的部分农民无法做其他事，只能以很便宜的价格“出租”给他；他“算计”——几百万打了水漂都没关系，但是给员工增加100块钱的工资他都要想上几天；他“无知”——全中国做房地产生意的没有几个老板会赔钱，他就能在一个项目上赔上几千万；他“无畏”——在某次中层会议上，他大骂员工“一群猪”，认为员工全跑光了都没关系，生意一样不会受影响；他“农民帝王（该公司一高层原话）”——用人先找员工致命的缺点，如果没有明显的缺点，他不会委以重任，因为怕管不住；他“老土却自鸣得意”——他的习惯性动作是将右胳膊从脑袋正上方弯过去拔左脸上的胡须等；他“自负”——全行业的竞争对手“都饿死了，才轮到我”，“如果说我们是猪的话，他们连猪娃都算不上”；他“自卑”——看到别的小兄弟开公司没几年就“扶摇直上”，他会恨得诅咒他们；他“不守诚信”——出尔反尔的事情多得让人数不过来……

当然，我不是在批判老板，他也有很多优点。例如，他有很好的商业天赋，在对公司的战略规划方面绝对是超一流的高瞻远瞩，踩点从来都很准，在当地有很多商业上的创举；他有坚忍不拔的精神，遇到困难，从来不会打退堂鼓。我之所以如此描述该老板，主要是想说明老板这样，他的公司在本质上也就只会是“农民式思维的产物”了，这也就是我们经常说的“企业家封顶理论”。不过，各位从这里看到的，其实是一个全中国几乎遍地都有的“土老板”的缩影，他们作为这个时代一个不可或缺的群体，一直都在以各自的方式挣扎着往前走。

说完了老板，来说说公司的情况。和君的经典词汇“散乱差弱”是用来描述产业的，其实，用这几个字来描述这个公司也很恰当。

首先是“散”。葛优在《天下无贼》中说“人心散了，队伍不好带”。在这个公司就是这样，员工没有精气神。访谈期间，很少看到精神面貌立正的员工，他们所表现出的更多的是抱怨、郁闷、愤懑、失望以及朝不保夕。

其次是“乱”。公司内的大事小事基本上都没有规矩，老板那里也没有什么明确的指令(老板一人兼任董事长和总经理)。仅有的制度汇编还是2000年的，薄薄的几页纸，尘封已久，翻开来看，多是“严禁在办公区内大幅度奔跑”、“严禁在接打电话时嘴里吃东西”这样的话语。

再次是“差”。从老板到员工，整体素质很差。员工中有一半人都没有完成九年义务教育。虽然，近年来公司也录用了一些专科生、本科生，但这些人来去匆匆，并没有留下什么痕迹。

最后是“弱”。整个公司除了地缘优势(地处该市建材生意最繁荣的一条街道的核心地段)外，没有别的核心竞争力。公司很“虚”，对外宣称的或外界授予的实际上都名不副实。这几年，百安居、居然之家、红星美凯龙都对这个城市虎视眈眈，也都早早地布下了自己的棋子。实际上，这个城市的建材流通行业与国内的其他大城市一样，已经持续高烧了将近5年，众多业内人士均纷纷惊呼“谁能笑到最后?”

图20-2是我从诊断报告中截取出来的一张SWOT分析图，其实整个公司

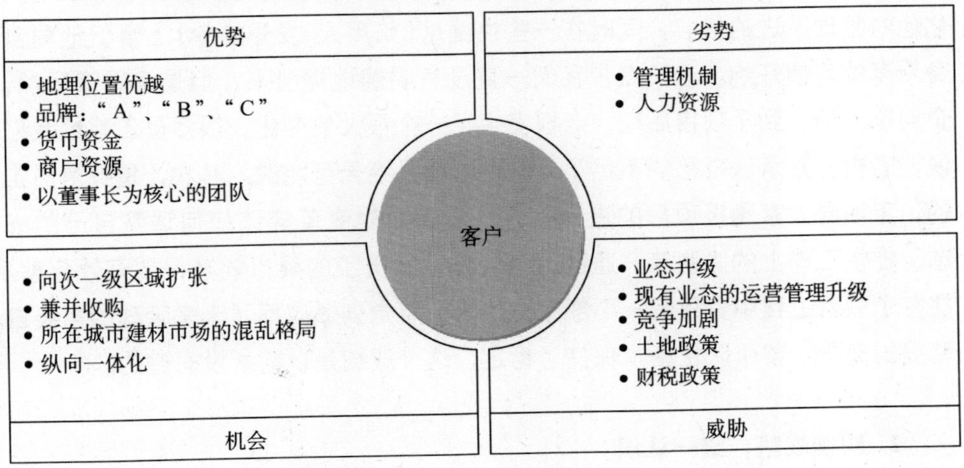

图20-2 SWOT分析图

的糟糕情况要更加“力透纸背”，简直有些“罄竹难书”！

在诊断初期，我惊讶于竟然有管理如此糟糕的公司。接着，我才发现了自己的无知和失态——这样的公司还不知道有多少个呢。最后，我读出了一阵又一阵的悲哀，因为，进场后，老板无论大会还是小会，言必称“管控”、“几位老师”，这些词用那个地方的方言说出来，别有一番苍凉的滋味，但它们所传达的却是一个生意人无奈的呼救和急切的呐喊。

三、解决问题及初步效果

贾总有一个很著名的比喻，说“很多客户的问题，就像是一个箩筐里的螃蟹，你想只拽一只出来是很难的，因为它们的腿都纠缠在一起，一拽就是一串”。这就是咨询师面临的永恒难题。但我们没有选择——客户选择我们就是为了解决这些“螃蟹问题”的，所以我们必须直接面对这些问题。我们不仅要拆解，要重新组装，还要让这个机器再转起来。

具体到这个客户，我们做了以下几件事情：

1. 在观念上做文章

首先，是针对老板，但不是强迫老板改变。我们所做的，是通过在公司内部形成的点滴小成就（例如，所有中层干部在年底的述职以前没有规矩，我们帮助客户建立了，并且请老板担任中层干部的三个兄弟姐妹向其他经理一样向全体员工述职，不再走特殊。此举受到了全公司范围的好评，大家不再像以前一样认为股东——员工对那三个人的习惯称呼，天然地与他们不同了）来不断地强化他对管理改进的信心，同时在一些关键点（如用人、发号施令）上督促他向自身原有的习惯开炮。这一点，我们一直没有明确地提出来，但是意思很显然，企业家封顶。到了项目后期，老板发生了一个很大的变化，很多员工都给我们说，老板开始承认自己的不足了，这在以前是绝无可能的。其次，是针对员工的，定期向大家通报项目的进展、分析员工面对变革应该如何调整自己的心态、提供工作上的协助等。通过这些工作，让员工的疑虑能够得到有效化解。在整个项目过程中，只有一小部分员工因为感觉到适应不了未来管理的需要自动提出离职，整个队伍基本保持了稳定，这个成绩是以前所没有过的。

2. 明确战略，统一认识

战略是我们的出发点。为了更好地研究客户的战略，我们首先对客户进行了定性（见图20-3）。

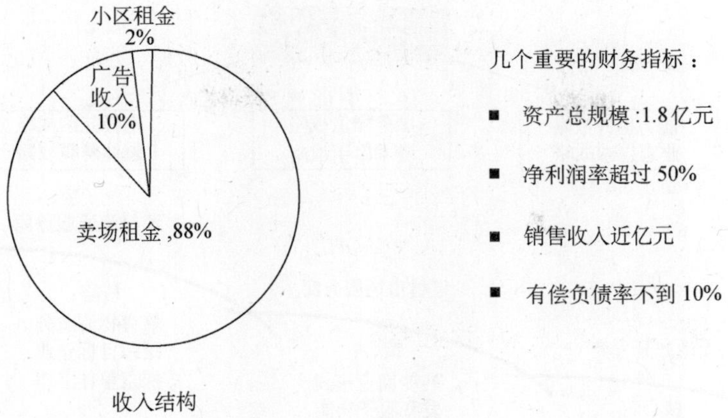

图 20-3　客户财务结构图

再研究外部竞争环境。我们认为，客户所处区域(其实全国也是这样)的建材流通行业正面临急剧的变革(业态由卖场向超市过渡、供给过剩、管理滞后等)，而这也正是客户的机会所在(见图 20-4)。

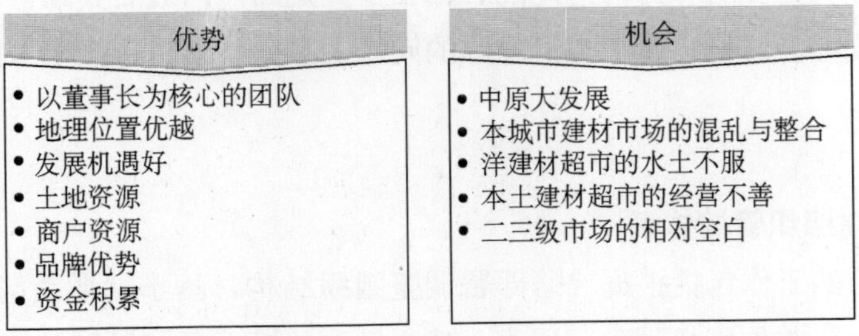

图 20-4　客户在当时市场的优势与机会分析图

在此基础上，我们帮助客户建立自己的使命、愿景与战略目标(见图 20-5)。

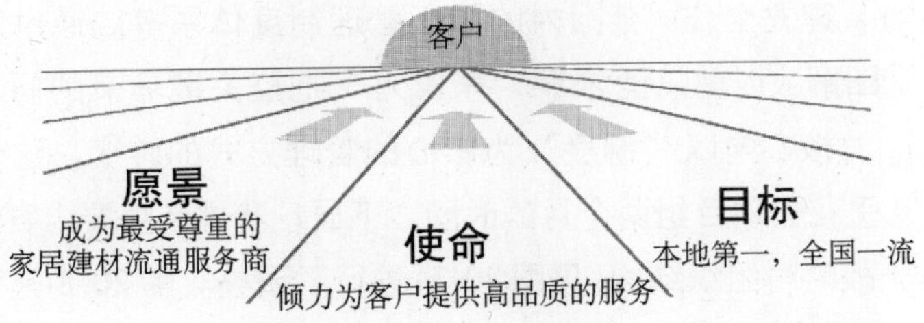

图 20-5　客户必须明确的愿景、使命与战略目标图

同时，建议客户首先聚焦内部管理，在初步夯实管理基础之后，迅速通过资本市场杠杆完成对区域市场的整合，用 3 ~ 5 年时间确立在区域市场的领导地位，完成集物业、物流、电子商务、金融于一体的现代建材流通服务提供商定位(见图 20-6)。

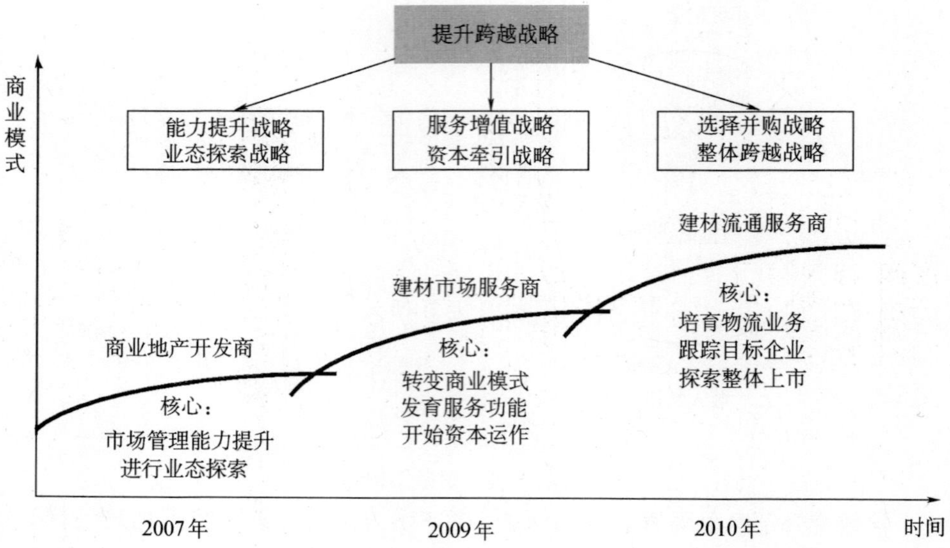

图 20-6　客户战略规划三层面

当我们将此战略和如何落地的思路在全员范围内沟通后，赢得了经久不息的掌声与欢呼。这样，我们在最本源的问题上赢得了支持，接下来的工作就顺利了。

3. 建立组织管控体系

这部分的工作包括根据战略部署调整组织结构，基于“职责缺失、交叉、错位、弱化”的原则梳理部门职责，建立针对关键业务和管理的工作流程（项目组向客户讲流程的通俗说法是“明确我们公司最重要的50件事情是怎么做的，从哪里开始、到哪里结束，中间经过了哪些环节，每个环节都做什么事情、做到什么程度”），建立全公司范围内的核心管理制度体系等。通过这些设计或优化工作，试图解决以前只能依靠“家里人”把控关键环节的问题，试图实现从以“人”为核心向以“制度”为核心的管理方式的转变。这个部分的工作量很大，几乎花去项目组两个月的时间。下面，我挑选主要内容进行介绍。

（1）基于战略对组织结构（见图20-7）进行了调整。图20-8是调整以后的组织结构图，从中能够很明显地看出来，精简了很多部门。

（2）我们花了将近一个月的时间，与客户不分白天黑夜地工作，绘制了主要流程（见图20-9），在流程的关键点上明确了主要岗位的权限。

（3）建立了主要制度体系。我们建议客户应该建立的核心制度体系包括：制度管理制度、战略管理制度、年度经营计划管理制度、招商管理制度、卖场管理制度、广告管理制度、物业管理制度、客户关系管理制度、商户关系管理

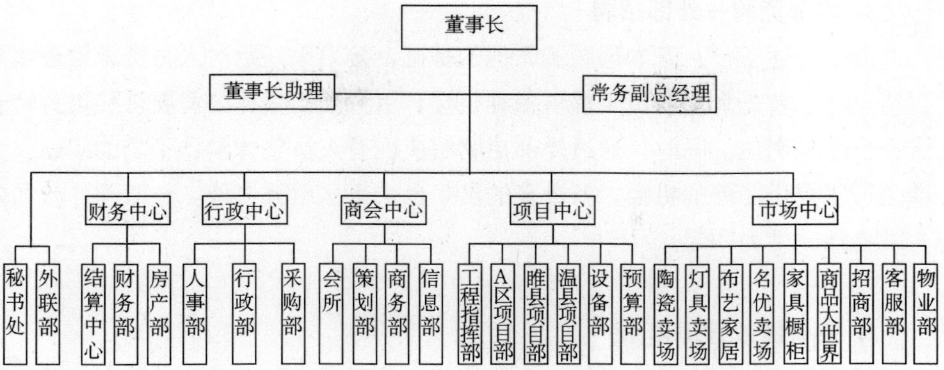

图 20-7　调整前的组织结构图

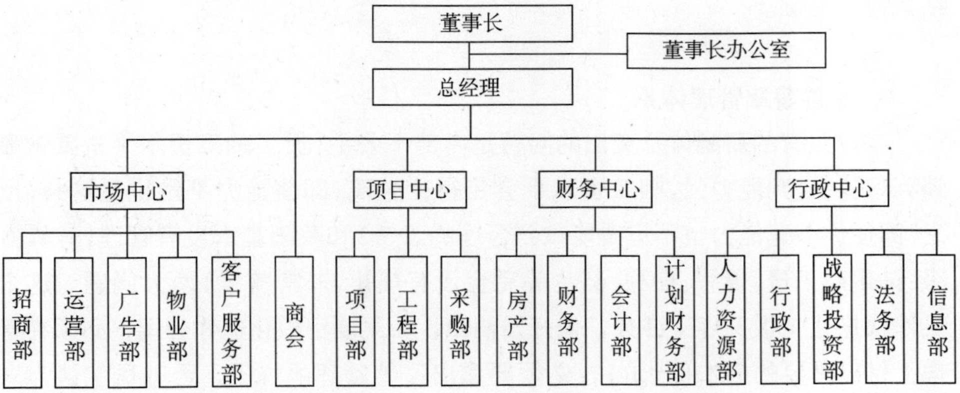

图 20-8　调整后的组织结构图

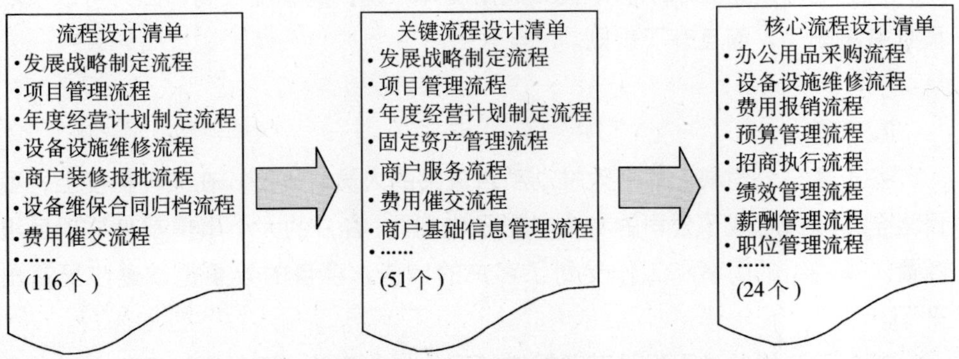

图 20-9　优化流程图

制度、投资管理制度、项目管理制度、工程管理制度、采购管理制度、财务管理制度、职位管理制度、薪酬管理制度、绩效管理制度、固定资产管理制度、合同管理制度、档案管理制度、供应商管理制度、公关关系管理制度、法律事务管理制度和信息(网络、网站、电脑、信息化)管理制度等24项制度。

4. 内部竞聘+外部招聘

通过上述工作，基本理顺了管理的基础，接下来开始对人力资源管理体系进行设计。首先为现有员工提供各种机会，引导员工根据公司要求和自身特长选择合适的岗位。同时，通过外部招聘解决现有人员整体素质不高的问题。竞聘为员工提供了新的机会，新进来的员工也带来了新鲜血液。一时间，公司内生机盎然、活力四起。

5. 完善绩效管理体系

根据各岗位职责建立了针对全员的绩效管理程序和指标，并努力打通绩效管理与薪酬管理等人力资源管理其他模块之间的关系，为将来实现有效的管理绩效打好基础。

6. 完善薪酬管理体系

客户原有的薪酬体系突出的问题是内部不公平(员工的工资水平主要依靠谈判解决,谈判能力强,则工资水平会定得比较高,即使能力不足也是这样,反之,即使你很有能力也不见得能拿到合理的工资)和薪酬基本没有管理(升等升级、试用期工资、请假、福利、奖金等完全没有规矩,非常随意)两大问题。这个工作很是让老板头疼了许久，他开始明白，如果要组织化运作公司，必须在管理上付出必要的成本(代价)，必须要拿出改善管理的样子，否则员工认为老板只是念了念紧箍咒，员工自己并没有相应的好处。老板失去的是眼前的一小点，得到的却是整个未来。从员工的角度开来说，满意度很高，因为可以按照贡献拿报酬了，而且有了规则。

7. 实施

鉴于客户公司缺乏能有效推动项目成果的人员，于是，在某种程度上，项目组全体成员就成了公司的半个“影子内阁”，客户的大小事情都来与项目组商量。项目组的同事和工作受到了客户的信任，项目的效果也就逐步显露出来了。

当然，具体的过程远没有我轻描淡写的如此简单。要知道，我们面对的是一个一直习惯于打“游击战”的“农民”老板，对“阵地战”和“系统战”完全没有概念，再加上部分家族成员的不理解、甚至不支持，员工整体的低素质和低能力，项目一度几乎面临绝境，项目组内也有人表示“这样的项目没有意思，没有成就感”，“老板死不回头，等他跌倒了摔个大跟头他才会醒悟”等。不过，最终我们还是坚持下来了，当时最主要的信念就是“老板不是那种江湖骗子，他是有事业心的，他肯定希望把公司做好，他只是不懂怎么管理。如果我们能在这个问题上帮老板解决哪怕一小部分问题，老板都会一辈子感恩我们的”，归结起来就是“对这样的客户我们要有使命感”。这一条，后来竟然成为整个项目组的一个信条。

四、后续

“管理是慢变量”，这是贾总一直说的一句话。我也越来越相信这一点了。

半年的项目不知不觉就过去了，项目结束也已经过去了半年。这一年的时间里，客户的进展没有我们想象的那么快，甚至在有些时候还有“复辟”（他们会习惯性地按照原有的思路思考问题、做事情）。但是，我们一直没有灰心，经常与客户沟通，客户也会经常拿问题与我们商量。这样的事情即使不是项目内容所要求的，我们也非常愿意提供帮助，因为你看到客户老板的眼神、客户员工的表情，你就绝不可能拒绝。而且，我总在想：有这样一头“猪”（老板自诩），它想要变成“凤凰”（这是客户公司所在地一个美丽的传说），这是多么难的事情啊，但是它此刻正努力地走在路上。我相信，它是幸福的，我愿意祝福它，也愿意帮助它。

五、其他

（1）我经历的越来越多的项目和客户让我明白一个道理：纯粹的技术、方法、工具只会“像油一样浅浅地浮在中国商业社会这个特殊水体的水面上，它们离事情的真相是那么的远（许知远）”。我也越来越相信，大量的企业缺少的首先不是“手”，而是“脑”。一个好的咨询师不仅要能策略地向客户阐述自己的想法，更重要的是能协助客户推动项目的设计成果并逐渐取得成效。在这个过程中，如果天真地认为照搬来自西方成熟经济体的经验和理论（如平衡计分卡）就可以解决问题的话，那就相当危险了。

（2）什么叫“在发展中完善”？这是温家宝总理说的一句话，因为不断地被客户老板提及（老板从不读书看报，不知是从什么地方学来的）让我印象深刻。从这句话中，我想到了咨询师们在面对现实的商业问题时，有很多可能会想当然地认为需要把所有相关的事项都准备完备后再行动才能保障效果，其实大错特错。抱有这样想法的人应该是没有企业管理实践经验的学院派。企业管理的问题从来就没有尽善尽美，所有的方案都需要在执行的过程中不断调整、试探才有可能到达较佳的状态。我们千万不能变成掉入理论的完美主义者。事实证明，理想王国中的巨人往往是现实中的矮子。与这句话意思类似的一句话是“耐心就是智慧”。实际上，管理就是在考验管理者的耐心，好高骛远、心浮气躁、想当然的人很容易把企业搞垮。当然，这样的人做什么事情也都不容易成功了。

（3）《亮出你的管理或空荡荡》和《谁能把企业的故事说清楚》。这是冯仑的两篇文章，我认为是企业家里写企业写得比较一针见血的。之所以能想起这两篇文章，原因是在写本文的时候，我脑海中总浮现出一个念头：还有多少企业、多少生意人与本文中的客户类似、甚至有过之而无不及啊？多种数据显示（不同统计口径提供的数据不一致，差别相当大），截至2006年底，全国共有中小企业3 000万家以上（这个数据应该无误）。和君咨询的咨询师们每年接触的客户和潜在客户仅是其中极少的一部分，但也发现有不少都与这个客户相似。我就想，这是这一时代、这一类人、这一类企业的命运吗？他们何时、以何种方式才能走出这种境地？抑或何时、以何种方式走向绝地？我们的有血有肉的企业什么时候能完成恰当的新陈代谢并最终走上良性发展的道路呢？

（4）企业家封顶理论。我们经常遇到的老板有很多都是：他们自己本身就是企业最大的障碍。当然，有更多的时候，我们无法或不能直接向老板说明这个意思。但是，我认为这句话恰恰是最值得所有老板都挂在自己办公桌前的墙上的（你能否持续超越自己，把企业带到另外一个高度上去？如果能，会是什么方式？如果不能，又将作何打算？）国内的企业家里，鲁冠球是一个绝不可多见的常青树。著名的商业观察家吴晓波先生这样写道：“鲁冠球至今早上5:10分起床，7:10分到企业，晚上6:00下班，回家工作读书到晚上11点半。他现在坐的办公室从1986年以来没有变过。从窗口望出去，以前是满眼的棉花地，现在是一幢幢的小楼和厂房。如果要达到他今日的商业成就，就得忍受他这番的生命煎熬。这个人办了将近40年的企业，从树上摘片叶子下来，就够咀嚼好一阵子。”显然，更多的老板没有这般自知，也耐不住这份寂寞，于是也就达不到鲁冠球的这般高度。其实，从某个角度理解，成功或许是一种可以还原成很多艰辛、一直拼搏甚至几度挣扎的事情，失败或许是一种因果报应、生死轮回的事情。

复习与思考：

（1）大量的中小企业长不大、徘徊不前甚至“其兴也勃，其亡也忽”，关键原因在哪里？像案例中的这种企业还很多很多，它们最缺的究竟是什么？

(2) 看完这个案例，你如何理解和君咨询发明的“商业原生态”、“商业种群”、“系统思考”这些词语？

(3) 你如何理解“中国企业存在一个普遍现象：机会的来临大于能力的成长，业务增长的速度快于组织发育的速度”？

(4) 你认为案例中的企业是否有更好的、从“生意逻辑”走到“商业逻辑”的路径？你如何理解“朕非亡国之君，诸臣皆亡国之臣”(自杀前的崇祯皇帝感叹明朝灭亡原因时如是说)这句话？

(5) 案例中的这个企业有无数多可能的后续故事。仅在“上市”这个方向上，你认为和君咨询提出的“管理咨询+投资银行”的思维应该如何确立？为什么说和君咨询的这种双重专业能力能为客户创造“倍增”的价值？

嘉宾点评：

王明夫(和君咨询集团董事长)：

和君咨询发明了“商业原生态”、“商业种群”、“学术写生”等很有认识论意义的话语系统，并且倡导咨询师们沉潜到中国商业原生态的第一线去，接近我们这个国家这个时代的各类商业种群，观察、感受和体验它们的生存状态和欢乐痛苦，为它们提供能够解决问题的专业帮助，然后从它们的命运变迁中发现思想的源泉，找到学术的归宿。本案例讲述了中国商业原生态中的某商业种群里的一个普通故事。对从事咨询职业或商学研究的人来说，经历这种故事是幸运的；或者说，对一个咨询师或管理学者来说，这种故事都应该去经历一些。

和君咨询丛书

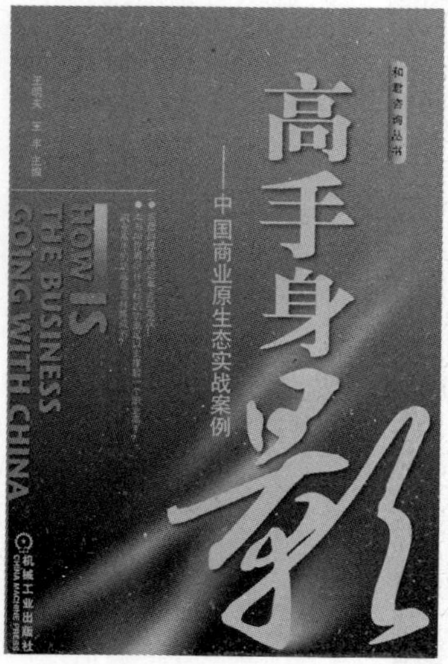

何谓高手？

真正的高手，寥若晨星。

于本书案例中，隐约可见高手身影！

《高手身影：中国商业原生态实战案例》

ISBN：978-7-111-23782-2

主编：王明夫　王　丰

定价：48.00 元

西方管理案例对中国商学教育的“一统天下”，是中国商学教育整体落后于西方的表现之一。我们在学习西方先进做法的同时，也需要保持一份警醒：西方案例的垄断性泛滥，将对中国原生的商学思维造成“侏儒化”的影响，流弊堪忧。和君人坚信，只有当中国原生的商业案例和原创的商学思想征服了全球商学界的时候，才标志着中国商业在世界范围的最后胜利！

本书选自中国本土规模最大的管理咨询公司和君咨询集团多年来所做的千余宗中国商业原生态咨询案例集，涉及数十个行业和不同层次、类型的企业，每个案例均由业界公认的高手进行精彩点评，原汁原味，有品位、有深度、有性情，必将走进中国咨询业界和 MBA 、EMBA 课堂，将一扫言必称麦当劳、GE、西南航空、沃尔玛、迪斯尼等西方案例的现象，为中国管理咨询和本土商学教育提供全新的素材，为中国咨询人才的成长和商学教育的发展作出开创性贡献。

态度、气度和厚度，本书必将深刻改变中国咨询业的精神气质和命运走向

《三度修炼》

ISBN：978-7-111-23665-8

主编：王明夫

定价：38.00 元

人生如莲，成功是浅浅地浮在水面上的那朵看得见的花，这朵花能否开放得美丽灿烂，取决于水面下看不见的那些根系和养分。我们太在乎成功，往往全部心思都专注于水面上看得见的花朵，却疏于关心决定这个花朵盛开还是枯萎的水面下那些看不见的根和本！

一个人的态度、气度和底蕴的厚度，就像睡莲中的根本和养分，虽然看不见摸不着，却决定着我们的人生能否最终开放出成功的花朵。所以，当我们思考人生如何走向成功的时候，必须潜到人生的水面下去，从关心根和本着手。首先必须端正态度，然后致力于升华气度和夯实厚度。态度错偏、气度促狭、厚度浅薄的人，上帝也帮不了他成功！

本书以“三度修炼”为主题，或专业、或睿智、或优美、或深情地向人们展示了如何端正态度、升华气度和夯实厚度，最终走向灿烂人生。